Knaur

Über die Autorin:

Lea Rabin, geboren 1928 in Königsberg, war seit 1948 mit Jitzchak Rabin verheiratet. Seit seiner Ermordung 1995 engagiert sie sich für den Friedensprozeß im Nahen Osten.

Lea Rabin

Ich gehe weiter auf seinem Weg

Erinnerungen an Jitzchak Rabin

Aus dem Englischen von
Thorsten Schmidt, Harald Stadler,
Brigitte Stein

Knaur

Die amerikanische Originalausgabe erschien 1997 unter dem Titel
»Rabin – Our life, His Legacy« bei Putnam, New York

Vollständige Taschenbuchausgabe August 1998
Droemersche Verlagsanstalt Th. Knaur Nachf., München
Copyright © by Lea Rabin
Copyright © 1997 der deutschsprachigen Ausgabe bei
Droemersche Verlagsanstalt Th. Knaur Nachf., München
Alle Rechte vorbehalten. Das Werk darf – auch teilweise –
nur mit Genehmigung des Verlages wiedergegeben werden.
Umschlaggestaltung: Agentur ZERO, München
Umschlagfoto: Isolde Ohlbaum, München
Satz: Ventura Publisher im Verlag
Druck und Bindung: Clausen & Bosse, Leck
Printed in Germany
ISBN 3-426-60860-X

1 3 5 4 2

Inhalt

Vorwort zur Taschenbuchausgabe. 7

1. Kapitel   Ein letzter Kuß. 11

2. Kapitel   Schalom, Chaver. 31

3. Kapitel   Eine jüdische Heimstatt 65

4. Kapitel   König David und der Palmach 87

5. Kapitel   Held auf dem Mount Skopus. 131

6. Kapitel   Sabra-Staatsmann 170

7. Kapitel   Die erste Runde. 206

8. Kapitel   Mister Verteidigung 244

9. Kapitel   Alle seine Söhne 289

10. Kapitel   Friedensstifter Israel 333

11. Kapitel   Alle seine Kinder trauern 380

Nachwort. 417

Dank. 427

Abbildungsnachweis 432

Register 433

Für Jitzchak
Für Dalia und Juwal
Für Jonatan, Noa und Michael

Zitate im Text mit freundlicher Genehmigung von:
Jehuda Amichai für *God Has Pity on Kindergarten Children*
(übers. von Assia Gutmann);
Chaim Hefer für *Makama*; Rabbi Stanley Rabinowitz;
Lt. Gen. Amnon Lipkin-Shahak; Tzvi Shahak für das
Gedicht seiner Tochter Bat-Tschen »Ein Brief an Rabin«;
und Meir Schalew.
Auszüge aus Jitzchak Rabins *The Rabin Memoirs*
(2. Auflage 1994) mit freundlicher Genehmigung des
Verlages Steimatzky Ltd.

Vorwort zur Taschenbuchausgabe

Ich habe viel darüber nachgedacht, was ich Ihnen sagen kann, heute, anläßlich meiner Auszeichnung mit dieser wichtigen Medaille, die ein Symbol der Toleranz als höchster Wert ist, der empathischen, verständnis- und würdevollen Anerkennung der Meinung und des Glaubens des Mitmenschen – ein Wert, der zu unserem großen Bedauern noch immer in weiten Teilen der Welt nicht vorhanden ist, und sein Fehlen liegt wie eine schwere und bedrückende Wolke über Regionen, Ländern und Gesellschaften.

Ich möchte Ihnen sagen, daß ich selbstverständlich die Ziele und Absichten der Gesellschaft für christlich-jüdische Zusammenarbeit sehr schätze – den Versuch, alles zu tun, um die Vergangenheit zu überwinden und zu bewältigen. Das ist zweifellos eine wichtige und angemessene Art und Weise, sicherzustellen, daß dieses schreckliche Kapitel in der Geschichte unserer beiden Nationen sich nicht wiederholen kann.

Es ist kein Geheimnis, daß unzählige Deutsche unter Scham und Schuldgefühl leiden und sich mit Verwunderung fragen: Wie hat dies geschehen können und warum hat man dies geschehen lassen? Ist es meine Aufgabe, sie von diesen Schuldgefühlen freizusprechen? – Ich glaube nicht. Was mich selbst betrifft, so neige ich dazu, zu glauben, daß es ein neues und anderes Deutschland gibt, das mit den Problemen der Vergangenheit ringt – und mit diesem anderen Deutschland unterhalten wir einen Dialog und vielgestaltige Beziehungen; und wir wollen nicht vergessen und nicht verzeihen, aber selbstverständlich die Tatsache anerkennen, daß wir schon vor langer Zeit ein neues Kapitel aufgeschlagen haben, in dem wir unsere Beziehungen auf den Trümmern der Vergangenheit und mit viel Hoffnung für die Zukunft aufbauen.

Ich möchte nicht nur von den Beziehungen zwischen unseren beiden Nationen sprechen, sondern auch davon, daß wir im Nahen Osten uns in einem Prozeß des Versuchs, des Gesprächs, des Dialogs und des Friedensprozesses mit der Nation der Palästinenser befinden, mit denen wir im Verlauf von 100 Jahren in schwerem Konflikt lagen.

Es war Jitzchak Rabin, mein Mann, der 1992 mit seiner Wahl zum Ministerpräsidenten entschlossen war, seine zweite Chance als amtierender Ministerpräsident zu nutzen, um Frieden zu stiften.

Das Image des harten Mannes des Krieges, das Jitzchak immer weiter anhängt, ist einfach falsch, und ich behaupte nachdrücklich, daß er im Grunde seines Wesens immer ein Mensch gewesen ist, der vom Frieden träumte, und wer versucht, der Sache nachzugehen und in den Aufzeichnungen zu seinem Leben nachschlägt, wird dort finden, daß er versuchte, jeglichen Krieg zu verhindern – auch jenen Krieg, in dem er letztendlich einen enormen Sieg errungen hat – »Der beste Krieg ist der, der verhindert wird«, pflegte er zu sagen.

Wer weiter nachprüft, wird dort die Unterzeichnung des Zwischenabkommens mit Ägypten im Jahr 1975 finden. Damals war er Ministerpräsident und hatte zusammen mit Henry Kissinger und mit Yigal Alon als Außenminister das Zwischenabkommen zustande gebracht. Man wird dort außerdem den Rückzug der israelischen Armee aus dem Libanon finden, als mein Mann zwischen 1984 und 1989 Verteidigungsminister war, und durch all diese Jahre hindurch geheime Begegnungen mit König Hussein – und man wird dort den verzweifelten Versuch finden, eine Alternative für Arafat zu finden, mit der er den Friedensprozeß zu beginnen erhoffte und beginnen wollte, aber er mußte erkennen, daß es eine solche

8

Alternative nicht gab; es gibt nur diese eine Führungskraft – der Jitzchak letztendlich im Jahr 1993 die Hand reichte.

Es gibt Stigmata, die dem Image einer Person anhaften – und es ist ein schwieriges Unterfangen, sie von ihr zu trennen. Ich werde niemals müde werden, dies zu tun.

Und als sich meinem Mann die Gelegenheit bot, ergriff er sie unverzüglich und widmete sich mit aller Kraft und ganzem Streben dem Friedensauftrag, und er sah nur einen Weg, für den es keine Alternative gibt, – den Weg des Friedens. Auch er war ein Mensch, der an den Dialog glaubte, an das Gespräch und an die Möglichkeit des Zusammenlebens in Frieden. Er glaubte, daß auch die Palästinenser den Frieden wollen und ihn genau so nötig haben wie wir. Er ehrte seinen Gegner von gestern als seinen Partner von heute und pflanzte in der gesamten Region große Hoffnung.

Er fiel einem Attentat zum Opfer, und nur wenige Attentate haben wie dieses die Geschichte verändert. Und was bis zum 4. November 1995 gestimmt hat, das stimmt schon seit langem nicht mehr.

Doch jenseits des festgefahrenen Friedensprozesses gibt es im Nahen Osten auch eine Realität, und der Dialog besteht und wird fortgeführt werden; und wir werden noch das Schiff des Friedens in seinen Zielhafen einlaufen sehen.

Es gibt in unserer Region zu unserem Leidwesen gefährliche und erschreckende fundamentalistische Elemente, die Antithese zur Toleranz, und es ist nicht abzustreiten, daß dieses Übel auch an unserer Gesellschaft nagt. So komme ich denn zu Ihnen in einer Zeit, die für uns in Israel sehr schwer ist und in der viele große Probleme das Leben aller und auch mein Leben belasten – denn über meinen persönlichen Verlust hinaus ist dies ein Verlust für Israel und für die gesamte Region, und auch ich frage: Wie hat das geschehen können? Aber leider gibt es eben Fragen, auf die man nur schwer und manchmal nie eine Antwort finden kann.

Es ist mir eine große Ehre, die *Buber-Rosenzweig*-Medaille in Empfang nehmen zu dürfen. Ich teile diese Auszeichnung mit Ihnen, aber auch mit meinem Mann Jitzchak – sind es doch seine Ermordung und sein Fehlen, die mich hierher gebracht haben. So stehe ich hier denn auch für meinen Mann. Ihm verdanke ich das Privileg, daß ich 47 stürmische Jahre hindurch – von der Gründung des Staates Israel bis zu seinem Tod – seine Lebensgefährtin sein durfte.

Lea Rabin

bei der Verleihung der
Buber-Rosenzweig-Medaille
am 8. März 1998 in München
anläßlich der *Woche der
Brüderlichkeit*.

1. Kapitel

Ein letzter Kuß

Jitzchak, mein Liebster,
heute regnet es, und der Regen prasselt auf die Blumen
nieder, die Dein Grab auf dem Herzlberg bedecken, und
löscht die Kerzen aus, die es umsäumen.
Wir sind zu Hause – ohne Dich. Allein, allein, allein. Du
bist nicht mehr. Sie haben Dich mir genommen, uns ge-
nommen. Nie mehr wirst Du in unser schönes Heim zu-
rückkehren, das Du so sehr liebtest, zu mir, zu den Kin-
dern, denen Du ein zärtlicher Vater und ein warmherzi-
ger, fürsorglicher Großvater warst. Du gabst ihnen alles,
was ein Kind oder Enkelkind braucht, obwohl Dich Dei-
ne Arbeit immer, immer so sehr in Anspruch genommen
hat.
Es fällt mir unsagbar schwer, jeden Morgen aufzuste-
hen – ohne Dich –, mich an den Frühstückstisch zu
setzen – ohne Dich – und zu wissen, daß es von nun an
immer so sein wird. Du wirst nie mehr hier sein, und ich
werde hier sein mit Dir – und ohne Dich.
Ich habe Dir so viel zu sagen, mein geliebter Jitzchak,
möchte Dir danken für die Vergangenheit, die wir teilten,
und für die Gegenwart und die Zukunft, die Dein Ver-
mächtnis ehren wird.

»Da ist sie!« brüllten sie, als ich in die Garageneinfahrt unter unserem Mietshaus einbog. Ich saß ganz allein in dem Wagen, kein Sicherheitsbeamter war bei mir.

»Nach den nächsten Wahlen wirst du mit deinem Mann auf dem Marktplatz hängen. Mit den Füßen nach oben. Wie Mussolini und seine Mätresse«, brüllte jemand aus der Menge.

»Du wirst schon sehen.«

Mussolini.

Einige der Demonstranten vor unserem Mietshaus verglichen uns sogar mit Nicolae und Elena Ceauçescu, dem vielleicht meistgeschmähten Despotenpaar der Neuzeit. Eine Freundin, die uns an jenem Freitag nachmittag besuchte, zählte von einem Fenster unserer Wohnung im achten Stock aus mit dem Zeigefinger die Zahl der Demonstranten. Siebenundvierzig … achtundvierzig … neunundvierzig. Das hatten wir uns schon gedacht. Wären es fünfzig gewesen, hätten sie eine behördliche Genehmigung gebraucht. Jitzchak und ich bekamen diese Schmähungen, diese Vergleiche mit faschistischen Unmenschen immer häufiger zu hören, je mehr der Friedensprozeß an Dynamik gewann.

Auf einer Demonstration in Jerusalem einen Monat zuvor hielt Benjamin Netanjahu am Zionsplatz eine Rede, während irgend jemand ganz in seiner Nähe ein Bild, das Jitzchak in Naziuniform zeigte, vor einer laufenden Fernsehkamera hin- und herschwenkte. Vor unserer Haustür jetzt der gleiche Terror. An diesem Freitag, dem 3. November 1995, skandierten die Demonstranten auf der anderen Straßenseite ihre Diffamierungen, bis Jitzchak etwa gegen sechs Uhr abends nach Hause kam. Kurz nach seinem Eintreffen zogen sie ab.

Weshalb waren die Befürworter des Friedensprozesses nie auf der Straße zu sehen? Weshalb verzichteten sie darauf, Flagge zu zeigen? Weshalb scheuten sie davor zurück, ihre Stimme ebenso vernehmlich zu erheben? Jitzchak nahm, wie schon an so vielen Freitagen zuvor, keine Notiz von dem

Mob und seinen Attacken. Wir verbrachten diesen Vorabend des Schabbat in geruhsamer Atmosphäre zu Hause; nur als ich ihm sagte, was uns die Demonstranten mittlerweile androhten, merkte ich, wie die Wut in ihm aufstieg.

Schon Monate zuvor waren in der Öffentlichkeit die ersten Poster aufgetaucht, die Jitzchak als Verräter und Mörder brandmarkten. Sie hingen an jeder Straßenecke, an Leitungsmasten, Pfosten und an Laternenpfählen. Fotomontagen zeigten Jitzchak mit der *kufiyah,* dem arabischen Kopftuch. Als ich einmal ohne Jitzchak mit dem Auto aus Jerusalem hinausfuhr, bat ich den Fahrer, an einer Kreuzung anzuhalten. Wir stiegen aus und rissen diese schrecklichen Poster herunter, die Jitzchak als Verräter Israels darstellten.

*

»Ischti, ich glaube, ich hab' eine leichte Entzündung an einem Auge, heute gehe ich wohl besser nicht Tennis spielen.« Dies waren die ersten Worte, die Jitzchak am nächsten Morgen zu mir sagte. Dieser Samstag war ein herrlich klarer, sonniger Tag. »Möchtest du, daß ich einen Arzt rufe?« fragte ich. »Kennst du einen?!« entgegnete er erstaunt. Samstagmorgen in Tel Aviv ist ungefähr so wie Sonntagmorgen in New York oder Madrid. Ich sagte zu Jitzchak, ich würde versuchen, einen Augenspezialisten ausfindig zu machen; glücklicherweise erreichte ich Dr. Gutman, einen hervorragenden Augenarzt, der schon unsere Tochter Dalia behandelt hatte.

Mit einem Arzt begann dieser Tag. Und kraft einer tragischen Symmetrie sollte die Erklärung eines Arztes diesen Tag auch beschließen – und mit ihm die glückliche Zeit meines Lebens.

Der Arzt sagte, er werde in zehn Minuten bei uns sein. Als Jitzchak über die Reizung seines Auges klagte, warf ich einen Blick darauf und sah eine schwache Rötung, wie sie von einer leichten Infektion hervorgerufen wird.

Jitzchak hatte von jeher allergrößten Wert auf seine körperliche Verfassung gelegt; er mußte kerngesund sein. Kein Wunder also, daß das anstrengende Tennisspiel Samstag morgens so wichtig für ihn war. Die geringste gesundheitliche Beeinträchtigung beunruhigte ihn. Nicht aus Angst oder Sorge um das eigene Wohlergehen, und erst recht nicht aus Wehleidigkeit. Jitzchak hielt es vielmehr für seine moralische Pflicht, in bester körperlicher Verfassung zu sein, um den Anforderungen seines Amtes zu genügen.

Ich weiß noch, wie Jitzchak sich auf einer seiner letzten Reisen in die Vereinigten Staaten eine Rippe prellte. Während des Linienfluges an Bord einer El-Al-Maschine stand er von seinem Sitz auf. Vermutlich war er von der halben Schlaftablette, die er auf Interkontinentalflügen einzunehmen pflegte, ein wenig benommen. Jedenfalls stolperte er über den Sockel eines Sitzes und prellte sich beim Fallen eine Brustrippe, die ihm danach wochenlang weh tat. Jitzchak verfluchte die Schmerzen und fragte sich, weshalb sie nicht nachließen. Ich versuchte ihm zu erklären, daß derartige Verletzungen nur langsam abheilen, doch das änderte kaum etwas an seiner Ungeduld.

Glücklicherweise begleitete ich ihn auf dieser Reise. Ich war immer sehr besorgt, wenn er allein unterwegs war, denn meine Selbstschutzmechanismen waren sehr viel ausgeprägter als seine. Wenn ich beim Schlafen zu frieren beginne, decke ich mich instinktiv mit einer Decke zu. Sobald Jitzchak dagegen einmal eingeschlafen war, merkte er nicht, daß er sich zudecken mußte, mochte er auch noch so frieren. Immer wenn er alleine flog, war ich besorgt, daß sich niemand um ihn kümmern würde.

Decken, kugelsichere Westen – Selbstschutz im Kleinen wie Großen: das war Jitzchaks Sache nicht, entsprach nicht sei-

14

nem Naturell. Einerseits auf das fachkundige Urteil von Ärzten vertrauen, andererseits persönliche Schutzmaßnahmen ablehnen – das war ein grundlegender Widerspruch in Jitzchaks Persönlichkeit.

An jenem Samstagabend, dem 4. November, sollte Jitzchak bei einer Massenkundgebung zur Unterstützung der Friedensinitiative auf dem Kikar Malkhe Jisrael, dem Platz der Könige Israels, einem großen öffentlichen Platz vor dem Rathaus von Tel Aviv, eine Rede halten. Die Planungen für diese Kundgebung hatten bereits mehrere Wochen zuvor begonnen. Jitzchak bezweifelte, daß es eine gute Idee war. Er befürchtete, daß nicht genügend Leute kommen würden. Die Journalistin und Medienexpertin Niva Lanir – eine gute Freundin von uns und eine bewährte Beraterin von Jitzchak während seiner Amtszeit als Verteidigungsminister in der Regierung der nationalen Einheit in den achtziger Jahren – rief an, um mit Jitzchak über den bevorstehenden Wahlkampf zu sprechen. Sie gehörte ebenfalls zu den Organisatoren der Kundgebung. Jitzchak fragte sie, ob sie glaube, daß mit einem hinreichend großen Zulauf zu rechnen sei. Trotz ihrer Zuversicht blieben seine Zweifel. Er rief Schlomo »Schisch« Lahat an – den ehemaligen Bürgermeister von Tel Aviv, einen der Hauptinitiatoren der Kundgebung –, der ihn beruhigte. »Keine Sorge, Jitzchak«, sagte er, »es werden eine Menge Leute kommen.« Das war auch nötig, eine geringe Teilnehmerzahl wäre als mangelnde Unterstützung des Friedensprozesses gedeutet worden. Falls es kein überwältigender Erfolg würde, hätte Jitzchak lieber ganz darauf verzichtet. Das war sein Dilemma: Sollten wir das Risiko der Kundgebung eingehen? Er war nicht darauf erpicht, den Friedensprozeß einem öffentlichen Beliebtheitstest zu unterziehen.

Das Mittagessen nahmen wir im Haus eines Freundes in Herzliya Pituach ein. Jitzchak sprach mit vielen Anwesenden und fühlte sich sichtlich wohl. Unseren Freunden fiel auf, wie gelöst er war trotz der Sorge, die ihn bedrückte. Wir kehrten etwa gegen halb drei nach Hause zurück. Jitzchak hielt, wie jeden Samstagnachmittag, ein Nickerchen; es war die einzige zusätzliche Erholungspause, die er sich während der Woche gönnte. Wie gewöhnlich hütete ich sorgsam das Telefon, um Anrufe abzufangen und so seine kostbare Ruhe gegen äußere Störungen abzuschirmen. Meist hatte Jitzchak für den späteren Nachmittag private Verabredungen eingeplant. Nachdem er aufgestanden war und bevor die ersten Gäste kamen, tat er das, was er samstags nachmittags so oft tat: Auf dem Rand unseres Bettes hockend polierte er seine Schuhe mit einer Leidenschaft, die nur ein Soldat aufzubringen vermag. Bequeme, ausgelatschte Schuhe waren ihm am liebsten; sie waren ihm ehrwürdige alte Freunde. Wie oft war es vorgekommen, daß wir uns zu einem offiziellen Empfang ankleideten und ich wütend zu ihm sagte: »*Die* ziehst du nicht an!« Worauf er mir gewöhnlich die stoische Antwort gab: »Laß mich, laß mich …« Nur ein ganz besonderer Anlaß oder der Ehrgeiz, mir einen Gefallen zu tun, konnte ihn dazu bringen, ein besseres Paar Schuhe anzuziehen; wobei er sich nie die Bemerkung verkneifen konnte: »Nur, um dir zu gefallen …«

Jeden Samstag nahm sich Jitzchak Zeit für Konsultationen mit Politikern und Wirtschaftsführern, um im Gespräch mit ihnen Hintergrundinformationen zu bestimmten Schlüsselthemen zu erhalten. Dieser Samstag bildete keine Ausnahme. Nachmittags kam zuerst Martin Schlaf, ein Freund aus Wien, zu Besuch. Chaim Ramon, Vorstandsmitglied der Arbeitspartei und Chef von *Histadrut,* dem Dachverband der israelischen Gewerkschaften, war an diesem Tag der letzte im Reigen der Besucher. Als er gegangen war, hatten wir gerade noch eine halbe Stunde Zeit, um uns für die Kundgebung fertigzumachen.

Vor der Wohnungstür erwartete uns Joram Rubin, ein Sicherheitsbeamter in Zivil. Wir hasteten in einen der beiden winzigen Aufzüge unseres Wohnhauses; es war etwa 19.30 Uhr. Die Fahrt zum Platz der Könige Israels würde an einem Samstagabend etwa fünfzehn Minuten dauern. Jitzchak sollte um 20.00 Uhr erscheinen, und er war immer pünktlich. Der Dienstwagen, ein gepanzerter Cadillac mit Silbermetallic-Lackierung, fuhr vor unserem Etagenhaus vor. Draußen war es still – man hörte nur die Motorengeräusche von Autos, die nach dem Ende des *Schabbat* zu neuem Leben erwachten. Auf dem leeren Parkplatz auf der anderen Straßenseite standen keine Demonstranten.

Jitzchak mochte den Cadillac nicht besonders. Nachdem die Limousine in Israel eingetroffen war, fiel sofort unsere Presse darüber her. »Sieh an! Rabin hat es jetzt nötig, in einem *Cadillac* zu fahren. Warum setzt sich der Premier nicht in ein gewöhnliches Auto?« stichelten einige Kommentatoren. Jitzchak benutzte den Wagen sowenig wie möglich und nur dann, wenn von den Sicherheitsbehörden die strikte Weisung kam, das schwergepanzerte Gefährt sei unerläßlich. Man spürte förmlich den enormen Kraftaufwand, den der Motor leisten mußte, um den überschweren Wagen aus dem Stand zu beschleunigen.

Kürzlich hatte irgend jemand das Cadillac-Emblem von der Kühlerhaube abgebrochen. Die Botschaft war unmißverständlich und bedrohlich: »Wenn dein Auto nicht vor uns sicher ist, dann bist du es auch nicht!« An diesem Abend hatte uns der Sicherheitsdienst wegen der zu erwartenden Menschenmenge gebeten, den Cadillac zu benutzen. Neben dem Fahrer Menachem Damti hatte der Leibwächter Joram Rubin Platz genommen. Jitzchak und ich saßen im Fond; die kurzen beigefarbenen Vorhänge an den hinteren Scheiben des Wagens waren offen und gaben den Blick frei auf den klaren Frühabendhimmel. Ein zweites Auto mit zwei Sicherheitsbeamten folgte uns. Dies entsprach dem Sicherheitsstandard für Routinefahrten.

Während der Fahrt zur Kundgebung wandte sich Joram zu uns um. Er beugte seinen Nacken über den aufgelehnten Arm und sagte mit gedämpfter Stimme:»Jitzchak, ich muß Ihnen sagen, daß wir einen ernst zu nehmenden Hinweis erhalten haben, daß heute abend möglicherweise ein muslimischer Selbstmordattentäter versuchen wird, sich unter die Menschenmenge zu mischen.« (Seine Sicherheitsbeamten und die anderen Vertrauten, mit denen er eng zusammenarbeitete, redeten ihn immer mit dem Vornamen an.) Jitzchak zeigte keinerlei Regung. Wieder mal ein falscher Alarm, wird er gedacht haben. Der Zulauf zur Kundgebung und die Unterstützung, die ein Erfolg für den Friedensprozeß bedeuten könnte, interessierten ihn mehr. Ich habe immer unterscheiden können, ob Jitzchak einer Herausforderung ins Auge sah oder ob er sich über eine Drohung oder Warnung einfach hinwegsetzte. Hier war letzteres der Fall. Er war mit seinen Gedanken bei anderen Dingen.

Mir aber jagten die Worte »muslimischer Selbstmordattentäter« einen kalten Schauer über den Rücken, auch wenn ich versuchte, mir nichts anmerken zu lassen. Gott möge verhüten, daß dies heute abend geschieht, dachte ich. Nicht heute abend. *Vor allem* nicht heute abend. Meine Angst, daß etwas Schreckliches passieren könnte, erlosch zwar nicht, aber ich ließ sie in den Hintergrund meines Bewußtseins treten: Ich ging zu einer Friedensdemonstration, ich hatte eine flüchtige Vorstellung von dem, was geschehen könnte, und dann legte ich dieses Bild gleichsam ad acta. Dieser Art von Bedrohung waren wir tagtäglich ausgesetzt. Wie konnten wir uns letztlich davor schützen? Gewiß, alle nötigen Vorkehrungen waren getroffen worden. Auf den Dächern sämtlicher Gebäude rings um den Kikar waren Sicherheitsbeamte postiert worden. Die Demonstranten, die auf den Platz strömten, wurden kontrolliert. Aber kann man wirklich 200 000 Menschen kontrollieren? Unmöglich! Wer konnte verhindern, daß sich ein Fanatiker einschlich, dem als Belohnung für seinen terroristischen Anschlag ein himmlischer Empfang durch vierzig Jungfrauen verheißen worden war?

Obgleich ich Jitzchaks Sorge wegen der Besucherzahl teilte, freute ich mich doch auf die Kundgebung. Als wir dann aus dem Wagen stiegen, verschlug es uns schier die Sprache: eine riesige, unübersehbare Menschenmenge, die von ekstatischer Begeisterung erfüllt zu sein schien.

Vom ersten Augenblick an schlug der gewaltige Freudentaumel Jitzchak in seinen Bann. Die Transparente, die Plakate, der Jubel. Wir hatten noch nie etwas Ähnliches erlebt. Es war wie auf einem ausgelassenen Volksfest. Schilder, die über dem Meer der Köpfe hin- und hergeschwenkt wurden. Die Menge skandierte: »Rabin, wir lieben dich!« Eine Weile ließ ich mich von der Stimmung mitreißen, doch dann kehrte die gewohnte Wachsamkeit zurück. Die Demonstranten vom gestrigen Tag beunruhigten mich jetzt nicht mehr. Sie waren zwar ungehobelte, extremistische Schreihälse, aber keine potentiellen Mörder. Ich ließ meinen Blick über die Menge schweifen, doch wonach sollte ich Ausschau halten?

Alle, die sich an der Organisation der Kundgebung beteiligt hatten, versammelten sich auf der Tribüne. Diese Veranstaltung war als eine »Siegesfeier« nach der Unterzeichnung von Oslo II (das historische Abkommen zwischen Israel und der PLO, das den weitgehenden Abzug des israelischen Militärs von palästinensischem Territorium, die Erweiterung der palästinensischen Selbstverwaltung und die Grundlagen der ersten demokratischen Wahlen der Palästinenser regelte). Zugleich war diese Demonstration die machtvolle Antwort auf die Massenkundgebung am Zions-Platz einen Monat zuvor. Wir waren den Organisatoren der Veranstaltung und den hohen außenpolitischen Repräsentanten, wie dem ägyptischen

Botschafter Bassiuni und den Vertretern Jordaniens und Marokkos, die unbedingt an dieser Friedenskundgebung teilnehmen wollten, ungemein dankbar. Ich ging auf Menschen zu, von denen ich wußte, daß sie sich energisch für diese große Tat eingesetzt hatten. Ihnen wollte ich zeigen, wie sehr ich ihre Bemühungen würdigte, wieviel das für Jitzchak bedeutete.

Langsam bahnte ich mir einen Weg zwischen den Klappstühlen und Holzbänken hindurch, die auf der Tribüne aufgestellt worden waren. Ich sprach mit Jean Friedman und Dov Lautman, die beide diese Kundgebung durch großzügige Spenden unterstützt hatten. Jean war im Zweiten Weltkrieg Mitglied der französischen Résistance gewesen. Als Jitzchak das Podium betrat, geleitete ihn Jean zum vorderen Teil des Podiums, wo ihn der Jubel der Menge empfing. Ich blieb zurück und sprach mit Schisch Lahat, der die Unterstützung von Freunden und Reserveoffizieren koordiniert hatte. Schischs Gattin Ziva mischte sich unter die Menge, um sich einen Eindruck von der Stimmung auf dem Platz zu verschaffen. Zehn Minuten vor dem Ende der Kundgebung kam Ziva wieder auf das Podium zurück und sagte uns: *»Ihr macht euch keine Vorstellung davon, wie sehr sie Rabin lieben.«* Jitzchak winkte mir zu, und so stellte ich mich neben ihn in die vorderste Reihe am Rand der Tribüne. Auf dem Platz unter uns drängten junge Leute zur Tribüne. Sie kletterten in den Brunnen und skandierten, durchnäßt bis auf die Haut, »Rabin, Rabin, Rabin«. Wir waren überwältigt von der glühenden Begeisterung dieser jungen Menschen.

Die Frau eines Reporters der Zeitung *Ha'aretz* kam auf mich zu und fragte mich, ob Jitzchak eine kugelsichere Weste trage. Ihre Frage erstaunte mich. Jitzchak hätte es für völlig überzogen gehalten, bei einem Anlaß wie diesem eine kugelsichere Weste anzuziehen. »Eine kugelsichere Weste?« erwiderte ich verwundert. »Wie kommen Sie denn auf diese

Idee? Sind wir etwa in der Dritten Welt? Dies hier ist Israel.«
Lautete das Motto der Kundgebung denn nicht »Ja zum Frieden, Nein zur Gewalt«? Die Reden begannen; Schimon Peres
hielt um 20.20 Uhr die Eröffnungsansprache. Jitzchak trat als
letzter ans Rednerpult.

Bevor Jitzchak seine Rede hielt, umarmte er Schimon Peres.
Dies war nicht das erste Mal, doch dieser Augenblick krönte
ihre Partnerschaft der letzten Jahre. Jitzchak zeigte in der Öffentlichkeit nur selten Gefühle. Er bedankte sich zunächst
bei allen, die gekommen waren, um ein so deutliches Signal
für den Frieden und gegen Gewalt zu setzen. »Gewalt«, so
sprach er mit Worten, die ich nie vergessen werde, »untergräbt das Fundament der israelischen Demokratie.« Er sagte
es mit Leidenschaft und Entschlossenheit. Ich blickte abwechselnd auf Jitzchak und auf die Menge. Jitzchaks ganze
Aufmerksamkeit galt den Worten, die er sprach:

*Ich bin 27 Jahre lang Soldat gewesen. Ich habe so lange
gekämpft, wie der Frieden keine Chance hatte. Jetzt aber
gibt es eine Chance, eine große Chance, und wir müssen
sie ergreifen, denen zuliebe, die hier sind, und auch um
jener vielen willen, die nicht gekommen sind.*

Seine Worte wurden mit tosendem Beifall aufgenommen. Als
die Sängerin Miri Aloni mit einem Mikrofon in der Linken
und einem in der Rechten zwischen Jitzchak und Schimon
Peres trat, wußte ich, sie würde Jitzchak zum Singen auffordern. Anders als in vielen Presseberichten behauptet, war es
nicht das erste Mal, daß er bei einer öffentlichen Kundgebung sang. Die Nationalhymne *Hatikvah* sang er immer mit.
Aber tatsächlich gehörte das Singen nicht gerade zu seinen
Lieblingsbeschäftigungen. Blätter mit dem *Lied des Friedens* – einer Hymne der Friedensbewegung Ende der sechziger Jahre – wurden ausgeteilt, und irgend jemand reichte

auch Jitzchak eines. Er tat sein Bestes mitzusingen, doch ein Lied vom Blatt abzulesen war seine Sache nicht. Aber als er das *Lied des Friedens* sang, war er ein glücklicher Mensch. Vertrauen und Zuneigung schlugen ihm entgegen. Die Kundgebung endete unter den Klängen der *Hatikvah*. Als Jitzchak und ich aufbrechen wollten, fiel mir plötzlich ein, daß wir uns noch nicht von Schisch verabschiedet hatten. Wir machten kehrt, und Jitzchak schloß ihn noch einmal in die Arme.

Als Jitzchak und ich auf die Treppe zugingen, versuchten wir Tuchfühlung zu halten, doch wir wurden von Menschen bedrängt, die sich um uns scharten. Einige riefen mir zu: »Lea, paß gut auf ihn auf!« Sie riefen es wieder und wieder. Mit einem leicht gezwungenen Lächeln öffnete ich meine Hände und sagte: »Ich tue mein Bestes.«

Als ich Bennie, einen der Leibwächter, mit einem Sprechfunkgerät hantieren sah, kam mir der islamische Bombenattentäter wieder in den Sinn. Eine Gefahr, die glücklicherweise nicht akut schien. Bennie drückte den Knopf an ein Ohr. Ich sagte zu ihm: »Gott sei Dank ist alles gutgegangen.« *»Bis jetzt«*, antwortete er vorsichtig. Die Anspannung, die ihm im Gesicht geschrieben stand, sagte: »Solange Sie noch hier sind, habe ich keine Ruhe.«

Jitzchak und ich steuerten auf den Wagen zu. Ich ging rechts von ihm die Treppe hinter der Tribüne hinunter. Die Menge bedrängte uns weiterhin von allen Seiten, wir wurden getrennt, Jitzchak ging voraus. Auf dem Parkplatz hinter dem Kikar stand die Schlange der wartenden Autos. Wie ich später erfuhr, hatte Schimon Peres erwogen, auf Jitzchak zu warten, um mit ihm zu sprechen, war dann aber doch vorausgegangen. Menachem, unser Fahrer, stand neben dem Wagen, um mir beim Einsteigen zu helfen. Ich befand mich noch immer auf der Treppe, als Jitzchak sich anschickte, in den Wagen einzusteigen.

»Wo ist Lea?«

Dies waren die letzten Worte Jitzchaks, bevor die Schüsse fielen.

Ich habe nur eine nebelhafte Erinnerung an das, was sich in den nächsten Sekunden abspielte. Als in jener schrecklichen Nacht der erste Knall zu hören war, wandte Jitzchak den Kopf um, so als denke er: »Moment! Was ist denn hier los? Dann sah ich, wie er zu Boden fiel, während sich gleichzeitig andere über ihn warfen. Ich dachte und redete mir später fest ein, daß man ihn zu seinem eigenen Schutz niedergeworfen hatte.

Ich hörte es dreimal knallen. Platzpatronen vielleicht oder Kracher?

Plötzlich stand ich allein. Ich hörte, wie alles durcheinanderschrie und wie jemand rief: »Das war doch nur ein Scherz!« Dann wurde ich von einem Sicherheitsbeamten auf den Beifahrersitz des nächsten in der Schlange wartenden Wagens gestoßen; es war der Geleitwagen, der uns zur Kundgebung gefolgt war. Der silberne Cadillac war mit Jitzchak, dem Fahrer Menachem Damti und dem Sicherheitsbeamten Joram Rubin bereits losgerast.

Türen schlugen zu. Die Reifen des Wagens quietschten, die Menge wich zur Seite. Wohin fuhren wir? *Was in aller Welt ging eigentlich vor?*

Wir jagten die Straße hinunter. Der Fahrer überfuhr sämtliche Ampeln. Ich sah weder den Cadillac noch einen anderen Polizeiwagen. Der Fahrer klatschte das blinkende Blaulicht auf die Motorhaube und schaltete das Martinshorn ein. Ich glaube nicht, daß die Sicherheitsbeamten wußten, wohin sie fuhren. Seit sie mich in den Wagen gestoßen hatten, fragte ich immer wieder: »Was ist passiert?«, und sie antworteten jedesmal: *»Es war nur ein Scherz.«* »Was war nur ein Scherz?« Keine Antwort. Wiederholten die Sicherheitsbeamten einfach nur das, was sie von irgend jemandem aufgeschnappt hatten oder was ihnen ein gutunterrichteter Beamter durch ihre Ohrhörer mitteilte. Na schön, sagte ich zu mir, wir befinden uns in einer Notlage. Ich bin in den Händen von Sicherheitsbeamten. Meine Pflicht ist es, sie ihre Pflicht tun zu lassen.

Der Fahrer fuhr wie verrückt. Wie in einem Actionfilm fegte der Wagen durch die Straßen – wir flogen über Gleise, schnitten mit quietschenden Reifen die Kurven und überfuhren rote Ampeln mit heulender Sirene. Die Sicherheitsbeamten waren stumm, konzentriert und befolgten offenkundig die Anweisungen, die sie für einen solchen Fall erhalten hatten.

Wir rasten aus der Stadt. In mir tauchte wieder das Bild der Sicherheitsbeamten auf, die sich über Jitzchak warfen. Irgendeine Gefahr hatte gedroht, und sie hatten ihn davor geschützt. Beim letzten Blick, den ich auf Jitzchak werfen konnte, bevor die Guards ihn unter sich begruben, schien er mir wohlauf zu sein.

Nach der Kundgebung sollten wir eigentlich an einer Party im Haus von Freunden bei Zahala teilnehmen, und ich dachte, die Sicherheitsbeamten würden mich vermutlich dorthin bringen und Jitzchak würde mich bereits dort erwarten. Gleich nach unserer Ankunft würde ich aus dem Auto springen, zu Jitzchak laufen und ihn fragen, was in aller Welt passiert sei.

Dann bemerkte ich, daß wir in die entgegengesetzte Richtung fuhren. »Weshalb nehmen wir diesen Weg?« fragte ich, »Das ist der *falsche* Weg.« Keine Antwort.

»Wo ist Jitzchak?« brach es aus mir heraus. *»Wenn es nur ein Scherz war, wo ist dann Jitzchak?«* »Im anderen Wagen«, sagten sie. »Wo?« »Hinter uns.« »Was für ein Wagen?« Ich fragte ein weiteres Mal. Schließlich räumten sie ein: »Wir wissen es nicht.«

Es kam mir merkwürdig vor, daß sie nicht in ihre Mobiltelefone oder Funkgeräte hineinsprachen. Heute vermute ich, daß sie strikte Weisung hatten, unseren Standort geheimzuhalten. »Wohin fahren wir?« fragte ich. »Wir sind auf dem Weg zur Zentrale des *Schabak*«, lautete die Antwort.

Wir hielten vor dem Sitz des *Schabak*, des israelischen Gegenstücks des amerikanischen FBI. Der Dienst ist in einem riesigen, unansehnlichen und nichtssagenden Betonklotz untergebracht, etwa zehn Minuten von unserer Wohnung entfernt.

Man führte mich in einen kargen Raum und bat mich, an dem darin stehenden Schreibtisch Platz zu nehmen, auf dem ein Telefon stand, und zu warten. »Sobald wir etwas wissen, geben wir Ihnen Bescheid«, sagte einer der Agenten.

Die Minuten dehnten sich zu Ewigkeiten, und ich begann zu argwöhnen, daß die Kugeln keine Platzpatronen gewesen waren. Mehrere Agenten, alles junge Männer, eilten in das Zimmer herein und wieder hinaus. »Was ist ihm zugestoßen?« fragte ich immer wieder. »Beruhigen Sie sich. Sobald wir etwas wissen, geben wir Ihnen Bescheid«, sagten sie. Sie waren nicht grob oder unfreundlich zu mir; sie wußten eben auch nicht, was geschehen war. Ich war sicher, sie würden mich aufklären, sobald sie selbst eindeutige Informationen hatten. Ich war es von früheren kritischen Situationen her gewohnt, mich zu gedulden, bis ich genaueren Aufschluß erhielt. Immer wenn ich in den Fernsehnachrichten Bilder von einer aggressiven Meute oder von Polizisten, die sich mit Demonstranten prügelten, gesehen hatte, rief ich Jitzchak an, der mich dann mit einem »Es ist alles in Ordnung« zu beruhigen pflegte. Diesmal wußte ich nicht, was ich tun sollte. Ich wußte nicht, was ich glauben sollte. Und ich wußte nicht, wo ich Jitzchak telefonisch erreichen konnte. Schließlich erfuhr ich immerhin: Jemand hatte mit einer Pistole auf Jitzchak geschossen. Ich rief unsere Tochter Dalia von der *Schabak*-Zentrale aus an. »Dalia«, sagte ich, »jemand hat auf deinen Vater geschossen, aber man hat mir gesagt, es seien nur Platzpatronen gewesen.«

»Wo ist er?« fragte sie.

»Ich weiß es nicht.«

»Und wo bist du?« fragte Dalia.

»Ich bin in der Zentrale des *Schabak*.«

»Wir kommen sofort«, sagte Dalia.

»Beeilt euch«, sagte ich zu ihr und legte auf.

Die Minuten vergingen, und meine Sorge und Furcht wuchsen, doch ich war noch immer hoffnungsvoll. Wenn Jitzchak getroffen worden war, dann war er vielleicht nur leicht verwundet.

Dann schnappte ich zufällig zwei Sätze aus dem Geflüster der *Schabak*-Agenten auf: »Einer ist schwer verletzt. Der andere nur leicht.« »Wo ist er?« fragte ich in einem verzweifelten Ton, der eine Antwort forderte. »Sie haben ihn ins Ichilov-Krankenhaus gebracht«, gaben sie endlich zu. Nun wußte ich, daß Jitzchak der Schwerverletzte war. Ich befand mich nun seit zwanzig Minuten in der *Schabak*-Zentrale, und ich spürte, wie die Panik um mich herum wuchs. Etwas Furchtbares war geschehen. Ich bestand darauf, sofort zum Krankenhaus gebracht zu werden.

Wenn Jitzchak der Leichtverwundete gewesen wäre, dann hätten sie mir das gesagt … doch sie sagten gar nichts. Bevor wir die *Schabak*-Zentrale verließen, hörte ich zufällig noch, wie jemand sagte, einer der Verwundeten sei an der Wirbelsäule getroffen worden. Überließen sie es mir selbst, die Schlüsse daraus zu ziehen? Wie schrecklich, daß ich darum beten mußte, daß *der andere* schwer verletzt war! Ich hoffte, daß Jitzchak, sollte es sich um ihn handeln, nicht gelähmt sein würde. Mein agiler, dynamischer Gatte würde es nicht verkraften, für den Rest seines Lebens körperlich oder geistig behindert zu sein.

Zu der Zeit, als Dalia mit ihrer Familie in der *Schabak*-Zentrale eintraf, befand ich mich bereits auf dem Weg zum Ichilov-Krankenhaus. Die Fahrt zur Klinik war ein Alptraum. Was geht einem in solchen Augenblicken durch den Kopf? Welche Hoffnungen hat man? Was wünscht man sich? Bitte, Gott, steh ihm bei ... hilf ihm.

Als ich im Krankenhaus eintraf, erkannte ich sofort, wie ernst die Situation war. Professor Gabi Barabasch, der Direktor der Klinik, holte mich am Eingang ab. Ich fragte Dr. Barabasch, wie Jitzchaks Chancen stünden. Er schaute mich an, und seine großen, stechenden Augen drückten mehr Verzweiflung als Hoffnung aus. Niemand wagte offen auszusprechen, daß die Lage hoffnungslos war. In diesem Augenblick ließ ich allen Mut sinken, aber gleichzeitig fühlte ich, wie ich in einen traumartigen Zustand entrückte, obgleich ich noch immer von sehr realen Ängsten und sehr realen Hoffnungen erfüllt war. Konnte nicht immer noch ein Wunder geschehen?

Jemand führte mich in ein leeres Krankenzimmer, in dem zwei Betten standen, die mit grünen Kliniklaken überzogen waren. Rechts von dem Bett, auf dem ich saß, stand ein Nachttisch. Und auf einer kleinen Bank am anderen Ende dieses langen, schmalen Raums befand sich ein Telefon. Dalia stürzte herein, ich begann zu weinen.

Wir warteten ungeduldig darauf, daß Dr. Barabasch mit neuen Informationen zurückkehrte. Man sagte mir, daß Dr. Joram Kugler, der Chef der traumatologischen Abteilung, und Dr. Motti Gutman, ein Mitglied des Notfallteams, fieberhaft im Operationssaal arbeiteten. Sie hatten die Milz entfernt und eine Brustdrainage gelegt. Später erfuhr ich, daß Jitzchak während der Operation mehr als zwanzig Blutkonserven übertragen worden waren.

Binnen kürzester Zeit trafen Schimon Peres und viele andere in der Klinik ein, unter anderem Generalstabschef Amon Lipkin-Shahak, Schimon Scheves, der ehemalige Chef des Beraterstabs, der Jitzchaks nächsten Wahlkampf organisieren sollte, Arbeitsministerin Ora Namir und Staatspräsident Ezer

Weizman, Knessetabgeordnete und ein wachsender Strom anderer hochrangiger Beamter. US-Präsident Bill Clinton rief an und sprach mit mir und dem amerikanischen Botschafter in Israel, Martin Indyk; er sprach Worte der Ermutigung und Freundschaft.

Noch immer bestand Aussicht, daß er durchkommen würde. So sagte man uns, und wir wollten es nur allzugern glauben.

Zu diesem Zeitpunkt erfuhr ich, daß man den Attentäter gefaßt hatte und daß es ein Jude war. Ich war entsetzt und angewidert. Ich war schockiert. Auf der Stelle vergaß ich den mutmaßlichen islamischen Hamas-Terroristen. Die Demonstranten vor unserer Wohnung standen mir wieder vor Augen. Wie konnten sie nur?

Mit all den notmedizinischen Maßnahmen war es den Ärzten gelungen, seinen Blutdruck zu stabilisieren. »Es besteht Hoffnung«, sagte Dr. Barabasch. Ora Namir sagte immer wieder beschwörend: »Er ist stark. Er wird es schaffen.«

Man sagte mir, auf der Fahrt ins Krankenhaus habe Jitzchak den Sicherheitsbeamten und den Chauffeur zu beruhigen versucht: »Es tut weh, aber es ist auszuhalten«, waren seine letzten Worte, bevor er das Bewußtsein verlor. Kleinere gesundheitliche Beeinträchtigungen wie etwa eine Augenentzündung oder eine Rippenprellung konnten ihn beunruhigen, doch wenn die Lage wirklich ernst war, dann war Jitzchak tapfer und stark und nahm dennoch in fast übermenschlicher Weise Rücksicht auf andere.

Dann vergingen etwa fünf Minuten. Dr. Barabasch kam zurück. Jitzchaks Zustand hatte sich verschlechtert. Diese Worte bereiteten uns auf das Schlimmste vor.

Dr. Barabasch kam ein letztes Mal zurück. Seine Augen sagten alles. Es bedurfte keiner Worte.

Es war vorbei.

Ich wandte mich weinend dem Bürgermeister von Tel Aviv,

Ronni Milo, zu: »Sie hätten mich statt Jitzchak erschießen sollen.«

Ich bestand darauf, Jitzchak zu sehen. Ich weiß noch, daß ich zwanzig bis dreißig Meter über den Flur ging. Meine Enkelin Noa meint, der Raum sei kalt gewesen. Vielleicht. Ich habe es nicht bemerkt. Mir fiel nur die Kälte seiner Haut auf, und die Vorstellung, den Raum zu verlassen, verstörte mich zutiefst. All die heldenhaften Anstrengungen der Ärzte im Krankenhaus waren letztlich vergeblich gewesen. Bereits zwei Minuten nach dem Anschlag, als Jitzchak – in dessen Jackentasche das mittlerweile blutbefleckte gefaltete Blatt mit dem *Lied des Friedens* steckte – im Wagen einen Kollaps erlitt, war sein Tod so gut wie besiegelt. Nachdem die Kugel ein Loch in die Aorta gerissen hatte, begann Luft ins Gehirn zu strömen. Nach der irreversiblen Hirnschädigung trat dann der klinische Tod ein, obwohl die Ärzte noch eine ganze Stunde lang sein Herz massierten. Wenn er eine schußsichere Weste getragen hätte, wäre er vielleicht heute noch am Leben.

*

Mein geliebter Abba'le, Du lagst da, in eine Decke gehüllt, und sie entblößten Dein Gesicht. Ich gab Dir einen letzten Kuß. Du warst so kalt und so bleich. Aber ich durfte Dich ein letztes Mal küssen. Ich gebe Dir einen Abschiedskuß, doch Du bist schon in einer anderen Welt – Du weißt nicht, was sie Dir angetan haben – Du weißt nicht, daß Du ermordet wurdest – Du weißt es nicht und wirst es niemals wissen – und wir? Auch wir können nicht fassen, was Dir angetan wurde – warum Du uns genommen wurdest. Und dann … drängten sie uns, das Krankenhaus zu verlassen, ohne Dich nach Hause zu gehen, zurückzukehren in die Wohnung, die wir einige

*Stunden zuvor als Paar verlassen hatten, wie wir es
jeden Samstagabend zu tun pflegten – dieses letzte Mal,
um zu der herrlichen Kundgebung zu gehen, auf der
Du so gelöst und so glücklich warst.*

2. Kapitel

Schalom, Chaver

Wir kehrten in den frühen Morgenstunden des Sonntags nach Hause zurück. Hunderte von Menschen hatten sich vor dem Gebäude eingefunden und harrten geduldig aus. Der Wagen fuhr zum Hintereingang der Wohnanlage durch – ein Eingang, den wir noch nie zuvor benutzt hatten. Wegen der vielen Menschen, die vor dem Haus warteten, führte uns der Sicherheitsbeamte an den Mülltonnen vorbei durch den Dienstboteneingang. Obgleich diese Menschen es gut meinten, wollten die Sicherheitsbeamten uns nach dem Martyrium im Krankenhaus den mühsamen Weg durch diese Menge ersparen.

Ich ging mit meinen Kindern zu Fuß zu unserer Wohnung hinauf; wir alle bemühten uns, die Fassung zu bewahren. Enge Freunde von uns fanden sich dann nach und nach in unserem Wohnzimmer ein, aber ich erinnere mich beim besten Willen nicht mehr an die einzelnen Personen und an das, was gesagt wurde. Wir saßen im Wohnzimmer beisammen – vielleicht weitere zwei Stunden. Ich habe nicht viel gesagt, nur zugehört.

Als ich schweigend dasaß und versuchte, das Chaos in meinem Kopf zu bändigen, kam mir plötzlich eine furchtbare Erkenntnis: So wie ich von der schlimmsten persönlichen Tragödie, die man sich vorstellen kann, heimgesucht worden war, so war auch unser Land in eine historisch beispiellose Katastrophe gestürzt worden. Aus den Tiefen meines Gedächtnisses tauchte unwillkürlich ein sonderbares Bild auf, das mir inmitten des Schockzustands, in dem ich mich befand, eine geschichtliche Parallele aufdrängte …

*

… An einem Junitag des Jahres 1933 schlendert ein Paar gegen zehn Uhr abends am Strand von Tel Aviv entlang. Nur wenige Tage später betrete ich als kleines Mädchen erstmals den Boden Palästinas. Zwei Männer nähern sich dem Paar. Einer von beiden hebt eine Fackel hoch, während der andere eine Pistole auf den Ehemann richtet und unter dem vor Schreck starren Blick der Frau schießt. Die Angreifer fliehen in Sekundenschnelle. Der Mann wird auf dem schnellsten Weg ins Krankenhaus geschafft, wo er an den Folgen des starken Blutverlusts stirbt.

*

Der vierunddreißigjährige Chaim Arlosoroff war einer der Führer der Arbeiterbewegung und der bestgehaßte Gegner der rechten Revisionisten. Sie beschuldigten ihn, gemeinsame Sache mit den Nazis zu machen. Dieser junge Politiker, der auch Leiter der politischen Abteilung der Jewish Agency in Palästina war, war tatsächlich nach Deutschland gereist und bemühte sich aktiv darum, jüdische Personen und deren Vermögen aus dem Land herauszubekommen. Obgleich der Mörder nicht identifiziert werden konnte, wurden drei ultranationalistische Revisionisten unter Anklage gestellt. Zwei von ihnen wurden freigesprochen. Einer, Avraham Stavsky, wurde verurteilt, doch das Urteil wurde schließlich aufgehoben.
Jitzchak und ich sprachen oft über Arlosoroff. Seiner Meinung nach war Arlosoroff ein brillanter Nachwuchspoliti-

ker gewesen, dem eine große Zukunft bevorstand und der wahrscheinlich eine bedeutende Rolle im Unabhängigkeitskampf gespielt hätte. Jitzchak war sich ziemlich sicher, daß er von Stavsky umgebracht worden war. Wir alle waren dieser Ansicht. Auch wenn es keine eindeutigen Beweise dafür gab, so hatten wir alle doch guten Grund zu der Annahme, daß er der Täter war. Doch unabhängig davon, wer Arlosoroff ermordet hat, hatten die *Revisionisten** jedenfalls eine Atmosphäre erzeugt, die seine Tötung geradezu herausforderte. Sie streuten verleumderische Gerüchte und lancierten Zeitungsartikel, in denen behauptet wurde, er kollaboriere mit den Nazis.

Arlosoroff war vielleicht mein einziger klarer Gedanke in jener Nacht. Freunde sagten mir später, ich hätte in dem Sessel gesessen, in dem ich immer zu sitzen pflegte. Ich weiß noch, daß die Anwesenden eingehend über die Einzelheiten des Begräbnisses berieten. Man konnte ja nicht einfach »ein Buch aufschlagen« und nachlesen, was zu tun war. Es war das erste Mal, daß in Israel ein Ministerpräsident ermordet worden war. Jitzchaks Leiche befand sich im Krankenhaus. Der Sarg würde morgen früh nach Jerusalem überführt. Danny Jatom, Jitzchaks bewährter Militärberater, meinte, die Beisetzung solle bis Montag aufgeschoben werden, damit US-Präsident Clinton und die anderen Staats- und Regierungschefs genügend Zeit hätten, nach Israel zu kommen. Es wurde darüber diskutiert, und ich sagte nur: »Einverstanden.« Jitzchak sollte auf dem Herzl-Berg beigesetzt werden.

---

* Von Wladimir Jabotinsky (*1880, †1940) im Jahre 1925 begründete Abspaltung (Weltunion der Zionisten-Revisionisten) vom offiziellen, durch Chaim Weizmann (*1874, †1952) repräsentierten Zionismus. Die großisraelisch orientierten Revisionisten beriefen sich auf die »ursprünglichen« Ziele der Juden und lehnten jegliche Kompromisse mit den Arabern in der Frage der jüdischen Besiedlung Palästinas und der Gründung eines Judenstaats ab.

»Einverstanden. Aber *weshalb* ist es passiert?« Wir müssen morgen zur feierlichen Aufbahrung von Jitzchaks Leichnam vor der Knesset nach Jerusalem fahren. »Einverstanden.« Aber ich begreife immer noch nicht …

Ich kam nicht einmal auf den Gedanken, ins Bett zu gehen, doch gegen vier Uhr gab mir der Arzt ein leichtes Schlafmittel. Schließlich übermannte mich die Erschöpfung. Dalia, Noa und ich fielen mit letzter Kraft ins Bett – doch wir verbrachten diese Nacht nicht schlafend, sondern in einer Art lähmender Benommenheit.

Meine allerersten Worte, als ich erwachte, waren: »Gestern abend ist irgend etwas Schreckliches passiert, nicht wahr?« Zuerst dachte ich, es hänge mit Dalia zusammen, denn sie hatte erst vor kurzem eine schwere Krankheit überstanden. Dann dämmerte mir: Jitzchak.

Im Tageslicht erinnerte ich mich an einen Zwischenfall, der sich zwei Wochen zuvor in Wingate, einer Sporthochschule bei Netanya, ereignet hatte. Jitzchak nahm dort an einer Feier teil, und eine grölende Gruppe rechtsextremer Juden störte seinen Auftritt. Einer war unbemerkt bis zu Jitzchak auf die Rednertribüne vorgedrungen. Ich hörte im Radio Berichte, nach denen Jitzchak angegriffen worden war. Voller Sorge rief ich ihn an und fragte ihn, was geschehen sei. Jitzchak spielte den Zwischenfall herunter. »Ein Kerl versuchte, bis zu mir vorzudringen«, sagte er, »aber es war nicht so schlimm, wie es dargestellt wurde.«

Später sah ich in einem Fernsehbericht, wie ein Sicherheitsbeamter den Kerl wie ein Bündel hochwuchtete und ihn in sicherer Entfernung von Jitzchak wieder absetzte. Das beunruhigte mich. Denn die Tatsache, daß jemand so weit vordringen konnte, hätte als eine Warnung verstanden werden müssen. Wenn man Jitzchak gefragt hätte, ob er sich bedroht fühle, hätte er geantwortet: »Absolut nicht. Ich glaube nicht, daß irgend jemand ernsthaft vorhat, mir etwas anzutun.« Immer wieder wurde er in Fernsehinterviews gefragt, wie ernst er die Drohungen von Leuten nehme, ihn zu erledigen. Er tat diese Drohungen dann mit der Bemerkung ab: »Ach was.« Wie anders verlief der gestrige Abend. Keine lärmende Unterbrechung, nur ein junger Wirrkopf, der sich im Schatten des Parkplatzes versteckt hielt. Die Ermittlungen würden später ergeben, daß er dort länger als eine halbe Stunde auf der Lauer lag. Ein harmloser jüdischer Mitmensch, der darauf wartete, einen flüchtigen Blick auf den Ministerpräsidenten zu erhaschen. Über die Lautsprecher hörte er, wie Jitzchak das »Lied des Friedens« mitsang. Er sah aus wie ein junger Mann, der Jitzchak die Hand geben will. Vielleicht war er sogar ein verkappter Agent des israelischen Inlandgeheimdienstes *Schin Beth*. Schließlich wurde der Platz von tausend Sicherheitskräften überwacht. Eintausend Beschützer, und dennoch liegt Jitzchak tot in der Ichilov-Klinik. Bevor der Alptraum Wirklichkeit geworden war, hatte niemand die Drohungen ernst genommen, niemand wollte im Tiefsten seines Herzens glauben, daß ein Jude den Ministerpräsidenten ermorden könnte.

Doch es stellte sich heraus, daß der Mörder von Jitzchak seinem späteren Opfer bereits mehrfach aufgelauert hatte. Einigen Berichten zufolge soll er ein rudimentäres Sicherheitstraining absolviert haben, als er kurze Zeit mit jüdischen Gruppierungen in der früheren Sowjetunion zusammenarbeitete. Vielleicht hat er dort die Taktik gelernt, zu schreien, daß er nur Platzpatronen verschieße, während er in Wirklichkeit echte Kugeln abfeuert. Wir wissen bis heute nicht, ob er selbst oder ein Komplize rief, daß es Platzpatronen waren. Aber was würde das auch heute – nach alledem – noch bedeuten?

Wir erfuhren auch, daß der Mörder drei frühere, im Jahre 1995 unternommene Versuche gestanden hat, meinen Mann zu ermorden. Am 22. Januar wollte er in der Holocaust-

Gedenkstätte Yad Vashem zuschlagen. Doch Jitzchak erschien nicht wie ursprünglich geplant, um des fünfzigsten Jahrestags der Befreiung von Auschwitz zu gedenken, da er auf einen Selbstmordanschlag auf eine Bushaltestelle in Beit Lid, bei dem 29 israelische Soldaten umgekommen waren, reagieren mußte. Der zweite Versuch schlug am 22. April bei einem marokkanischen Folklorefestival in der Nof-Yerushalayim-Halle in Jerusalem fehl – als ihn die Sicherheitskräfte nicht durchließen, weil er keine Einladung hatte. Am 11. September versuchte er es erneut bei der Einweihung eines Autobahnkreuzes in Kfar Schmarjahu; es gelang ihm jedoch nicht, sich einen Weg durch die dichtgedrängte Menschenmenge zu bahnen.

Ich kann nur mit dem Kopf schütteln, wenn ich bedenke, daß er den Mord bereits viel früher hätte verüben können. Dies war eine Folge von Attentatsversuchen, die listig und kaltblütig geplant worden waren. Die schiere Beharrlichkeit, mit der der Mörder seinen Plan umzusetzen versuchte, rief mir die Worte der Dichterin Lea Goldberg in Erinnerung: »Die Phantasie des Opfers ist immer kleiner als die des Mörders.« Wer wäre schon auf die Idee gekommen, daß ein Jude systematisch dem israelischen Ministerpräsidenten nachstellte?

Am 4. November dann war der vierte Versuch des Mörders binnen weniger als einem Jahr erfolgreich. Eitan Haber, der Leiter des Büros des Ministerpräsidenten, unterrichtete vom Krankenhaus aus die Medien über Jitzchaks Tod. Der TV-Nachrichtensprecher Chaim Javin war der erste, der die israelische Öffentlichkeit am Samstag abend um 23.15 Uhr – etwas mehr als anderthalb Stunden nach dem Attentat – von Jitzchaks Ableben informierte.

Am Samstag morgen sah ich die Schlagzeilen und die Bilder in den Zeitungen. Ich blätterte eine Weile darin, doch dann wurde es mir zuviel, und ich warf sie zur Seite. Ich habe kei-

nen Zweifel, daß Jitzchak dazu sagen würde: »Es ist nun mal
passiert. Was kann man jetzt noch daran ändern?« Was konnten *wir* jetzt noch tun? Es blieb uns nur das eine: Jitzchaks
Andenken, sein Vermächtnis und seine einzigartige Persönlichkeit zu ehren. Und, wie es mein Sohn Juwal später in einer Gedenkrede formulierte, »auf dem Weg des Friedens und
der Sicherheit weiterzugehen, damit das Opfer meines Vaters
nicht vergeblich war«. Ich rief Schimon Peres an und sagte
ihm: »Du und Jitzchak, ihr habt dieses Werk gemeinsam begonnen, nun mußt du allein weitermachen. Dies wäre auch
Jitzchaks Wunsch gewesen.«
In dem Wagen, der uns am Sonntag morgen nach Jerusalem
brachte, herrschte Schweigen. Es gab nicht viel zu sagen. Wir
alle waren in einem Schockzustand: Noch immer hatten wir
das Gefühl, alles sei nur ein schrecklicher Alptraum. Der Sarg
lag feierlich aufgebahrt vor der Knesset, dem israelischen
Parlament. Wir nahmen auf Stühlen in der Nähe des Sargs
Platz. Es dauerte dann etwa eine Stunde, bis die lange
Schlange der Kondolenten – hauptsächlich Regierungsmit-
glieder und Knessetabgeordnete – an uns vorbeigezogen
war. Einer nach dem anderen gab uns die Hand und bekun-
dete, sichtlich tief erschüttert, seine Anteilnahme. Einigen
hätte ich lieber nicht die Hand gereicht, aber in dieser Situation ließ es sich nicht vermeiden.
Als ich den Sarg, der mit der blauweißen Fahne Israels, in deren Mitte der Davidstern prangt, geschmückt war, auf dem
schwarzen Katafalk sah ... ihn zum ersten Mal auf dem Platz
vor der Knesset sah, wurde ich auf furchtbare Weise mit einer unfaßbaren Wirklichkeit konfrontiert.

*

Eineinviertel Millionen Menschen sind in 24 Stunden an
Deinem Sarg vorbeidefiliert. Du in einem Sarg! Du, der

Du keine Sekunde lang stillstehen konntest, für immer in einen Sarg eingesperrt.

Wir saßen der Bahre gegenüber. Wie furchtbar das war. Es gab so viele Trauergäste von nah und fern: das Kabinett, die Knessetabgeordneten und wir – die Kinder und ich – nahe bei Dir, und nur Du fehltest, weil Du da im Sarg lagst. Wie schrecklich!

Die Menschen standen stundenlang Schlange, um an Deinem Sarg vorbeizuziehen und Dir die letzte Ehre zu erweisen, um ein letztes Mal in Deiner Nähe zu sein und Dir Lebewohl zu sagen. Du bist nicht mehr, und Du weißt nicht, wie groß der Schmerz, wie groß die Ungläubigkeit in unserem Volk ist. Du kannst nicht wissen, wie maßlos mein Gefühl des Verlusts ist ... maßlos. Du wirfst einen riesigen Schatten auf unser Leben, und die Leere, die du hinterläßt, ist so fürchterlich und so erschütternd für das ganze Land, die ganze Welt – und mich.

*

Ich dachte nicht an meine persönlichen Verpflichtungen, denn ich wurde von Gram verzehrt. Meine Kinder erlebten das gleiche Gefühl des Verlusts wie ich; Jitzchak war ihnen allen ein so großes Vorbild gewesen.

Als wir nach Tel Aviv zurückkehrten, warteten viele hundert Menschen vor unserem Haus; ich entschloß mich in diesem schweren Augenblick spontan, mit ihnen zu sprechen. Es waren so viele Menschen. Überall wurde mit Kameras und Mikrofonen hantiert, weil die Medien die Menschen in aller Welt an unserer Trauer teilhaben lassen wollten. Meine Tränen zurückhaltend, sagte ich zu den Versammelten:

»Zwei Kugeln haben diesen großen, wunderbaren Menschen getötet ... Es ist schade, daß Ihr nicht da wart, als

*er von Demonstranten auf der anderen Seite dieser
Straße als Verräter und Mörder beschimpft wurde. Es ist
traurig, daß Ihr damals nicht gekommen seid. Doch jetzt
seid Ihr da, und es gibt mir, meinen Kindern und meinen
Enkelkindern Kraft, wenn wir sehen, daß Ihr sein Andenken auf diese wunderbare und respektvolle Weise achtet
und daß Ihr den Frieden wollt. Vielen Dank, daß Ihr gekommen seid. Das bedeutet mir sehr viel, und ich danke
Euch auch in seinem Namen.«*

Ich war nicht wütend. Ich war ehrlich. Mein Kummer war
unsäglich, doch ich wußte, daß auch sie aufrichtig trauerten.

Die Stimme der vielen, vielen, die den Friedensprozeß und
die Bemühungen Jitzchaks unterstützten, war früher nicht
zu vernehmen gewesen. Sie waren stumm geblieben, als
es gewalttätige Demonstrationen und Drohungen gab. Als
man Jitzchak einen Verräter, einen Mörder, einen Nazi zieh.
Vielleicht glaubte die Mehrheit, die stumm blieb und die
die Straßen den Stimmen des Hasses und der Gewalt überließ, daß sich ihre Loyalität von selbst verstehe. Doch Jitzchak beklagte sich nie, denn er war viel zu eifrig damit beschäftigt, die Dinge voranzutreiben, um den Frieden zu erreichen. Die schweigende Mehrheit vertraute ihm und glaubte,
ein Mann von seinen Fähigkeiten werde es schon allein
schaffen.

*

Achtundsiebzig Staatsoberhäupter landeten auf dem Ben-Gurion-Flughafen. Den ganzen Sonntag und den frühen Montag
über war die Luft erfüllt vom Heulen der Flugzeugtriebwerke,
die klangen wie ferne Klagelaute gramerfüllter Riesen. Repräsentanten aus aller Herren Länder wollten in Israel einem

Mann die letzte Ehre erweisen, der zu einer weltweiten Symbolfigur des Friedens geworden war.

Zu den Beisetzungsfeierlichkeiten kamen US-Präsident Bill Clinton, König Hussein, die ehemaligen US-Präsidenten George Bush und Jimmy Carter. Ex-Präsident Ronald Reagan, der wegen seiner Krankheit nicht selbst kommen konnte, ließ sich vom ehemaligen US-Außenminister George Shultz vertreten. John Major und Helmut Kohl … Jacques Chirac und Václac Havel … Hosni Mubarak, Viktor Tschernomyrdin und Boutros Boutros-Ghali. Die meisten trugen eine *jarmulke*. König Hussein trug die traditionelle jordanische rotkarierte *kufiyah*. Daneben waren in der Menge der Trauergäste blaue Baseballmützen (die von Soldatinnen der israelischen Armee ausgeteilt wurden), gestrickte *kipot* orthodoxer Juden und drusische Turbane zu sehen.

Obgleich die Totenfeier Zeitungsberichten zufolge eines der bewegendsten Staatsbegräbnisse der modernen Geschichte gewesen sein soll, habe ich wenig davon mitbekommen. Der Arm, den mein Sohn Juwal um meine Schulter gelegt hatte, gab mir die Kraft, mich aufrechtzuhalten … während mein Enkel Jonatan, in khakifarbener Uniform, mit leuchtend rotem Beret, seine trauernde Mutter Dalia stützte. Die Trauerfeier begann mit dem Staatsakt vor der Knesset; anschließend setzte sich der lange Leichenzug zum Herzlberg in Bewegung.

*

Fern und nah heulten die Sirenen zum Andenken an Dich! Das Sirenengeheul, das einem sonst immer das Blut in den Adern erstarren läßt … am Vorabend des Holocaust-Gedenktags, am Vorabend des Gedenktags für die Gefallenen, erschallte nun für Dich. Dann zwei Schweigeminuten im ganzen Land. Ich bin stillgestanden – vielleicht zum Andenken an Dich?

*Dann geleiteten wir Dich auf Deiner letzten Reise. Wir
führten den Trauerzug an, der Deinem Sarg folgte. Wer
konnte es begreifen? Der Sarg wurde in einem Komman-
dowagen transportiert, und die Kinder und ich folgten
dahinter. Immer wieder frage ich: Ist es Jitzchak? Ist es
möglich?*

✳

Tausende von Menschen säumten den Weg, schweigend,
schluchzend.

Wie oft hatte ich Jitzchak bei Gedenkveranstaltungen zum
Har Herzl begleitet! In den Kriegen, die unser Staat seit seiner
Gründung im Jahre 1948 führte, sind achtzehntausend Israelis gefallen. Der Herzlberg ist *der* israelische Nationalfriedhof.
Dort liegen Levi Eshkol, Golda Meir und so viele andere Helden begraben, die an der Gründung des Staates Israel mit-
wirkten.

Der Herzlberg, eine Erhebung, die eine wunderbare Aussicht
auf Jerusalem gewährt, wurde nach dem Begründer des modernen Zionismus, Theodor Herzl, benannt, der 1905 in Europa starb und dessen sterbliche Überreste 1949 nach Israel
überführt und hier beigesetzt wurden.

Hier, auf dem Kamm des Hügels, betteten sechs Generäle
meinen Mann zur letzten Ruhe.

US-Präsident Clinton faßte in seiner Gedenkrede den erhe-
benden und bewegenden Tenor der Trauerfeier noch einmal
auf vollendete Weise zusammen. Er sprach in tiefer Hochachtung, im Geiste völkerübergreifender Kameradschaft und
im Schmerz eines persönlichen Verlusts. Seine einleitenden
Worte rührten mich zutiefst.

*Lea, ich weiß, daß Sie allzu viele Male seit dem Bestehen
dieses Staates aufgefordert wurden, die Söhne und die*

Väter, die Ehemänner und die Ehefrauen, die Söhne und die Töchter, die ihre Lieben durch Gewalt und Rache verloren hatten, zu trösten und zu erquicken. Sie haben ihnen Kraft gegeben. Heute sind wir und mit uns Millionen von Menschen in der ganzen Welt hier, um Ihnen in aller Demut und Hochachtung unsere Kraft anzubieten. Möge Gott Sie und mit Ihnen alle Trauernden Zions und Jerusalems trösten.

Als er sagte: »Auch wenn wir seine tiefe, rauhe Stimme nicht mehr hören, so ist doch er es, der uns erneut hier zusammengeführt hat, damit wir in Wort und Tat dem Frieden dienen«, brachte er all den persönlichen Verlust, den wir erlitten hatten, ergreifend zu Bewußtsein. »Ihr Ministerpräsident war ein Märtyrer des Friedens, aber auch ein Opfer des Hasses«, mit diesen einfühlsamen Worten beschrieb der Präsident die Kräfte, die Jitzchak dahingerafft hatten, und seine großartige politische Vision. »Der Legende nach tritt seit unvordenklichen Zeiten in jeder neuen jüdischen Generation ein gerechter Führer auf, der sein Volk beschützt und für Sicherheit sorgt. Ministerpräsident Rabin war ein solcher Führer.« Und dann sprach er die Abschiedsworte: »*Oseh schalom bimromav hu ja'aseh schalom aleinu ve'al kol Jisrael, ve imru amen.*« – Er, der Frieden im Himmel stiftet, möge er Frieden schaffen für uns und für alle Menschen Israels, Amen.

Schalom, Chaver – »Lebe wohl, mein Freund« – lautete der Abschiedsgruß von Präsident Clinton.

König Husseins Worte waren nicht minder ergreifend: »Meine Schwester, Frau Lea Rabin, meine Freunde, ich habe nie geglaubt, daß einmal der Moment kommen würde, da ich den Verlust eines Bruders, eines Kollegen und eines Freundes beklagen würde – eines Mannes und eines Soldaten, den wir achteten, wie er uns achtete.« »Du hast als Soldat gelebt«, fuhr Seine Hoheit fort, »und du bist als Soldat des Friedens gestorben, und ich denke, es ist für uns alle an der Zeit, hier und heute und für alle Zukunft klar und deutlich Position zu beziehen. Wie groß war die Entschlossenheit, mit der er an die Gestaltung der Zukunft ging! ... Hoffen und beten wir, daß Gott einem jeden von uns – gemäß seinem jeweiligen Wirkungskreis – die Kraft geben wird, alles in seiner Macht Stehende zu tun, um die bessere Zukunft, an der Jitzchak Rabin so entschlossen und mutig baute, zu verwirklichen ... Und wenn meine Zeit gekommen ist, dann hoffe ich, das Schicksal meines Großvaters und Jitzchak Rabins zu teilen.« In dieser mutigen Aussage spiegelte sich die persönliche Geschichte der Haschemiten-Dynastie wider. Im Juli 1951 erlebte der damals erst sechzehnjährige König Hussein mit, wie sein Großvater König Abdallah vor der Al-Aqsa-Moschee in Jerusalem von einem arabischen Attentäter, der befürchtete, der König versuche, zwischen den Arabern und Israel Frieden zu stiften, niedergeschossen wurde. Es war das erste Mal seit der Ermordung seines Großvaters, daß König Hussein den Boden Jerusalems betrat.

Die bewegenden Worte unserer Enkelin Noa riefen uns – der Familie – die Unermeßlichkeit unseres persönlichen Verlusts in Erinnerung. In ihrer Trauerrede, zu der sie von Jitzchaks Berater Schimon Scheves und ihrer Mutter Dalia ermuntert worden war, gab sie dem Schmerz der Familienangehörigen auf unübertreffliche Weise Ausdruck. »Verzeihen Sie mir, daß ich nicht über den Frieden spreche«, so leitete sie ihre Rede ein, »ich möchte über meinen Großvater sprechen ... Die Leute reden von einer nationalen Katastrophe, aber wie kann man ein ganzes Volk trösten oder es in das eigene persönliche Leid einschließen, wenn Großmutter ununterbrochen weint und wir sprachlos vor der riesigen Leere stehen, die dein Tod hinterläßt?« Sie gab unserer Trauer Stimme, als sie sagte: »Du hast nie andere im Stich gelassen, nun haben sie dich im Stich gelassen.« Er war unsere Fackel, wie Noa so schön sagte. Sie gedachte unserem *Abba'le* auf zärtliche und eindringliche Weise: »Dein vielsagendes zurückhaltendes Lächeln, das mit deinem Tod verschwunden ist. Was bleibt mir nun, als Abschied zu nehmen von dir und dir Ruhe in Frieden zu wünschen, mein Held. Die Engel, in deren Obhut du jetzt bist, mögen dich behüten. Großvater, wir werden dich immer lieben.«

Immer wieder rufe ich mir das Bild von Noa ins Gedächtnis zurück, die ihre Trauerrede mit so großer Liebe und Inbrunst hielt und die erst in Tränen ausbrach, als sie diese nicht länger bändigen konnte – sie war so gleichmütig und tapfer, wie ihr Großvater es sich gewünscht hätte.

Anschließend sagte unser Sohn Juwal das *Kaddisch* auf. Das Wort stammt aus dem Aramäischen und bedeutet eigentlich soviel wie »heilig«. Es ist das traditionelle Gebet, das der Sohn bei der Beerdigung seines Vaters spricht.

Nach der Trauerfeier dann der schreckliche Augenblick, als der Sarg in der Erde verschwand. Und die endlose Schlange der Kondolenten: Ich schüttelte ihre Hände und umarmte die, die gekommen waren, unseren unaussprechlichen Schmerz zu teilen und uns zu trösten.

Senator Edward Kennedy und sein Sohn, der Kongreßabgeordnete Patrick Kennedy, streuten Erde von den Gräbern der Kennedy-Brüder Robert und John auf dem Nationalfriedhof Arlington auf Jitzchaks Sarg. Viele Leute verglichen Jitzchaks Tod mit der Ermordung von John F. Kennedy im Jahre 1963. Amerika liebte den US-Präsidenten wegen der Eigenschaften, die er verkörperte: Hoffnung, Energie und Schaffenskraft. Die ganze Menschheit war wie gelähmt vor Schreck und Abscheu, als er ermordet wurde. Er hatte zuwenig Zeit, um die großen Erwartungen, die man in ihn setzte, zu erfüllen.

Israel seinerseits verehrte Jitzchak wegen seiner großen Leistungen. Jitzchak hatte die Chance, sich als Soldat und als Friedensstifter, als zuverlässiger und pragmatischer Politiker und als Visionär zu bewähren. Gott segnete sein langes Leben mit großen Taten. Jitzchak war immer der Ansicht gewesen, daß seine zweite Amtszeit als Ministerpräsident ein Privileg gewesen ist, das ihm die Chance gab – gestützt auf seine langjährige politische Erfahrung –, das zu tun, was er tun mußte.

Für viele Kinder unserer Nation war Jitzchak wie ihr eigener Großvater. Für die Erwachsenen wie ein Vater. Für die Alten wie ein Freund oder Bruder. Viele Briefe, die ich lese, beginnen mit den Worten: »Über den Tod meines eigenen Vaters habe ich nicht so geweint ...« Unsere Tochter Dalia nahm diesen Tenor auf, als sie am siebten Tag der Trauerwoche die Worte an ihren verstorbenen Vater richtete: »Du warst ein Vater, der immer da war: Du warst allen ein Vater; eine herzliche und liebevolle Person, die Weisheit und Geborgenheit ausstrahlte und in deren Obhut man sich sicher fühlte ... Alle schreiben, daß du wie ein Vater für sie warst.«

Als Ministerpräsident war Jitzchak ständig in unserem kleinen Land unterwegs. So war es durchaus möglich, daß man ihn persönlich zu Gesicht bekam, zumal er bei vielen öffentlichen Veranstaltungen auftrat. Er war die bedeutendste politische Persönlichkeit für die Heranwachsenden – ein Held, den sie aus ihren Geschichtsbüchern kannten, und ihr Vorbild in der Gegenwart.

Nach Jitzchaks Beisetzung fuhren wir nach Hause. Die *Schiwa* hatte begonnen. Sieben Tage und sieben Nächte widmete die Nation meinem Mann, und die Welt schloß sich an. Für sieben Tage ruhte das Leben in Israel. Geschäfte und Büros blieben geschlossen, Veranstaltungen fielen aus. In den Schaufenstern hing Jitzchaks Porträt, schwarz umflort. Eine ganze Woche öffentlich nicht proklamierter Trauer. Wir, seine Familie, konnten uns dem Schmerz nicht hingeben wie andere, die ein solches Schicksal trifft. Die ganze Zeit war ich in einem Ausnahmezustand. Wenn ich unter Schock stehe, reagiert mein Instinkt – wie unter einem Überlebensreflex – damit, daß ich mich von mir selbst ablöse, mich wie von außen betrachte. In dieser Verfassung befand ich mich, als die *Schiwa* begann. Ich nahm teil ... und war zugleich woanders.

In den sieben Tagen gingen Tausende von Menschen von frühmorgens bis spätabends in unserer Wohnung ein und aus. Sie gaben mir die Hand. Sie küßten mich. Ich sagte immer wieder: »*Toda raba*, danke.« Sie weinten mit mir. Sie weinten um mich. Es war wie in einem Traum.

Ich empfing Menschen, die ich nicht kannte, und manche, die ich viele Jahre lang nicht mehr gesehen hatte, Freunde aus alter Zeit. Sie alle suchten nach einem Weg, um sich mit dieser furchtbaren Wirklichkeit abzufinden. Vielleicht hofften sie, durch den Händedruck mit mir und mit den Kindern mit Jitzchak in Verbindung zu treten und so das Unfaßbare zu begreifen ... Und dabei gab es viele, die wegen des Gedränges gar nicht in die Nähe unseres Hauses gelangten.

Unzählige Postsäcke wurden in unsere Wohnung gebracht. Briefe, Lieder, Gedichte, gesandt mit der Post oder per Fax oder aufgelesen an den verschiedenen Schauplätzen der Tragödie – dem Platz der Könige Israels, dem Friedhof oder vor unserem Haus. Aber auch wunderschöne Bilder, die jetzt überall in unserer Wohnung hängen. Porträts von Jitzchak blicken uns aus jeder Ecke an.

Während der *Schiwa* besuchten uns auch mehrere Delegationen von israelischen Arabern, die aus kleinen Dörfern und Städten kamen. Sie reisten gruppenweise, reihten sich in die Schlange der Wartenden ein und bekundeten, nachdem sie unser Wohnzimmer betreten hatten, ihr Beileid voll aufrichtigen Mitgefühls. »Wir haben unseren Bruder verloren, unseren Führer und Vater«, sagten viele von ihnen zu mir.

Blumen über Blumen. An seinem Grab, an der Stelle des An-schlags, vor dem Haus. Überall flackerten Kerzen. Das Licht der Kerzen vor dem Haus war so stark, daß es sogar noch un-ser Wohnzimmer im achten Stock hell erleuchtete. Die ganze Straße war mit dem Wachs abgebrannter Kerzen überzogen. Doch nicht nur zu unserer Wohnung kamen die Trauern-den – benommen, wehklagend und weinend. Auch zum Ki-kar Malkhe Jisrael zog es sie bei Tag und bei Nacht: Kinder und Erwachsene, die weinten, sangen und Kerzen anzünde-ten – Tausende von Kerzen auch hier.

Man hat mir gesagt, ich hätte während der feierlichen Auf-bahrung und der Beisetzung eine schicksalsergebene Gelas-senheit ausgestrahlt. Tatsächlich drehte ich mich in einem Kreis stillen Grams. Mir fehlte jegliche Orientierung. Meine Begegnungen mit Journalisten halfen mir dabei, wieder ei-nen klaren Gedanken zu fassen. Das israelische Fernsehen trat am Montag, dem Tag des Begräbnisses, an mich heran. Am dritten und vierten Tag nach dem Attentat baten dann Journalisten aus aller Welt um Interviews. Während der sie-bentägigen Trauerwoche wurde ich von CNN, CBS, NBC, dem Zweiten Israelischen Fernsehen, dem ägyptischen Fern-sehen und vielen anderen interviewt. Ich glaube, diese Sen-dungen ehrten das Andenken Jitzchaks – mit Ausnahme ei-ner Ausstrahlung von Ted Kopels *Nightline* (was für eine Ent-täuschung, Jitzchak und ich kannten ihn seit Jahren), bei der im Publikum, das angeblich einem repräsentativen Quer-schnitt durch alle politischen Lager Israels entsprach, die Rechten und Ultraorthodoxen unerhörterweise überreprä-sentiert waren.

Bevor ich mich äußerte, versuchte ich mir vorzustellen, wie Jitzchak sich in dieser Situation verhalten hätte. Hätte Jitz-chak seinen eigenen Tod kommentieren können, dann hätte er seine Zeit nicht damit verbracht, einzelne Personen zu be-schuldigen, und er hätte sich auch nicht von Angst lähmen lassen. Sicher hätte er zunächst die Ursachen analysiert und dann herauszufinden versucht, welche Lehren wir als Nation daraus ziehen können. So wäre er vorgegangen, und deshalb ging auch ich jetzt ganz unwillkürlich so vor. Die Tragödie mußte eine Lektion für uns bereithalten. Zu meiner großen Überraschung war meine Präsenz allein ein Trost für viele, die erleichtert zu sein schienen, daß sie ein Bild, eine einzelne Person hatten, auf die sie ihren Kummer projizieren konnten. »Sei stark, sei tapfer, wir brauchen dich«, sagten sie mir. Ich sah und sehe mich noch immer bei allen öffentlichen Auftritten in erster Linie als eine Symbolfigur. Ich nahm kein Blatt vor den Mund, zum einen, weil es meinem Temperament entsprach, und zum anderen, weil es, wie ich glaube, auch Jitzchaks Wunsch gewesen wäre.

Ich brachte meine Überzeugung zum Ausdruck, daß ungezügeltes Aufwiegeln diese todbringende Kreatur hervorgebracht hatte, die schließlich Jitzchak kaltblütig ermordete. Ich bemühte mich nicht, meine Verbitterung über die feindselige politische Agitation zu kaschieren. Der Mißstand, mit dem man sich auseinanderzusetzen hatte, war das Klima, das diesen Mord ermöglicht hatte. Unser Enkel Jonatan brachte diese Atmosphäre in einem Satz auf den Punkt: »Der Mörder betätigte nur den Abzug.«

Ich fühlte mich auch verpflichtet, die Leibwächter zu verteidigen, die Jitzchak immer mit großer Umsicht zu schützen versucht hatten. Sie wären bereit gewesen, ihr Leben für Jitzchak zu geben. Ich mußte diesen Punkt immer wieder betonen, ehe man mir Glauben schenkte. Das forderte meine Selbstachtung, aber auch das Bedürfnis, die zu verteidigen, die in die gleiche Tragödie verwickelt waren.

Ich brauchte in diesem tragischen Moment irgendeinen Hoffnungsstrahl. Wir befanden uns in einer Krisensituation, die aus der unauflöslichen Verstrickung einer nationalen und einer persönlichen Katastrophe hervorging. Am Scheideweg muß man sich entschließen, eine neue Richtung einzuschlagen. Vielleicht war diese Tragödie zum Teil darauf zurückzuführen, daß es an einer lauten, vernehmlichen Unterstützung des Friedensprozesses gefehlt hatte. Die Demonstrationen, von denen die Medien berichteten, wurden von Friedensgegnern veranstaltet. Diese schweigende Mehrheit konnte es sich nun nicht mehr leisten, weiterhin zu schweigen. Das israelische Volk mußte einsehen, daß Schweigen genauso gefährlich sein konnte wie schnell verhallende Worte.

*

Während der *Schiwa* gab es bemerkenswerte, erhebende Momente.

In der Trauerwoche besuchte uns ein unerwarteter Gast in unserer Wohnung in Tel Aviv. Es war das erste Mal, daß er hierherkam. Er trug einen Mantel, eine Sonnenbrille und einen Hut. Als er das Wohnzimmer betrat, nannte er mich »Schwester« und küßte mich dreimal auf die Stirn. Er war unter strengster Geheimhaltung nach Tel Aviv gekommen, eigens um mich und die Kinder zu sehen.

Jassir Arafat wurde von seinen engsten Vertrauten Mahmoud Abbas (alias Abu Mazen) und Achmed Qurei (alias Abu Ala) begleitet. Es war das erste Mal, daß Arafat israelischen Boden betrat. Aus Sicherheitsgründen hatte er nicht an den Beisetzungsfeierlichkeiten teilnehmen können. Das war verständlich. Doch bei diesem Besuch in unserer Wohnung erkannte ich die Herzlichkeit und Natürlichkeit des Menschen Arafat hinter seiner politischen Fassade. Meine Kinder hatten sich zusammen mit einigen Freunden im Wohnzimmer zu mir gesellt. Arafat küßte die Kinder, nachdem er mich geküßt hatte. Es war so, als ob es nie eine Unstimmigkeit mit unserem palästinensischen Partner gegeben hätte, als ob wir einen Dialog fortführten, in dem es nie zu Mißklängen gekommen war.

Jassir Arafat erzählte, daß er, nachdem er von dem Mordanschlag gehört hatte, Jitzchaks Berater Jossi Ginossar angerufen habe. Immer wieder habe er gesagt: »Bitte berichten Sie mir etwas Erfreuliches. Beruhigen Sie mich.« Noch in der Mordnacht hatte seine Frau Sua zwischen ein und zwei Uhr morgens direkt bei mir angerufen.

Er schilderte, wie sehr ihn der Mord bestürzt habe und wie verzweifelt er darüber sei, seinen Partner im Friedensprozeß verloren zu haben. Dann erzählte er, wie er die schrecklichen Stunden der Mordnacht verbracht hatte. Jitzchaks Tod hatte ihn niedergeschmettert.

Während Arafats Besuch rief Präsident Clinton an; ich berichtete ihm, wer zu Gast war, wie sehr mich dieser Besuch bewegte. Wenige Stunden später veröffentlichten Zeitungen in der ganzen Welt Fotos, die den Vorsitzenden Arafat in unserem Wohnzimmer zeigten; sie dokumentierten die respektvolle Beziehung, die zwei ehemalige Feinde aufgebaut hatten. Wir sprachen über seine Familie. Als seine Tochter Zahire im Juli 1994 auf die Welt gekommen war, hatte ich ihr ein Mobile mit silbernen Tauben gesandt, die über ihrem Bettchen schweben sollten. »Ich habe leider zuwenig Zeit, mich mit ihr zu beschäftigen«, klagte Arafat. »Vor zwei Uhr morgens komme ich nicht heim.«

»Aber das ist doch die Zeit, in der Babys munter werden«, belehrte ihn Tali Shahak, die Frau unseres Generalstabschefs.

*

Jitzchak, mein geliebter Mann,
Am siebten Tag kehre ich zu Deinem Grab zurück.
Kaum ertrage ich es, hier zu stehen und zu wissen, daß
Du nun in alle Ewigkeit nur noch an diesem Ort sein
wirst. Du bist unseren Blicken nun entschwunden – für
immer von uns gegangen.

*Das Grab ist übersät mit Blumen, umsäumt von Hunder-
ten, vielleicht Tausenden erloschener Kerzen. Ich gehe
um das Grab herum: Ich will es noch immer nicht glauben, kann es noch immer nicht fassen.*

*

Wir standen da und weinten. Unser Sohn Juwal sagte erneut
das Gebet *El Male Rachamim* – »Gott, der Barmherzige« –
und das *Kaddisch* auf. Wieder sagten wir Lebewohl, und wieder begann das Ritual des Händedrückens, der Umarmungen und Küsse mit den Freunden und den Lieben, die bei
uns standen. Lebe wohl, Jitzchak – wir gehen fort, aber Du
wirst bleiben, in alle Ewigkeit.

*

Wir sind auferstanden von der *Schiwa*. Ich bin buchstäblich
»auferstanden« nach den sieben Tagen, in denen ich immer
in derselben Ecke in demselben Sessel saß und die Tausenden von Kondolenten empfing, die an mir vorüberzogen. Als
ich aufstand, entsprach mein Gemütszustand den Zeilen eines Liedes, das mir der Entertainer Arik Einstein eine Woche
nach dem Mord widmete: »Sie wäscht ihr Gesicht, sie setzt
ihr Lächeln auf, und sie tritt ins Leben. Sie beißt die Zähne
zusammen, hält ihre Tränen zurück, schminkt ihre Augen
und ist wieder unter den Lebenden.« Nur daß ich noch weit
davon entfernt bin, wieder ganz unter den Lebenden zu
sein …
Am siebten Tag der *Schiwa* wurde an der Stelle, an der Jitzchak sein Leben verlor, eine Gedenkfeier für ihn abgehalten.
Wieder drängten sich Menschenmassen auf dem Platz der
Könige Israels und in den umliegenden Straßen. Diesmal
aber herrschte betroffenes Schweigen. Eine Woche zuvor

hatten die Demonstranten in ausgelassener Stimmung Transparente geschwenkt und Lieder gesungen. Jetzt dagegen waren alle von Trauer und Wehmut erfüllt. Auf einer riesigen Plakatwand mit dem Bild von Jitzchak standen die Worte: »Du hast das Lied angestimmt. Wir müssen es zu Ende singen.«

Sie kamen, um bei Jitzchak zu sein ... und meine Worte mußte sie über ihn erreichen. Um sicherzugehen, daß meine Ausführungen den richtigen Ton trafen, hatte ich den Text der Rede vorher meinen Kindern und Jitzchaks Beratern Schimon Scheves und Eitan Haber vorgelesen und sie um Kritik und Anregungen gebeten. Diese Worte würden weltweit in Rundfunk und Fernsehen übertragen, und die Verantwortung lastete schwer auf mir. »Unterdrück die Tränen«, sagte ich zu mir, »laß dich nicht gehen.«

Schalom, Chaver,
vor einer Woche stand er hier, an dieser Stelle. In jener Stunde war er ein glücklicher Mensch, und von hier ging er in den Tod. Wenn Sie gestatten, möchte ich jetzt mit ihm sprechen – so als wäre er nicht für immer von uns gegangen.
Seit jenem tragischen Augenblick sind Hunderttausende, Millionen gekommen ... Und die Reise, die folgte. Wie schrecklich! Ich fuhr mit unseren Kindern und Enkeln hinter Deinem Sarg her. Und dann die Beisetzung – zu der achtzig Staaten der Welt ihre Vertreter entsandten, um Dir die letzte Ehre zu erweisen. Jitzchak, richte Deinen Blick auf uns, und siehe, wie viele Menschen sich hier versammelt haben.
Und seitdem: dieses kraftvolle, gewaltige, unerhörte Festhalten an Dir, an dem, was Du für sie warst. Diese Liebe, die Du ansatzweise gespürt haben magst, deren Ausmaß Du jedoch nicht einmal erahnen konntest. Ein gan-

zes Land ist nun schon seit einer Woche in tiefer Trauer um Dich. Ein ganzes Land hält inne und weint. Noch immer pilgern Menschen bei Tag und bei Nacht zu Deinem Grab und bedecken es mit Blumen. Sie zünden Kerzen an und lassen Briefe zurück, die an Dich gerichtet sind. Und zu Hause ertrinken wir – unsere Kinder und Enkel und Deine Schwester Rachel – in Briefen und Telegrammen. Tausende kommen, um uns zu trösten und um getröstet zu werden und um von Dir Abschied zu nehmen – Juden und Muslime, Christen und Drusen und Tscherkessen, Kinder und Jugendliche und alte Menschen. Und aus allen Teilen des Landes werden uns Zeichnungen geschickt.

Jitzchak, kannst Du es glauben? Bitte, glaube mir, hier ist etwas geschehen, desgleichen dieses Land und vermutlich die Welt noch nicht gesehen hat. Die Erschütterung über den Mord hat an den Grenzen dieses Landes nicht haltgemacht: Überall im Nahen Osten und auf der ganzen Welt trauern Menschen um Dich.

Ich werde gefragt, woher ich meine Kraft nehme, und die Antwort lautet: von Dir. Von Dir, Jitzchak, denn ich war viele Jahre geborgen im Schutz Deiner gewaltigen Kraft. Und jetzt, da ich mit Dir rede, weiß ich, daß Du Dir wünschst, mich stark zu sehen. Und die Woge der Liebe, die uns entgegenschlägt, gilt Dir. Dank all denen, die uns in dieser Stunde beistehen.

Ich möchte Dir auch sagen, daß Deine Leibwächter zu uns gekommen sind. Sie weinten, und wir versuchten, sie zu trösten, indem wir ihnen sagten: »All die Jahre hat Jitzchak euch blind vertraut. Er hat nicht einen Augenblick daran gedacht, daß ihm etwas passieren könnte, weil ihr ihn geschützt habt.« Und auch ich war ruhig, denn ich wußte ihn in sicheren Händen. Und heute schwöre ich ihnen bei allem, was mir heilig ist, daß ich

ihnen niemals einen Vorwurf machen werde wegen
dem, was geschehen ist. Und meine Intuition sagt mir,
daß Du ihnen das gleiche versichern würdest. Es ist geschehen, und Deine Leibwächter taten alles in ihrer
Macht Stehende, und wir werden ihnen auch in Zukunft
vertrauen, weil sie wunderbare Menschen sind. Jeder einzelne von ihnen ist uns lieb und teuer.

Jitzchak, Du kennst mich, und so weißt Du, daß ich immer auf das halb volle und nicht auf das halb leere Glas
schaue. Und aus diesem Grund möchte ich glauben,
daß diese schreckliche Tragödie, die mir, uns, dem ganzen Land widerfahren ist, daß dieser ungeheure Preis,
den Du und wir zahlten, nicht vergeblich gewesen ist.
Denn als wir aus diesem Alptraum erwachten, schien
die Welt um uns verwandelt: Es war eine Welt, die Dir
vertraute, die Dich als Künder des Guten und Gerechten
anerkannte und für die Du ein Quell der Hoffnung warst.
Denn sie wußten, daß Du die Hoffnung auf Frieden und
auf eine bessere Gesellschaft verkörpertest.

Doch Sie vertrauten zu sehr auf Dich und ließen Dich allein kämpfen – allein in der Pilotenkanzel – und waren
allzu schweigsam angesichts des Menetekels, der öffentlichen Verunglimpfungen und der furchtbaren Aufhet-
zung, von der Du keine Notiz nehmen wolltest. Und sie
schwiegen. Erst an jenem letzten Abend versammelten
sich hier, auf dem Platz der Könige Israels, viele tausend
Menschen, um Dir ihre Unterstützung für den langen
und steinigen Weg zum Frieden zum Ausdruck zu bringen. Und Du fühltest Dich bestärkt und warst glücklich.
Jetzt weiß unsere wunderbare Jugend – wie die Kinder,
wie das ganze Land –, daß sie nicht länger schweigen
darf. Jetzt wird die Stimme von Vernunft und Recht zu
vernehmen sein. Jetzt wird aus der schweigenden Mehrheit eine Mehrheit, die offen Position bezieht. Eine Mehr-

*heit, die denjenigen Kraft geben wird, die auf dem von
Dir beschrittenen Weg des Friedens weitergehen werden.
Meiner Intuition – und gewiß auch Deinem Wunsch – folgend, rief ich Schimon Peres an und sagte ihm: »Ihr habt
euch zusammen auf diesen Weg gemacht. Sei jetzt tapfer. Meine Kinder und ich, die Regierung und alle, die
den Frieden wollen, werden dir helfen. Ich bitte dich,
Schimon Peres, im Geiste Jitzchaks weiter darauf hinzuarbeiten, daß Israel in Frieden leben wird.
Schalom, Chaver. Lieber und geliebter Chaver. Vater
meiner Kinder, Großvater meiner Enkel, Vater und Großvater so vieler wundervoller Kinder und Jugendlicher.
Ich nehme jetzt Abschied von Dir, doch Du kannst in
Frieden ruhen, denn Du wirst für immer in unseren Herzen weiterleben.*

Unsere Tochter Dalia hielt ebenfalls eine Ansprache, und ihr
Lebewohl berührte mich am tiefsten. Wir wollten verzweifelt
glauben, daß diese grausame Tatsache nur ein Traum war.
»Schon gut, Papa, wir haben verstanden. Du kannst jetzt zurückkommen«, sagte sie zu Hause im privaten Kreis. Auf der
Gedenkfeier nach der Trauerwoche beschrieb sie die Leere,
die wir alle empfanden:

*Sieben Tage und Nächte sind seit dem schweren Schicksalsschlag vergangen. Drei Pistolenschüsse nach der
Friedenskundgebung auf dem Stadtplatz – und dann das
Chaos. Und seither – wie in einem Schöpfungsakt des
Ersten Buches Mose – erheben wir uns aus dem Staub,
nehmen wir all unsere Kraft zusammen, zwingen wir
uns dazu, unseren Blick nach vorn zu richten – auf die
verwandelte, sonderbare und fremdartige, kalte und
schreckenerfüllte Welt, die mit all ihren dunklen Schatten über uns hereinbricht.*

*Sieben Tage und Nächte der Trauer. In einem Schmerz,
den wir noch immer wie halb benommen spüren. Und
ich spreche mit Dir. Spreche oft mit Dir. Meistens nachts,
in unserem großen weichen Bett, das immer Platz bot
für uns alle. Spreche mehr denn je, denn Du warst kein
Vater für Gewissensprüfungen oder belangloses Geplauder. Und ich sage Dir, wie großartig und stark unsere
Mutter ist, wie stolz Du auf sie wärst.*

*Du warst immer – und wirst immer sein – ein Vater für al-
les, ein wunderbarer Mensch. Immer verfügbar mit gren-
zenloser Freundlichkeit, Wärme und Liebe. Keine Worte.
Umarmungen, ein Blick, ein Kuß, viele Küsse. Eine weise Ausstrahlung und das letzte Wort. Jemand, der Geborgenheit gibt – so viel Geborgenheit und Kraft. Und ich
bin ganz erfüllt von Deinem Geist, unser Geliebter.*

*Und alle Worte sind so schal, leer und hilflos. Und die
Gefühle durchdringen jede Pore des Körpers, und immer
wieder dieser furchtbare Schmerz. Unfaßbar. Alles ist so
brüchig, so zerbrechlich.*

*Und die anschwellende Woge der Liebe kleiner Kinder
und ihrer Tränen schlägt uns entgegen, und ich sitze da
und frage mich: Wie kommt es, daß Du so sehr ein Teil
von uns warst, unser guter und wunderbarer Vater.*

*Doch alle schreiben es. Du warst der Vater von allen.
Und jahrelang hatte mich insgeheim das bittere Gefühl
bedrückt, daß sie mit Blindheit geschlagen waren, daß
ihre Sinne nicht zu erkennen vermochten, wie großartig
und wundervoll Du warst. Jetzt weiß ich, daß ich irrte.
Sie spürten es. Sie wußten es. Sie sahen es. Diese gewaltige Wärme ergreift sie, die Kinder in den Kindergärten
und Schulen, alle Menschen mit Herz. Ich aber finde keinen Trost.*

*Die ganze Welt kam. Und die ganze Welt hielt stille An-
dacht. Und die Menschheit weinte mit uns. Du warst für*

sie der Inbegriff von Klugheit und Hoffnung. Und Du warst der mächtige Damm gegen das Unrecht, die erste und letzte Zuflucht gegen Niedertracht und Roheit.
Mein geliebter Vater, dies ist das erste Mal in meinem Leben, daß Du ein Versprechen gebrochen hast. Du hast versprochen, daß Dir nichts zustoßen würde. Ich habe jenes kindliche Vertrauen verloren, daß uns in Deiner Nähe kein Unrecht widerfahren kann. Ich habe Dich verloren, und ich will es nicht wahrhaben, kann mich nicht damit abfinden.
Mein geliebter Vater, es ist erst sieben Tage her, und der Weg ist so beschwerlich für mich.

*

Jitzchaks Ermordung warf einen Schatten auf das jüdische Leben in der ganzen Welt. Festliche Ereignisse wurden abgesagt oder verschoben. Fast alle Entscheidungen ließen ein hohes Maß an Takt und Einfühlungsvermögen erkennen. Eine nicht. Ein geplantes Festessen für Gönner der Universität von Bar-Ilan in New York, das ursprünglich eine Woche nach Jitzchaks Ermordung stattfinden sollte, wurde auf Januar 1996 verschoben. Als das Essen dann nachgeholt wurde, fand jeder geladene Gast auf seinem Stuhl eine Broschüre vor, deren Inhalt zwei Wochen später in Israel bekannt wurde. Die Sponsoren der Universität hatten auf die Vorderseite der Broschüre ein Foto drucken lassen, das meinen Mann bei der Entgegennahme der ihm 1993 von Bar-Ilan verliehenen Ehrendoktorwürde zeigte. Im Innern der Broschüre aber waren nicht weniger als *zwölf* Fotos des Mörders zu sehen, die ihn als Musterstudent dieser Universität präsentierten.
Israel Segal, ein israelischer Fernsehjournalist, enthüllte diesen Vorfall im Februar. Die Verantwortlichen von Bar-Ilan unternahmen daraufhin praktisch nichts und entschuldigten

sich noch nicht einmal. Sie zogen sich auf ein technisches Problem zurück, ein Versehen, von dem sie offensichtlich angenommen hatten, es würde niemand bemerken. Sie entließen nur die Frau, die für die Öffentlichkeitsarbeit von Barllan in New York zuständig war.

Im Anschluß an die Nachrichtensendung erhielt ich einen Brief vom Rektor der Universität, Schlomo Eckstein, und ihrem Präsidenten, Professor Mosche Kawe, indem sie mich um ein persönliches Gespräch baten, da sie der Meinung seien, man solle nicht die ganze Universität wegen der Tat eines einzelnen Studenten an den Pranger stellen. Ein einzelner Student? Keineswegs, denke ich; viele bewundern ihn bei uns, Schulmädchen himmeln ihn in ihren Briefen an.

Ich bin fest davon überzeugt, daß Jitzchak einer Verschwörung zum Opfer fiel. Ob die Tat selbst das Ergebnis eines Komplotts war, weiß ich nicht, und ich bin nicht sicher, ob dies von Bedeutung ist. Ganz gewiß aber war er das Opfer einer geistigen Verschwörung – einer Verschwörung, die ganz genauso kalt berechnet und so tödlich war wie die Mordtat als solche. Eine Clique extremistischer Rabbiner – nicht Dozenten – gehörte zu denen, die bei den Studenten von Barllan die Geisteshaltung prägten, die den Mord überhaupt erst möglich machten, und diese Personen sind mitverantwortlich für den Mord, denn der Mörder glaubte, eine heilige Sendung zu erfüllen, die von ihnen gutgeheißen werde. Er glaubte, das »heilige Land« von Juda und Samaria sei heiliger als das Leben des Premierministers, der um des Friedens willen zum Kompromiß bereit war.

Dennoch lud ich Präsident Kawe und Rektor Eckstein zusammen mit vier Studenten, die der Nachwuchsorganisation der Arbeitspartei an der Hochschule angehörten, zu einem Gespräch in meine Wohnung ein. Ich wollte mir in meinen eigenen vier Wänden ihre Auffassungen anhören. Der Präsident gab bei dieser Zusammenkunft den Ton an; er verbrachte die halbe Zeit damit, die Entstehungsgeschichte der Broschüre darzulegen, bestritt energisch, die Fotos seien absichtlich beigefügt worden, und betonte, daß es sich um ein Versehen handele und man dergleichen selbstverständlich nie bewußt getan hätte. Als die Studenten das Wort ergriffen, zeigte der Präsident ihnen gegenüber eine intolerante, ja geradezu aggressive Haltung. Er schien in der Defensive zu sein.

Mein Sohn Juwal, der ebenfalls zugegen war, wandte sich an Professor Kawe und sagte: »Darf ich Ihnen eine Frage stellen? Glauben Sie, daß es ein bloßer Zufall ist, daß mein Vater von einem Studenten von Bar-Ilan ermordet wurde?« Der Präsident antwortete, daß der Täter genausogut von jeder anderen Hochschule hätte kommen können. Meine Ansicht: Dies war absolut kein Zufall. Dieses Unkraut gedieh auf ihrem vergifteten Boden.

✳

Wir hielten den jüdischen Brauch der *Scheloschim,* der sich an den Tod eines Angehörigen anschließenden dreißig Tage währenden Zeitspanne des Gedenkens und der Trauer. Das ganze Land verharrte während dieser Zeit in stiller Trauer. Noch immer bildeten sich lange Schlangen vor Jitzchaks Grab; die Menschen zündeten Kerzen an, schrieben zahllose Briefe und schickten uns Zeichnungen – so groß war das Bedürfnis, ihren Kummer zum Ausdruck zu bringen.

Am dreißigsten Tag kehrten wir, die Familienangehörigen, zum Friedhof zurück.

✳

Nun ist auch dieser Tag gekommen. Dreißig Tage und Nächte dieses endlosen Alptraums sind vorüber. Unmengen von Briefen warten darauf, beantwortet zu werden,

*aus aller Welt Anfragen wegen geplanter Veranstaltun-
gen zum Gedenken an Dich, unentwegtes Läuten des Te-
lefons und der nicht abreißende Strom von Besuchern,
die während der* Schiwa *nicht kommen konnten. Diese
dreißig Tage und Nächte gingen im Nu vorbei, doch
wenn ich daran denke, was vor diesen dreißig Tagen geschah, dann scheint es mir, alles sei zweitausend Licht-
jahre entfernt.
Nichts wird je wieder so sein, wie es vor dem 4. November war, dem Tag, an dem Du mir, den Kindern und
dem Volk, das Dich noch immer ehrt und Deinen Tod beweint, genommen wurdest.
Wieder fahren wir in einer Wagenkolonne zum Friedhof.
Das Grab ist vorläufig – bis zur Fertigstellung der Grab-
platte – hübsch hergerichtet worden. Jitzchak, Dein Grab
ist mit Blumen, Kerzen, Briefen bedeckt. Unser Freund
und Tennispartner, Raphy Weiner, der Dich so sehr mochte, hat einen Tennisschläger und zwei Büchsen mit Ten-
nisbällen dazugelegt; ein Kind hat einen ausgestopften
Teddybären, Dein liebstes Spielzeug, zurückgelassen.
Ich bin bei Dir – an Deinem Grab, im Angesicht der Kameras. Die ganze Welt ist Zeuge meiner Tränen, aber
ich kann hier stehen und nicht weinen.
Schimon Peres und Generalstabschef Amnon Lipkin-
Shahak hielten Gedenkreden. Amnons Worte rührten
uns zutiefst. Er scheint ein würdiger Nachfolger von Dir
zu sein. Er spricht voller dankbarer Anerkennung von
Deinen engen Banden zu den Soldaten und zur Armee –
dieser geheimen Liebe Deines Lebens.
Wieder nehmen wir Abschied von Dir, von Deinem Grab,
und können das Unfaßbare noch immer nicht glauben.
So viele Tränen, Jitzchak.*

*

60

Unser Freund Niva Lanir verbrachte mehrere Wochen damit, eine Gedenkfeier in der *Binjanei Ha'Uma,* dem großen Kongreßzentrum in Jerusalem, zu organisieren, die das Ende der *Scheloschim* markieren sollte.

Im Rahmen dieser Feier wurden ein sehr schöner Film über Jitzchaks Leben gezeigt und Ausschnitte aus den 8-Millimeter-Filmen, die Jitzchak in den Jahren gedreht hatte, in denen ihn die Fotografie so begeistert hatte: Picknicks mit den Kindern am *Schabbat* und private Aufnahmen von unserer Zeit in Washington.

Schlomo Artzi und Boas Scharabi – populäre israelische Unterhaltungskünstler – sangen. Die Schriftsteller Jehuda Amichai und Meir Schalew lasen Texte zum Andenken an Jitzchak. Amichai trug sein Gedicht vor: *Gott hat Mitleid mit den Kindergarten-Kindern.*

Gott hat Mitleid mit den Kindern in Kindergärten,
Schulkinder dauern ihn schon weniger,
Erwachsene aber bemitleidet er gar nicht.

Er läßt sie im Stich,
und manchmal müssen sie auf allen vieren kriechen
auf dem glühenden Sand,
um den Verbandsplatz zu erreichen,
blutüberströmt.

Aber vielleicht
hat er Mitleid mit denen, die wirklich lieben,
und kümmert sich um sie
und beschirmt sie
wie ein Baum den Schlafenden auf einer öffentlichen
Bank.

Vielleicht geben ja sogar wir
unsere letzten Pfennige der Barmherzigkeit
– geerbt von Mutter –
für sie aus,

so daß ihr Glück uns beschirmt
heute und alle Tage.

Anschließend sprach Meir Schalew:

Was bleibt nach den schönen Worten, der Gewissensprü-
fung, der Versöhnung, dem Vermächtnis, der Eintracht?
Einfache Wahrheiten bleiben – Verachtung und Zorn und
Schmerz. Worte, die keine imaginäre Eintracht auslö-
schen kann. Weder Entzweiung noch Bürgerkrieg. Zorn
und Verachtung – ja. Zorn auf den Nährboden, auf dem
der Mörder gedieh. Verachtung für die Ideen, die als
Deckmantel für den Mord dienten.
Und die Sehnsucht bleibt. Die Sehnsucht nach dem Man-
ne, den wir zu Lebzeiten nicht hinreichend lobten. Nach
einem freimütigen und ehrlichen Mann. Auch wenn wir
nicht mit all seinen Ansichten und Taten einverstanden
gewesen sein mögen, wußten wir, daß sich darin sein
Naturell, sein innerstes Wesen kristallklar offenbarte –
und dies war von großem Wert.
Und die Sehnsucht nach dem Mann, der nicht starr an
seinen Ansichten festhielt. Der, in vorgerücktem Alter, in
dem Überzeugungen in Stein gehauen sind und Gedan-
ken zu Eis erstarren und in dem man gewöhnlich die
ausgetretenen Pfade nicht mehr verläßt – plötzlich, mit
großem Schwung, aus den geregelten Bahnen seines Le-
bens auf einen neuen Weg sprang. Und die Wurzeln die-
ser Wende waren, wie sich mancher erinnern wird, be-
reits in dem jungen Jitzchak Rabin angelegt, der bei sei-

ner Ansprache auf dem Skopus-Berg nach dem Sechstagekrieg sagte, daß wir Juden unfähig seien, uns über Eroberungen und Siege zu freuen. Dies sagte er – und da erhob sich ein Jude und tötete seinen Geist.

Die Sehnsucht auch nach einem Mann, der einer Generation angehörte, die vor unseren Augen dahinschwindet. Einer anderen, wunderbaren Generation – der des Palmach. Einer Generation, die genau das Gegenteil von Schmarotzern und Drückebergern war. Kein Pomp und keine Umständlichkeit, kein Extremismus und keine Demagogie, keine Spur von messianischem Eifer. Eine Generation, die sich über ihre Lobredner lustig machte. Gleichsam das »silberne Tablett« für uns. Und ein Abglanz dieser Kameradschaft, dieser Verehrung scheint noch immer auf die lebenden Brüder zu fallen, die ihr Gesicht bedecken, und auf die Toten, die es nicht mehr bedecken können. Und wie schrecklich das Lachen des Schicksals. Und zu all den Kränzen, die Jitzchak Rabin schmücken, mußte der furchtbarste und nutzloseste von allen kommen – der des letzten Opfers des Palmach. Und daraus erwächst eine andere Sehnsucht – nach uns selbst, nach jenem Stück Freimütigkeit und Redlichkeit, Haltung und Tapferkeit, die in unseren Herzen ausgelöscht wurde.

Und die bedrückendste Sehnsucht von allen, die Sehnsucht der Familie. Das heftige Verlangen nach Liebe, dem man schutzlos preisgegeben ist. Die Sehnsucht einer Frau, einer Schwester, eines Sohnes und einer Tochter, die Wehmut eines engen Freundes, eines Enkels, einer Enkelin. Der Gram in einem leeren Bett, ein verwaister Stuhl am Tisch, das Schmachten nach Liebkosungen, das Fotoalbum, die Sehnsüchte, die an Erinnerungen kleben. Hier stand ein Ehemann, dort saß ein Vater, hier ein Bruder, und dort fiel ein Großvater.

*Und was bleibt? Die Erinnerung, der letzte Kuß des To-
ten. So übt er Rache durch die Kraft der Erinnerung.
Nicht durch Kriege zwischen Brüdern, nicht durch Gefan-
gennahme entzweiter Stämme. Nein, mit der alten Waffe,
der erprobten und bewährten Waffe der Juden – einem
sehr weit zurückreichenden und sehr scharfen Gedächtnis. So wie wir uns an die beißenden Hunde unserer Geschichte erinnern, werden wir uns auch an diesen Mord
erinnern. Wir werden uns entsinnen, wer ermordet wurde. Wir werden uns entsinnen, wer mordete. Wir werden
uns entsinnen, wofür und weshalb. Wir werden nicht vergessen ...*

3. Kapitel

Eine jüdische Heimstatt

Ich wurde am 8. April 1928 als *Jecke,* deutsche Jüdin, in Königsberg geboren. Diese nördliche Hafenstadt gehörte damals zu Ostpreußen und damit zum Deutschen Reich, obgleich Ostpreußen durch den Polnischen Korridor geographisch vom übrigen deutschen Staatsgebiet getrennt war. Nach dem Zweiten Weltkrieg wurde Königsberg in das sowjetische Territorium eingegliedert und in Kaliningrad umbenannt. Ich bin nie in diese Stadt zurückgekehrt, seit ich sie als Kind verlassen habe, und ich habe auch kein Verlangen danach. Ich empfinde keinerlei innere Verbundenheit mehr zu dieser Stadt oder zu Deutschland.

Mein Vater – Fima Schloßberg – besaß in Königsberg ein Textilwarengeschäft. In einer meiner frühesten Erinnerungen sehe ich sein breit lächelndes Gesicht, das sich über mich beugt und fragt: »Lea, sollen wir heute die Linsen zählen gehen?«

Meinen frühesten Erinnerungen nach würde ich unsere Familie heute der oberen, wohlhabenden Mittelschicht zuordnen. Unsere Wohnung in einem dreistöckigen Gebäude gegenüber einem großen und einladenden Park hatte viele Zimmer, die sich um einen langen Flur gruppierten. Die meiste Zeit verbrachte ich in der Obhut eines Kinderfräuleins, und ich bekam meine Eltern nur selten zu Gesicht. Ich entsinne mich, daß ich sie als kleines Kind häufiger in Abendgarderobe als in Alltagskleidung zu sehen bekam, weil sie auf ihrem Weg ins Theater oder ins Konzert kurz bei mir vorbeischauten. Wie damals für jüdische Kinder allgemein üblich, ging ich nicht in den Kindergarten. Statt dessen gingen Kinderfräulein Trüdel und ich bei jedem Wetter in den Park, in den Zoo oder zu Treffen mit meinen kleinen jüdischen Freundinnen, die ebenfalls von ihren Kindermädchen begleitet wurden. Ich genoß diese Aufenthalte im Freien und lernte schon in sehr jungen Jahren Ski und Schlittschuh zu laufen.

Dann kam es zu einem einschneidenden Ereignis, dessen Tragweite ich damals natürlich überhaupt nicht erfassen konnte: Am 30. Januar 1933 wurde Adolf Hitler als deutscher Reichskanzler vereidigt.

Was war das Erschreckendste an Hitlers Machtübernahme? Mein Vater hätte gesagt: die Tatsache, daß er überhaupt zum Reichskanzler ernannt wurde. Hitler verkörperte den Willen des deutschen Volkes. Und was hatte eine jüdische Familie in diesem Deutschland zu gewärtigen, das von solch einem Wahnsinnigen regiert wurde? Mein Vater war ein Mann schneller Entschlüsse, und er verstand das Menetekel an der Wand. (Andere nicht. Die »Kristallnacht«-Pogrome fanden erst fünf Jahre später statt.)

Einen Tag nach Hitlers Machtergreifung packte mein Vater seinen Koffer und fuhr mit dem Zug nach Triest. Dort ging er an Bord eines Schiffes, das ihn nach Palästina brachte, wo er alle nötigen Vorkehrungen für unsere Übersiedlung treffen wollte. Meine Mutter, meine ältere Schwester Aviva, unser deutsches Kindermädchen, Fräulein Trüdel, und ich fuhren noch in derselben Nacht mit dem Zug nach Riga. Wir hatten Verwandte in Lettland, und wir blieben bei ihnen, bis mein Vater die letzten Vorbereitungen für unsere Auswanderung nach Palästina getroffen hatte. Kurz vor *Pessach* kam er zu uns nach Riga. Er hatte das Hotel Palatine in Tel Aviv gepachtet – ein kühner Schritt, mit dem er geschäftliches Neuland betrat –, das gleichzeitig unser erstes Zuhause in dem neuen Land sein sollte. Wir kehrten dann bis Juni nach Königsberg zurück, um zu packen und uns zu verabschieden; anschließend schifften wir uns nach Palästina ein.

Freunde der Familie sagten mir, daß ich in Deutschland ein höfliches, wohlerzogenes Kind gewesen sei, das auf Knien die Abendgebete sprach und haargenau den Anordnungen seiner Gouvernanten folgte. Gouvernanten, die mir bei Tisch die Ellbogen gegen die Taille preßten und die Temperatur des Badewassers mit dem Thermometer maßen. Meine liebe Trüdel und ich umarmten uns unter Tränen, als wir im Bahnhof von Königsberg für immer Abschied voneinander nahmen. Mein Vater prophezeite mir, daß ich mich in Palästina auf die eigenen Beine stellen müßte: »Du wirst schon sehen, wie es ist, wenn sich kein deutsches Kindermädchen mehr um dich kümmert.« Die »Befreiung« begann mit einfallsreichen Spielen auf dem Deck des Schiffs, das uns nach Palästina brachte.

Ich erinnere mich noch genau an die brütende Hitze, die bei unserer Ankunft im Hafen von Jaffa am 5. Juni herrschte. Rufe in allen erdenklichen Sprachen hallten durch den Hafen, während kleine Boote längsseits schlingerten, bereit, uns zum Ufer überzusetzen.

Ohne Vorwarnung warf mich – ein adrettes fünfjähriges Mädchen – irgend jemand über Bord in die Hände eines riesigen arabischen Schauermanns. Mein Hut flog ins Meer. Verzweifelt schrie ich: »Mein Hut! Mein Hut!« Meine Puppe dagegen landete sicher neben mir im Boot, doch mein Hut war weg … und, was noch viel schlimmer war: Ich hatte meine Eltern aus den Augen verloren. Ich war sicher, sie nie mehr wiederzusehen. Doch schon kurz darauf, bei der obligatorischen Typhusimpfung durch Ärzte der Einwanderungsbehörde, wurden wir wieder vereint.

Das lebhafte, laute Treiben im Hafen von Jaffa …

Die staubige Straße von Tel Aviv …

Verschleierte Frauen, Kamele, unendlich viel Sand – alles atmete den Reiz des Exotischen.

Dann die Ankunft in unserem neuen Zuhause. Das Hotel *Palatine* gefiel mir auf den ersten Blick. Nach dem glühend heißen Hafen von Jaffa kam mir die kühle Eingangshalle aus Marmor wie eine gesegnete Zufluchtsstätte vor. Der blank geputzte Fußboden aus Stein, die gedämpfte Beleuchtung und die reichverzierten Perserteppiche gaben der Eingangshalle des *Palatine* eine orientalische Note – vor allem im Sommer, wenn draußen die Sonne glühte.

Trotz größter sprachlicher Verständigungsschwierigkeiten freundete ich mich schon nach kurzer Zeit mit zwei hübschen, schwarzen Hoteldienern aus dem Sudan – Tewfik und Achmad – an. Die Erkundung der langen Hotelkorridore auf eigene Faust stachelte meinen Abenteuer- und Freiheitsdrang an. Wir wohnten sechs Monate in dem Hotel; während dieser Zeit wurde die Geduld meines Vaters durch das kleine Mädchen, das in der Eingangshalle und auf den Korridoren Ball spielte und Seil sprang, auf eine harte Probe gestellt. Ich tollte überall herum.

Die hebräische Sprache lernte ich langsam mit Hilfe eines neuen Kindermädchens und meiner Spielkameraden, aber ich weigerte mich standhaft, die Sprache zu gebrauchen, bevor ich sie nicht sicher beherrschte. Allmählich erkundete ich die Welt um mich herum auf eigene Faust; so wurde Tel Aviv mit der Zeit ein riesiger Spielplatz für mich. In der Stadt wurde viel gebaut, jede Menge Sandhaufen und Baugruben luden zum Springen, Klettern und Abenteuerspielen ein.

Wassermelonen, Maiskörner am Kolben, Eis am Stiel. Der Strand und die Cafés ...

Es war eine schöne Kindheit im »sandigen« kleinen Tel Aviv.

Dennoch blieben meine Eltern auch nach ihrer Ankunft in Palästina tief in der mitteleuropäischen Kultur verwurzelt.

Obgleich sie in Rußland geboren waren, hatten sie doch alle typischen Eigenschaften eines *Jecke*. Ihre Eltern waren nach Deutschland ausgewandert, als sie noch sehr klein waren – die Eltern meines Vaters nach Königsberg und die meiner Mutter nach Danzig.

Papa war ein großer Freund der Kultur, besonders des deutschen Geisteslebens, und diese Leidenschaft wirkte sich nachhaltig auf unser Alltagsleben aus. Meine Eltern waren viel gereist, als sie noch in Deutschland gelebt hatten, und sie hatten immer über ihre Ausflüge und Erlebnisse gesprochen. Sie besuchten regelmäßig die Theater und Galerien in Berlin und kehrten mit überschwenglichen Berichten von dort zurück. Meine Eltern waren begeisterte Theater-, Opern- und Kinofans. Zu Hause fielen ständig die Namen großer Theaterleute – Tito Gobbi, Lotte Lenya, Bertolt Brecht, Helena Tiemek. Obgleich die Ansichten und der Geschmack meiner Eltern zutiefst europäisch geprägt waren, hatten sie nach ihrer Auswanderung nach Palästina nur noch selten Gelegenheit, Reisen nach Europa zu unternehmen.

Dennoch ist Europa im Herzen meines Vaters nie gestorben. Er besaß zwar nie kostbare Kunstoriginale, aber sehr wohl Kopien von Wandgemälden in der Sixtinischen Kapelle und Reproduktionen von Bildern alter Meister. So hing in unserem Wohnzimmer eine Reproduktion der »Olympia« von Manet. Das einzige echte Gemälde war ein Landschaftsbild mit einem kleinen französischen Hafen, das zunächst im Hotel *Palatine* hing und sich heute in der Wohnung meiner Schwester Aviva befindet. In Tel Aviv pflegte Papa uns Kindern samstags morgens Gedichte von Goethe und Heine im Original vorzulesen. Als er in Palästina eintraf, konnte er nur ein paar Brocken Hebräisch; dennoch wurde er schon bald zu einem regelmäßigen und passionierten Theaterbesucher. Jeden Samstagabend gingen meine Eltern zu Kammermusikkonzerten ins alte Museum von Tel Aviv. Sobald die ersten Orchesterkonzerte angeboten wurden, buchten sie ein Abonnement. Toscanini dirigierte im Jahre 1936 auf einem großen Messegelände das erste Konzert des Palestine Philharmonic Orchestra (aus dem später das Israel Philharmonic Orchestra hervorging). Das Orchester spielte in einem Schuppen mit einem verrosteten Blechdach, auf das der Regen wie hundert Schnarrtrommeln niederprasselte. Außerdem war es undicht. Dennoch soll es ein mitreißendes Erlebnis gewesen sein.

Meine Eltern vermittelten mir eine umfassende kulturelle Bildung, die Musik, Theater, Literatur, bildende Kunst und, nach einer gewissen Eingewöhnungszeit, auch die Oper einbezog. An einen Abend erinnere ich mich noch genau. Ich mochte damals acht oder neun Jahre alt gewesen sein, und ich haßte es, allein zu Hause bleiben zu müssen. Meine Eltern hatten sich wahrscheinlich zum Ausgehen bereitgemacht. »Wo geht ihr hin?« fragte ich.

»Ins Konzert ...«

»Was wird denn gespielt?« fragte ich ärgerlich.

»Die 7. Symphonie von Beethoven.«

»Aber die habt ihr euch doch schon mal angehört! Weshalb denn *schon wieder?*«

Die kulturelle Passion meines Vaters beeinträchtigte nicht seine sehr frühzeitige Identifikation mit dem Zionismus und den Haß, den er als Jugendlicher auf das Leben in Deutschland empfunden hatte – verständlich, bei den Vorurteilen, die den Juden in diesem Land entgegengebracht wurden. Papa war seit seinem 5. Lebensjahr ein engagierter Zionist; damals trat er in eine der Herzl-Gruppen ein, die plötzlich wie Pilze aus dem Boden schossen, um die Fackel zu tragen, die von Theodor Herzl, dem österreichischen Journalisten, der die Vision eines Judenstaates entworfen hatte, angezündet worden war.

Auf seiner ersten Reise nach Palästina im Jahre 1927 kaufte

Papa Immobilien. Ein Haus in Jerusalem … einen Orangenhain im Gebiet von Benjamina … kleinere Anwesen da und dort, die uns später noch von großem Nutzen sein sollten. Nachdem wir im Jahre 1933 nach Palästina ausgewandert waren, wurde unsere wirtschaftliche Lage schwieriger. Wenn wir knapp bei Kasse waren, verkaufte mein Vater einfach ein Grundstück. Meine Verwandten waren – wie so viele andere europäische Einwanderer nach Palästina – Kaufleute und Akademiker, die eine kultivierte, gepflegte Lebensart schätzten. Doch aus irgendeinem Grund schien es ihnen allen nichts auszumachen, in einem Kibbuz Süßkartoffeln zu setzen oder in einem Hotel den Gepäckträger zu spielen. Schließlich taten sie all dies in ihrem geliebten Palästina.

Für meinen Vater war Palästina ein und alles. Er war das zweite von vier Geschwistern. Seine beiden Schwestern – Esther, eine unverheiratete Kinderärztin, und Nettie, deren Schwiegervater, Leon Kellner, eng mit Herzl befreundet gewesen war – waren zu Beginn der zwanziger Jahre nach Palästina ausgewandert. Das vierte Kind in der Familie, Papas älterer Bruder David, war ein begabter, wenn auch unsteter Lebenskünstler. Er war ein hervorragender Redner und arbeitete für eine zionistische Organisation in Berlin. Erst nach der »Kristallnacht« im Jahre 1938 floh er aus Deutschland. Bei seiner Ankunft in Palästina war er völlig mittellos, und er wurde wie so viele andere Personen innerhalb und außerhalb unserer Familie von meinem Vater unterstützt.

Papa übte einen starken Einfluß auf mich aus. Ich liebte ihn, und er liebte mich mit großer Zärtlichkeit. Meine Freimütigkeit habe ich von ihm geerbt. Er war ein aufrichtiger und offener – manchmal strenger – Mann. Meine Mutter Gusta – die Kurzform von Augusta – war nachsichtiger und herzlicher. Zu ihr empfand ich ebenfalls eine innige Zuneigung; ich fühlte mich in der Liebe, die mir beide Eltern entgegenbrachten, restlos geborgen und angenommen. In silbernen Rahmen nehmen ihre Fotos einen Ehrenplatz auf der Anrichte neben unserem Eßzimmertisch ein: Er – ein so kraftvoller, lebenssprühender Mensch, dessen scharfer Verstand und dessen Unerschrockenheit in seinen Gesichtszügen zum Ausdruck kommen. Sein dunkles Haar und sein markantes Gesicht verraten seine Unverwüstlichkeit. Meine Mutter dagegen ist mit ihren büscheligen Locken, die ihr feines und zartes Gesicht einrahmen, der Inbegriff der Sanftmut. In Tel Aviv war sie bekannt für ihren Charme, ihre Schönheit und ihre jugendliche Erscheinung. Sie starb im Alter von 48 Jahren. Bei ihrem letzten Krankenhausaufenthalt hatte ihr Arzt spaßeshalber auf der Patientenkarte ihr Alter mit 36 angegeben (und man hätte dies ohne weiteres glauben können). Meine Tochter Dalia hat einige der Wesenszüge meiner Mutter geerbt, vor allem ihre Jugendlichkeit.

Entgegen ihrem äußeren Erscheinungsbild besaß Mutter einen harten und unverwüstlichen Kern. Wie eine Nixe glitt sie durch die höchsten Brecher der Brandung, bei Tagesanbruch stand sie auf, um den Primuskocher aufzupumpen und anzuzünden, auf dem die Wäsche gekocht wurde. Nachdem sich meine Eltern in Palästina niedergelassen hatten, war meine Mutter meist fröhlich und gut gelaunt; sie kam hervorragend mit dieser völlig neuen und schwierigen Situation zurecht. Waren wir knapp bei Kasse, fand sie immer einen Ausweg. Ich weiß noch, wie sie Stühle polsterte und neue Bezüge für die Daunendecken nähte. Solche Handarbeiten auszuführen hatte sie nie gelernt, und sie hatte daher auch keine Übung darin. Wenn sie jedoch festgestellt hatte, daß etwas getan werden mußte, und wenn wir nicht genügend Geld hatten, es in Auftrag zu geben, machte sie es selbst. Gusta Schloßberg war eine sehr pragmatische Frau, die aus jeder Situation das Beste machte.

Mit der stundenweisen Unterstützung meiner Mutter, der ganztägigen Hilfe eines ägyptischen Direktionsassistenten und mehrerer anderer Bediensteter führte Papa das Hotel – mit großer Begeisterung, auch wenn es hie und da zu Pannen kam. Ein Reisender, der für längere Zeit im *Palatine* absteigen wollte, fragte meinen Vater, ob das Hotel eine koschere Küche habe. »Ja, gewiß«, antwortete mein Vater, obwohl es zu dieser Zeit nicht der Fall war. »Das ist wirklich schade«, seufzte der Reisende, »mein Arzt hat mir verordnet, jeden Tag eine dicke Scheibe geräucherten Schinken zu essen.«

Während die luxuriösesten Hotels von Tel Aviv heute am Strand liegen, befanden sie sich damals im Stadtzentrum. Ohne Übertreibung war das *Palatine* damals das eleganteste Hotel von Tel Aviv. Hier wurden vornehme Gäste bewirtet, festliche Hochzeiten veranstaltet und berühmte ausländische Besucher beherbergt. Das *Palatine* setzte Trends und prägte den Stil. Einmal gab Bürgermeister Dizengoff in einem Gesellschaftszimmer neben dem großen Speisesaal ein Bankett zu Ehren der Kaiserin von Äthiopien. Alle spähten hinter ihren Speisekarten oder ihren Servietten hervor, um einen flüchtigen Blick von den vorübergehenden Honorationen zu erhaschen. Als ersten Gang gab es Spargel. Der Bürgermeister machte sich mit Messer und Gabel darüber her. Die Kaiserin hingegen griff mit den Fingern nonchalant eine Spargelstange von ihrem Teller und führte sie zum Mund. Sofort legte der Bürgermeister Messer und Gabel hin und beendete den ersten Gang nun ebenfalls mit den Fingern.

Meine Eltern hatten nie die Absicht gehabt, längere Zeit im Hotel zu wohnen. Als unsere Möbelkisten aus Deutschland eintrafen (darunter auch eine wertvolle Kiste mit einem Dutzend Puppen, die mir sehr ans Herz gewachsen waren), packten wir sie bereits in unserer neuen Wohnung aus. Von unserem neuen Heim brauchte man mit dem Auto nur etwa zehn Minuten bis zum Hotel. Obwohl ich im Hotel viel Spaß gehabt hatte, freute ich mich auf den Umzug. Direkt neben dem Hotel befand sich eine Feuerwache. Wenn die Sirenen heulten und ich allein in meinem Zimmer war, wurde ich hysterisch und rannte schreiend auf den Flur. Bis zum heutigen Tage gerate ich in Panik, wenn ich eine Sirene höre – auf der Straße, am Unabhängigkeitstag ... ganz gleich wann und wo.

Obgleich wir nicht mehr im *Palatine* wohnten, kehrte ich bei besonderen Anlässen doch immer wieder dorthin zurück. Am *Purim*-Fest ziehen die jüdischen Kinder Kostüme wie im Karneval an. Jedes Jahr zog der lustige Umzug, der vom Bürgermeister zu Pferde angeführt wurde, durch die Straße vor dem Hotel, wo Tribünen aufgebaut waren, auf denen sich die Zuschauer drängten. Als ich etwa sieben Jahre alt war, schneiderte meine Mutter mir zu *Purim* ein hübsches dunkelgrünes Liftboy-Kostüm mit einer Pillbox, auf der in goldenen Buchstaben der Name *Palatine* gestickt war. Ich bediente sogar eine Zeitlang den Aufzug. Diesen neuen Job mußte ich jedoch schon bald wieder aufgeben, weil Englisch – das ich nicht beherrschte – die Sprache war, mit der man sich noch am ehesten mit den Hotelgästen aus aller Herren Länder verständigen konnte. Es war ein sehr hübsches Kostüm, obwohl ich mich jedes Jahr unbedingt als Königin Esther verkleiden wollte – die berühmte Heldin, der zu Ehren dieses Fest veranstaltet wird. Doch meine Mutter wollte meistens, daß ich eine lustige Figur verkörpere.

Im Hotel herrschte eine Atmosphäre kosmopolitischer Eintracht. Für Palästina selbst galt dies nicht unbedingt. In den ausgehenden dreißiger Jahren lebten Araber und Juden – die meiste Zeit – friedlich zusammen. Doch die beiden Völker vermischten sich niemals richtig und lebten auch räumlich getrennt. Das arabische Jaffa und das jüdische Tel Aviv waren benachbarte Städte. In Jerusalem verlief zwischen den jüdischen und arabischen Wohnvierteln schon damals eine ebenso scharfe Trennlinie wie heute. Wenn wir nach Benjamina fuhren, um meine Tante Nettie zu besuchen, durchquerten wir arabische Dörfer und Städte, die wie ausgestorben dalagen, und ich hatte dabei immer ein flaues Gefühl. Doch mein Vater war nie besorgt und sprang oft aus dem Wagen, um in gebrochenem Arabisch freundlich nach dem Weg zu fragen. Als dann im Jahre 1936 wegen der verstärkten jüdischen Einwanderung nach Palästina der arabische Aufstand losbrach, verloren solche Fahrten ihre Alltäglichkeit und wurden zu einem unkalkulierbaren Risiko.

Papa zog sich nach dem Beginn des arabischen Aufstands, als Jaffa in Flammen stand, aus dem Hotelgewerbe zurück, denn er war überzeugt, daß der Tourismus in Tel Aviv vorerst keine Zukunft hatte. Er beteiligte sich an einer Firma namens *Ha'avara* ein (was auf deutsch soviel heißt wie »Transfer, Übertragung«). Diese Firma half deutschen Juden dabei, ihre Gelder nach Palästina zu transferieren, indem sie Baumaterial und Rohstoffe in Deutschland einkauften, die dann nach Palästina verschifft wurden. Wenn die Flüchtlinge dann später in Palästina eintrafen, wurden ihnen ihre Auslagen rückerstattet. Das war eine hervorragende Methode, um Gelder zu transferieren, aber sie funktionierte nur bis zum Ausbruch des Zweiten Weltkriegs im Jahre 1939.

Die Hitze war unerträglich in Tel Aviv, und meine Eltern litten sehr darunter. Der erste elektrische Kühlschrank kam 1936 in unseren Haushalt. Klimaanlagen gab es damals noch nicht – jedenfalls nicht in Palästina. In den glühendheißen Sommern schliefen viele Leute auf dem Balkon; ich pflegte auf dem Fußboden zu schlafen. Alle paar Jahre zogen wir in eine andere Wohnung. Ich glaube, meine Eltern hofften immer, die jeweils nächste Wohnung ließe sich ein wenig besser lüften als die letzte; doch mit unseren Umzügen erreichten wir nichts anderes, als im Lauf der Zeit einen Bogen um den Rothschild-Boulevard zu beschreiben.

Mein Vater schätzte Kabrioletts, die ihm erlaubten, sich beim Fahren die abendliche Brise ins Gesicht wehen zu lassen. Auch wenn die Strapazen groß und die Umstellung gewaltig gewesen sein mochten, blickten meine Eltern keine Sekunde lang wehmütig zurück. Nie bedauerten sie, Deutschland verlassen zu haben. Nazideutschland wurde zu einer immer größeren Bedrohung, und sie waren froh, sich rechtzeitig abgesetzt zu haben.

Ich bin sicher, daß sich ihre Standhaftigkeit nicht zuletzt der strengen Ordnung ihres Alltagslebens verdankte. Seiner europäischen Erziehung treu bleibend, bestand mein Vater darauf, daß wir unsere Mahlzeiten im Speisezimmer einnahmen. Zu dieser Zeit gab es noch keine Eßecken in den Küchen. Der Tisch im Speisezimmer wurde dreimal täglich recht förmlich gedeckt – mit Tischdecken und Servietten aus Damast. Meine Mutter hatte nur ein Porzellanservice – ein sehr hübsches von Rosenthal – und ein Eßbesteck aus Sterlingsilber mitgenommen. Wir besaßen außerdem ein Kaffeeset aus Sterlingsilber. All dies wurde dreimal am Tag benutzt. Die Ansprüche blieben immer dieselben, gleichviel, ob wir Gäste hatten oder nicht.

Ordnung war gewiß ein Faktor. Herzlichkeit und Freundschaft der Menschen in unserem Umfeld ein anderer. Meine Eltern waren immer von Freunden umgeben. Die Art der Geselligkeit war zwangloser als heute – Bekannte schauten nachmittags auf Kaffee und Kuchen oder abends auf eine Unterhaltung vorbei –, und es bestand keinerlei Unterschied zwischen einem Abend, an dem die Familie allein war, und einem, an dem wir Gäste hatten. Ich war immer ganz erpicht darauf, diesen Gesprächen zu lauschen. Es waren ernste, ja tiefschürfende Unterhaltungen und nur selten belangloses Geplauder. Sie drehten sich um politische und wirtschaftliche Themen, wie etwa den Wert der Kalisalzlager am Toten Meer oder um die jüngste politische Streitfrage – wobei die unterschiedlichen Standpunkte oftmals heftig aufeinanderprallten. Meinen Eltern lag ebenso wie unseren zahlreichen Freunden die weitere Entwicklung der neuen jüdischen

Heimstätte, die damals noch kein anerkannter Staat war, sehr am Herzen.

Jede *Alijah* (Einwanderungswelle) war wegen ihrer sonderbaren Gepflogenheiten ein wenig belächelt worden – doch keine mehr als die der *Jeckes*. Die deutschen Juden waren häufig Zielscheibe des allgemeinen Spotts. Die Erwachsenen brauchten sehr lange, bis sie die hebräische Sprache einigermaßen beherrschten, und sie wurden niemals ihren sehr starken deutschen Akzent los. Doch es war nicht nur die Sprache, es war auch die gewundene Höflichkeit so gut und streng erzogener Menschen – Männer, die ihre Hüte lüfteten, wenn sie guten Tag sagten, und der endlose Strom von »danke schön« und »bitte schön«. Die Osteuropäer fanden dieses Verhalten lächerlich.

Meinem Vater fiel es leichter als meiner Mutter, sich auf Hebräisch zu verständigen. Sie hatte bis zu ihrem Tod enorme Schwierigkeiten mit dem Hebräischen. Obgleich mein Vater einen Privatlehrer engagierte, der ihnen beiden an zwei Abenden der Woche Nachhilfeunterricht erteilte, fehlte es ihr an der nötigen Motivation. Die Zielstrebigkeit meines Vaters wurde durch langsame, hartverdiente Fortschritte belohnt. Zunächst vertiefte er sich regelmäßig in die Lektüre einer hebräischen Zeitung. Dann las er die jüdischen Klassiker, unter ihnen Mendele Mocher Sefarim, Schalom Alechem und Samuel Josef Agnon. Doch vor allem sein unermüdliches Bestreben, sich mit anderen hebräisch zu unterhalten, förderte seine Sprechfertigkeit. Während mein Vater schließlich fließend Hebräisch sprach, konnte meine Mutter – trotz all ihrer Vorzüge und ihres Charmes – nie auch nur einen Satz fehlerfrei sprechen.

Mir gab die Schule eine enorme Starthilfe beim Erlernen des Hebräischen. Im Alter von sechs Jahren trat ich in die private Balfour School ein. Meine Eltern mochten diese bourgeoise Lehranstalt nicht, weil sie ihres Erachtens nur auf Profit aus war und keine echten Werte vermittelte.

Doch die Schule brachte mir nicht nur Kenntnisse und Fertigkeiten bei: Sie schuf auch die Grundlage für ein politisches und soziales Bewußtsein durch den Kontakt zu Gleichaltrigen, mochten diese auch noch so spießig sein wie an der Balfour School. Die Schule eröffnete mir den Zugang zur allgemeinen jüdischen Gemeinschaft in Palästina. Papa war nie Sozialist gewesen, sondern ein – gemäßigter – Zionist, wie dies für die Mitglieder seiner Einwanderungswelle typisch gewesen war. Seine Freunde gehörten mehr oder weniger denselben politischen Kreisen an; Pinchas Sapir, Levi Eshkol – dem späteren Ministerpräsidenten – und anderen Gründern der Mapai, der Arbeiterpartei, brachte er große Bewunderung entgegen.

Dem Vorbild meiner sechs Jahre älteren Schwester Aviva folgend, trat ich in der achten Klasse der *Haschomer Hazair* bei (einer zionistischen, sozialistisch orientierten) Jugendorganisation. Ich trug ihre Uniform aus blauen Röcken bzw. kurzen Hosen und blauen Blusen. Unsere obligatorischen Treffen fanden zweimal während der Woche und freitags und samstags abends statt. Wir unternahmen Wanderungen in allen Gegenden Palästinas, diskutierten ideologische Fragen und lauschten gespannt Vorträgen über die Geschichte der Arbeiterbewegung, bedeutender Revolutionen und – natürlich – des Zionismus. Meine schönste Erinnerung aber sind die Freitage, an denen wir, oft bis spät in die Nacht hinein, Lieder sangen.

Ende August 1939 fuhren meine Eltern nach Europa. Mein Vater unternahm eine Geschäftsreise auf den Balkan – eine von mehreren. Mutter wollte ihre Eltern in Mailand besuchen. Meine Eltern gaben meine Schwester und mich in die Obhut einer Haushälterin und deren Mannes; zwei Wochen später sollten wir, wie mein Vater auch, nach Mailand nachkommen. Noch kurz vor Mutters Abreise war mein Vater fest davon überzeugt, daß keine Kriegsgefahr bestünde.

»KOMM! – Stop – KEIN KRIEG ZU BEFÜRCHTEN – Stop«, tele-
grafierte er an Mutter.

Die Kriegserklärung erfolgte, als sich Mutters Schiff bereits
auf hoher See befand. Nach ihrer Ankunft in Genua sagte
man ihr, daß die Grenzen möglicherweise bald geschlossen
würden, so daß sie nicht mehr aus Italien herauskäme. Sie
entschloß sich daher, nach Budapest zu reisen, um sich dort
mit Papa zu treffen. Gewiß ahnte sie nicht im mindesten das
tragische Schicksal voraus, das später ihre Eltern ereilen
sollte. Nachdem die Alliierten Mailand bombardiert hatten,
flüchteten meine Großeltern nach Bergamo. Großmutter
starb dort an Herzversagen, und Großvater wurde schließlich
nach Auschwitz verschleppt. Mutter wußte damals nicht,
daß sie ihre Eltern nie mehr wiedersehen sollte.

Haben Mutter oder Vater ihre Eltern jemals gedrängt, Europa
den Rücken zu kehren, nachdem sich die politischen Ver-
hältnisse dort grundlegend gewandelt hatten? Ich weiß es
nicht. Vielleicht hat meine Mutter es versucht. Die Dinge hatten ein ganz neues Gesicht bekommen. Mussolini war den
Juden lange Zeit wohlwollender gesinnt als andere europäische Regierungschefs. Als Italien dann 1940 zu einem beflis-
senen Verbündeten Nazideutschlands wurde, war es zweifellos zu spät, um noch etwas zu unternehmen.

Aviva und ich befürchteten, für die Dauer des Kriegs in Europa von unseren Eltern getrennt zu werden. Obwohl ich erst
elf Jahre alt war, erinnere ich mich noch genau, daß die Leute in der Erwartung, der Krieg werde auf Palästina übergrei-
fen, alle möglichen Dinge horteten – Speiseöl, Toilettenpa-
pier und Säcke mit Mehl. Alles, was wir beide besaßen, waren zwei Schiffsfahrkarten und ein wenig Bargeld. Meine
Schwester war pessimistischer als ich, doch wie groß war unsere Freude, als drei Wochen später endlich ein Telegramm
von meinen Eltern eintraf:

NEHMEN DEN ORIENT-EXPRESS NACH GRIECHENLAND
UND VON DORT EIN SCHIFF.

Auf den Straßen Tel Avivs waren immer mehr junge Männer
in Uniform zu sehen, die als Freiwillige in die britische Armee eintraten – später in die eigens gebildete Jüdische Brigade –, um Hitlers Aggression entgegenzutreten.

Der Weltkrieg wütete schon mehr als zwei Jahre, als mit dem
Eintritt in die höhere Schule ein wichtiges neues Kapitel in
meinem Leben begann. Wie schon gesagt, gehörten meine
Eltern nicht zur Arbeiterklasse, und mein Vater war stolz darauf, ein Geschäftsmann zu sein. Dennoch wollten sie, daß
ich in einem liberalen Geiste mit umfassendem kulturellem
Horizont erzogen würde. Meine Eltern waren begeistert von
den Berichten, die sie über Toni Halle hörten, der Rektorin
der neuen Oberschule *Tichon Hadasch*. Sie war ebenfalls
deutscher Abstammung, und sie stand politisch weit links, jedenfalls weiter links als meine Eltern. Dennoch lobten sie
ihre humanistische Gesinnung. Sie setzte sich entschieden
für Toleranz und Redefreiheit ein – Werte, die auch in der
Schule großgeschrieben wurden. Ich habe mich nicht aktiv
um die Aufnahme in die *Tichon Hadasch* bemüht, denn ich
war in meiner alten Schule eigentlich recht zufrieden gewesen. Doch ich spürte schon bald, daß Toni eine ganz besondere Persönlichkeit war. Sie selbst unterrichtete Kunstge-
schichte und allgemeine Geschichte. Mit ihrem weiten geistigen Horizont, ihrer analytischen Strenge und ihrer gründlichen Kenntnis der griechischen und römischen Geschichte
sowie der späteren europäischen Kunst und Kultur war sie
eine wichtige Mentorin meiner Allgemeinbildung. Von ihr
lernten wir das Wissen um seiner selbst willen zu schätzen.

Die meisten Kinder in der *Tichon Hadasch* stammten aus Ar-
beiterfamilien. Die Klassenzimmer in der Schule waren immer überfüllt, so daß freie Plätze selten waren. Ich werde
diesen vierjährigen Oberschulbesuch immer in dankbarer Er-

innerung behalten. Er war ein Privileg. Und meine heutige Persönlichkeit wurde nachhaltig davon geprägt. Die Schule vermittelte den Schülern eine gewisse Werthaltung. Nicht, daß sie schön gewesen wäre. Das einstöckige Gebäude war einfach, ja sogar ein wenig öde. Die Schnitzereien und Kratzer, mit denen Schüler früherer Jahrgänge die Oberfläche der Schreibtische verziert hatten, bildeten den einzigen Schmuck in diesen Räumen. Kein Bild und keine Pflanze. Der Schulhof war nicht einmal asphaltiert, sondern nur mit Sand aufgefüllt.

Während meines ersten Jahres durften wir in den Pausen das Schulgelände verlassen und zur nahe gelegenen Strandpromenade gehen. Als dann immer mehr britische und australische Truppen in Tel Aviv stationiert wurden, wurde die Hayarkonstraße zum Zentrum der Soldaten- und Offiziersklubs. Die Klubs öffneten um zwölf Uhr mittags und begannen dann mit dem Bierausschank. Das bedeutete natürlich auch, daß die Soldaten manchmal betrunken waren. Eines Tages platzte einer der Soldaten in unser Klassenzimmer und küßte die Lehrerin vor unseren Augen. Erstaunt rissen wir die Augen auf, dann begannen wir zu kichern. Von da an wurden die Schulpforten, die auf die Hayarkonstraße gingen, geschlossen gehalten.

Ich weiß noch, wie ich im Jahre 1941, als wir in einem Sommerlager waren, mit einer Freundin eine Landstraße Richtung Haifa entlangging und wie uns ein schneidiger britischer Offizier in einem Armee-Lkw mitnahm, der mit indischen Soldaten beladen war. Dieser Hauptmann war Brite, jedoch in Indien geboren und aufgewachsen. Da er Musik und vor allem Opern liebte und sich in Tel Aviv nicht auskannte, lud ich ihn beiläufig zu uns nach Hause ein. Es war damals sehr in Mode, Angehörige der alliierten Streitkräfte in den eigenen vier Wänden gastlich aufzunehmen. Dennoch rechnete ich nicht damit, wieder von ihm zu hören. Doch ich sollte mich täuschen: Zwei Wochen später schrieb er mir einen Brief, in dem er sich erkundigte, ob er mich anrufen dürfe. Ich war damals erst dreizehn. »Lea, treibst du dich etwa mit einem britischen Offizier herum?« fragten meine Eltern.

Eines Samstagnachmittags läutete er an unserer Tür. Hauptmann Buck erwies sich als ein mehrsprachiges, universell gebildetes Genie. Mein Vater und meine Mutter fanden ihn sympathisch, und der Hauptmann verliebte sich sogar in meine Schwester Aviva, die seine Zuneigung jedoch nicht zu erwidern vermochte. Später schloß er sich dem Britischen Kommandotrupp an und wurde dazu abkommandiert, mit dem »Deutschen Zug« des Palmach zusammenzuarbeiten. Er nutzte diese Gelegenheit, um sich mit der deutschen Volkskultur, angefangen von der deutschen Umgangssprache bis hin zu deutschen Liedern, gründlich vertraut zu machen und sich so auf einen Einsatz hinter den feindlichen Linien in der nordafrikanischen Wüste vorzubereiten.

Von den Deutschen gefangengenommen und in Einzelhaft gehalten, schrieb er uns, daß er in seiner Zelle eifrig Mandarin lerne. Nach dem Ende des Kriegs wurde seine Hochzeit mit einer Frau, die er bereits vor dem Krieg kennengelernt hatte, auf tragische Weise vereitelt, als sein Flugzeug auf dem Weg zu einem Militärstützpunkt in Deutschland abstürzte. Das letzte Kapitel seines Lebens erzählte mir Jitzchak Ben-Acharon, ein prominentes Führungsmitglied der Arbeitspartei, der während des Zweiten Weltkriegs zusammen mit Captain Buck in Griechenland in deutscher Kriegsgefangenschaft war und sich dort mit ihm angefreundet hatte. Zu jener Zeit war das Melodrama der Wirklichkeit oftmals ergreifender als alle Filmdrehbücher Hollywoods.

Die wachsende Präsenz britischer Truppen in Palästina war ein Anzeichen dafür, daß sich der Krieg nunmehr zu einem echten Weltkrieg auswuchs. Auch wenn mein Vater es geschafft hatte, aus Nazideutschland zu flüchten, so war es ihm doch nicht gelungen, sich endgültig der Bedrohung durch die Nazis zu entziehen. Bis zum Ende des Kriegs drehte mein Vater allabendlich besorgt am Sendersucher unseres Radios, um die letzten Kurzmeldungen zu hören. Für die meisten Menschen spielte sich der Krieg in weiter Ferne ab, und ihr Alltagsleben ging im alten Trott weiter. Ich war noch jung, und ich begriff erst zu Beginn der vierziger Jahre, was sich in Europa eigentlich abspielte. Papa dagegen machte sich große Sorgen. »Weshalb bleiben die Juden?« fragte er immer wieder. »Weshalb in aller Welt bleiben sie in Deutschland oder im Sudetenland? Weshalb packen sie nicht ihre Sachen und fliehen? Worauf warten sie?«

Im Jahre 1942 stieß Hitlers Generalfeldmarschall Erwin Rommel, der »Wüstenfuchs«, mit seinem Afrikakorps rasch Richtung Palästina vor. Rommels Streitmacht bedrohte Ägypten und den Suezkanal, Palästina und Syrien. Eine Freundin unserer Familie hörte Papa einmal sagen: »Sie kommen. Nun ist alles vorbei!« Sie dagegen war optimistisch und weigerte sich, dies zu glauben. »Fima – hör endlich damit auf!« erwiderte sie. »Vierzig Jahre Zionismus können nicht umsonst gewesen sein.« Insgeheim war ich überzeugt, daß sie recht hatte.

Doch die Bedrohung war nicht nur eingebildet, wie ich schon an einem glühendheißen Septembertag im Jahre 1940 am eigenen Leib erfahren hatte. Ich wollte zusammen mit einer Freundin meinen Vetter besuchen. Wir waren zur Bushaltestelle an der Ecke King-George- und Dizengoffstraße gegangen. Wir machten an einem Limonadenstand halt, um uns eine Erfrischung zu gönnen. Doch dann kam der Bus. Sollten wir die Limonade zu Ende trinken oder in den Bus springen? Wir entschieden uns für den Bus.

Kaum daß wir eingestiegen waren, hörten wir das dumpfe Surren herannahender Flugzeuge. Dann vergingen kaum zwei Minuten, bis die ersten Bomben auf der Kreuzung einschlugen. Der Limonadenstand wurde zerstört. Der Bus hielt an, und wir warfen uns hinter einen Bombenschutzwall, der die Front des Gebäudes Schatzstraße 4 abschirmte, in Deckung und kauerten uns dort in panischem Schrecken aneinander. Da waren wir – zwei zwölfjährige Kinder, verstört und am ganzen Leibe zitternd. Die Angst war berechtigt, denn wie sich später zeigte, wurden bei diesem Bombenangriff über hundert Menschen getötet und zahllose weitere verwundet. Mussolinis Luftwaffe hatte Tel Aviv angegriffen, und ich wäre diesem scheinbar weit entfernten Krieg, den mein Vater so neugierig über unser Radio verfolgte, beinahe zum Opfer gefallen!

Als die unmittelbare Gefahr vorüber zu sein schien, hielten wir vergeblich nach einem Bus Ausschau, um nach Hause zu fahren. Schließlich überredeten wir einen Taxifahrer, uns nach Hause zu bringen, indem wir ihm hoch und heilig versprachen, daß meine Mutter den Fahrpreis bezahlen würde. Mutter machte sich furchtbare Sorgen, als sie hörte, daß eine Bombe auf der Dizengoffstraße explodiert war. Sie ging die Straße hinunter, hielt eine Freundin in ihrem Auto an und sagte: »Lea ist die Dizengoffstraße in nördlicher Richtung entlanggegangen, und ich bin sehr beunruhigt. Würdest du mich zum Haus meiner Schwägerin fahren, ich will wissen, ob sie dort eingetroffen ist?« Als sie mich dort nicht vorfand, begab sie sich ins Krankenhaus und suchte – wieder vergeblich – unter den Toten und Verwundeten nach mir. Schließlich trafen wir zu Hause glücklich zusammen. Das eindrücklichste Erlebnis im Gefolge des Luftangriffs hatte ich jedoch zu einer späteren Stunde desselben Tags, als ich mit meinem Vater durch die Stadt fuhr, um die Schäden in Augenschein zu nehmen. Als wir am Hadassah-Hospital vorbeikamen, drang aus den offenen Fenstern des Krankenhauses das Weinen und Wehklagen der Angehörigen der Toten und

Verwundeten. Diese markerschütternden Schreie werde ich mein Leben lang nicht vergessen.

Mit Hunderten anderer Kinder aus Tel Aviv wurde ich nach Jerusalem evakuiert, das man wegen seiner bedeutenden christlichen Bauwerke als sicher vor italienischen Luftangriffen betrachtete. Während meines Aufenthalts in Jerusalem besuchte ich eine religiöse Schule, in der mir regelrecht die Augen geöffnet wurden, da ich zu Hause sehr wenig über die jüdische Religion erfahren hatte.

Ob praktizierende Juden oder nicht, waren wir doch alle Angehörige eines Volkes, und niemand mußte uns im Jahre 1942, als die Krematorien des Holocaust rauchten, an unsere Identität erinnern.

Der Zweite Weltkrieg sollte das jüdische Selbstverständnis grundlegend und für immer verändern. Er tat es bei mir, er tat es bei Jitzchak.

Claude Lanzman kündigte eine Vorführung seines Holocaust-Films *Schoah* in Jerusalem mit den Worten an: »Als sie in die Gaskammern gingen, waren sie allein. Wir waren nicht bei ihnen.« Die Welt hatte ihnen den Rücken gekehrt, hatte ihre Augen abgewandt. Sie weigerte sich, das unvorstellbare Grauen zur Kenntnis zu nehmen.

Auch meine Familie wurde vom Holocaust heimgesucht. Welcher Jude kann heute schon behaupten, seine Familie sei von diesem Unheil verschont geblieben! Allerdings erfuhren wir die Einzelheiten über den Verlust unserer Lieben erst sehr viel später. Zu denjenigen, die im Holocaust umkamen, gehörte auch der Vater meiner Mutter, Mosche Nachmanson. Seitdem er 1933 – dem Jahr, in dem unsere ganze Familie aus Nazideutschland geflohen war – Danzig verlassen hatte, lebte er in Italien. Am 5. April 1944 wurde er vom Konzentrationslager Fossoli, in dem auch der italienische Schriftsteller Primo Levi inhaftiert war, der später ebenfalls deportiert wurde, in einem jener schrecklichen Züge abtransportiert.

Der 78jährige Mosche Nachmanson traf am 10. April in Auschwitz ein und wurde noch am selben Tag in einer Gaskammer ermordet.

Er ging ganz allein in den Tod, und wir – seine Familie – wußten es nicht einmal. Wie viele wunderbare Menschen hätten gerettet werden können, wenn die Vision des Theodor Herzl und des Fima Schloßberg nur eher verwirklicht worden wäre! Wäre das Grauen des Holocaust während des Zweiten Weltkriegs verhindert worden, wenn man uns rechtzeitig einen jüdischen Staat gewährt hätte? Ich weiß es nicht – und ich bezweifle es sehr.

Doch soviel steht fest: Könnte es einen zwingenderen Grund für die Schaffung einer Heimstätte und eines dauerhaften, sicheren Zufluchtsortes für die Juden der Welt geben als diese unermeßliche Tragödie?

4. Kapitel

König David und der Palmach

Jitzchak fiel mir zum erstenmal auf, als ich die zehnte Klasse besuchte. Es war im Sommer 1943 in einer Eisdiele an der Allenbystraße in Tel Aviv (er war damals zweiundzwanzig, ich sechzehn). Ich glaubte, eine Reinkarnation des biblischen Königs David vor mir zu haben. Allerdings war sein Haar kastanienbraun, und seine Augen waren graugrün und unglaublich strahlend. Am meisten aber beeindruckte mich, daß er das typische Verhalten eines Palmach-Kämpfers zeigte: Er verschwand plötzlich wochenlang und tauchte dann ebenso plötzlich wieder auf. Obgleich die Palmach-Kämpfer die Herzen von Schülerinnen höher schlagen ließen, blieb die Phantasie heranwachsender Mädchen hinter der Wirklichkeit zurück. Denn diese jungen Männer bildeten eine im Untergrund operierende Schutztruppe, die kraft ihrer Träume und ihrer Tatkraft maßgeblich an der Entstehung des jüdischen Staates mitwirkte.

Der Palmach war eine Abteilung der Haganah. Die Haganah wiederum war im Jahre 1920 von jüdischen Arbeiterparteien als Selbstschutzorganisation für jüdische Siedler in Palästina gegründet worden. Die Haganah ihrerseits stellte 1941 die Eliteeinheit Palmach auf, die zunächst von Jitzchak Sadeh kommandiert wurde. Der Begriff »Palmach« ist ein Akronym für *Plugot Machaz,* das hebräische Wort für Stoßtruppen. Der Palmach sollte vor allem die *Jischuvim* (jüdische Siedlungen) vor arabischen Überfällen schützen. Jitzchak schloß sich dem Palmach im Jahr seiner Gründung an und nahm im

Mai 1941 an seinem ersten Kampfeinsatz als Mitglied dieser Truppe teil. Im Rahmen einer britischen Operation gegen Einheiten der französischen Vichy-Regierung (die mit den Nazis kooperierte) drangen sie auf syrisches Hoheitsgebiet vor, erklommen Leitungsmasten und zerschnitten die Telefondrähte. Hinterher sagte mir Jitzchak, dieser Einsatz habe seine Einstellung für den Rest seines Lebens verändert. Verteidigungsprobleme sollten fortan für ihn von überragender Bedeutung sein.

Mit der Zeit wurden aus den zufälligen Begegnungen zwischen Jitzchak und mir geplante Verabredungen, ich lernte ihn immer besser kennen und erkannte seine Einzigartigkeit. Dazu gehörte auch, daß ich mehr über seine Familie erfuhr.

Jitzchaks Eltern hatten sich während der arabischen Ausschreitungen im Jahr 1920 in den engen Gassen des alten jüdischen Viertels von Jerusalem kennengelernt. Seine Mutter, Rosa Cohen, war aus ihrem Kibbuz in Galiläa nach Jerusalem gekommen, nachdem sie sich dort die Malaria zugezogen hatte. Sein Vater, Nechemia Rabin, hielt sich bei Ausbruch der Gewalttätigkeiten als Mitglied einer jüdischen Verteidigungseinheit in der Stadt auf. Beide engagierten sich in jüdischen Selbstschutzorganisationen.

Rosa, die in Rußland geboren und aufgewachsen war, besaß außergewöhnliche Fähigkeiten. Obwohl ihr Vater ein wohlhabender Holzhändler gewesen war, setzte sie sich für die Belange der Arbeiterklasse ein – auch wenn sie nie Kommunistin wurde oder sich dem *Bund,* der jüdischen Arbeiterbewegung, anschloß. Sie war ihr ganzes Leben lang stolz darauf, Jüdin zu sein. Als Rosa die Bolschewiki leid war, beschloß sie im Jahre 1919, Rußland zu verlassen. Sie begab sich zum Schwarzen Meer und wollte von dort aus entweder nach Schweden oder in die Vereinigten Staaten reisen. Einer plötzlichen Eingebung folgend änderte sie jedoch ihr Reiseziel und beschloß, nach Palästina auszuwandern. Sie ging an

Bord der *Rosslen,* des ersten Schiffs, das nach dem Ersten Weltkrieg von Rußland nach Palästina fuhr. In Palästina lebte und arbeitete sie zunächst in einem Kibbuz, den sie jedoch schon bald wieder verließ. Sie war eine hervorragende Buchhalterin und bekleidete im Lauf der Jahre mehrere hochrangige Positionen in renommierten Unternehmen. Sie trat nie einer politischen Partei bei, und erst nach ihrer Ankunft in Palästina wurde sie zu einer entschiedenen Verfechterin eines unabhängigen jüdischen Staates. Als erste Kommandeurin der Haganah in Haifa wechselte Rosa regelmäßig von ihrem Bürostuhl auf den Rücken eines Pferdes und leistete im Jahre 1921 Kurierdienste zwischen jüdischen Siedlungen, nachdem es im Jahr zuvor in Nebi Musa zu blutigen Ausschreitungen gekommen war. Da sie mit der Möglichkeit antijüdischer Feindseligkeiten rechnete, rief sie in Haifa eine jüdische Selbstschutzvereinigung ins Leben und bewaffnete deren Angehörige mit Spießen, die sie auf eigene Rechnung kaufte. Später zog sie mit ihrem Ehemann von Jerusalem nach Tel Aviv; dort schloß sie sich während der Unruhen des Jahres 1936 zusammen mit ihrem Mann dem jüdischen Wachdienst an.

Nechemia war in einer armen Familie in der Ukraine zur Welt gekommen und nach dem Pogrom 1905 nach Chicago geflohen. Hier arbeitete er als Schneider in Bekleidungsgeschäften und belegte Abendkurse an der dortigen Universität. Nachdem er der Jüdischen Schneidergewerkschaft beigetreten war, identifizierte er sich immer mehr mit der zionistischen Sache. Ein britischer Werbeoffizier rekrutierte Nechemia als Mitglied der Jüdischen Legion in Palästina, von wo er nie mehr in die Vereinigten Staaten zurückkehrte. Dieser Werbeoffizier war niemand anders als Jitzchak Ben Zvi – Israels zweiter Staatspräsident.

Rosa und Nechemia hatten eine verwickelte und schwierige Beziehung, gelinde gesagt. Zusätzlich zu ihrer regulären Berufstätigkeit hatte Rosa zahlreiche ehrenamtliche Verpflichtungen übernommen. So erteilte sie beispielsweise Arbeiterkindern Nachhilfeunterricht, und sie wurde später Mitglied des Stadtrats von Tel Aviv, wo sie sich nachhaltig für eine Verbesserung des Bildungswesens einsetzte. Sie war eine Befürworterin des Doppelverdienerhaushalts: ein Gehalt für die eigene Familie und das andere zur Unterstützung bedürftiger Familien. Die Rabins griffen einer erheblichen Zahl von Familien ohne Aufhebens regelmäßig finanziell unter die Arme.

Jitzchaks Mutter verlangte den übrigen Mitgliedern ihrer Familie genausoviel ab wie sich selbst. Da man sich keine Zugehfrau leistete, mußten Jitzchak und seine jüngere Schwester Rachel im Haushalt mithelfen. Ich glaube, daß Jitzchak sich nie daran gewöhnte. Nach unserer Heirat vermied er es, so gut er konnte, mir bei der Hausarbeit zur Hand zu gehen! Meistens respektierte ich seine Haltung in Anbetracht der Tatsache, daß er beruflich immer hart arbeitete. Weshalb sollte ich ihn mit Hausarbeiten behelligen, die er verabscheute?

Jitzchaks Vater dagegen hatte ein anderes Naturell und nahm bereitwillig die meisten Hausarbeiten einschließlich der Einkäufe und der Betreuung der Kinder auf sich. Ein Herzleiden quälte Rosa, und schließlich verschlechterte sich ihr Gesundheitszustand. Damals waren Telefone in unserem Land noch rar, und Jitzchak vergaß nie, wie er als junger Bursche jedesmal, wenn sie das Herannahen eines Herzanfalls spürte, verzweifelt einen Arzt suchte. Sie starb im Jahre 1937, als Jitzchak erst 16 Jahre alt war. Zu ihrem Herzleiden war noch eine Krebserkrankung hinzugekommen. Es war das letzte Mal, daß Jitzchak weinte, abgesehen von einem ergreifenden Vorfall, der sich – wie man mir berichtete – an dem Tag ereignete, an dem er erfuhr, daß er den Friedensnobelpreis erhalten würde, und den ich später schildern werde.

Nechemia hatte in der Ehe mit einer so tatkräftigen, entschlossenen und selbstbewußten Partnerin einen schweren Stand, zumal in der damaligen Zeit ganz andere Rollenbilder für Mann und Frau herrschten. Aber Jitzchak stand seinem Vater immer zur Seite. In späteren Jahren lobte Jitzchak öffentlich die Beflissenheit und die Aufopferungsbereitschaft seines Vaters bei der Erziehung der Kinder und der Führung des Haushalts.

Jitzchak wurde nach dem israelischen Sieg im Sechstagekrieg, an dem er maßgeblichen Anteil hatte, für die Sendung »Mein Elternhaus« im israelischen Rundfunk interviewt und gebeten, seine Kindheit mit der Erziehung seiner eigenen Kinder zu vergleichen. »Wegen ihrer öffentlichen Aktivitäten ließen Ihre Eltern Sie und Ihre Schwester häufig allein zu Hause, und Sie litten darunter«, bemerkte der Interviewer und fragte weiter, ob es Jitzchak nicht schwerfalle, so wenig Zeit mit seinen Kindern verbringen zu können. »Aber meine Kinder haben doch ihre Mutter, die sich zu Hause um sie kümmert«, antwortete Jitzchak. Ich vermute, daß er unbewußt die Erinnerungen an die dominante Rolle, die seine eigene Mutter in seiner frühen Kindheit spielte, verdrängte, um die Bedeutung seines damals noch lebenden Vaters zu würdigen. Doch der reagierte gänzlich unerwartet. Er meinte, Jitzchak tue seiner Mutter unrecht.

Jitzchak vermittelten Rosa und Nechemia in ihrer Erziehung ein Gefühl für Disziplin, die Abneigung gegen jegliche Verschwendung und die Bereitschaft, sich politisch zu engagieren, und dies sollten die Schlüsselwerte für den Rest seines Lebens bleiben.

Rosa und Nechemia hatten ihre Zerwürfnisse. Eine dieser Kontroversen drehte sich um Jitzchaks künftige Schulbildung. Soldaten und Bauern waren die ersten Helden des jüdischen Staates in Palästina. Daher wollte Rosa, daß Jitzchak den zionistischen Traum verwirklichte: Wüste in fruchtbares

Agrarland verwandeln. Jitzchaks Vater dagegen wollte ihn die renommierteste Oberschule in Tel Aviv besuchen lassen. Rosa setzte sich schließlich durch. Sie hatte zu den Mitbegründern der Landwirtschaftsschule *Givat Hashloscha* bei Tel Aviv gehört, wo Jitzchak die ersten beiden Jahre seiner höheren Schulbildung absolvierte. Hier erhielt Jitzchak auch seine militärische Grundausbildung, bei der ihm zunächst sehr elementare Fertigkeiten beigebracht wurden – wie man ein Gewehr bedient und wie man Wache steht. Im Jahre 1937 war es Jitzchaks eigener Wunsch, zur Landwirtschaftsschule Kadoorie zu wechseln – eine Eliteanstalt in Niedergaliläa, die zwar von der Mandatarmacht Großbritannien gegründet worden war, aber kein Englisch in ihrem Lehrplan hatte. Der Besuch von Kadoorie paßte gut in Jitzchaks Pläne. Er wollte damals nämlich unbedingt Bewässerungsingenieur werden – Kenntnisse in dieser technischen Disziplin würden Palästina in das fruchtbare Land verwandeln, von dem Theodor Herzl geträumt hatte. Jitzchak zahlte jedoch einen Preis dafür: So konnte er beispielsweise keine soliden Grundkenntnisse des Englischen erwerben. Kadoorie war jedoch in anderer Hinsicht eine hervorragende Lehranstalt, die ihren Schülern auf eine sehr effiziente Weise Werte wie Ehrlichkeit beibrachte. So wurden die Schüler bei Klassenarbeiten nicht ständig von den Lehrern beaufsichtigt, weil diese darauf vertrauten, daß sie nicht von ihren Mitschülern oder eigenen Spickzetteln abschreiben würden. – Jitzchaks persönliche Kontakte an der Schule führten ihn zum Palmach (die meisten Kadoorie-Absolventen schlossen sich dieser Elitetruppe an), der schon an sich eine exzellente Schulung in Menschenführung war.

Bereits in seiner Jugend zeigten sich Jitzchaks besondere Talente. Seine hervorragenden schulischen Leistungen wurden allgemein gelobt. Schon als Schüler und lange vor den Tagen des Palmach hatte er erste Kontakte zum Militär. Rückblickend kann man sagen, daß diese frühen militärischen Erfahrungen einen prägenden Einfluß auf ihn hatten. Im Jahre 1937 wurde Kadoorie mehrmals von arabischen Banden angegriffen. Jitzchak erfuhr seine Ausbildung damals durch Jigal Allon, der ebenfalls ein Kadoorie-Absolvent war. Allon wurde später Kommandeur des Palmach und sowohl ein Freund als auch ein Vorbild für Jitzchak. Im Jahre 1938 warb Allon Jitzchak für ein Intensivausbildungsprogramm im Kibbuz Ginnosar an.

Als ich mehrere Jahre später erstmals mit Jigal Allon bekannt gemacht wurde, hatte ich das Gefühl, einem leibhaftigen Gott zu begegnen. Wir alle bewunderten ihn – sein Aussehen, seinen bohrenden Blick und seine offenen Gesichtszüge, seine brillante Führungsfähigkeit und sein bemerkenswertes strategisches Genie. Er und Jitzchak führten gemeinsam einige äußerst gefährliche Kampfeinsätze durch. Allons militärische Beförderung wurde hintertrieben, vor allem weil er nicht der von David Ben Gurion geführten Mapai (Arbeiterpartei), einer Vorläuferorganisation der israelischen Arbeitspartei, angehörte. Mosche Dayan – der spätere Generalstabschef und Verteidigungsminister – war ein Günstling Ben Gurions. Trotz seiner zahlreichen Leistungen im Unabhängigkeitskrieg wurde Allon übergangen und Dayan statt seiner befördert.

Nachdem Allon aus dem Militärdienst ausgeschieden war, studierte er in Oxford und beeindruckte führende Intellektuelle wie Professor Jesaja Berlin. Jigal Allon war ein überaus freundlicher und aufgeschlossener Mensch, der scheinbar mühelos das Vertrauen anderer gewann und von sich aus immer anderen das Verdienst für Erfolge gleich welcher Art zuerkannte. Der Privatmensch Jigal Allon hatte eine Schwäche für luxuriöse Autos, modische Kleidung und ein lukullisches Mahl im Kreis von Freunden. Zwischen Jitzchak und Jigal Allon entwickelte sich eine tiefe Freundschaft, die bis zu Allons

Tod am 29. Februar 1980 dauerte. Diese innige Freundschaft hatte auch Bestand, als Jigal Allon in Jitzchaks erster Amtszeit als Ministerpräsident zum Außenminister bestellt wurde.

Im Jahre 1940 bestand Jitzchak die Abschlußprüfung an der Kadoorie mit Auszeichnung, und die nächsten Schritte in seiner persönlichen Entwicklung wurden von praktischen Lebenserfahrungen bestimmt. Die Ereignisse jener Zeit ließen keinen Zweifel daran, daß die höchste Priorität für die in Palästina lebenden Juden die Selbstverteidigung war. Dem trug auch Jitzchak Rechnung. In späteren Jahren verknüpfte Jitzchak seine intellektuellen Gaben mit strenger Disziplin und umfassender Erfahrung. Er besaß ein unglaubliches Gedächtnis und konnte sich die kleinsten Einzelheiten merken. Doch Jitzchaks Fähigkeiten gingen weit über seine schnelle Auffassungsgabe hinaus. So war er auf eindrucksvolle Weise in der Lage, Informationen zu strukturieren, Querbezüge zwischen ihnen herzustellen und das Wichtige vom Unwichtigen zu unterscheiden.

Der Palmach war die erste wichtige Station für die Entwicklung von Jitzchaks praktischen Fähigkeiten – vor allem was die Menschenführung und die militärische Strategie betrifft.

Zur Anfangszeit des Palmach deckten sich die Interessen der jüdischen Gemeinschaft in Palästina mit denen der Briten. Noch vor der Gründung des Palmach hatte der britische Oberst Orde Charles Wingate die SNS – »Special Night Squads« (Nachtsonderkommandos) – ins Leben gerufen, die sich sowohl aus britischen Soldaten als auch aus Haganah-Angehörigen zusammensetzten und die gegen arabische Freischärler kämpfen und Erkundungsgänge unternehmen sollten. Die Briten unterstützten den im Mai 1941 gegründeten Palmach zunächst, da sie darin eine willkommene Verstärkung (wenn auch eine jüdische) für die Abwehr einer möglichen deutschen oder italienischen Invasion sahen und ihn zudem als einen vorgeschobenen Späh- und Sabotagetrupp in Syrien einsetzen wollten, der die dortige Invasion der Alliierten vorbereiten sollte. Die SNS wurden 1939 aufgelöst, und im selben Jahr knöpften sich die Briten die Haganah vor und verhafteten einige ihrer Mitglieder wegen illegalen Waffenbesitzes. Im Jahre 1940, als die Gefahr Hitlerscher Blitzkriege in Europa sich nach Palästina auszuweiten drohte, stand das Schicksal der Haganah wieder unter einem günstigeren Stern. Als sich dann nach dem Sieg von Montgomery über Rommel in der entscheidenden Schlacht bei El Alamein das Blatt in Nordafrika zugunsten der Alliierten wendete, ließen die Briten die Haganah fallen. Weshalb sollten sie jetzt, da die Achsenmächte keine Bedrohung mehr für Palästina darstellten, die Haganah weiterhin aktiv unterstützen, wo diese doch auf einen unabhängigen jüdischen Staat hinarbeitete?

Die in Palästina lebenden Juden waren bereits Mitte 1942 geteilter Meinung darüber, ob der Dienst in der britischen Armee der Weg sei, um die zionistische Sache voranzubringen. Die meisten der jungen jüdischen Männer in Palästina entschieden sich dafür, direkt in die britische Armee einzutreten oder – später – in die Jüdische Brigade der britischen Armee. Die Führung der Haganah war der Ansicht, daß dann die Sicherheit der Juden in Palästina nicht länger gewährleistet sei. So klafften die jüdischen und britischen Interessen in Palästina mit der Zeit immer weiter auseinander. Der Palmach stellte die britische Mandatsverwaltung zusehends in Frage, vor allem weil immer zweifelhafter wurde, ob Großbritannien sein Versprechen, die Gründung eines jüdischen Staates zu unterstützen, einhalten würde. Als der Krieg in Nordafrika entschieden war, wurde der Palmach von den Briten zunächst als ein Ärgernis und dann als eine offene Bedrohung empfunden. Daher wurde die Organisation im Jahre 1945 verboten und die Mitgliedschaft darin für strafbar erklärt.

Der Legende nach überlebte der Palmach dank seiner Fähigkeit zur Improvisation. Als Mosche Dayan im Jahre 1941 ein Aufnahmegespräch mit Jitzchak führte, um seine Eignung für den Dienst im Palmach zu überprüfen, fragte er ihn, ob er fünf Dinge könne: Motorrad fahren, Auto fahren, ein Maschinengewehr bedienen, mit einem Gewehr schießen und eine Handgranate werfen. Auf die ersten drei Fragen antwortete Jitzchak mit nein. Er hatte jedoch schon mit einem Gewehr geschossen und eine Handgranate geworfen. Das genügte Dayan. »Sie werden das schon schaffen«, sagte er. Der Palmach basierte auf Improvisation, gewiß, aber nicht auf Improvisation allein. Jitzchak war immer der Ansicht gewesen, daß man nur dann auf Improvisation zurückgreifen sollte, wenn Planung und materielle Ressourcen erschöpft waren.

Nachdem der Palmach in den Untergrund gedrängt worden war, wurde das Leben im Kibbuz für die Palmach-Kämpfer zu einer Tarnung, aber auch zu einer wichtigen Quelle finanzieller Unterstützung. Im Jahre 1945 machte ich das Abitur und schloß mich danach ebenfalls dem Palmach an – zur großen Sorge meiner Eltern. Der erste Kibbuz, in dem ich stationiert wurde, war Tel Jossef unweit Ein Harod. Die ältesten Kibbuzim – ursprünglich bezeichnete das Wort nur große genossenschaftliche Agrarsiedlungen – entstanden 1910 in Degania. Die Kibbuzim gingen aus kleineren Kommunen hervor und erlebten nach dem Ersten Weltkrieg während der dritten *Alijah* – der dritten jüdischen Einwanderungswelle nach Palästina – einen großen Aufschwung. (Die beiden vorangehenden Einwanderungsphasen dauerten von 1882 bis 1891 und von 1905 bis 1914.)

Da die Entwicklung der Landwirtschaft wirtschaftlich absoluten Vorrang genießen mußte, wenn der ersehnte Staat Israel je Wirklichkeit werden sollte, war die Existenzfähigkeit der Kibbuzim von entscheidender Bedeutung. Jitzchak erinnerte später immer wieder daran, daß der Aufenthalt auf dem

Land uns auch mit dem Gelände vertraut machte, dessen Kenntnis für eine Widerstandsbewegung in einem potentiellen Befreiungskrieg unabdingbar war. Die Bestellung der Äcker und die schier endlosen Wanderungen der Jugendgruppen waren nicht nur mit harten körperlichen Anstrengungen verbunden, die der gesundheitlichen Ertüchtigung dienten, sondern lieferten uns auch unschätzbare taktische Aufschlüsse. In unserer Ausbildung nahmen ausgedehnte Wanderungen durch die verschiedenen Landschaften Palästinas einen breiten Raum ein; wir sollten das Land mit all unseren Sinnen erleben und uns die Eindrücke gründlich einprägen.

Jitzchak durchwanderte das ganze Land, so daß er buchstäblich jeden Zoll aus eigener Anschauung kannte! Er wußte, welches Gewicht der Boden tragen konnte, wie steinig die Straßen waren, wo sich Heckenschützen verbergen konnten. Er kannte auch die nächtlichen Temperaturen in ungeschützten Wüstengebieten und wußte, wie stark Niederschlag und Blätter die Bodenhaftung und die Sichtweite beeinflussen konnten.

In Ein Harod, wohin ich abkommandiert worden war, lebten wir Palmach-Angehörigen in Zelten, während die Mitglieder des Kibbuz in Häusern wohnten. Manchmal lud man uns zur Siesta in die Häuser ein, weil die Zelte im Sommer tagsüber unerträglich heiß waren. Die Palmach-Angehörigen trugen im Kibbuz weder Uniform noch Abzeichen noch irgendwelche anderen Erkennungszeichen. Die Briten waren daher bei ihren regelmäßigen Razzien in den Kibbuzim nicht in der Lage, die Angehörigen des Palmach zu identifizieren.

Die Frauen in den Kibbuzim waren bestrebt zu beweisen, daß sie bei der Verrichtung der täglichen Arbeit den Männern ebenbürtig waren. Das Leben war hart für uns, aber das machte uns nicht viel aus. Die mit Maishülsen gefüllten Matratzen waren stachelig wie Dornenbetten. Das einzige gute

Kleid, das die meisten von uns besaßen, hängten wir an dem Pfosten auf, der das Zelt trug. Das Signal zum Wecken ertönte um sechs Uhr früh. Während die Männer den Tag mit einem Lauf über 6000 Meter begannen, kamen wir Frauen mit bloßen 3000 Metern billig davon. Wir übten an unseren Schußwaffen und probten Kommandounternehmen. Wenn wir uns dann am Abend, nach stundenlangen Trainingsmärschen, duschten, war das Wasser oft eiskalt. Jeder von uns hatte eine kleine orangefarbene Kiste, die auf dem harten Lehmboden stand und in der wir unsere Habseligkeiten verstauen konnten. Eine Privatsphäre war praktisch nicht vorhanden, und wehe, wenn man nicht mit seinen Zeltgenossinnen auskam.

Alle Palmach-Mitglieder – Männer wie Frauen – arbeiteten zwanzig Tage pro Monat im Kibbuz; die restlichen zehn Tage standen uns für militärische Übungen zur Verfügung. Wir aßen im Speisesaal des Kibbuz und bekamen eine begrenzte Menge Kleidung zugeteilt. Für die Männer war sogar das zweiwöchentliche Haarschneiden rationiert. Da man nicht erwarten konnte, daß wir uns auf das Hüten von Hühnern und Rindern oder den Anbau der Nutzpflanzen zu spezialisieren gedachten, wechselten wir turnusmäßig unsere Aufgabengebiete. Ich arbeitete beispielsweise in der Obstplantage, wo ich Äpfel, Grapefruits und Orangen erntete. Manchmal war ich für die Betreuung der Kinder in einer der Tagesstätten zuständig. Eine meine ersten Tätigkeiten im Kibbuz – die ich mit einiger Regelmäßigkeit ausübte – bestand darin, den Samowar im Speisesaal zu bedienen. Jitzchak besuchte mich meist freitags abends, und wir hatten dann ein paar ungestörte Stunden für uns.

Die Kibbuzim waren sowohl ein hervorragendes Mittel zur Tarnung als auch eine praktische Lösung für die materiellen Schwierigkeiten. Denn es gab keinen Staat, der bereit gewesen wäre, unsere Untergrundarmee zu finanzieren. In die

Kibbuzim integriert, war der Palmach dagegen finanziell unabhängig. Die Kibbuzim halfen auch mit, die späteren Grenzen Israels festzusetzen und zu verteidigen – wie etwa Mananra, ein Kibbuz an der Grenze zum Libanon, in den Jitzchaks Schwester Rachel bereits 1943 eingetreten war.

Wir wurden beim Palmach regelrecht darauf gedrillt, uns jeden Zoll des Geländes gründlich einzuprägen. Die sechsköpfigen Spähtrupps wurden meist von einer jungen Frau begleitet, um das Ganze als Ausflug einer Wandergruppe zu tarnen. Einmal schickte uns unser Zugführer Oded Messer auf einen dreitägigen Erkundungsgang in die auf arabischem Territorium gelegenen Gilboaberge, von denen aus das jüdische Siedlungsgebiet zu überblicken war. Beim Erklimmen der Berge erspähten wir plötzlich einige Araber, die uns ebenfalls bemerkten. Die Lage wurde schon bald recht brenzlig, denn die Araber liefen zu ihrem Dorf und verbreiteten dort die Nachricht, daß ein paar Juden die Gilboaberge ausschnüffelten. Daraufhin setzte uns eine Schar knüppelschwingender Araber nach. Unser Anführer befahl uns, nach Arabuna zu laufen – einem nahe gelegenen Dorf, dessen Bewohnern eine friedvollere Gesinnung nachgesagt wurde. Wir schafften es, doch als wir dort ankamen, bestanden die Araber darauf, daß wir unsere Rucksäcke öffneten, in denen sie zweifellos Waffen vermuteten. Obwohl wir keine Waffen mit uns führten, wollten wir uns die Durchsuchung nicht gefallen lassen und sagten ihnen, sie sollten doch die Polizei herbeiholen. Zu unserem Erstaunen gaben sie nicht klein bei und riefen die britische Polizei.

Die Polizisten waren schon über die lange Anfahrt allein verärgert, und nachdem sie unsere Rucksäcke aufgemacht hatten, spritzten sie – auf der Suche nach Waffen und Munition – die Zahnpasta aus den Tuben und schütteten die Marmeladengläser aus. Anschließend brachten sie uns zur nächsten PMF-(Police Mobile Forces-)Station, wo wir einzeln verhört wurden. Als ich dem Kommandeur vorgeführt wurde, setzte ich ein Lächeln auf und tat alles, um mein Gegenüber für mich einzunehmen. Ich sagte ihm in freundlichem Ton, wir seien zum Kibbuz Tirat Zvi unterwegs gewesen. Mein Personalausweis rettete mich. »Ich habe einmal in Netanya einen Mann namens Schloßberg kennengelernt ...«, sagte der Beamte, mich mit den Augen fixierend. »Das ist mein Vater!« erwiderte ich. »Ihr Vater ist ein guter, ehrlicher Mensch.« »Da haben Sie recht«, pflichtete ich ihm bei, »und auch ich und meine Freunde sind ehrliche Menschen.« Er beschloß, uns laufenzulassen; ich habe meinem Vater nie gesagt, wie nahe ich daran war, ins Gefängnis zu wandern.

Aus meiner Zeit beim Palmach sind mir vor allem die engen menschlichen Beziehungen zwischen den Mitgliedern in unvergeßlicher Erinnerung geblieben. Da war zum Beispiel Zohara. Zohara – ein Mädchen mit rabenschwarzem Haar und bernsteinfarbenen Augen – war eine hervorragende Schülerin gewesen. Wir hatten an derselben Oberschule unser Abitur gemacht und traten zur gleichen Zeit in den Palmach ein. Dort verströmte ihre starke, geschmeidige Statur Kraft und Ausdauer. Eines Tages gestand sie mir in einer sehr offenen Aussprache, daß sie mich um meine Beziehung zu Jitzchak beneide, weil sie ihre wahre Liebe noch nicht gefunden habe. Doch das sollte sich schon bald ändern. Es war ein Bursche namens Shmuel Kaufman. Sie und Shmuel beabsichtigten, gleich nach Beendigung ihres Dienstes im Palmach zu heiraten. Unmittelbar vor ihrer beider Entlassung wurde Shmuel von seinem Zugführer gebeten, noch eine letzte Übung auf dem Handgranatenwurfplatz zu überwachen. Zohara ging zurück ins Zelt, um dort auf Shmuel zu warten. Es war der Abend vor *Schabbat* – sein weißes Hemd lag auf seinem Bett für ihn bereit –, und sie wollten gemeinsam im Speisesaal des Kibbuz zu Abend essen. Als Shmuel lange nach Einbruch der Dunkelheit noch immer nicht zurückgekehrt war, beschloß sie, von wachsender Besorgnis erfüllt, allein in den Speisesaal zu gehen. Dort kam ein düster dreinblickender *Ma'az* (regionaler Sicherheitsoffizier) auf sie zu und sagte:»Zohara, ich muß Ihnen etwas mitteilen …« Dann berichtete er, daß ein Rekrut, der unmittelbar neben Shmuel gestanden habe, seine Handgranate zwar entsichert, aber nicht geworfen habe. Sie wollte nicht glauben, daß Shmuel tot war, und bestand darauf, seinen Leichnam zu sehen. Zum erstenmal in ihrem Leben war sie mit einer Situation konfrontiert, der sie nicht gewachsen war, und es fiel ihr sehr schwer, diesen tragischen Vorfall innerlich zu bewältigen. Zohara begann damit, Shmuel täglich ergreifende, herzzerreißende Briefe zu schreiben, in denen sie ihn fragte, wie er es übers Herz bringen konnte, sie allein zu lassen. Als ich fünfzig Jahre später Jitzchak verlor, nahm auch ich unwillkürlich zu solchen imaginären Zwiegesprächen Zuflucht.

Zohara war noch jung. Sie ging zum Studium in die Vereinigten Staaten. Nachdem die Vereinten Nationen im November 1947 eine Resolution über die Gründung eines jüdischen Staates verabschiedet hatten, absolvierte sie in Kalifornien einen Ausbildungslehrgang für Piloten, nach dessen Abschluß sie nach Israel zurückkehrte. Auf diesem Lehrgang verliebte sie sich in Amnon Berman, den wir alle von unserer Palmach-Einheit in Ein Harod kannten und der auch ein enger Freund Shmuels gewesen war. (Die Berman-Familie besitzt noch heute eine der größten Bäckereien Israels.) Wieder zeichnete sich eine Heirat ab. Doch beim Vorstoß auf Lod und Ramla wurde Amnons Flugzeug über dem Kibbuz Gezer abgeschossen. Sechs Wochen später starb Zohara beim Absturz eines Kleinflugzeugs im Tal des Kreuzes in Jerusalem.

Welch eine schreckliche Folge von Tragödien, und doch war sie so typisch für eine Zeit, in der junge Menschen Tag für Tag ihr Leben opferten. Eine ganze Generation wurde auf die

Bewährungsprobe gestellt, und sehr viele bezahlten ihren Einsatz für den Fortbestand des jüdischen Staates mit dem Leben.

Palästina war so klein, daß der Verlust des Lebens ein fester Bestandteil des Alltags war, dem man nicht entrinnen konnte. Wenn man die verschiedenen Palmach-Zeltlager in den Kibbuzim besuchte und mit den Menschen sprach, kam das Gespräch zwangsläufig auf die Opfer der letzten Nacht. Wenn man die Titelseite der Morgenzeitung aufschlug, grüßten einen die Schlagzeilen mit den Namen der jüngsten Opfer. Es ging um junge Menschen, mit denen man zur Schule gegangen war, die Lebensmittel im Laden um die Ecke eingepackt hatten, die die höchste Punktzahl in der Chemieprüfung erreicht oder die einfach in der Nachbarschaft gewohnt hatten.

Ich erinnere mich wieder an die Lieder.

Wir, die Angehörigen des Palmach, versammelten uns meist freitags abends um ein Lagerfeuer – getrennt von den übrigen Mitgliedern des Kibbuz –, um gemeinsam Lieder zu singen. So pflegten wir unsere innere Verbundenheit in einer Welt, in der wir unsere wahre Identität verschleiern mußten. An vielen Freitagabenden waren die Lieder wehmütig, und die Bekundungen tiefer Trauer über den nicht abreißen wollenden Strom verlorener Freunde und Geliebter wurden oft von zahllosen Tränen begleitet. Nach der »Nacht der Brücken« im Jahre 1946, in der Palmach-Kommandos Brücken, die Palästina mit seinen Nachbarländern verbanden, in die Luft sprengten, wurden vierzehn Palmachniks getötet. Wir berieten daraufhin, ob wir das gemeinsame Singen am nächsten Freitag abend nicht ausfallen lassen sollten. Doch wir entschlossen uns, daran festzuhalten. Das Leben mußte weitergehen. Es war eine Möglichkeit, um sich Kraft und Hoffnung zu erhalten.

Im Palmach erlebte ich aus nächster Nähe, wie Jitzchaks Persönlichkeit reifte. Er erfüllte jeden Auftrag voller Enthusiasmus. Doch es ging ihm dabei nie um seine Karriere. Die Strapazen des Kampfes, die schlaflosen Nächte und die Pflichten nahmen ihn so sehr in Anspruch, daß er gar keine Zeit hatte, sich über die Anerkennung seiner Arbeit Gedanken zu machen. Er trat nicht in die Fußstapfen irgendeines Vorgängers. Er hatte keine Vorbilder. Alles Wissen und alle Erfahrung hätten in dieser Situation auch wenig genützt. Wie konnte man einen Krieg mit so wenigen und dann noch veralteten Waffen führen? Wie konnten wir den straff organisierten Gegnern widerstehen, die uns zugleich von allen Seiten bedrängten? Es ist ganz erstaunlich, daß der Palmach und die Haganah bei ihren schwierigen Kampfeinsätzen auch noch ethische Gesichtspunkte zu berücksichtigen versuchten.

So bemühte sich der Palmach, so gut er konnte, britische Verluste zu vermeiden. Doch der Palmach war nicht der einzige jüdische Kampfverband in Palästina. Die rechte politische und paramilitärische Opposition hatte eine andere Einstellung. Sie versuchten, dem Gegner möglichst hohe Verluste beizubringen, und nahmen dabei den Tod von Menschen billigend in Kauf. Revisionistische Gruppen wie *Ezel* und *Lechi* (die von Abraham Stern gegründet wurde, der ein großer Bewunderer Mussolinis war und der Mordanschläge und Banküberfälle plante) waren entschlossen, möglichst viele Briten zu töten. Sie versuchten sogar, Mussolini und die Nazis für ihren Widerstandskampf gegen die Briten einzuspannen. Im November 1944 ermordeten zwei Mitglieder der *Lechi* Lord Moyne, den britischen Ministerresidenten.

Nichts entzweite die Briten und die palästinensischen Juden mehr als die britische Einwanderungspolitik. Im Jahre 1945 schlossen die Briten praktisch die Tore Palästinas für weitere jüdische Einwanderer. Trotz der Greuel des Zweiten Weltkriegs durften während der britischen Mandatszeit nur 71 000 Juden nach Palästina einwandern. Zudem faßten sie den unglaublichen Entschluß, keine Holocaustflüchtlinge aufzunehmen. Sie errichteten auf Zypern Auffanglager, in die sie jüdische Flüchtlinge deportierten, die sie beim Versuch, in Palästina an Land zu gehen, abgefangen hatten.

Im Oktober 1945 nahm Jitzchak an einer äußerst riskanten Militäraktion zur Verteidigung der Rechte dieser Einwanderer teil. Es handelte sich um ein Kommandounternehmen in Atlit, einer südlich von Haifa gelegenen kleinen Stadt am Mittelmeer. Dort waren in einem Lager zweihundert – nach britischer Auffassung »illegale« – Einwanderer interniert. Die Briten planten ihre baldige Deportation. Ein Aufgebot von etwa 250 Palmach-Kämpfern sollte die Flüchtlinge befreien und sie anschließend zu einem nahe gelegenen Kibbuz transportieren; von dort aus sollten sie dann in den Untergrund geschleust werden.

Jitzchak und ich saßen auf kleinen Kinderstühlen in der Schule des Kibbuz; ich spürte, wie angespannt Jitzchak war. Während er ein Stück Schokolade aß, weihte er mich in den Plan ein. Nahum Sarig leitete die Operation, und Jitzchak sollte als sein Stellvertreter daran teilnehmen. Es war sein erster größerer Einsatz. Auch wenn er es mit keinem Wort erwähnte, spürte ich, wie sehr ihn der Gedanke quälte, daß er möglicherweise bei dieser Aktion getötet würde. Unsere Begegnung am Abend vor seinem Aufbruch war bedrückend und romantisch zugleich. Der Kämpfer kam, seiner Freundin Lebewohl zu sagen. Jitzchak bedeutete die Operation sehr viel, weil diese Menschen den Holocaust überlebt hatten, nur um erneut interniert zu werden – diesmal von den britischen Behörden. Die Rettungsaktion sollte in der Dunkelheit beginnen. Vertrauensleute im Lager hatten den Stacheldrahtzaun aufgeschnitten und die Schlagbolzen in den Gewehren der arabischen Hilfstruppen zerbrochen, so daß die Waffen harmlos klickten, als die Palmach-Rebellen erschienen. Die erste Schwierigkeit lag darin, die Überlebenden so schnell wie möglich in die bereitstehenden Fluchtfahrzeuge zu schaffen. »Die Einwanderer wollten sich um keinen Preis von ihren Bündeln trennen«, sagte mir Jitzchak später, »denn dies waren die einzigen Habseligkeiten, die ihnen geblieben waren.« Anschließend mußte die Gruppe über den Berg Karmel geführt werden, wobei die Palmach-Kämpfer viele von ihnen, namentlich die Kinder, huckepack über den Berg trugen. Jitzchak selbst nahm einen kleinen Jungen auf die Schulter, der sich während der Flucht aus lauter Angst erleichterte. Als sich die Briten anschickten, den Kibbuz, der als Zwischenstation vorgesehen war, zu durchsuchen, strömten Tausende von Juden aus Haifa herbei, um menschliche Barrikaden zu errichten und sich unter die Holocaustüberlebenden zu mischen, so daß die Briten außerstande waren, die befreiten Flüchtlinge aus der Menge auszusondern. Die Operation war ein durchschlagender Erfolg, denn die Briten gaben schließlich frustriert auf.

Am nächsten Tag, als ich im Speisesaal bediente, erfuhr ich vom Triumph der Atlit-Operation. Der Sicherheitsoffizier des Kibbuz kam zu mir und gratulierte mir auf geradezu förmliche Weise zu Jitzchaks Erfolg. Ich war nicht nur erleichtert darüber, daß Jitzchak wohlauf und das Kommandounternehmen gelungen war, sondern ich war auch glücklich, daß man uns offiziell als Paar anerkannte.

In den Jahren 1945 und 1946 wuchsen die Spannungen zwischen den jüdischen Siedlern und der britischen Mandatsverwaltung; dies hing zum einen mit der restriktiven Einwanderungspolitik zusammen, zum anderen mit der halbherzigen Unterstützung eines unabhängigen jüdischen Staates durch Großbritannien. Wie erwähnt, sprengten Palmach-Kommandos in der Nacht des 16. Juni 1946 sämtliche Brükken, die Palästina mit seinen Nachbarländern verbanden. (Meine Freundin Zohara wurde bei einem dieser Anschläge verwundet und verlor zeitweilig das Augenlicht.) In einer anderen Nacht verminten sie die Stationen der PMF – der Police Mobile Forces –, wobei es ihnen vor allem um die Zerstörung der Gebäude ging. Jitzchak beteiligte sich an den Vorbereitungen auf diesen Überfall. Er fuhr, als Elektriker getarnt, mit seinem Motorrad zum Polizeifort in Jenin, um den Ort des geplanten Anschlags auszuspähen. Auf der Rückkehr zu seinem Kommandeur, dem er Bericht erstatten wollte, prallte Jitzchak mit voller Wucht gegen einen entgegenkommenden Lkw, der plötzlich scharf nach links abgebogen war. (Vom ersten Tag an, da er das Motorrad bekommen hatte, fuhr Jitzchak wie ein Verrückter.) Er zog sich einen komplizierten Beinbruch zu, kam ins Krankenhaus und verbrachte später viele Monate in der Wohnung seines Vaters in Tel Aviv, weil die Verletzung nur sehr langsam heilte.

Als die Spannungen zwischen Briten und Juden wuchsen, gerieten die Kämpfer des Palmach und der Haganah zunehmend ins Fadenkreuz britischer Razzien. Jitzchak wurde ebenfalls verhaftet. Die britischen Repressionsmaßnahmen erreichten am 29. Juni 1946, dem sogenannten Schwarzen Samstag, ihren Höhepunkt; und bis zum 4. November 1995 war dies tatsächlich der düsterste Tag meines Lebens.

An jenem 29. Juni befand ich mich auf einem Fortbildungslehrgang im Kibbuz Beit Keschet am Fuße des Bergs Tabor. Am Freitag abend hatte ich an einer Hochzeitsfeier teilgenommen. Am nächsten Morgen spürte ich, daß irgend etwas in der Luft lag. Ich sagte dem Kommandeur, daß ich mich nicht wohl fühle, und bat ihn um die Erlaubnis, nach Ein Harod, wo ich stationiert war, zurückzukehren. Nach einer kurzen Fahrt in einem kleinen Lieferwagen wurden wir von den Briten angehalten. Eine Einheit des britischen Geheimdienstes CID, die in einem Maisfeld ihre mobile Einsatzzentrale aufgebaut hatte, überprüfte unsere Personalausweise und verhaftete einen Burschen, der uns begleitet hatte, wegen angeblicher Mitgliedschaft im Palmach. Man sagte uns, daß eine Ausgangssperre verhängt worden sei, und schickte uns zurück nach Beit Keschet. Einer der Männer in unserem Lkw erklärte, er müsse unbedingt seine Familie in Kfar Jehezkel (unweit Ein Harod) besuchen und er wolle den Weg zu Fuß zurücklegen. Ich schloß mich an. Wir hatten etwa zwanzig Kilometer vor uns. Von einer Anhöhe aus sahen wir die britischen Panzerwagen, die von einem Dorf zum nächsten rasten, die Ortschaften mit Stacheldraht einfriedeten und jeden Winkel gründlich durchsuchten.

In Kfar Jehezkel duschte ich und ruhte mich kurz aus. Als ich schließlich gegen sieben Uhr abends Ein Harod erreichte, schlüpfte ich durch einen der Hintereingänge und traf auf eine Freundin namens Neria, die mich fragte: *»Wo hast du denn gesteckt?«* Allein in Ein Harod seien an diesem Tag zweihundertsiebzig Männer verhaftet worden. Insgesamt hatten die britischen Sicherheitskräfte bei landesweiten Razzien gegen den Palmach und die Haganah dreitausend Personen festgenommen. Viele der ranghohen Führer wie Mosche Sneh, Jigal Allon und Jitzchak Sadeh waren vorher gewarnt worden und hatten so rechtzeitig fliehen können. Da sich Jitzchak zu Hause von den Folgen des Beinbruchs erholte, hatten die Führungskader des Palmach vergessen, ihn zu warnen! Die Briten verhafteten sowohl ihn als auch seinen Vater Nechemia, weil sie nicht glauben konnten, daß der damals 24jährige Jitzchak schon zu den führenden Köpfen des Palmach gehörte, und Nechemia für die Person hielten, die sie suchten. Erst ein oder zwei Tage später erfuhr ich von ihrer Verhaftung. Jitzchaks Vater war nicht einmal mehr genügend Zeit geblieben, um sein Gebiß einzusetzen, bevor die Briten ihn abführten. Glücklicherweise blieb er nur zwei Wochen inhaftiert. Sein Sohn hingegen blieb mehrere Monate, bis zum Spätherbst 1946, in Haft. Er schrieb mir nicht, doch ich schickte ihm mehrere Briefe und einen Pullover, den ich für ihn gestrickt hatte. Während dieser Zeit schrieb Jitzchak

seinem Vater aus dem Straflager an der ägyptischen Grenze
einen Brief, der durch seinen nüchternen Ton beeindruckt:

Straflager Rafah
6. Oktober 1946

Schalom, Vater,

*ich habe Deinen Brief und das Paket, das Du geschickt
hast, erhalten. Eigentlich gibt es nichts Neues von hier
zu berichten. Das Leben verläuft hier mittlerweile in geregelten Bahnen … Ich bin noch nicht zum Röntgen in
Gaza gewesen, aber ich hoffe, daß dies bald in die
Wege geleitet wird. Trotz der zunehmenden Kälte verursacht mir der Bruch keine Beschwerden. Andererseits
sind meine Gelenke – vor allem mein Fußknöchel –
noch immer schwach und tun mir weh. Man hat mir gesagt, daß mich der Fußknöchel wohl den ganzen Winter
plagen wird, da man hier keine Möglichkeit zur intensi-
ven Behandlung hat. Aber keine Sorge. Die Schmerzen
sind nicht sehr stark, und sie erschweren mir nicht die
wenigen Schritte, die ich hier tun muß.
Ich bitte Dich, mir eine weitere blaue Hose, Größe
40/80, zu schicken; die ist für einen Ort wie diesen genau das Richtige. Auch ein paar einfache dunkle Hemden (jedenfalls keine weißen oder hellen) und meinen
Federhalter – es ist nicht angenehm, gezwungen zu
sein, ständig andere Menschen um etwas zu bitten.
Wenn Du willst, kannst Du die Sachen dem Rabbiner
mitgeben, der jeden Freitag hierherkommt. Er nimmt
den Bus, der vor dem Sitz des Exekutivausschusses der
Histadrut abfährt. Er kennt mich und wird mir die Sachen geben.*

*Ich verstehe nicht so recht, welche Krankheit Dich mit-
nimmt. * Ich habe mich hier bei Spezialisten erkundigt,
und sie haben mir gesagt, daß Du recht bald genesen
könntest, wenn Du gut auf Dich achtgibst und Dich
schonst. Halt mich jedenfalls über Deinen Gesundheitszustand auf dem laufenden ...*
*Einige Personen, die Dich getroffen haben, übermittelten
mir in ihren Briefen Grüße von Dir. Sie schreiben, daß
Du Dich zu sehr aufregst. Ich antwortete ihnen, daß Du
die Haftbedingungen hier kennst, und ich verstehe wirklich nicht, worüber Du Dir Sorgen machst. Die Zeit, die
ich hier verbringe, gibt mir seit langem einmal wieder
Muße, viel zu lesen ... Wenn ich so weitermache, komme ich noch als Professor nach Hause.*

Schalom – Jitzchak

Ich war besorgt, weil Jitzchaks Bein nur langsam heilte, und
er fürchtete schon, für den Rest seines Lebens behindert zu
bleiben. Die Briten sagten, sie würden ihn selbst dann nicht
aus der Haft entlassen, wenn er sich *beide* Beine gebrochen
hätte. In Ein Harod verbrachte ich die Abende mit anderen
Frauen des Kibbuz. Nach dem »Schwarzen Samstag« gab es
in unserem Kibbuz praktisch keine Männer mehr! Von heute
auf morgen mußten wir Frauen auch alle Schwerstarbeit
übernehmen. Mir beispielsweise wurde die Aufgabe zugewiesen, die Fische im Zuchtteich zu füttern, und hierzu
mußte ich das Futter in schweren Eimern heranschaffen. Die-
jenigen von uns, deren Ehemänner oder Freunde inhaftiert
worden waren, nannten sie »die lustigen Weiber von Wind-

---

* Leider konnte ich nicht mehr in Erfahrung bringen, unter welcher Krankheit
Nechemia damals litt.

sor«, und sie rissen Witze und zogen sich gegenseitig auf, um ihre Ängste zu beschwichtigen und sich die Zeit des Wartens zu verkürzen.

Jitzchak und seine Mitgefangenen in der Lagerbaracke planten sogar einen Ausbruch, doch es zeigte sich, daß er zu wacklig auf den Beinen war, um mitzumachen. Seine Kameraden wollten ihn jedoch nicht allein zurücklassen, obwohl er sie dazu drängte, und so gaben sie den Plan auf. Im November 1946 wurden sie schließlich aus dem Straflager entlassen, nachdem sie dort viereinhalb Monate ihres Lebens als »Kriegsgefangene« zugebracht hatten.

Die erste Zeit zu Hause ging Jitzchak wegen seines gebrochenen Beins am Stock. Später gewann er seine Gehfähigkeit in vollem Umfang zurück, und die frühere Verletzung führte auch zu keinerlei Beeinträchtigung bei seinen sportlichen Betätigungen – einschließlich Fallschirmspringen. (Sein gebrochenes Bein war einen guten Zentimeter kürzer als das andere, was jedesmal, wenn er einen Anzug kaufte, Probleme bereitete. Ich kann Ihnen nicht sagen, wie oft der Schneider das falsche Bein gekürzt hat!)

Als Jitzchak dann wieder auf den Beinen war, vergingen nur wenige Monate bis zum Beginn der schwierigsten Phase unseres Unabhängigkeitskampfes. Die Eigenstaatlichkeit, um die wir so verzweifelt gerungen hatten, rückte nun rascher als erwartet in greifbare Nähe. Allerdings fehlten uns noch immer die Unterstützung und die Ressourcen, die wir brauchten, um auf eigenen Füßen zu stehen. Wir waren kein Staat – aber umgeben von arabischen Staaten: Ägypten, Syrien, Jordanien und Libanon. Sie alle verfügten über eigenständige Streitkräfte. Und alle waren bereit, Feinde Israels innerhalb unserer Landesgrenzen mit Waffen und Know-how zu versorgen. Es bestand kein Gleichgewicht der Kräfte.

Am 29. November 1947 nahm die UN-Vollversammlung in einer ungemein spannenden Abstimmung eine Resolution an, die die Gründung eines jüdischen Staates forderte und die Demarkationslinien zwischen Israel und seinen arabischen Nachbarn festlegte. Auf diesen noch nicht umgesetzten UN-Beschluß reagierten die Araber sofort mit massiver – oftmals tödlicher – Gewalt. Nur einen Tag später, am 30. November, wurde ein Bekannter meiner Eltern, der bei uns zu Abend gegessen hatte und mit dem Taxi von Tel Aviv nach Jerusalem fuhr, von einem Araber durch einen Steinwurf getötet, als der Wagen durch Ramla kam. Die Kontrolle der Straße zwischen Tel Aviv und Jerusalem wurde zu einem der vorrangigen strategischen Ziele der Palmach- und Haganah-Verbände.

Als die arabischen Überfälle sich häuften, reisten immer mehr Israelis in gepanzerten Bussen oder in Autokonvois zwischen Orten wie Tel Aviv und Jerusalem. In den Bussen bzw. Konvois fuhren üblicherweise Kämpfer des Palmach mit. Doch trotz der zahlreichen Angriffe auf offener Straße erlaubte die britische Mandatsverwaltung den Juden nicht das Tragen von Waffen. Aufgrund der praktischen Notwendigkeit, sich heimlich mit Waffen auszurüsten, erlangten Frauen eine besondere strategische Bedeutung, denn sie versteckten die Waffen an ihren intimeren Körperstellen. Diese Taktik funktionierte, weil die Gentleman-Briten Frauen keiner Leibesvisitation unterzogen. Der Palmach lagerte seinen knappen Vorrat an Waffen und Munition in sorgfältig getarnten Verstecken.

Im April 1948 wurde Jitzchak zum Kommandeur der *Harel*-Brigade des Palmach ernannt (*Harel* bedeutet im Hebräischen »Berg Gottes«). Auch wenn Jitzchak damals noch nicht den offiziellen Rang eines Generals innehatte – der wurde ihm erst 1954 verliehen, als er Leiter des Ausbildungswesens im Hauptquartier der Israelischen Verteidigungsarmee (IDF) wurde –, befehligte er als Kommandeur der *Harel*-Brigade ungefähr 1600 Mann. Bis zu diesem Zeitpunkt war der Palmach ein einheitlicher Kampfverband gewesen. Später wurde er in drei Brigaden – *Jftach, Harel und Negev* – aufgeteilt, wobei Jitzchak, wie gesagt, das Kommando über die *Harel*-Brigade übernahm. Jitzchak erhielt den Befehl, die »Operation Nachschon« – den bis dahin größten Einsatz der Haganah – zum Abschluß zu bringen. Ihr Ziel war es, die Straße zwischen Jerusalem und Tel Aviv vor Überfällen arabischer Freischärler zu sichern, indem deren Operationsbasen entlang des Wegs zerstört wurden. Die Operation verlief erfolgreich. Die Palmach-Brigade sollte nun die Straße offenhalten; hierzu bedurfte sie der Findigkeit und Einsatzbereitschaft unterschiedlichster Leute. So verblüffte mich Jitzchak zu dieser Zeit einmal mit der Bemerkung: »Du wirst es nicht glauben, zu wem ich eine ganz hervorragende Arbeitsbeziehung entwickelt habe: »Harry Joffe!«

»Du und Harry Joffe?« Ich hatte Harry Joffe als einen charmanten jungen Mann aus Tel Aviv in Erinnerung, der immer piekfein gekleidet war und mit einem Filzhut mit Feder herumstolzierte. Der Familie Joffe gehörte das Ford-Händlernetz in Palästina. Er war die idealtypische Verkörperung des bourgeoisen Playboys der Tel Aviver Gesellschaft. Später trat er in die britische Armee ein und brachte es zum Major in einer Transporteinheit. Wer hätte gedacht, daß der Tag kommen würde, da diese beiden Männer aus so unterschiedlichen sozialen Milieus durch einen so wunderbaren Gleichklang ihrer Interessen verbunden würden? Die Achtung beruhte ganz auf Gegenseitigkeit. Harry hielt Jitzchak – der in einer einfachen, soliden Arbeiterfamilie aufgewachsen war – für einen großartigen Kerl. Harry hatte wesentlichen Anteil an der Organisation von Nachschubkonvois für den Palmach.

Harry und seine Kameraden waren den gleichen Risiken ausgesetzt wie alle anderen. In einer späteren Phase dieser Operation fuhr er einmal zusammen mit seinem Stellvertreter, Bronek Schmer, zu einem Treffen mit Jitzchak ins *Harel*-Hauptquartier. Unterwegs wurden sie in einen Unfall verwickelt. Dabei erlitt Harry einen komplizierten und sehr schmerzhaften Oberschenkelbruch. Er wurde in ein Krankenhaus nach Jerusalem gebracht. Bald entwickelte sich ein Wundbrand, doch in der belagerten Stadt war kein Penicillin zu bekommen. Dennoch verweigerte Harry beharrlich die Zustimmung zu einer Beinamputation. Bis zu seinem Tod 1974 litt er deshalb unter unerträglichen Schmerzen im Bein.

Die Beziehung zwischen Jitzchak und Harry lieferte ein frühes Anschauungsbeispiel für Jitzchaks Fähigkeit, in der Verfolgung eines gemeinsamen Ziels mit Menschen unterschiedlichster Herkunft zusammenzuarbeiten. Diesem Talent verdankte er seinen späteren Erfolg als Diplomat in Washington, obwohl er bis dahin nur militärische Erfahrungen gesammelt hatte. Und diese Fähigkeit trug ihm auch während seiner zweiten Amtszeit als Regierungschef die Achtung und Bewunderung der Staatschefs so unterschiedlicher Länder wie Japan, Marokko und Italien ein. Auch wenn die Vielfalt der Aufgaben und Anforderungen im Lauf der Zeit enorm zugenommen haben mag, so liegen doch die Wurzeln in den frühen Jahren – in der dringenden Notwendigkeit, im Unabhängigkeitskrieg praktische Probleme zu lösen.

Es war ein Wunder, daß Jitzchak bei den militärischen Operationen, die er in der Gegend von Jerusalem leitete, nie ernsthaft verwundet wurde. Da er zwischen dem Befehlsstand und seinen Einheiten pendelte, war sein Leben ständig bedroht. Obgleich ich mir während seiner Internierung große Sorgen gemacht hatte, war diese Situation weitaus gefährlicher. Überall lauerten Heckenschützen. Immer wieder kam es zu Schußwechseln, die praktisch täglich Todesopfer forderten.

Nach anderthalb Jahren auf dem Lehrerseminar meldete ich

mich am 29. November 1947 – dem Tag, an dem die UN-Resolution verabschiedet wurde und klar war, daß bald ein Krieg ausbrechen würde – erneut zum Palmach. Ich wurde ins Hauptquartier in Tel Aviv – das vor der Zeit der Unabhängigkeit als »Hoher Rat« firmierte – abgestellt, während Jitzchak zur gleichen Zeit die *Harel*-Brigade befehligte. Ich arbeitete im Redaktionsstab der organisationseigenen Monatszeitschrift, die Artikel über den Palmach, die Ursachen des Kriegs und die Geschichte der arabischen Nachbarstaaten Israels veröffentlichte. Die Zeitschrift enthielt auch monatliche Listen der Kriegsopfer, und meine Hauptaufgabe bestand darin, die Familien der Gefallenen aufzusuchen, um Fotos für die Veröffentlichung und einige persönliche Hintergrundinformationen über die Soldaten zu bekommen. Tag für Tag erlebte ich den zehrenden Gram der Hinterbliebenen, doch den ergreifendsten Eindruck hinterließ bei mir ein junger Mann namens Pessach, der als technische Hilfskraft in meinem Büro arbeitete. Er hatte als einziger aus seiner Familie den Holocaust überlebt und war als eines der »Kinder von Teheran« über den Iran nach Palästina gekommen. Als sich der *Altalena*-Zwischenfall ereignete, den ich gleich genauer schildern werde, starb er nach siebentägigem Koma an den Folgen einer Schußverletzung am Kopf. Bei seiner Beerdigung fragte ich mich, was besser sei: eine Familie zurückzulassen, die sich vor Gram verzehrt, oder niemanden zu hinterlassen?

Die Palmach-Verbände lieferten sich erbitterte Kämpfe mit ihren Gegnern, die täglich Todesopfer forderten, von denen wir jedoch erst viele Stunden oder sogar einen Tag später erfuhren. Zu dieser Zeit lebte ich bei meinen Eltern; das Hauptquartier des Palmach lag ganz in der Nähe unserer Wohnung. Wenn ich morgens zur Arbeit kam, versuchte ich mich voll banger Erwartung zu vergewissern, daß Jitzchak am Tag zuvor nichts zugestoßen war … aber selbstverständlich traute ich mich nicht, unumwunden zu fragen. So ging ich durch die Büros und schaute den Leuten in die Augen. Diese »Augenparade« nahm ich jeden Morgen ab, und ich bangte in dieser Zeit mehr um sein Leben als in all den Jahren unserer Ehe. Damals waren keine Neuigkeiten entschieden die besten Neuigkeiten.

An jenem Abend des 4. November 1995 nahm ich in der Ischilov-Klinik erneut die »Augenparade« ab, um abzuschätzen, wieviel Hoffnung für Jitzchak nach dem Mordanschlag bestand ...

Nach Jitzchaks Tod erinnerte ich mich an die von ihm geleitete Militäraktion zur Sicherung der Straße nach Jerusalem. Der Bürgermeister von Jerusalem, Ehud Olmert, verlieh Jitzchak Ende 1995 posthum die Ehrenbürgerschaft der Stadt, und er bat mich, aus diesem Anlaß eine Rede zu halten. Zur Vorbereitung vertiefte ich mich in Jitzchaks Memoiren und stieß darin auf ein strategisches Denkmuster, das ich für sehr wichtig halte, weil seine Bedeutung weit über die konkrete Operation hinausging: Jitzchak bemühte sich, so weit irgend möglich, Frontalkämpfe zu vermeiden und alternative Wege zur Erreichung eines Ziels zu finden. So war es auch bei der Straße nach Jerusalem.

An dieser Straße zwischen Tel Aviv und Jerusalem liegt ein historisch bedeutsamer Ort namens Latrun; dort befinden sich ein Kloster und ein ehemaliges britisches Polizeifort, das nun als arabische Festung diente. Damals hatte Latrun große strategische Bedeutung, weil man von dort aus die Straße nach Jerusalem kontrollieren konnte. Solange wir die Höhe von Latrun nicht erobert hatten, war daher der Verkehr von und nach Jerusalem ständig bedroht.

Beratungen über das militärische Vorgehen zur Sicherung der Straße nach Jerusalem waren der Anlaß für Jitzchaks erste Begegnung mit David Ben Gurion. Ben Gurions zerzaustes weißes Haar und seine großväterliche Ausstrahlung sind auf allen historischen Aufnahmen von ihm unübersehbar. Doch Jitzchak lernte eine Person kennen, die nicht den Legenden, die sich um sie rankten, entsprach. Jitzchaks Verhältnis zu Ben Gurion war kompliziert. Zunächst hatte er große Hochachtung vor dem in Polen geborenen Juden. Auch teilte Jitzchak Ben Gurions Begeisterung für Amerika, obschon er das Land – anders als Ben Gurion – damals noch nicht aus eigener Anschauung kannte. Doch es gab auch Trennendes: Wie Jigal Allon gehörte Jitzchak nicht Ben Gurions Mapai an und, ebenfalls wie Allon, hatte er nie den britischen Armeedrill erfahren – worauf Ben Gurion bei einem Kommandeur großen Wert legte.

Ben Gurion war eine sehr vielschichtige und schwer zu durchschauende Persönlichkeit. Seine Wißbegierde war enorm und erstreckte sich unter anderem auf die griechische Philosophie, den Buddhismus und zahlreiche andere Denksysteme. Immer wenn er sich in New York oder London aufhielt, kaufte er Unmengen von Büchern, und er hatte ein geradezu zwanghaftes Bedürfnis, sich als tiefsinniger Intellektueller zu beweisen. Von heftigen Kreuzschmerzen gepeinigt, unterzog sich Ben Gurion regelmäßig anstrengenden Bewegungsübungen, und seine Frau Paula wachte darüber, daß er die strengen Diätvorschriften und die täglichen Ruhestunden einhielt.

Ben Gurion von einem Plan abzubringen, den er sich in den Kopf gesetzt hatte, konnte sehr schwierig sein. Er bestand darauf, daß die israelischen Truppen den *kürzesten* Fahrweg nach Jerusalem öffnen sollten. Die jungen, noch unerfahrenen – und elend schlecht bewaffneten – israelischen Verbände griffen daraufhin dreimal aus zwei verschiedenen Richtungen das arabische Fort in Latrun an und wurden jedesmal zurückgeschlagen. Sie erlitten dabei schwere Verlust. Ben Gurion reagierte immer frustrierter und nahm sich Jigal Allon – damals Oberbefehlshaber des Palmach – zur Zielscheibe seines Ärgers. In einem Gespräch mit Jitzchak brach es aus Ben Gurion heraus, er würde Jigal Allon am liebsten eine Kugel in den Kopf jagen. Ben Gurion hielt Allon für unfähig, die Aktion zu einem erfolgreichen Abschluß zu bringen und die Straße zu öffnen.

Jitzchak war dagegen, »mit dem Kopf gegen die Wand zu rennen«, und er sagte dies Ben Gurion auch ganz unverblümt, der daraufhin wütend wurde, weil er sich nicht damit abfinden konnte, daß sich das Problem nicht durch einen Frontalangriff lösen lassen sollte.

Eine kleine Gruppe von Offizieren der *Harel*-Brigade erarbeitete eine alternative Lösung, die den Bau einer Ausweichstraße vorsah. Sie nannten diese Route *Burma Road;* es war im Grunde eine etwa zehn bis zwölf Kilometer lange Umgehungsstraße, die westlich von Latrun nach Bab El-Wad verlaufen sollte. Ich werde den Tag nie vergessen, an dem der erste staubbedeckte und von Kugeln durchsiebte Jeep aus Jerusalem ankam: Als Amoz Schorev, der es zum General in der israelischen Armee brachte, und Gavriel Rappopor, der später Palmach-Kommandeur wurde, dem Wagen entstiegen, strahlten sie übers ganze Gesicht. Von da an bauten die israelischen Streitkräfte diese Straße aus und sicherten sie.

In dem sogenannten Kampf um die Straßen, der Ende 1947 begann und im Juni 1948 zum Abschluß kam, führte Jitzchak im April die mutigste Aktion durch: An einem einzigen Tag wurden Hunderte von Fahrzeugen unter seinem Kommando sicher nach Jerusalem eskortiert. Ich hielt mich im Hauptquartier des Palmach auf, als sie den Sammelpunkt Hulda – einen Kibbuz unweit Latrun – verließen. Irgend jemand kam von dort zu mir, um mir einen Abschiedsgruß von Jitzchak zu überbringen. Jitzchak fuhr in einem offenen Jeep ganz am Schluß des Konvois, der aus dreihundert gepanzerten Fahrzeugen bestand. Dieser Konvoi war ein bedeutender, aber teuer erkaufter Erfolg: In Schaar Hagai kam er unter schweren Beschuß, der 22 Tote und zahlreiche Verwundete forderte.

Manche Leute behaupten, die Überwindung der Sperre von Latrun habe für Jitzchaks Leben und Werdegang eine weichenstellende Funktion gehabt. Das stimmt, doch mißversteht man nur allzuleicht den Grund dafür. Nicht etwa wegen der bemerkenswerten Tapferkeit und Kühnheit, die diese Operation erforderte, sondern wegen der Entschlossenheit, eine praktische Lösung für ein chronisches Problem zu ersinnen und konsequent umzusetzen. Jitzchak war immer der Ansicht gewesen, der Ausgang dieser Kämpfe um die Straße nach Jerusalem habe ihn nachhaltig beeinflußt. Er war damals erst 26 Jahre alt, und Hunderte von jungen Männern und Frauen fanden unter seinem Kommando den Tod. Dies prägte ihn für sein ganzes Leben.

Die Öffnung der Burma Road war Jitzchaks erste strategische Meisterleistung; sie demonstrierte seine Beharrlichkeit und seine Fähigkeit, fruchtbare Alternativen zu finden. Während seiner gesamten Laufbahn als Soldat und Politiker machte Jitzchak mit bemerkenswertem Spürsinn die Wege des geringsten Widerstandes aus, die den niedrigsten Blutzoll forderten. Er hielt das Leben für ein heiliges Geschenk und tat alles, was in seiner Macht stand, um es zu schützen.

Israel wurde am 14. Mai 1948 ein unabhängiger Staat, und die Vereinigten Staaten erkannten noch am gleichen Tag unsere Souveränität an. David Ben Gurion erklärte die Unabhängigkeit Israels in einer feierlichen Zeremonie in Tel Aviv. Als seine Rede im Radio übertragen wurde, hielt sich Jitzchak im Kreise abgekämpfter Soldaten in einem Saal des Kibbuz Maale Hachamisch unweit Jerusalems auf. Irgend jemand brüllte, doch endlich das lärmende Radio abzustellen. Sie waren so erschöpft, daß sie nicht einmal verstanden, was sie hörten. Erstaunlicherweise erkannte die Sowjetunion, deren Beziehungen zu Israel sich später so zwiespältig und schwierig gestalten sollten, Israel bereits am 16. Mai offiziell an. Israel profitierte im Unabhängigkeitskrieg auch sehr von den tschechischen Gewehren, die Prag mit Erlaubnis der Russen im April 1948, noch vor der Proklamation des jüdischen Staates, nach Israel schickte.

Bis Mitte Mai 1948 hatten wir mit Erhebungen und Unruhen innerhalb des Landes fertig werden müssen. Nach der Unabhängigkeitserklärung mußten wir gegen die regulären arabischen Streitkräfte kämpfen, die von allen Seiten in Palästina einmarschierten. Die Armeen des Libanon, Syriens, des Irak und Ägyptens eröffneten ihre Angriffe am 15. Mai. Dabei setzten die Araber Artillerie, Panzerverbände und Bodentruppen ein. Die Lage Israels sah zunächst hoffnungslos aus. Wir bekämpften vorrückende syrische Panzer mit Kanonen aus dem 19. Jahrhundert! Die Verteidigung der Nation und die Sicherung des eigenen Überlebens machten alles andere zur Nebensache. Während dieser Zeit sah ich Jitzchak nur sehr selten. Ab und zu schrieb ich ihm kurze Briefe. Wir hatten keine Möglichkeit, miteinander zu telefonieren. Doch wir kannten uns mittlerweile seit drei Jahren, und die Bande zwischen uns waren sehr fest. Jitzchak führte Krieg, und ich wartete. Wochenlang hörte ich nichts von ihm, doch dann tauchte er urplötzlich wieder auf. Während meiner ersten Dienstzeit beim Palmach war die Teestube des Kibbuz unser Treffpunkt gewesen. Wenn er später einmal wieder aus der Versenkung auftauchte, suchte er in der Wohnung meiner Eltern oder im Hauptquartier des Palmach nach mir, wo ich Manuskripte für die nächste Ausgabe unserer Zeitschrift redigierte. Wir alle machten Überstunden und lebten ganz im Hier und Heute.

Der Unabhängigkeitskrieg war ein Überlebenskampf, in dem wir versuchten, einerseits den inneren Frieden mit den Arabern zu erreichen, die in dem neuen Flächenstaat Israel ansässig blieben, und andererseits die Aggression der feindlichen arabischen Nachbarstaaten zurückzuschlagen. Am Vorabend des Unabhängigkeitskriegs brachte Jitzchak immer wieder seine Enttäuschung darüber zum Ausdruck, daß wir so schlecht für einen größeren Krieg gerüstet waren, keine Flugzeuge, Kriegsschiffe und Panzer besaßen. Wir verfügten nur über knapp 10 000 Gewehre und weniger als 800 Mörser. Später, nach einer großangelegten Operation in der Negev-Wüste im äußersten Süden Israels, verblieben uns nur zwei Panzer – der eine mit funktionierendem Motor, aber schießuntauglicher Kanone ... der andere mit einsatzfähigem Geschütz, aber einem Motor, der ständig verreckte. Mit dem typisch israelischen Improvisationstalent wurden die beiden Panzer aneinandergekettet und ergaben auf diese Weise eine voll einsatzfähige Kampfmaschine: Der eine sorgte für den Antrieb, der andere für die Feuerkraft – eine Episode, die Jitzchak immer gerne zum besten gab.

Doch der junge Staat Israel (der im Januar 1949 seine ersten demokratischen Wahlen abhielt) war nicht nur Zielscheibe arabischer Angriffe: Er wurde auch im Innern von bestimmten jüdischen Gruppierungen bekämpft. Die Bemühungen Israels, sich Waffen zu beschaffen, dienten als Tarnung für einen versuchten Staatsstreich. Am 22. Juni 1948 erreichte das Transportschiff *Altalena,* beladen mit französischen Waffen und mit einer Kampftruppe von 500 Mann an Bord, von Frankreich kommend die Küste von Tel Aviv. Obgleich behauptet wurde, die Waffen und Rekruten seien für den israelischen Unabhängigkeitskampf bestimmt, bestand doch kaum ein Zweifel, daß dieses von den Revisionisten (siehe Fußnote S. 33) aufgestellte Truppenkontingent entschlossen war, der Interimsregierung die Macht zu entreißen.

Der *Altalena*-Zwischenfall ereignete sich während des ersten, im Juni 1948 vereinbarten Waffenstillstands im Unabhängigkeitskrieg. An jenem Morgen wollte mir Jitzchak einige der Schlachtfelder zeigen, auf denen die *Harel*-Brigade gekämpft hatte. Aus strategischen Gründen war das Hauptquartier des Palmach in einem Hotel am Strand von Tel Aviv untergebracht. Bevor wir die Rundfahrt begannen, machte er beim Hauptquartier halt, um zu sehen, ob dort irgendwelche Depeschen für ihn eingegangen waren. Der Befehlshaber der Palmach-Truppen, Jigal Allon, war zum Oberkommando der Haganah zitiert worden, so daß Jitzchak – rein zufällig – der ranghöchste Offizier im Gebäude war. Jitzchak wußte kaum etwas über die ganze Vorgeschichte der *Altalena*. In der Nacht zuvor war die *Altalena* direkt gegenüber dem Palmach-Hauptquartier vor Anker gegangen. Nach einem hitzigen Wortwechsel mit der Schiffsbesatzung über Megaphon ahnte Jitzchak, daß sich eine bewaffnete Auseinandersetzung anbahnte, und übernahm das Kommando. Er schickte sofort alle Zivilisten (einschließlich meiner) fort. Dann kam es zu einem erbitterten Feuergefecht. Zwölf Kämpfer der *Altalena*-Truppe wurden beim Versuch, den Strand zu erreichen, getötet. Ironischerweise befand sich unter den Gefallenen auch Avraham Stavsky – einer der Verdächtigen im Mordfall Arlosoroff (siehe S. 32). Später am Abend wurde die *Altalena* auf Befehl von David Ben Gurion durch Sperrfeuer aus Feldgeschützen in Brand geschossen. Die Männer an Bord schwammen ans Ufer. Die Regierungstruppen brachten das Schiff in ihre Gewalt und beschlagnahmten die Waffen im Namen der Interimsregierung.

Der Unabhängigkeitskrieg machte nur stockende Fortschritte. Zwischen den beiden Waffenruhen im Juni und August fand die »Operation Dani« statt, in deren Verlauf Lod und Ramla aus arabischer Hand befreit wurden. Dennoch ging das Alltagsleben weiter. Den zweiten Waffenstillstand nutzten Jitzchak und ich, um zu heiraten. Jitzchak hatte bei seinen seltenen Besuchen bei mir gewohnt, und wir hielten es nun für an der Zeit, unsere Beziehung förmlich zu besiegeln.

In seinen Memoiren beschrieb Jitzchak unsere Hochzeit als eine »persönliche Neuordnung« in seinem Leben.

Die Hochzeitsfeier fand am 23. August 1948 in der Tel Aviver Beit-Schalom-Halle in der Dizengoffstraße statt. Meine arme Mutter litt furchtbar unter der sengenden Hitze, die an jenem Tag herrschte! Unsere nahen Verwandten und engsten Freunde nahmen an der Feier teil. Jitzchak und seine Offizierskameraden, wie Jigal Allon, trugen Uniform. Ich hatte ein weißes Kleid, weiße Sandalen und weiße Baumwollstrümpfe an. Eigens für die Hochzeit hatte ich mir griechische Sandalen bestellt. Sie hatten Kreuzriemen, die bis über die halbe Wade geschnürt wurden. Meine Tante Nettie meinte, der Rabbiner würde sich weigern, die Trauung vorzunehmen, falls ich keine Strümpfe anzog. So zog ich unmittelbar vor der Zeremonie weiße Socken an, über denen ich die Riemen schnürte. Strümpfe aus Seide oder Nylon waren tabu. (Als ich in den fünfziger Jahren erstmals Nylonstrümpfe anzog, meinte Jitzchak, ich sehe furchtbar darin aus.)

Jitzchak scheute sich vor der offiziellen religiösen Zeremonie unter der *Chuppah* (Baldachin) und bestellte seine Freunde sogar zu einem späteren Zeitpunkt. Es wäre ihm lieber gewesen, wenn die Zeremonie im engsten Kreis vollzogen worden wäre. Doch es kam anders, als er es geplant hatte. Der Rabbiner selbst kam mit Verspätung, so daß all seine Freunde rechtzeitig da waren. Jitzchak verkündete: »Dies ist mit Sicherheit das letzte Mal, daß ich heirate.« So kam es denn auch. Die erhofften Flitterwochen in Nahariyya wurden um sechs Monate verschoben, weil Jitzchak sich an der Vorbereitung der Operation zur Befreiung des Südens beteiligen mußte. Manchmal verbrachten wir Freitag abends oder am frühen *Schabbat*-Morgen ein paar Stunden zusammen, doch während des Unabhängigkeitskriegs blieb uns nur wenig Zeit füreinander. Als wir schließlich die Flitterwochen in Nahariyya verbrachten, waren die Bedingungen denkbar ungünstig: Jitzchak plagten rasende Zahnschmerzen, und es herrschte regnerisches und kühles Winterwetter – doch wir machten das Beste daraus.

Wohl eines der fröhlichsten Feste des Jahres 1948 fand an einem sternenklaren Abend zwischen den Sandmauern des antiken Beersheba in der Negev-Wüste statt. Kurz nach der Befreiung der Stadt durch die israelischen Streitkräfte dirigierte Leonard Bernstein ein Konzert, in dem unter anderem Gershwins »Ein Amerikaner in Paris« gespielt wurde und in dem er selbst als Solist auftrat. Auch ich diente damals noch in den Streitkräften, und wir alle waren in Uniform. Das Orchester war nach Beersheba gekommen, um gemeinsam mit unseren Truppen der militärischen Leistungen unseres jungen Staates bei der Verteidigung der von den Vereinten Nationen festgelegten Grenzen Israels zu gedenken. Dieses Konzert verdeutlichte den neuen Mittelpunkt unseres Lebens: Unsere Nation mußte sich aus eigener Kraft erhalten, und dies bedeutete, daß dem Militär eine zentrale Rolle zukam. Die Verteidigungsausgaben verschlangen 17 Prozent der Staatsausgaben, und so sollte es für viele Jahre bleiben.

Der Unabhängigkeitskrieg fiel mit einer neuen Einwanderungswelle und einer Periode einschneidender wirtschaftlicher Sparmaßnahmen zusammen. Ein flüchtiger Blick auf die Lage der israelischen Volkswirtschaft zu dieser Zeit ist in dieser Hinsicht sehr aufschlußreich. Der junge Staat zählte 600 000 Bürger, doch die Infrastruktur war äußerst mangelhaft. Wir hatten im Winter zwar Zitrusfrüchte, Blumenkohl, Kartoffeln und Kohl und konnten im Sommer Trauben, Wassermelonen, Bananen, Gurken und Tomaten ernten, aber wir verfügten weder über modernes landwirtschaftliches Gerät noch über moderne Kühltechnik. Die Kibbuzim setzten zwar innovative Bewässerungsverfahren ein, und die Getreidefelder wurden von Mähdreschern abgeerntet, doch die übrige Landwirtschaft war recht primitiv und erforderte kräftezeh-

rende Muskelarbeit. Das knappe Angebot an frischen Agrar-
produkten – wie Tomaten, Bananen und Eiern – war weitgehend den Kindern vorbehalten. Damals glaubten fast alle israelischen Mütter, ihre Kinder würden nur dann am Leben
bleiben und gedeihen, wenn sie täglich wenigstens ein Ei
oder eine Banane bekamen! Ein Apfel war schon ein großer
Luxus, denn Äpfel wurden aus Kalifornien importiert. Und
Aprikosen und Birnen gab es schon gar nicht.
Wir alle lernten den Geruch von Fischfilets zu verabscheu-
en, die zu unserem wichtigsten Proteinlieferanten wurden.
Schlangen vor Geschäften waren gang und gäbe, so daß
man selbst für ein Pfund drittklassiger Tomaten stundenlang
anstehen mußte. Als Jitzchak 1949 eine heißbegehrte Dose
Butter von Rhodos mitbrachte, wo er an Friedensverhandlungen teilgenommen hatte, war meine Mutter außer sich
vor Freude. Diese Erfahrung der allgemeinen Knappheit an
Lebensmitteln führte dazu, daß ich es noch heute kaum
übers Herz bringe, auch nur eine Scheibe Brot wegzuwerfen.
Die staatliche Unabhängigkeit brachte weitere traumatische
Veränderungen mit sich. Eine Ära – die des Palmach – ging
ihrem Ende entgegen. Zwischen 1941 und 1948 hatte der Palmach seine Leistungsfähigkeit stetig verbessert, und Jitzchak
war ebenso stetig befördert worden. Im Oktober 1948 wurde
er zum stellvertretenden Leiter der Operationen des Palmach
ernannt. Unmittelbar im Anschluß an die Unabhängigkeitserklärung im Mai 1948 wurde die Israelische Verteidigungsarmee gebildet. David Ben Gurion berief im Oktober 1948
hochrangige Palmach-Offiziere zu einem Treffen ein. Er lobte
sie zunächst für ihre herausragenden Leistungen und setzte
ihnen anschließend die Grundlagen der modernen Eigenstaatlichkeit auseinander, die es nicht zuließen, daß eine Nation sowohl eine offizielle Armee als auch eine inoffizielle
Kampftruppe unterhalte. Einen Monat später folgte die formelle Ankündigung, daß der Palmach aufgelöst würde und

seine Verbände nach und nach in die neue Israelische Verteidigungsarmee eingegliedert würden.

Im Januar 1949 wurde Jitzchak auf seine erste diplomatische Mission geschickt: als Mitglied einer israelischen Delegation, die auf der Insel Rhodos ein Waffenstillstandsabkommen mit Ägypten aushandeln sollte. General Jigal Jadin, der Leiter der Operationen der Israelischen Verteidigungsarmee, führte die israelische Delegation an. Jitzchak hatte sich nur widerstrebend bereit erklärt, an dieser Mission teilzunehmen, da er der Ansicht war, daß Israel seine Offensive gegen die ägyptischen Streitkräfte viel zu früh eingestellt und sich so um einen endgültigen Sieg im Sinai gebracht hatte. Als das Abkommen dann ausgearbeitet war, weigerte sich Jitzchak, seine Unterschrift unter das Dokument zu setzen, weil er die vielen Kompromisse nicht mittragen wollte, vor allem aber, weil es den Verbleib ägyptischer Truppen im Gaza-Streifen vorsah – eine symbolische Geste, die die Gültigkeit des Abkommens zwar nicht berührte, aber Jitzchaks Standpunkt deutlich machte.

Die Reise nach Rhodos war Jitzchaks erste Auslandsreise ... und erstmals trug er eine Krawatte! Ein Freund in Israel hatte sie ihm gebunden, und als er sie nach seiner Ankunft in Rhodos abnahm, achtete er sorgfältig darauf, daß sich der Knoten nicht löste. Am nächsten Morgen kam ein Hausdiener, der die Krawatte bügelte und sie an dem Tag, an dem die Verhandlungen beginnen sollten, faltenlos und ungeknotet zurückbrachte. Jitzchak geriet in Panik – er dachte sogar daran, nicht an der ersten Sitzung teilzunehmen. Schließlich kam Jigal Jadin in sein Zimmer und band ihm die Krawatte, womit der Tag gerettet war.

Im gleichen Herbst wurde Jitzchak zum Oberst ernannt und übernahm die Verantwortung für den Bataillonskommandeur-Lehrgang der israelischen Armee.

Einige Monate nachdem die Auflösung der Palmach-Brigaden angekündigt worden war, organisierten deren ehemalige Kommandeure ein Treffen, auf dem sie ihrer tiefen Enttäuschung Luft machten. Wäre es nach ihnen gegangen, dann wäre der Palmach als eine eigenständige, integrierte Kampftruppe, wie etwa die US-Marineinfanterie, bestehengeblieben, doch das war nicht drin. Ich bin sicher, daß Jitzchak die Auflösung des Palmach bedauerte, doch das Argument, daß die Palmach-Truppe ihre Aufgabe erfüllt und sich gewissermaßen selbst überlebt hatte, war zu stichhaltig, als daß er es einfach hätte abtun können. Das Treffen der Ehemaligen sollte am Freitag abend beginnen und am Samstag mit einer Parade durch Tel Aviv ausklingen. Das Oberkommando der israelischen Streitkräfte, das dies als Treuebruch gegenüber der neuen Armee auffaßte, ließ eine Weisung ergehen, die allen Armeeangehörigen die Teilnahme an dieser Veranstaltung verbot. Doch Jitzchak, der sich seinen Palmach-Kameraden noch immer sehr verbunden fühlte, war entschlossen, dem Treffen beizuwohnen, auch wenn er sich damit einem Befehl widersetzte.

Es war gewiß kein bloßer Zufall, daß David Ben Gurion Jitzchak ausgerechnet für besagten Freitagnachmittag zu einer Lagebesprechung in sein Haus bat. Nach der Besprechung erörterten sie das Treffen der ehemaligen Palmach-Offiziere. Jitzchak sagte zu Ben Gurion, er halte es für unangemessen, die Teilnahme an der Parade als Treuebruch zu betrachten. Die Diskussion zog sich bis zum Abend hin, und Ben Gurion überraschte Jitzchak mit der Einladung, zum Abendessen zu bleiben. Sein Motiv lag auf der Hand, wenn er es auch nicht offen aussprach: Er wollte Jitzchak davon abhalten, an der Veranstaltung teilzunehmen. Jitzchak lehnte die Einladung höflich ab und eilte nach Hause, um sich Zivilkleidung anzuziehen. Er nahm an dem Treffen und der Parade am nächsten Tag teil. Sämtliche Armeeoffiziere, die mitgemacht hatten, wurden am Sonntag morgen zum Generalstabschef zitiert, um sich zu rechtfertigen. Ich befürchtete schon, damit sei Jitzchaks militärische Karriere beendet; doch er kam mit einer strengen Rüge davon. Bei einem gesellschaftlichen Empfang Jahre später kam die Rede auf die Ereignisse im Umfeld dieses Treffens. Ben Gurion beteuerte, die Rüge Jitzchaks wegen seiner Teilnahme an der Palmach-Veranstaltung, von der er nichts gewußt habe, sei ungerecht. Vielleicht ein Fall von selektiver Erinnerung!

*

Am 30. November 1995 traten die Palmach-Veteranen an Dein Grab. Sie kamen mit ihren weißen Locken, ihren faltigen Gesichtern und ihren krummen Rücken. Sie sind hier, doch Du bist es nicht. Du bist dort ... Ich kann den Blick nicht von Deinem Grab abwenden. Und ich kann auch nicht vergessen, daß Du bis in alle Ewigkeit dort sein wirst und daß wir ohne Dich sein werden, bis auch wir in die Ewigkeit eingehen.
Sie sprechen über Dich, wir singen Lieder auf Dich, schwelgen wehmütig in den Erinnerungen an Dich, aber Du bist nicht mehr.
Gräber, Friedhöfe.
So oft stand ich an Deiner Seite, wenn wir Freunde und Gefallene beerdigten. Doch jetzt stehe ich allein hier, ohne Dich, an der Grabstätte unserer politischen Führer, und ich versuche zu verstehen. Es ist jetzt fast vier Wochen her – doch ich begreife nichts.
Ein trauriger Gedenkgottesdienst. Chaim Hefer, Chaim Gury, Amnon Lipkin-Shahak und Schimon Peres sprachen aus ihrem Herzen. Sie sangen die Lieder und die Hymne des Palmach. Sie sangen die Hatikvah. *Ich weinte die ganze Zeit, ich konnte die Tränen nicht zurückhalten.*

*Hier standen die Freunde, mit denen Du Deine ersten
Schritte als Kämpfer gemacht hast, entschlossen, die jüdische Gemeinschaft zu verteidigen und den Staat zu
schützen. Du kämpftest mit ihnen im blutigen Unabhängigkeitskrieg. Gemeinsam verlort ihr eure besten
Freunde. »Nur wer seine besten Freunde verloren hatte,
konnte uns verstehen«, lauten die Worte eines Palmach-
Lieds. Durch den Palmach wußtest Du, wie es ist, wenn
viele junge Männer im Kampf fallen. Der Palmach gab
Dir die Entschlossenheit, eine schlagkräftige Armee
aufzubauen, um die Jugend der Zukunft zu schützen.
An jenem klaren, kalten Tag in Jerusalem bogen sich
die massigen Zypressen im heftigen Wind, und die Sai-
ten meiner Seele zerbarsten. Noch eine Minute am Grab,
das mit Nelken und Rosen bedeckt ist, und wir gingen
weiter. Dein Kampf ist vorüber. Deine langjährigen
Freunde sagen Dir Lebewohl.*

*

Zweifellos war Jitzchaks Vater stolz auf die stetigen Verdienste, die sich sein Sohn beim Palmach, im Unabhängigkeitskrieg und bei der Gründung der Israelischen Verteidigungsarmee erwarb. Mein Vater glaubte, ich könnte ohne Sorgen in
die Zukunft blicken, weil Jitzchak gewiß alles, was er an-
packen würde, zu einem erfolgreichen Ende brächte. Meine
Mutter empfand große Hochachtung vor Jitzchak; insbesondere seine Feinfühligkeit für andere beeindruckte sie.
Leider erlebten weder meine Mutter noch mein Vater Jitzchaks ruhmreiche Stunden nach dem Sieg von 1967.
Nachdem wir geheiratet hatten, schlug ich Jitzchak vor, in
die Wohnung meiner Eltern in dem Gebäude Ecke Roth-
schildboulevard/Cremierstraße zu ziehen. Wir wohnten dort
bis 1952. Im September/Oktober 1949 erkrankte meine Mut-

ter an Bauchspeicheldrüsenkrebs – einer schrecklichen und schmerzhaften Krankheit. Sie starb im Dezember. Nach dem Ableben meiner Mutter hatten wir keine andere Wahl, als bei meinem Vater zu bleiben. Durch ihren Tod änderte sich meine Rolle in der Familie. Der Verlust meiner Mutter war ein furchtbarer Schock für meinen Vater. Bis zu diesem Zeitpunkt hatte sich meine Kochkunst auf ganz einfache Gerichte wie Spiegeleier beschränkt. Ich hatte mit meinen Eltern in einer Traumwelt gelebt und geglaubt, sie würden nie von einer unerwarteten Tragödie heimgesucht. Ich wollte nicht glauben, daß sie wirklich tot war. Und in meiner Naivität bildete ich mir ein, daß mein Vater meine Mutter nicht so schmerzlich vermissen würde, wenn ich alle Arbeiten erledigte, die zuvor sie verrichtet hatte. Natürlich war das keineswegs der Fall.

Die seelische Belastung verstärkte sich noch dadurch, daß ich damals mit Dalia schwanger war. Sie wurde im März 1950 in Tel Aviv geboren. Dalia war ein riesiges Baby, das mir während der Schwangerschaft viel Ungemach bescherte, und ich wurde nach der Niederkunft ziemlich krank. Ich muß noch heute lächeln, wenn ich daran denke, wie ich zum Krankenhaus kam. Als ich spürte, daß der Zeitpunkt der Niederkunft nahte, sagte ich zu Jitzchak: »Weißt du was? Ich werde zu Fuß zum Krankenhaus gehen.« Überraschenderweise ließ er mich gehen. Ich weiß noch, wie ich aufbrach und auf der Straße einem Mann begegnete, der mich fragte, wie es mir gehe. »Ich bin auf dem Weg ins Krankenhaus«, antwortete ich.

»Das kann ich mir denken. Sie werden Zwillinge bekommen«, sagte er mit einem breiten Lächeln. Worauf ich meinen langsamen und vorsichtigen Gang auf dem Bürgersteig fortsetzte.

Und wo war Jitzchak? Er fuhr im Schneckentempo in seinem Auto hinter mir her: Auf seinem Gesicht stand ein Ausdruck kühner Entschlossenheit, und seine Augen verfolgten mit gespannter Aufmerksamkeit jeden Schritt, den ich machte – ganz so, als befinde er sich in jenem offenen Jeep, der dem Konvoi aus 300 Fahrzeugen auf dem Weg nach Latrun als Nachhut den Rücken frei hielt.

Geburt und Tod. Reife und tiefgreifende Veränderungen. Binnen weniger als zwei Jahren hatte Israel seine Unabhängigkeit erklärt und einen Krieg geführt und gewonnen, in dem sechstausend junge Israelis – darunter die Besten – ihr Leben verloren hatten. Ein Prozent der Bevölkerung unseres jungen Staates war umgekommen!

Ebenfalls in weniger als zwei Jahren hatte ich meine schulische Ausbildung abgeschlossen, meinen Dienst in den Streitkräften beendet, geheiratet und ein Kind geboren. Und nun bereitete ich mich während einer kurzen Friedensperiode an der Seite eines rasch aufrückenden Offiziers auf ein neues Leben vor.

5. Kapitel

Held auf dem Mount Skopus

Nachdem zwischen Israel und Großbritannien jahrelang offene Feindseligkeit geherrscht hatte, kam es zu einer Wende in den Beziehungen, in deren Gefolge Jitzchak und ich eine Zeitlang in England lebten. Als der Unabhängigkeitskrieg vorüber war, hatte sich gezeigt, daß Israels militärischen Führern oftmals eine solide professionelle Ausbildung fehlte. Eingekreist von feindlichen Nachbarstaaten, erkannten die politischen Entscheidungsträger auch, daß militärische Stärke und taktisches Geschick auf lange Zeit von entscheidender Bedeutung für den Fortbestand Israels bleiben würden. Die vielversprechendsten Kommandeure bekamen daher die Möglichkeit, an Militärakademien in England, Frankreich oder den Vereinigten Staaten zu studieren. Jitzchak konnte zwischen der Generalstabsakademie Camberley in Großbritannien und der Führungsakademie in Fort Leavenworth, Kansas, wählen.

Jitzchak entschied sich für Camberley. Die Akademie hat ihren Sitz in Surrey, etwa 50 Kilometer von London entfernt. Der einjährige Lehrgang fand 1953/54 statt. Camberley war 1801 gegründet worden und hatte im Jahre 1945 mit der Ausbildung von Stabsoffizieren von Commonwealth- und anderen Staaten begonnen. Dalia und ich begleiteten Jitzchak nach England. Die ersten Wochen verbrachten wir in London. Während ich mich wegen der einschüchternden Größe der Stadt und des kalten, feuchten Wetters nie allzuweit von unserer Wohnung entfernte, kaufte sich Jitzchak kurzerhand einen Stadtplan und erkundete London so akribisch, als spähe er unbekanntes Gelände aus.

In Camberley mieteten wir eine Wohnung in einem alten Herrenhaus, das in mehrere getrennte Wohneinheiten unterteilt worden war. Jeder Raum hatte einen offenen Kamin, und das Haus gewährte die Aussicht auf einen großen Garten, in dem man den Kreislauf der Jahreszeiten beobachten konnte, was für uns, die wir eigentlich nur Israel kannten, einen besonderen Reiz besaß. Die meisten Abende brachte Jitzchak damit zu, das hohe Pensum an Hausaufgaben zu erledigen.

Im Lauf der Zeit wurden wir mit den britischen Gepflogenheiten vertraut. Elisabeth II. wurde im Juni 1953 gekrönt, und ich weiß noch, daß ich Handschuhe und einen Hut anzog, um bei dem jährlichen Gartenfest im Buckingham-Palast Erdbeeren mit Sahne zu essen. Die israelische Botschaft hatte ein Kontingent von Einladungen bekommen und eine an uns weitergegeben. Ich erinnere mich noch an den Berg von Erdbeeren auf Jitzchaks Teller (der noch nie in seinem Leben Erdbeeren gesehen hatte), als die Kapelle plötzlich »God Save the Queen« anstimmte. Jitzchak, der seinen Teller nirgendwo abstellen konnte, erspähte einen Admiral, der seinen Teller in der einen Hand hielt und mit der anderen zackig salutierte. Kurzerhand ahmte er dessen Pose nach.

An der Akademie stellte Jitzchak sein Licht durchaus unter den Scheffel. Obgleich er sehr viel mehr praktische Kampferfahrung besaß als seine Kollegen und den Rang eines Oberst bekleidete, wurde er formell als Oberstleutnant tituliert, damit er rangmäßig nicht höher stand als seine Kollegen. Die meisten Offiziere, die die Akademie besuchten, diskutierten strategische Probleme aus rein theoretischer Perspektive, während Jitzchak tatsächlich »im Feld« gewesen war. Die Generalstabsakademie gab uns Gelegenheit, Menschen unterschiedlichster Nationalitäten kennenzulernen. So freundeten wir uns mit dem indischen Oberst B. P. Singh und seiner Frau Kavita an, wenngleich Jitzchak sich nur halbherzig darüber freute, wenn sie uns zum Abendessen einluden, weil die indischen Gerichte für seinen Geschmack zu stark gewürzt waren. Mir dagegen mundete das Essen sehr. Ich verbrachte sehr viel Zeit mit Kavita, die ich sehr gern mochte und die mir viel über Indien erzählte.

Eines Nachmittags hatte Kavita zu einer kleinen Teegesellschaft geladen. Der vierjährige Sohn einer anderen indischen Frau, die ebenfalls an der Runde teilnahm, fiel in den eiskalten Fischteich im Garten. Beide wurden von panischem Schrecken ergriffen, als der Hausmeister plötzlich rief: »Frau Singh, der Junge ist in den Teich gefallen!« Da ich als einzige der Anwesenden eine Tochter hatte, bewahrte ich die größte Geistesgegenwart und rannte am schnellsten nach draußen. Nachdem ich den Jungen wohlbehalten aus dem Teich herausgezogen hatte, feierten mich die anderen als Heldin, obgleich ich nicht viel mehr getan hatte, als ihn am Bein zu packen und ans Ufer zu ziehen.

Wir machten auch die Bekanntschaft des immer gutgelaunten italienischen Obersts Ruffino, der sich unentwegt über die fade Kochkunst und langweilige Mode der Briten lustig machte. Über unsere Tochter freundeten wir uns außerdem mit dem irakischen Oberst Faik – einem Kurden – an, und beide stimmten darin überein, daß ein Friedensvertrag die einzige langfristige Lösung für die Probleme im Nahen Osten darstelle.

Dagegen wollte Oberst Fawer Maher, ein jordanischer Offizier tscherkessischer Abkunft, zunächst kein Wort mit uns wechseln; und doch sollte sich aus dieser Bekanntschaft im Lauf der Jahre eine enge menschliche Beziehung entwickeln. Der fesche Jordanier fuhr einen protzigen Sportwagen und war ein Freund des damals achtzehnjährigen Königs Hussein, der zur gleichen Zeit die in dem Nachbarort

Sandhurst gelegene Royal Military Academy absolvierte. Oberst Maher und seine türkische Frau hatten eine Tochter, die damals etwa ein Jahr alt war, und sie erwartete ihr zweites Kind. In der Akademie ging das Gerücht, daß der Oberst seine Frau nicht einmal im Krankenhaus besuchte, nachdem sie eine zweite Tochter zur Welt gebracht hatte. Er hatte sich so sehr einen Sohn gewünscht und gab ihr die Schuld.

Als ich sie einmal in der Woolworth's High Street auf der anderen Straßenseite sah, sagte ich mir: »Lea, diese Frau ist mit einem Mann verheiratet, der es nicht einmal für nötig hielt, sie nach der Geburt ihres gemeinsamen Kindes im Krankenhaus zu besuchen. Du gehst jetzt zu ihr hin, um sie zu beglückwünschen, ganz gleich, was ihr Gatte darüber denken mag.« Frau Maher war ganz verzweifelt über ihre Situation. Ich sagte zu ihr, sie könne stolz darauf sein, eine zweite Tochter geboren zu haben, und sie werde später gewiß noch einen Sohn zur Welt bringen. Maher schickte dann seine Frau und seine Kinder mit dem Schiff nach Jordanien zurück. Bei der Abschiedsfeier der Akademie für die ausländischen Studenten kam der Iraker Faik auf Jitzchak zu und bat um die Erlaubnis, mit mir zu sprechen. Jitzchak sagte, daß man in unserer Kultur keine Erlaubnis brauche, um mit Ehefrauen zu sprechen. Faik überbrachte mir eine Nachricht von Frau Maher. Oberst Maher richtete mir die Botschaft nicht selbst aus, sondern bat Faik, sie an mich weiterzuleiten: »Faik, wenn Sie mit den Israelis sprechen, richten Sie doch bitte Frau Rabin Grüße von meiner Frau aus.«

Und damit schlief unser persönlicher Kontakt zu den Mahers für fast vierzig Jahre ein. Aus den Zeitungen erfuhren wir gelegentlich von Mahers stetigem Aufstieg. Er wurde stellvertretender Generalstabschef der jordanischen Armee, dann Generalstabschef, noch bevor Jitzchak diesen Posten in Israel bekleidete. Anschließend ging er als jordanischer Botschafter nach Taiwan, dann in die Sowjetunion und schließlich in die Türkei. Danach verloren wir ihn völlig aus den Augen.

Im Oktober 1994, eine Woche bevor der endgültige Friedensvertrag mit Jordanien in der Arava-Wüste an der israelisch-jordanischen Grenze unterzeichnet wurde, war mein Mann Gast von König Hussein im Haschemija-Palast in Amman. Die beiden wollten sich bei dem Abendessen unter vier Augen auf die letzten Einzelheiten des Friedensabkommens verständigen. Jitzchak erzählte Seiner Majestät die Geschichte von Maher. Er sagte zum König: »Ich weiß, daß er Ihr Freund war. Was ist eigentlich aus ihm geworden?« »Er ist noch immer mein Freund«, sagte der König mit einem breiten Lächeln. Eine halbe Stunde später stand Maher in der Tür. Jitzchak stand sofort auf, und sie schlossen sich in die Arme. Es war ein Wiedersehen, das beide sehr bewegte. Jitzchak sagte mir an jenem Abend, daß ich Maher nicht wiedererkennen würde – »Er ist dicklich, glatzköpfig und sehr gealtert. Keine Spur mehr von seinem früheren Aussehen.«

Als Jitzchak, unsere Kinder und ich nach der Unterzeichnung des Friedensabkommens Petra besuchten – eine alte, in rosaroten Fels gehauene Nabatäerstadt –, wurden wir von einer langen Reihe von Offizieren und Ministern begrüßt. Jitzchak nickte einem der Herren in der Reihe der Würdenträger zu und flüsterte mir zu: »Das ist Maher.« Er war sehr krank gewesen und ging jetzt am Stock. Doch als er auf uns zukam, umarmten wir uns wie gute alte Freunde. Später, beim Empfang im Hotel, entschuldigte ich mich und sagte, ich wollte mich nach Herrn Maher umsehen, um herauszufinden, was sich seit der Geburt der zweiten Tochter alles ereignet hatte. Ich fand ihn, allein auf der Terrasse sitzend, und sagte: »Nun schießen Sie los.«

»Nach unserem zweiten Kind bekam meine Frau zwei *weitere* Töchter«, erklärte er. »Daraufhin sagte ich zu meiner Frau: ›Mein Schatz, wenn es beim fünftenmal wieder ein Mädchen wird, dann setz' ich dich vor die Tür. Noch in der gleichen Woche werde ich mir eine andere Frau nehmen.‹«

»Aber Herr Maher«, sagte ich, »Sie sind doch ein moderner Mann. Sie sollten wissen, daß Sie verantwortlich sind für –«

»Nein, nein, nein«, unterbrach er mich, »das stimmt nicht, es ist *ihre* Verantwortung.« Ich wußte ganz genau, daß er sie niemals hinausgeworfen hätte, dazu liebte er sie viel zu sehr. Auf jeden Fall war ihr fünftes und letztes Kind ein Junge.

Anschließend verließen wir das Hotel, um uns die historischen Stätten anzusehen, und wir setzten unsere Plauderei in einem Empfangszelt fort, das eigens für unsere Visite aufgebaut worden war. »Ich weiß noch genau«, scherzte ich mit ihm, »was für ein attraktiver Bursche Sie waren – mit Ihren blonden Locken und blauen Augen.« »Und wie ungehobelt ich war«, fügte er hinzu. Er lud uns ein, ihn und seine Familie in Amman zu besuchen.

Was für ein wunderbares Wiedersehen – zwei Menschen, die noch nie zuvor ein Wort miteinander gewechselt hatten. Mächtige, hohe Mauern hatten uns getrennt, doch sie stürzten wie ein Kartenhaus in sich zusammen, als die Zeit für den Wandel gekommen war. Nach zweiundvierzig Jahren setzte ich ein Zwiegespräch fort, bei dem nie ein Wort gefallen war, und doch begegneten wir uns wie die besten Freunde.

Doch das ist noch nicht das Ende der Maher-Geschichte.

Während eines Besuchs in der Ukraine im Jahre 1995 erfuhren wir in Kiew, daß Maher einen Schlaganfall erlitten hatte. König Hussein ließ Maher in seinem Privathubschrauber ins Hadassah-Klinikum nach Jerusalem fliegen. Wir kehrten am Donnerstag derselben Woche nach Israel zurück, und ich besuchte die Klinik in Begleitung zweier Freundinnen. Wir wollten auch der Frau des ägyptischen Botschafters in Israel, die kurz zuvor operiert worden war, unsere Genesungswünsche überbringen.

Als ich Mahers Zimmer betrat, traf ich dort seine Frau und

das legendäre fünfte Kind, Mahers fünfunddreißigjährigen
Sohn Ali. Frau Maher sank mir weinend in die Arme. Sie hatte sich kaum verändert. Und auch Maher weinte. Obwohl
ihn der Schlaganfall sehr mitgenommen hatte, war er doch
tief bewegt von meinem Besuch. Dann stellten sie mir Ali
vor, der genauso attraktiv aussah wie einst sein Vater.
Ali, dieser wunderbare junge Jordanier, ist Leiter des Kulturzentrums in Amman. Er interessiert sich sehr für moderne
Kunst und studierte in Moskau Architektur, ein sehr modern
eingestellter und überaus freundlicher junger Mann. Ali
schloß sich uns an, als wir die ursprünglich aus Syrien stam-
mende Frau des ägyptischen Botschafters besuchten. Ihr Gatte, Botschafter Bassiuni, war bei ihr. So versammelten sich
am Vorabend des *Schabbat* in einem Krankenzimmer in Jerusalem eine Syrerin, ein Ägypter, ein Jordanier und ich mit
zwei jüdischen Freundinnen. Zehn Jahre zuvor wäre dies undenkbar gewesen. Jetzt war das ein lebendiges Beispiel für
die Realität des Friedens im Nahen Osten.
Am Sonntag morgen kehrte ich in die Klinik zurück. Unterwegs holte ich Ali ab, den ich beim Israel Museum in Jerusalem absetzte und der sachkundigen Führung seines Direktors
anvertraute, der ihm anschließend auch noch das neue,
außergewöhnliche Gebäude des Obersten Gerichtshofs zeigte, das ihn tief beeindruckte. Mein Fahrer Charly brachte von
nun an jeden zweiten Tag einen Proviantkorb in die Klinik,
da er wußte, wie schlecht selbst in den besten Krankenhäusern das Essen ist. Bis zu Mahers Entlassung stieg er nun wie
Rotkäppchen mit einem Korb die Treppen des Krankenhauses hinauf.
Nach dem Mordanschlag auf Jitzchak schrieb mir Maher einen Brief. Anschließend kam mich Ali mit seiner jungen Frau
besuchen – was für ein hübsches Paar sie doch sind. Und
wie erstaunlich, daß wir genau auf der gleichen Wellenlänge
liegen. Zwischen Ali, seiner Frau und mir besteht nicht die

geringste kulturelle Kluft, keine Barriere wechselseitigen Unverständnisses. Mit der Entschlossenheit, die Mauern einzureißen, und dem beharrlichen Willen, das Projekt des Friedens zu einem erfolgreichen Abschluß zu bringen, kann eine völlig neue Form der Koexistenz im Nahen Osten geschaffen werden.

Und diese ganze Saga begann in Camberley.

Im Jahre 1993 kehrten Jitzchak und ich nach Camberley zurück. Die Außenseite des Herrenhauses, in dem wir gewohnt hatten, war renoviert worden und hatte dadurch viel von ihrem früheren Reiz eingebüßt. Der hervorragende Kommandeur der Militärakademie war schon vor langer Zeit in den Ruhestand versetzt worden und hatte bereits mehrere Nachfolger gehabt. Der gegenwärtige Kommandeur sah sehr jung aus, obwohl er vermutlich genauso alt oder noch älter war als der, den wir kannten. Wir waren vierzig Jahre älter geworden! Die Akademie hatte sich darum bemüht, ehemalige Studenten und Studienkollegen zu Jitzchaks Besuch zusammenzubringen. Jitzchak hielt eine Rede an die Studenten der Generalstabsakademie, und diesmal waren *alle* – auch Vertreter islamischer Staaten – gekommen, um ihn zu hören.

Was für ein dramatischer Wandel seit den Tagen, als Jitzchak im Amtsjargon des britischen Empire als »native student« klassifiziert wurde! Er berichtete mir wiederholt von ungewöhnlichen Erlebnissen auf der Akademie. Einmal wurde er von einem Ausbilder aufgefordert, seine Ansicht zu einem hypothetischen Gefechtsszenario zwischen Panzerverbänden zu äußern. Nachdem Jitzchak seine Meinung dargelegt hatte, fragte ihn der Ausbilder herablassend: »Sehr interessant, alle Achtung! Ach übrigens, über wie viele Divisionen verfügen eigentlich die israelischen Panzertruppen, Oberstleutnant Rabin?« Der Kommandeur der Akademie hatte in Palästina gedient, und es war allgemein bekannt, daß Jitzchak Mitglied des Palmach gewesen war. Ich bin sicher, daß man Jitzchak dort für eine Art prototypischen Terroristen aus jener aufmüpfigen kleinen jüdischen Gemeinschaft hielt, die die Briten aus Palästina vertrieben hatte. Jitzchaks schlechtes Englisch tat ein übriges. Zudem waren die Briten schon immer von dem Charisma arabischer Führergestalten fasziniert gewesen; man denke nur an T. E. Lawrence (»Lawrence von Arabien«) und seine bemerkenswerte Beziehung zu den Führern des arabischen Aufstands während des Ersten Weltkriegs. Zweifellos hatte die Vorliebe der israelischen Gründungsväter für hochrangige Offiziere, die ihre Ausbildung in der britischen Armee erhalten hatten, Jitzchaks Entscheidung für Camberley beeinflußt, aber ich glaube nicht, daß ihm der Aufenthalt in Camberley den britischen Schliff gegeben hat – auch wenn er dort gründliche Kenntnisse über die Führung großer Heeresverbände und über Methoden strategischer Planung und strategischen Denkens erwarb. Auch nutzten wir das reichhaltige, kaum überschaubare kulturelle Angebot Londons weidlich aus.

Nachdem Jitzchak die Camberley-Akademie absolviert hatte, bewarb er sich an der London School of Economics und wurde angenommen. Ich vermute, daß es ihm weniger um das Studium der Wirtschaftswissenschaften als solches ging als vielmehr um die Erweiterung seiner Auslandserfahrung und um die Vorbereitung auf eine Laufbahn im Staatsdienst für den Fall, daß er einmal aus der Armee ausscheiden sollte. Doch Mosche Dayan, der neue israelische Generalstabschef, trug Jitzchak die Leitung des Ausbildungswesens bei der Israelischen Verteidigungsarmee an und köderte ihn zusätzlich mit dem Versprechen, ihn zum General zu befördern. Jitzchak nahm das Angebot an. Seine erste Aufgabe auf dem neuen Posten bestand darin, eine Generalstabsakademie für die israelische Armee aufzubauen. Hier kamen ihm seine in Camberley erworbenen Kenntnisse sehr zugute. Die wichtigsten Dinge, die Jitzchak in Camberley gelernt haben dürfte, waren das Verständnis für die komplexe analytische Dimension der Strategie, für die britische Methode des taktischen Einsatzes der Panzerwaffe und für die Organisation der Offiziersausbildung. Das war für Israel völlig neu. Unsere Offiziere hatten sich ihre Kenntnisse und Fertigkeiten auf dem Schlachtfeld erworben. Nachdem Jitzchak nach Israel zurückgekehrt war, hielten er und sein Team Abend für Abend lange Besprechungen ab, bei denen sie bis spät in die Nacht über den Lehrplan und den Aufbau der Akademie diskutierten.

Bei unserer Rückkehr nach Israel bezogen wir wieder unser Haus in Zahala – einem nordöstlichen Vorort von Tel Aviv –, in das wir kurz vor unserer Abreise nach Camberley eingezogen waren. Es war ein bescheidenes einstöckiges Haus mit drei Schlafzimmern, aber es gehörte uns. Über zwanzig Jahre hinweg – solange Jitzchak in der Armee war – wohnten wir fast ununterbrochen in Zahala. Auf einer Geschäftsreise in die Vereinigten Staaten hatte mein Vater eine Reihe von Haushaltsgeräten für uns gekauft und per Schiff nach Israel geschickt. So besaßen wir mehr Haushaltsgeräte, als es damals üblich war, unter anderem eine Waschmaschine, und Küchengeräte wie einen Mixer, ein Rührgerät und einen Toaster. Dennoch hatte unser Heim seine Mängel. So mußte ich im Winter in aller Frühe aufstehen und die Ölöfen in den Räumen anzünden, damit sie warm genug waren, wenn Jitzchak und die Kinder aufstanden. Das Gebäude war schlecht isoliert, so daß wir im Sommer rösteten und im Winter froren.

Zahala war damals ein kleines Kaff mit ländlichem Gepräge, und unser Haus lag am Rand des Erschließungsgebiets. Das bedeutete Feldmäuse – und zwar ganze Heerscharen davon. Selbst das jahrelange primitive Leben im Kibbuz hatte nichts an meinem tiefsitzenden Ekel vor Mäusen zu ändern vermocht. Eines Tages sah ich mit panischem Schrecken, wie eine Maus über den Fußboden huschte. Ich griff reflexartig zum Telefon, um Jitzchak im Hauptquartier anzurufen. »Jitzchak, bitte komm sofort nach Hause«, flehte ich ihn mit rasendem Herzen an. »Wir haben … *Mäuse!*« Er war sehr mitfühlend, meinte aber, er könne mir jetzt auf gar keinen Fall helfen, da er gleich zu einem Militärstützpunkt in Sarafand fahren müsse. Anschließend rief ich meinen Vater in seiner Firma Haspaka an, deren landwirtschaftliches Produktsortiment auch Pestizide umfaßte. »Papa«, seufzte ich, nach Luft ringend, ins Telefon, »bring deine Gifte, und rette mich! Eine Maus!« Er stellte Untertassen mit vergiftetem Bier auf und brachte so die Maus im Nu zur Strecke. Diese Erfahrung machte mir klar, daß ich für alle häuslichen Angelegenheiten allein zuständig war und daß ich in Zukunft plötzlich auftretende Probleme mit allen erforderlichen Maßnahmen in eigener Regie bewältigen mußte.

Obgleich Jitzchak kontinuierlich befördert wurde, war er der Ansicht, daß diese Rangerhöhungen nicht nur redlich verdient, sondern meistens auch längst überfällig waren – verzögert, weil er nicht Mitglied der von Ben Gurion geführten Mapai-Partei war. Als Jitzchak 1954 zum Generalmajor befördert wurde, saß ich bei der offiziellen Feier neben Mosche Dayan. Dayan sagte zu mir: »Ihr Mann kann froh sein, daß er einen *Mapainik* wie mich zum Generalstabschef hat. Welcher andere Generalstabschef hätte es schon gewagt, Jitzchak in den Rang eines Generals zu erheben und dabei andere Mapai-Kandidaten zu übergehen?« Dayan glaubte also, daß er mit der Ernennung Jitzchaks zum General großen Mut bewiesen habe, was – gemessen an den damaligen Maßstäben – wohl tatsächlich der Fall war. Die Risiken, denen er sich aussetzte, spielte Jitzchak immer herunter. Nachdem sich herumgesprochen hatte, daß sich jeder amerikanische Offizier einer Prüfung in Fallschirmspringen oder Kampftauchen unterziehen mußte, um seine Fitneß und seinen Mut zu beweisen, verpflichtete Dayan im Jahre 1955 alle Generäle zur Teilnahme an einem Kurs im Fallschirmsprung. Um mich nicht zu beunruhigen, verheimlichte Jitzchak mir das, denn ich war gerade schwanger mit Juwal. Mein Mann absolvierte den Lehrgang ohne Blessuren, während Mosche Dayan sich an der Hand verletzte und den Kurs für sich abbrechen mußte.

Jitzchak wurde im Jahre 1956 – unser Sohn Juwal war damals gerade ein Jahr alt – Befehlshaber Nord der israelischen Streitkräfte und bekleidete diesen Posten auch während des Sinai-Feldzugs im selben Jahr, als Ägypten den Suezkanal unter seine Kontrolle zu bringen versuchte. Dieser Krieg fand also weit entfernt von uns statt. Von 1956 bis 1958 zog ich mit den Kindern vorübergehend von Zahala nach Haifa, um näher bei Jitzchak zu sein.

Im Jahre 1956 hatte Ben Gurion sowohl das Amt des Ministerpräsidenten als auch das des Verteidigungsministers inne. Dayan war Generalstabschef. Im Jahr zuvor führten palästinensische Fedajin – arabische Freischärler –, die vom ägyptischen Präsidenten Nasser finanziell unterstützt wurden, Guerillaangriffe in Südisrael durch, bei denen über 400 Israelis getötet wurden. Im Herbst 1956 setzte er seine Schikanepolitik mit der Schließung der Straße von Tiran und des Suezkanals für israelische Schiffe fort. Mit französischer und britischer Luftunterstützung führten die israelischen Streitkräfte dann zwischen dem 29. Oktober und dem 5. November den Sinai-Feldzug durch, in dessen Verlauf sie die Halbinsel besetzten und die Straße von Tiran wieder öffneten. Doch auf Druck der Vereinten Nationen gab Israel im Frühjahr 1957 den Sinai wieder an Ägypten zurück und zog seine Truppen ab.

Jitzchak verbrachte die ganze Woche, die der Feldzug dauerte, in der ihm unterstellten Kommandozentrale. Niemand wußte, wie sich die Feindseligkeiten entwickeln würden und ob andere arabische Staaten intervenieren würden. Der größte Teil der militärischen Ressourcen Israels war im Süden gebunden, so daß die Überwachung der Lage an der Nordgrenze sehr wichtig war. Der Mann meiner Schwester Aviva, Avraham Joffe, befehligte die Neunte Brigade, die nach Süden auf die Straße von Tiran vorstieß. Während der Kampagne wohnte Aviva mit ihren Kindern bei uns. Wir verdunkelten die Fenster und bereiteten uns auf die Möglichkeit eines totalen Kriegs vor. Aviva befürchtete bereits kurz nach Beginn des Feldzugs, daß Avraham gefallen war, was sich glücklicherweise als falsch erwies.

Nach dem Ende des Unabhängigkeitskriegs hatte Israel seine Truppen aus dem Sinai abgezogen. Jitzchak hatte dies für einen Fehler gehalten, und Nassers Entschluß, die Straße von Tiran zu sperren, bewies, wie recht Jitzchak gehabt hatte. In diesem kritischen Stadium der israelischen Geschichte bildete der Süden das Terrain, auf dem ehrgeizige höhere Offiziere ihre Meriten erwerben konnten, da Ägypten bei diesem Waffengang der Hauptgegner war. Jitzchak gehörte nicht zur Mapai-Clique, deren Angehörigen in der Regel die anspruchsvollsten Aufgaben übertragen wurden, aber er ließ sich durch diese Zurücksetzung nicht beirren. So wurde Chaim Laskov, der den Angriff auf Rafah – die entscheidende Schlacht des Feldzugs – leitete, 1958 als Nachfolger von Dayan zum Generalstabschef ernannt.

Als Befehlshaber des nördlichen Verteidigungsabschnitts sammelte Jitzchak wichtige Erfahrungen – mehr, als er vielleicht erwartet hatte –, die ihm später in seiner Zeit als Verteidigungsminister und Ministerpräsident zugute kamen, als sich der Schwerpunkt der militärischen Wachsamkeit Israels vom Süden auf den Norden und Osten verlagerte, wo es an den Grenzen immer häufiger zu bewaffneten Auseinandersetzungen zwischen israelischen Streitkräften und arabischen Freischärlern kam. Während seiner Zeit als Befehlshaber Nord machte er sich mit den taktischen Besonderheiten von Grenzgefechten (die Reihe der Zwischenfälle riß nicht ab) und der Verwaltung entmilitarisierter Zonen vertraut, außerdem erkannte er die strategische Bedeutung der Golanhöhen. Jitzchak lernte die Probleme der militärischen Entscheidungsfindung in ihrer ganzen Bandbreite kennen, angefangen vom Einsatz gepanzerter Traktoren zum Pflügen der Felder unterhalb der Golanhöhen bis hin zum Schutz unserer Fischerboote vor syrischen Angriffen auf dem See Tiberias.

Nachdem General Laskov zum Generalstabschef ernannt worden war, wollte Jitzchak ins Ausland gehen und in Harvard Verwaltungswissenschaften studieren. Es ging ihm nicht so sehr um den Erwerb spezifischer Fachkenntnisse als vielmehr darum, sein internationales Blickfeld zu erweitern für den Fall, daß er aus der Armee ausscheiden sollte. Er wurde zum Studium in Harvard zugelassen, doch eine überraschende Wendung des Schicksals durchkreuzte seine Pläne. Im April 1959 fand eine Scheinmobilmachung der israelischen Streitkräfte statt. Viele Leute glaubten, daß es sich um einen echten Alarm handele, als die Nachricht in mehreren Sprachen einschließlich Hebräisch, Französisch, Spanisch und Englisch (wegen der zahlreichen Einwanderer, die in der israelischen Armee dienten) im Rundfunk verbreitet wurde. Aufgrund dieses falschen Alarms stürzten viele Reservisten Hals über Kopf los, so daß es zu einem allgemeinen Chaos kam. Die Ereignisse gingen als »Nacht der Gänse« in die Annalen ein. Ben Gurion entließ in seiner Funktion als Verteidigungsminister die Leiter des Einsatzstabs und den Chef des militärischen Nachrichtendienstes. Jitzchak wurde neuer Leiter des Einsatzstabs, und das bedeutete das Aus für das geplante Studium in Harvard.

Als Chef des Einsatzstabs profitierte Jitzchak von seinen Fähigkeiten auf zwei speziellen Gebieten: erstens von seinem

Verständnis der Beziehung zwischen dem militärischen Bereich und dem nachrichtendienstlichen und zweitens von seinem Sachverstand in Rüstungsfragen. Die Sowjetunion verstärkte ihre Aktivitäten im Nahen Osten, indem sie die arabischen Staaten mit Kriegsmaterial belieferte und ihnen Militärberater zur Verfügung stellte. Israel und seine traditionellen europäischen Verbündeten – vor allem Frankreich – konnten mit der massiven sowjetischen Aufrüstung der arabischen Staaten nicht Schritt halten. Jitzchak war beeindruckt von der US-amerikanischen Rüstungstechnik, vor allem von radargestützten »Frühwarnsystemen«. Einen Zwischenfall zu Beginn des Jahres 1960, als Israel verspätet auf einen potentiellen ägyptischen Angriff reagierte, wertete er als Beweis dafür, daß Israel bessere Frühwarnsysteme benötigte, wie sie etwa von den Vereinigten Staaten exportiert wurden. Jitzchak war auch entschieden der Ansicht, daß die Auswahl der Waffen den Militärs, die sie einsetzten, und nicht den politischen Amtsträgern überlassen werden sollte, was manchmal zu Friktionen mit dem stellvertretenden Verteidigungsminister Schimon Peres führte. Peres war Mitglied der Mapai-Partei. Ben Gurion hatte ihn zunächst zum Generaldirektor im Verteidigungsministerium und später zum stellvertretenden Verteidigungsminister ernannt und zu verteidigungspolitischen Konsultationen ins Ausland geschickt, bei denen es nicht zuletzt um die Beschaffung von Rüstungsgütern ging. Sowohl Jitzchak als auch Peres übten großen Einfluß auf die israelische Verteidigungspolitik aus, doch jeder von ihnen betrachtete die Dinge aus einem anderen Blickwinkel: Peres vom Standpunkt der zivilen politischen Führung und Jitzchak von dem des aktiven Kommandeurs.

Nach unserer Rückkehr nach Zahala im Jahre 1958 unterrichtete ich in der Neve-Magen-Schule Englisch. Da ich kein Auto besaß, fuhr ich mit einem Kollegen zur Arbeit. Beim Rückweg stand ich dann vor der Alternative, entweder zwei

Busse zu nehmen oder zu Fuß über offene Felder und durch duftende Orangenhaine zu marschieren – ein schöner Spaziergang, der jedoch vierzig Minuten dauerte. Dies machte ich zwei Jahre lang, doch die Erfahrung als Lehrerin hat keine besonders positiven Erinnerungen bei mir hinterlassen. Das Gehalt war dürftig, die tägliche Hin- und Rückfahrt zeitraubend und die Einflußmöglichkeit auf die Schüler marginal. Es war eine willkommene Abwechslung, die mir die Chance gab, die Fähigkeiten, die ich erworben hatte, praktisch anzuwenden, aber ich mußte zu viele Kompromisse schließen. Jitzchak hatte von Anfang an nicht viel von dieser Idee gehalten. Ich mußte ihm schließlich recht geben und gab die Stelle auf. Auch wenn ich beruflich nie längere Zeit auf eigenen Füßen stand, bedauere ich dies nicht. Ich war für die Erziehung der Kinder verantwortlich. Das war eben unsere »Arbeitsteilung«. Als die Kinder noch sehr klein waren, unterstützte mich Jitzchak so gut er konnte, etwa indem er sie fütterte, wenngleich er sich standhaft weigerte, ihnen die Windeln zu wechseln. Er schnitt das Gras mit einem handbetriebenen Rasenmäher und hatte großen Spaß an Gartenarbeit.

Die Kinder gediehen. Dalia war außergewöhnlich auffassungsfähig und intelligent, eine hervorragende Schülerin, und meinem Vater – der sich in unserer Nähe ein Haus gebaut hatte – war sie besonders ans Herz gewachsen. Juwal hing sehr an seinem Vater. Freitags pflegten die Väter gegen zwei Uhr nachmittags nach Hause zu kommen. Gelegentlich auch erst um vier Uhr. Wenn Jitzchak um fünf, sechs oder sieben Uhr noch immer nicht da war, ging Juwal nach draußen, um auf seinen Vater zu warten. Manchmal kehrte er nach einer Weile zurück und sagte traurig: »Alle Väter sind schon daheim, nur mein Vater ist noch bei der Arbeit.«

Bei der Erziehung unserer Kinder diskutierten wir nicht lange über unsere Überzeugungen. Theoretische Grundsätze beeinflußten unsere Erziehungsmethode kaum. Vielmehr basierte unsere Vorgehensweise auf unseren Wertvorstellungen, die wir den Kindern vor allem durch unser persönliches Beispiel und durch unsere Lebensweise vermitteln wollten. Unsere Kinder erlebten das, was wir für richtig hielten und weshalb wir es für richtig hielten, auf eine sehr konkrete Weise. Sie sahen, daß ihr Vater seinem Land diente, und seine Bestimmung beeinflußte auch ihre Lebensziele. Sie erlebten nie, daß er je für seine Leistungen eine materielle Entlohnung erwartet hätte. Auch wenn unsere finanzielle Lage manchmal angespannt war, hegte doch niemand von uns den Wunsch, Jitzchak möge aus der Armee oder dem Staatsdienst ausscheiden, um eine andere, besser dotierte Laufbahn einzuschlagen. Dalia und Juwal verstanden, daß Jitzchak im wahrsten Sinne des Wortes ein »Diener des Staates« war. Das war sein Wunsch und seine Berufung.

Beide wußten – ohne daß dies je ausgesprochen wurde –, daß ihnen die Reputation ihres Vaters keinerlei Privilegien einbringen würde. Sie sahen von sich aus ein, daß sie die öffentliche Position ihres Vaters nicht für sich ausnutzen sollten und daß sie keinen Anspruch auf Vergünstigungen gleich welcher Art hatten. Jitzchak war ein sehr überzeugendes und anschauliches Beispiel gelebter Bescheidenheit und Rücksichtnahme.

Während wir immer alle zusammen frühstückten, waren gemeinsame Mittag- und Abendessen mit Jitzchak – mit Ausnahme des *Schabbat*-Vorabends, den er immer im Kreis der Familie beging – eine Seltenheit. Das Mittagessen am *Schabbat* nahmen wir entweder zu Hause ein, oder wir machten ein Picknick. Dies war die einzige Möglichkeit, um die familiären Bande zu pflegen. Immer wenn er konnte, fuhr Jitzchak die Kinder in seinem Militärdienstwagen zur Schule. Dies wurde beinahe zu einer festen täglichen Gewohnheit. Auch wenn die Fahrt nicht sehr lange dauerte, gab sie ihnen die Gelegenheit, ein wenig länger zusammenzusein. Ich bestand darauf, daß wir immer gemeinsam frühstückten, und wir behielten diesen Brauch auch bei, nachdem die Kinder ausgezogen waren und nur noch wir beide übrigblieben. Selbst wenn Jitzchak um sechs Uhr früh aufstehen mußte, saß ich immer bei ihm am Frühstückstisch.

Als unsere Kinder Dalia und Juwal klein waren, zankten sie sich im Auto, wie es Kinder in diesem Alter nun einmal zu tun pflegen. Das ärgerte Jitzchak. »Hört sofort damit auf!« entfuhr es ihm.*

Manchmal spürte man ganz deutlich, daß Jitzchak ein imaginäres »Bitte nicht stören«-Schild auf seiner Stirn kleben hatte. Dennoch war er für die Kinder da, als sie heranwuchsen, vor allem an den Wochenenden, an denen wir zusammen mit Freunden am Strand oder an den Hängen von Jerusalem picknickten. Jitzchak gab ihnen nie das Gefühl, daß sie irgendwelchen Ansprüchen genügen mußten. Er war froh, wenn sie Erfolg hatten, nicht ganz so froh, wenn sie das Ziel verfehlten, aber immer zuversichtlich, daß sie es schon schaffen würden. Er gab ihnen das Gefühl, für sie da zu sein. Und er hatte immer Vertrauen zu ihnen und scheute sich nicht, dies offen zu zeigen.

Die Kinder wuchsen in einem militärisch geprägten Milieu auf, in dem ihnen eindeutige Leitlinien vermittelt wurden:

---

* Der Wagen war auch der Schauplatz für jene Kabbeleien zwischen Jitzchak und mir, die selbst die glücklichste Ehe trüben. In späteren Jahren führte meistens ich an den Wochenenden das Steuer unseres Privatwagens. Auf dem Beifahrersitz saß ein Sicherheitsbeamter und Jitzchak saß im Fond. Ein Wagen mit zwei weiteren Sicherheitsbeamten folgte uns. Jedesmal, wenn ich, nachdem eine Ampel auf Grün umgesprungen war, auch nur einen Bruchteil einer Sekunde auf den zweiten Wagen wartete, ertönte auf dem Rücksitz ein Murren: »Worauf wartest du denn?« Ich umkrampfte das Lenkrad vor Wut und erwiderte: »Könntest du vielleicht deinen Mund halten und dich abregen!« Er war zweifellos der schlimmste besserwisserische Mitfahrer, dem ich je begegnet bin.

148

der Dienst am Volk Israel, der Schutz des israelischen Staates und der Aufbau und die Entwicklung der israelischen Armee – jene zwingenden Prioritäten, die allem anderen vorgingen.

Die *ma'abarot* waren Behelfsunterkünfte für die Einwanderer, die in großer Zahl nach Israel strömten. Die neu eingetroffenen Einwanderer lebten in sehr einfachen Verhältnissen, und es konnte mehrere Jahre dauern, bis sie ihre eigenen kleinen Wohnungen oder Häuser bezogen, die ihnen vielfach vom Staat zur Verfügung gestellt wurden. Unsere Kinder wuchsen in Sichtweite einer *ma'abara* auf. Aus nächster Nähe erfuhren sie so von einem Leben, das sich beträchtlich von ihrem eigenen unterschied. Unsere Tochter Dalia ging nachmittags öfter auf das Gelände der Siedlung, um mit den Kindern zu spielen und ihnen Hebräisch beizubringen. So erkannten Dalia und Juwal schon im Kindesalter, daß man Pflichten gegenüber seinen Mitmenschen hatte.

*

Im Alter von nur 47 Jahren erlitt mein Vater 1941 seinen ersten Herzinfarkt, von dem er nie mehr völlig genas. Herzprobleme machten ihm den Rest seines Lebens zu schaffen. Dennoch änderte er seinen Lebensstil und seine Gewohnheiten nicht: Er arbeitete, reiste und rauchte wie zuvor. Seine Lebensphilosophie lautete: »Ich möchte die Jahre, die mir noch bleiben, genießen. Und wenn die Freude am Rauchen meinen Tod beschleunigt – na und?« Achtzehn Jahre später, im Jahre 1959, konnte er dem Schicksal nicht länger entrinnen. Mit seiner zweiten Frau Hilda war er wie jeden Sommer nach Europa gereist. Er hatte den Rückflug mit El Al für den 1. September von Zürich gebucht, während Hilda einige Tage länger in Europa bleiben wollte.

Bevor ich von Zahala zum Flughafen Lod fuhr, erkundigte

ich mich bei El Al, ob das Flugzeug pünktlich eintreffen werde. Doch man sagte mir, es sei bereits gelandet. »Bitte richten Sie dem Passagier Schloßberg aus, daß seine Familie auf dem Weg zum Flughafen ist«, sagte ich dem Bediensteten von El Al, »er ist herzkrank, und ich fürchte, daß es ihn in Aufregung versetzen wird, wenn er nicht abgeholt wird.« Einige Sekunden lang herrschte Schweigen am anderen Ende der Leitung. Dann bat uns der El-Al-Bedienstete nervös, so schnell wie möglich zu kommen.

Nur zehn Minuten nachdem das Flugzeug von Zürich aus gestartet war, hatte mein Vater, der unter plötzlicher Atemnot litt, eine Stewardeß um eine Sauerstoffmaske gebeten. Seine wächserne Gesichtsfarbe beunruhigte sie, doch er versuchte die junge Frau zu beruhigen. »Nur keine Panik. So leicht stirbt man nicht«, sagte er. Einen Augenblick später war es vorbei. Ich war zutiefst erschüttert, als ich erfuhr, daß er tot in Israel angekommen war. Der Verlust meines Vaters markierte den endgültigen Abschied von meinem Elternhaus. Keine Eltern mehr, kein Zuhause mehr.

*

Zwischen 1949 und 1964 erklomm Jitzchak langsam, aber sicher die Sprossen der militärischen Rangordnung. Jeder Schritt nach oben erforderte totalen Einsatz und große Tatkraft, doch Jitzchak war immer wieder bereit, beides aufzubringen. Zur gleichen Zeit knüpfte er enge Kontakte zu Offizieren anderer Armeen, mit denen er einen ständigen Informationsaustausch pflegte, und unternahm zahlreiche Reisen nach Italien und Frankreich. Er reiste auch nach Ostafrika und in den Kongo und machte eine lange Dienstreise in den Fernen Osten, auf der er mit ranghohen Militärs und den Staatschefs von Burma, Südkorea, Thailand, Japan und Singapur zusammentraf.

Als Generalmajor Zvi Tsur 1960 zum Generalstabschef ernannt wurde, fühlte sich Jitzchak erneut übergangen. Auch wenn beide gleich alt waren, besaß Jitzchak doch mehr Erfahrung in der Truppenführung. Doch Jitzchak mußte einmal mehr erkennen, daß die Mitgliedschaft in der Mapai – die Tsur vorzuweisen hatte – den Ausschlag gab. Ben Gurion sagte zu Jitzchak, er könne verstehen, wenn sich Jitzchak wegen der Ernennung von Tsur zurückgesetzt fühle, doch gleichzeitig erinnerte er Jitzchak daran, daß er sich einem Befehl widersetzt habe (womit er auf Jitzchaks Teilnahme an der Versammlung des Palmach im Jahre 1949 anspielte). Gewiß war Jitzchak der Meinung, daß Ben Gurion diese Begebenheit lediglich als Vorwand benutzte, um vorläufig seinen weiteren Aufstieg zu blockieren. Das gefiel Jitzchak natürlich nicht, aber was konnte er schon dagegen tun? Dennoch versprach Ben Gurion Jitzchak, er sei der nächste, der diesen Posten bekleiden werde – was eine weitere Wartezeit von drei bis vier Jahren bedeutete –, und er sorgte dafür, daß Jitzchak am 24. Januar 1961 zum stellvertretenden Generalstabschef ernannt wurde.

David Ben Gurions Versprechen wurde wahr, obwohl er nicht mehr das Amt des Ministerpräsidenten bekleidete, als Jitzchak am 1. Januar 1964 zum Generalstabschef berufen wurde. Der damalige Regierungschef Levi Eshkol war ein würdiger Nachfolger Ben Gurions. Er war ein hervorragender Verwaltungsfachmann und Planer, der ein sehr erfolgreiches Gesamtkonzept für die israelische Einwanderungspolitik erarbeitete. Wie Ben Gurion übernahm Eshkol auch noch das Verteidigungsministerium, doch er war mehr an den etatbezogenen und administrativen als an den strategischen und operativen Aspekten der Verteidigungspolitik interessiert. In dieser Hinsicht war Jitzchak das genaue Gegenteil von Eshkol.

Schon während seiner Dienstzeit als stellvertretender Generalstabschef übte Jitzchak einen prägenden Einfluß auf die israelischen Streitkräfte aus, und dieser Einfluß wurde nach seiner Beförderung noch größer. Jitzchak bestand darauf, daß bei Manövern nachgebaute russische Waffen und Panzer so eingesetzt wurden, wie es der mutmaßlichen russischen Militärdoktrin entsprach, weil er überzeugt davon war, daß Israels Gegner in einem künftigen Krieg vom Ostblock mit Waffen versorgt und von östlichen »Militärberatern« ausgebildet würden. Er bereitete Israel auch auf die Möglichkeit eines Mehrfrontenkrieges vor. Bis dahin hatte es Israel »an strategischer Tiefe« gefehlt, wie er sich ausdrückte. Jitzchak legte besonderen Nachdruck auf den Ausbau der israelischen Luftwaffe, damit diese in die Lage versetzt würde, in kürzester Zeit die Luftflotte des Gegners auszuschalten: Wenn die Luftstreitkräfte eines Feindes rasch zerstört werden konnten, dann verloren dessen Bodentruppen ihren Schutzschild. Jitzchaks nächste Priorität war der Aufbau einer hochmobilen Einheit aus schnellen Panzern und gepanzerten Fahrzeugen, die unter Ausnutzung der fehlenden Luftunterstützung des Feindes rasch vorstoßen sollten. Im Jahre 1956 war Israel von der britischen und französischen Luftwaffe unterstützt worden. Jetzt mußte unser Land eine eigene Luftabwehr aufbauen.

Jitzchak brachte die israelische Armee gründlich auf Vordermann, vor allem in den Bereichen Ausbildung, Organisationsplanung, Logistik und Computerisierung. Er stellte auch die Struktur der Entscheidungsprozesse auf eine neue Basis, indem er dafür sorgte, daß die strategische Planung auf ein klar umrissenes Konzept der Landesverteidigung abgestimmt wurde. Jitzchak handelte stets pragmatisch. Jakov Heifetz, der damals den Verteidigungshaushalt managte, schickte er in die Vereinigten Staaten, um sich mit Computersystemen zu befassen. »Gehen Sie in die Vereinigten Staaten, und machen Sie sich mit den Prinzipien vertraut«, empfahl Jitzchak ihm, »und dann nach Kanada, um die Anwendung zu studieren.« Die Vereinigten Staaten waren in der neuen Technologie absolut führend, doch unser Rahmen für die praktische Nutzung und für die Finanzierung entsprach eher der Größenordnung des nördlichen Nachbarn der USA. Jakov kehrte mit der Empfehlung zurück, das militärische Besoldungswesen *nicht* zu computerisieren – wie es damals so gut wie jedes Land der dritten Welt als »Zeichen einer fortschrittlichen Zivilisation« zu tun versuchte –, denn die meisten Armeeangehörigen waren Wehrpflichtige, die in Grenzgebieten dienten, und ein kompliziertes Überweisungssystem wäre ihrem Bedarf an sofort verfügbarem Bargeld nicht gerecht geworden.

Seinen Sinn für das Pragmatische bewies Jitzchak auch, als auf dem Schlachtfeld mehrere hundert erstklassige russische Panzer erbeutet wurden. Er stellte eine Einheit auf, die speziell für den Einsatz dieses neuen Panzerarsenals ausgebildet wurde. Er zentralisierte auch die Bereiche Logistik und Nachschub; sie operierten fortan nicht mehr getrennt, sondern unterstanden direkt dem zentralen Oberkommando der Streitkräfte. Durch diese Maßnahmen sowie die Modernisierung und Erweiterung des Waffenarsenals (insbesondere der Luftwaffe) und die strenge Disziplin entwickelte Israel eine Militärmacht, die tatsächlich jene »Sprungfeder« war, von der Jitzchak so oft sprach, ausreichend gerüstet mit amerikanischen, französischen und britischen Waffen.

*

Im Frühjahr 1967 überwachten Friedenstruppen der Vereinten Nationen die ägyptisch-israelische Grenze. An der Grenze war es zehn Jahre lang ruhig gewesen. Im Norden des Landes deckte Syrien Guerillaangriffe auf Israel mit Luftunterstützung. In einer Vergeltungsmaßnahme schoß Israel an einem einzigen Apriltag sechs syrische Kampfflugzeuge ab. Die Vereinigte Arabische Republik, der Ägypten, Syrien und Jemen angehörten, war 1961 aufgelöst worden, doch Syrien und Ägypten bildeten nach wie vor ein Militärbündnis. Durch die falsche Auslegung einer israelischen Pressemeldung kam Ägypten zu der Überzeugung, Israel plane einen Angriff auf Syrien, und schürte die antiisraelische Stimmung innerhalb der anderen arabischen Staaten, die daraufhin den Ägyptern ihre Armeen zur Verfügung stellten.

Am 15. Mai 1967, dem neunzehnten Jahrestag der israelischen Unabhängigkeit, proklamierte der ägyptische Präsident Gamal Abdal Nasser den Ausnahmezustand und befahl die Stationierung von fünfhundert ägyptischen Panzern im Sinai. Dies war nicht das einzige Anzeichen eines drohenden Krieges. Im Fernsehen – einer unserer Nachbarn konnte mit seinem Gerät ein ägyptisches Programm empfangen – rief Nasser Tag für Tag: »Tod den Juden! Wir werfen sie ins Meer!«

Im Laufe der Tage wurde immer offenkundiger, daß uns eine größere Konfrontation bevorstand. Acht Tage später, am 23. Mai um 3.45 Uhr, ließ Nasser die Straße von Tiran sperren, wodurch die israelische Hafenstadt Eilat am Roten Meer abgeriegelt wurde. Dies kam einer Kriegserklärung gleich. Ich entsinne mich, wie Jitzchak um vier Uhr früh telefonisch von Nassers Blockade erfuhr, wie er aus dem Haus stürmte und sich im Davoneilen die Hose anzog.

Jitzchak hatte solches Vertrauen in die israelischen Streitkräfte, daß er bereit war, einen regelrechten Krieg gegen die arabischen Nachbarstaaten zu führen. Jitzchak war überzeugt, Israel könne den Krieg gewinnen, wenn auch unter großen Verlusten. Er empfahl einen Präventivschlag oder eine ausgreifende Gegenoffensive, weil Israel einen langwierigen Stellungskrieg vermeiden mußte. David Ben Gurion war zwar mittlerweile von Levi Eshkol im Amt des Ministerpräsidenten abgelöst worden, doch machte er keinerlei Hehl aus seiner Skepsis gegenüber diesem Plan. Ben Gurions Meinung wurde von der Bevölkerung – und auch von Jitzchak – nach wie vor geschätzt und geachtet, galt er doch als politischer Schöpfer des Staates Israel. In bezug auf das israelische Militär und die strategische Lage im Nahen Osten war er indes nur bedingt auf dem laufenden; so hielt er etwa eine Luftunterstützung seitens der Engländer und Franzosen für unbedingt erforderlich. In einer Sitzung am 22. Mai griff er Jitzchak mit den Worten an: »Wie können Sie es wagen, die israelische Armee ganz allein gegen die gesamte arabische Welt antreten zu lassen?« Der israelische Feldzug von 1956, betonte Ben Gurion, sei erst nach Unterstützungszusage der Engländer und Franzosen erfolgt. Jitzchak erwiderte, wenn Israel nicht bereit sei, sein Recht auf freie Nutzung der Schiffahrtswege militärisch selbst zu verteidigen, dann »erweist sich die Abschreckungskraft der israelischen Streitkräfte als wertlos«.

Ben-Gurion war nicht der einzige, der sich mißbilligend äußerte. Einen Tag später wurde Jitzchak auch von Innenminister Mosche Chaim Schapira der Vorwurf gemacht, sein Plan sei tollkühn. Schapira meinte, das Gespann Eshkol-Rabin wolle das Duo Ben Gurion-Dayan an »Verwegenheit« noch übertreffen. Er war der Überzeugung, »die Existenz Israels wäre gefährdet, falls wir in einen Krieg eintreten«. Schapira unterstützte Ben Gurions Haltung keineswegs aus parteipolitischen Gründen. Schapira gehörte der Nationalreligiösen Partei an. Es handelte sich also um zwei unabhängige Lager, die denselben Standpunkt vertraten.

In seinen Memoiren gestand Jitzchak, daß er sich nie in seinem Leben auch nur annähernd so niedergeschlagen fühlte wie damals. Am 23. Mai 1967 war Jitzchak müde bis an den Rand der Erschöpfung – und er rauchte wie ein Schlot. Die Äußerungen Ben Gurions und Schapiras hatten ihn in seiner

Zuversicht und in seinen Überzeugungen zutiefst erschüttert. Er sinnierte insbesondere über Ben Gurions skeptische Haltung. »Angenommen, er hat recht«, dachte er laut, während er zu Hause im Flur auf und ab ging. An jenem Morgen war er um vier Uhr früh aus dem Haus gegangen und erst um sechs Uhr abends wiedergekommen. Er hatte gehofft, Ben Gurion würde ihn in einem Vertrauensvotum unterstützen. Statt dessen stürzte Ben Gurion ihn in tiefe Selbstzweifel. Dies ließ Versäumnisse sowohl beim Generalstabschef als auch bei Verteidigungsminister Eshkol vermuten.

Sicherlich belasteten Jitzchak auch die großen Opfer, mit denen er im Falle eines solchen Krieges rechnete. Er hielt den Konflikt für unausweichlich, auch wenn dieser Tausende von Menschenleben kosten würde. Weil ich weiß, welche Achtung er vor dem menschlichen Leben hatte, kann ich ermessen, wie sehr er unter dieser Bürde litt. Rückblickend kann ich über diese Aspekte nur mutmaßen, weil er nicht offen über all diese Themen sprach. Er war offensichtlich erschöpft und zutiefst besorgt. Auf ihm lastete der Druck, ein existentielles Problem der Nation ganz allein lösen zu müssen, und zwar rasch.

Als Jitzchak bereits die ersten Anzeichen von Streß und Erschöpfung gezeigt hatte, teilte er mir mit, er wolle nach Beersheva ins Hauptquartier der Kommandostelle Süd fahren. Damals war es noch unüblich, mit dem Hubschrauber zu fliegen; er hätte zwei Stunden mit dem Auto fahren müssen. In diesem Moment mußte ich einschreiten. Ich schaute ihn an und sagte: »Du fährst nicht nach Beersheva. Du fährst nirgendwohin. Du gehst jetzt schlafen. Du bist erschöpft und durcheinander. Du mußt endlich einmal abschalten.«

Ich war dafür, daß sein Hausarzt, Dr. Gilon, ihn untersuchte und ihm vielleicht etwas verschrieb, damit er besser schlafen konnte. Bevor Jitzchak den Arzt kommen ließ, rief er seinen Stellvertreter Ezer Weizman (den jetzigen Staatspräsidenten

Israels) an und bat ihn, zu uns nach Hause zu kommen. Ich glaube, Jitzchak wollte unbedingt mit jemandem sprechen, der vollständig mit der militärischen Lage vertraut war. Die beiden unterhielten sich unter vier Augen. Jitzchak erzählte Weizman nichts von den Zusammenstößen mit Ben Gurion und Schapira; er fragte Weizman vielmehr, ob er – Jitzchak – für das Dilemma verantwortlich sei, in dem sich Israel befand, und ob Weizman dafür wäre, daß Jitzchak zurücktrat. Weizman machte ihm Mut und riet ihm von einem Rücktritt ab, wie Jitzchak anschließend berichtete.

Jitzchak erklärte Weizman, es herrschten zwar schwierige Zeiten, aber er müsse trotzdem einmal schlafen. Sein Pflichtgefühl verlangte es, daß er jemanden einweihte, wenn er sich in solchen Wirren möglicherweise für eine ganze Zeitlang zum Schlafen zurückzog. Er mußte einen Kontaktmann innerhalb der Weisungskette unterrichten. Weizman verbreitete später die Version, Jitzchak habe einen Nervenzusammenbruch erlitten und Weizman »die Autoschlüssel« angeboten – mit anderen Worten, er hätte ihm das Kommando übertragen wollen. Ich bezweifle ernsthaft, daß dies Jitzchaks Absicht war. Außerdem wußte Jitzchak, daß er solch eine Entscheidung nicht allein treffen konnte; ein Generalstabschef bestimmt seinen Nachfolger nicht selbst. Was mochte Weizman dazu bewogen haben, eine unterschiedliche Darstellung der Ereignisse zu liefern? Es ist kein Geheimnis: Als Jitzchak aus dem Amt des Generalstabschefs ausschied, hat er Weizman nicht als seinen Nachfolger empfohlen. Weizmans Bitterkeit in bezug auf Jitzchak scheint aus dieser Zeit zu stammen.

Dr. Gilon diagnostizierte »schwere Erschöpfung« und gab Jitzchak eine Injektion, damit er besser schlafen konnte. Jitzchak schlief die ganze Nacht und ruhte sich auch am folgenden Tag noch aus. Am 25. stand er wieder auf, zog seine Uniform an und ging wie gewohnt zur Arbeit. Ich habe nie jemanden mit einem Nervenzusammenbruch erlebt. Ich weiß nicht, wie ein Nervenzusammenbruch aussieht, aber ich weiß, daß sich niemand in eineinhalb Tagen davon erholt. Als seine Frau wußte ich, daß es möglicherweise eine ernste Gefahr bedeutet hätte, ihn so weitermachen zu lassen. Andererseits war ich absolut überzeugt, daß er seine Energie und seine Perspektive wiederfinden würde, wenn er nur einmal wieder richtig ausschlief. Wieso nichts weiter unternommen wurde? Weil nichts weiter unternommen werden mußte. Es handelte sich nicht um einen Nervenkollaps, sondern um einen schlichten Fall von Erschöpfung und wahrscheinlich um Nikotinvergiftung in Verbindung mit unglaublichem Streß. Den klarsten Beweis dafür sehe ich darin, daß Jitzchak in den folgenden Tagen eine Leistung vollbrachte, die in der Geschichte des Staates Israel nicht ihresgleichen findet.

Am 25. Mai erlaubte König Hussein den irakischen Truppen, auf jordanisches Gebiet vorzurücken und entlang der Grenze zu Israel Stellung zu beziehen. Am 30. Mai unterzeichnete Hussein einen Verteidigungspakt mit Ägypten. Der Irak trat dem Bündnis am 3. Juni bei. Ende Mai zählten die Verbände der arabischen Parteien 547 000 Mann. Als Jitzchak sah, was sich am Horizont zusammenbraute, machte er in den letzten Maitagen eine Reihe von Frontbesuchen bei den israelischen Soldaten, um deren Kampfmoral zu stärken.

Mosche Dayan (der zufälligerweise Ezer Weizmans Schwager war) wurde am 3. Juni in einem erweiterten Kabinett zum Verteidigungsminister berufen, weil man Zweifel hegte, ob Ministerpräsident Levi Eshkol im Falle eines größeren Konflikts genügend Vertrauen in der Öffentlichkeit genoß. In einer Rundfunkansprache am 29. Mai war Eshkol ins Stottern geraten. Es entstand der Eindruck, die wachsende Spannung mache ihn nervös und reibe ihn auf. Am 1. Juni war Levi Eshkol gezwungen, eine Regierung der nationalen Einheit zu bilden. Dayans Eintritt ins Kabinett stärkte die Moral in der

Bevölkerung. Dayan war zuvor Generalstabschef gewesen und galt als tapferer Held des Unabhängigkeitskrieges und des Feldzugs von 1956. Mit seiner Augenklappe und seinem zerfurchten Gesicht war er ein Symbol der Stärke und persönlichen Courage. Die Öffentlichkeit – vor allem deren weiblicher Teil – begrüßte Dayans Berufung. Jitzchak war davon zwar nicht vollständig begeistert, aber ihm war klar, daß mit Dayan als Verteidigungsminister die Nation einen gewaltigen moralischen Auftrieb erfahren würde und dem unvermeidlichen Konflikt, der bevorstand, gefaßter ins Auge zu blicken vermochte.

Eshkol gestand ein, daß die diplomatischen Bemühungen gescheitert waren. Sowohl Jitzchak als auch Dayan traten mit Nachdruck für sofortige militärische Maßnahmen ein. Jitzchak befürwortete eine Taktik der »eisernen Faust« – einen raschen und entschiedenen Vorstoß auf feindliches Territorium. In den frühen Morgenstunden des 4. Juni beschloß das Kabinett den Krieg. Als wir an jenem Abend zu Bett gingen, äußerte sich Jitzchak nicht weiter darüber – nur in seinem Blick war deutlich zu lesen, daß der Krieg bevorstand.

Ich erinnere mich noch, wie am Montag, den 5. Juni 1967, um acht Uhr früh die Sirenen losheulten. Die Kinder waren wie gewohnt zur Schule gegangen. Jitzchak war an jenem Morgen auf dem Rollfeld und sprach unseren Piloten vor ihrem Einsatz in Ägypten Mut zu. Der Angriff der israelischen Luftwaffe begann um 7.10 Uhr. Die wichtigsten ägyptischen Luftstützpunkte wurden gleichzeitig angegriffen. Innerhalb von knapp drei Stunden hatten die israelischen Piloten die modernsten ägyptischen Luftstützpunkte zerstört, Rollbahnen bombardiert und 300 von insgesamt 340 Kampfflugzeugen vernichtet. Weitere zwanzig ägyptische Maschinen wurden an jenem Morgen in Luftgefechten abgeschossen. Drei Stunden nachdem Jitzchak aus dem Haus gegangen war, rief er mich an und berichtete: »So weit, so gut. Die ägyptische

Luftwaffe ist vollständig zerstört.« Ich kaufte bei unserem Gemüsehändler Naji ein paar frische Sachen ein und kochte wie an jedem anderen Tag für Juwal und Dalia das Mittagessen. Augenblicke wie diese bezeichne ich als meine unabänderliche Verpflichtung gegenüber der Dynamik des Alltagslebens.

Nachdem die ägyptische Luftwaffe ausgelöscht war, ließ Jitzchak Panzer in den Sinai vorrücken. Dann startete er im Norden eine wirksame Abwehr gegen die syrische Luft- und Panzeroffensive und drei Angriffe im Gazastreifen und auf der Sinai-Halbinsel. Daraufhin wurde die Luftwaffe mit ähnlichem Erfolg gegen Jordanien, Syrien und den Irak eingesetzt. Jitzchak wußte, wie wichtig die Arbeit des Militärgeheimdienstes war. Über Agenten in arabischen Ländern hatte Israel entscheidende Erkenntnisse über Truppenbewegungen und -stärken gewonnen, die der Gesamtstrategie des Krieges sehr zunutze kamen.

In den Wochen vor Ausbruch des Krieges waren sogar Schulkinder aktiv geworden. In Zahala hatten Pfadfinder Schutzgräben und Löcher ausgehoben. Dalia zog sich nach der Schule ihre Khakihose an und half beim Graben der Anlagen, die sich kreuz und quer durch die Wohnsiedlungen der Armeeangehörigen zogen. Wir nutzten unseren Graben am ersten Abend des Krieges, als Granaten über unsere Köpfe hinwegzischten. Juwal sagte immer wieder: »Ich will da hin, wo mein Vater ist.« Der war in der Kommandozentrale in Tel Aviv. Dieser unterirdische Bunker war wohl der sicherste Ort in ganz Israel. In jener Nacht schlugen die Granaten nicht weit von unserem Haus ein und erreichten sogar den Masarykplatz in Tel Aviv. Als wir wieder ins Haus gehen konnten, rief ich Jitzchak an und teilte ihm mit, seine Familie sei eben unter Granatenbeschuß gewesen. »Ja, ich weiß«, sagte er. »Morgen früh ist alles vorbei.« Und so war es auch.

Die ersten Kriegstage verbrachte Jitzchak im Kommando-

bunker. Unsere Nachrichten über den Verlauf des Krieges
bezogen wir aus dem Rundfunk. Chaim Herzog, der später israelischer Staatspräsident wurde, brachte ausgezeichnete Ra-
diokommentare. Er berichtete über die Einsätze und Vorstöße der israelischen Streitkräfte und analysierte die Lage.
Er war eine wichtige Informationsquelle, nicht nur für uns,
sondern für viele Israelis.

Jitzchak startete eine Offensive, um die Hügel rund um Jerusalem unter israelische Kontrolle zu bringen, was am Morgen des 6. Juni auch gelang. Am Mittwoch, den 7. Juni, dem
dritten Kriegstag, waren die ägyptischen Streitkräfte völlig
geschlagen. Israelische Fallschirmjäger nahmen die Klagemauer (Westmauer) in der Altstadt von Jerusalem ein – die
einzige Mauer, die vom Tempel Salomos erhalten ist. Jerusalem war wiedervereinigt. Das Bild von Mosche Dayan, Uzi
Narkis und Jitzchak beim Durchschreiten des Löwentors in
die Altstadt ging um die Welt. Unmittelbar nach diesem ko-
lossalen Ereignis hörte man im Radio einen Fallschirmsprin-
ger rufen: »Der Tempelberg ist in unserer Hand!« Die Soldaten konnten es kaum glauben und weinten förmlich vor
Freude. Jitzchak bezeichnete später seinen Besuch an der
Klagemauer als den »Höhepunkt meines Lebens« und die
»Erfüllung eines Traums«. Am selben Tag nahmen wir
Scharm el-Scheich und die Straße von Tiran ein. Am Donnerstag befand sich auch der Suezkanal in israelischer Hand.
Bei Ausbruch des Krieges hatte man König Hussein auf diplomatischem Wege vor einer Intervention gewarnt, doch
aufgrund falscher Informationen aus Ägypten, die am ersten Kriegstag von erstaunlichen Siegen der Ägypter berichteten, trat er in den Krieg ein. Er dachte, es würde den Arabern gelingen, Jerusalem unter der Herrschaft des Islam zu
vereinigen, und konzentrierte sich auf die Einnahme der
Heiligen Stadt und den Beschuß von Tel Aviv. Die Geschosse, die über unsere Schutzgräben hinwegflogen, waren jorda-

nischen Ursprungs. Letztlich verlor Jordanien jedoch die Kontrolle über den Teil von Jerusalem, der sich seit 1948 unter jordanischer Herrschaft befand; und es büßte das Westjordanland ein, das Israel am 7. Juni vollständig eroberte. Die jordanische Armee beklagte 15 000 Tote und den Verlust ihrer gesamten Luftwaffe. Die Siege vom 6. und 7. Juni überraschten selbst Jitzchak. Sieben ägyptische Divisionen in einer Stärke von 100 000 Mann waren innerhalb von vier Tagen geschlagen worden. In der Nacht des 7. Juni wurde eine Waffenpause mit Ägypten angekündigt, und auch König Hussein ging kurz darauf auf einen Waffenstillstand ein.

Als es zu dem historischen Durchbruch in Jerusalem kam, besuchte ich gerade verwundete Soldaten in einem Lazarett. Jitzchaks Chauffeur brachte mir eine Notiz in das Krankenhaus: »Um 18 Uhr findet eine Pressekonferenz mit Jitzchak und Dayan statt. Unbedingt kommen.«

Während der zweitägigen Schlacht um Jerusalem kam eine Nachbarin mehrmals zu uns und fragte: »Rücken wir wirklich bis zur Mauer vor?« Ich versicherte ihr, daß dem so war. Auf dem Weg zur Pressekonferenz sah ich Menschen, die auf der Straße beisammenstanden und ungläubig miteinander diskutierten. Wie es in einem jüdischen Gebet heißt: *Hayinu Kecholmin* – Es kam uns vor wie im Traum.

Auf der Pressekonferenz sah ich Jitzchak zum erstenmal seit Montag. Während des gesamten Krieges bekam ich ihn nur zweimal zu Gesicht. Ich war kolossal stolz. Jitzchaks Augen sahen blutunterlaufen aus – er hatte zuwenig geschlafen –, doch er wirkte absolut zuversichtlich und souverän. Wir sprachen nur kurz miteinander und sahen uns erst am Abend des folgenden Tages wieder.

Später sah ich Filmmaterial von einem Ereignis, das zwei Tage nach der Eroberung der Mauer stattfand. Eine Gruppe genesender Soldaten mit verbundenen Köpfen und bandagierten Armen fuhr in einem Bus vom Hadassah-Hospital zur

Mauer. Sie winkten mit Armen und Krücken aus den offenen Fenstern. Es handelte sich um Leichtverletzte, die an der Schlacht teilgenommen hatten. Sie besuchten die Mauer, wo Jitzchak sie begrüßte. Als sie ihn sahen, umdrängten, umarmten und bestürmten sie ihn voller Freude. Und der arme Jitzchak stand da, zog sich die Mütze über die Ohren und versuchte das Ganze heil zu überstehen. Immerhin strahlte ein stilles, stolzes Lächeln aus seinem Gesicht.

Am 7. Juni kam es aber auch zu einem tragischen Irrtum. Eines unserer Marineboote torpedierte die *Liberty* von der Fünften US-Flotte, die den Funkverkehr zwischen den Kommandozentralen an Land überwachte. Man glaubte, es handle sich um ein ägyptisches Schiff. Der Zwischenfall forderte 32 Menschenleben. Die Amerikaner waren aufgefordert worden, sich während der Kampfhandlungen von der Küste fernzuhalten, doch aufgrund einer Störung der amerikanischen Nachrichtenverbindungen hatte die *Liberty* die Meldung nicht empfangen. Jitzchak war zunächst erleichtert, als er erfuhr, es sei ein amerikanisches Schiff. Als das israelische Kommando nämlich feststellte, daß es kein ägyptisches Schiff war, vermutete man zunächst, es könnte sich um ein sowjetisches handeln. Wäre dies der Fall gewesen, so hätte eine derartige Provokation womöglich einen dritten Weltkrieg auslösen können. »Mit Freunden kann man reden und ihnen Erklärungen und Entschuldigungen anbieten«, schrieb Jitzchak in seinen Memoiren. Ich weiß jedoch, daß ihn der Vorfall zutiefst grämte, obwohl es Grund gab, die Siege zu feiern.

Am Abend des vierten Kriegstages kam Jitzchak nach Hause. Er lächelte nicht. Er wirkte niedergeschlagen, teils wegen der Verluste, die wir erlitten hatten, teils wegen der *Liberty*-Tragödie. Zusätzlich bedrückte ihn eine Frage von großer strategischer Bedeutung. Mosche Dayan wollte einen Vorstoß auf den Golan nicht genehmigen, weil er einen Konflikt mit den

Syrern fürchtete, denen damals die Russen den Rücken deckten. Jitzchak versuchte, Dayan klarzumachen, daß die seit Jahren anhaltenden Grenzübergriffe fortdauern würden, solange die Golanhöhen nicht in unserer Hand waren. Syrien war nicht auf einen Krieg vorbereitet und startete keine Blitzattacke wie Jordanien, sondern feuerte Artilleriegranaten ins nördliche Galiläa. Ohne Dayans Zustimmung konnte Jitzchak nicht handeln.

Am Freitag, den 9. Juni, um sieben Uhr früh änderte Dayan seine Meinung. Anstatt jedoch Kontakt mit Jitzchak aufzunehmen, wie es der Weisungskette entsprochen hätte, erteilte er dem Brigadegeneral David Elazar direkt den Befehl zum Vorstoß auf die Höhen. Jitzchak war viel zu sehr von der Richtigkeit dieser Maßnahme überzeugt, als daß er sich daran gestört hätte, übergangen worden zu sein. Er flog mit dem Hubschrauber in den Norden und übernahm das Kommando. Am 9. Juni besichtigte er die Verbände auf dem Golan und beaufsichtigte persönlich Elazars Schlachteinsatz.

Für Syrien war der Krieg eine Katastrophe – innerhalb eines Tages wurden 2500 syrische Soldaten getötet, 5000 verwundet, ein Drittel der Panzer und die Hälfte der Artillerie zerstört. Wir hatten über zweihundert unserer Jungs verloren. Der Waffenstillstand trat am 10. Juni um 18.30 Uhr in Kraft.

Der größte Triumph bestand in der Wiedervereinigung Jerusalems. Israel hatte seit fast zwanzig Jahren als Staat bestanden, doch ohne ein vereinigtes Jerusalem war es ein Leib ohne Herz. In der Haggada gibt es ein nostalgisches jüdisches Gebet, das am Ende des *Pessach-Seder* gesprochen wird und der Hoffnung Ausdruck gibt:»Nächstes Jahr in Jerusalem«. Fast zweitausend Jahre lang war die Rückgewinnung Jerusalems eine heilige Mission gewesen. Plötzlich war das vereinigte Jerusalem Realität. Das war ein großer Triumph, zugleich aber auch ein plötzlicher Schlag. Alles kam so un-

vermittelt, so unerwartet wie ein Schock. Solch ein Schlag –
ob positiv oder negativ – kann emotional lähmend wirken
oder auch Depressionen auslösen.

Das war also der Sechstagekrieg.* Die israelische Armee hatte den arabischen Ländern an drei Fronten gleichzeitig ge-
genübergestanden. Jitzchak war seit vier Jahren Kommandeur der israelischen Armee gewesen. Er hatte an all diesen
Fronten jede Eventualität eingeplant. Er hatte einen Tiger
herangezogen, der bei jeder Provokation sprungbereit war.
Er hatte sich behauptet. Doch selbst nach dieser Leistung
war Jitzchak nicht unbedingt glücklich.

Auch diesmal reagierte Jitzchak ungeheuer sensibel auf den
Verlust an Menschenleben. So perfekt der Krieg auch geführt
wurde, so beklagte Israel dennoch achthundert Tote. Die
Führung des Landes hatte weit mehr befürchtet. Die Meldungen über die Opfer wurden bis zum Ende des Krieges zurück-
gehalten. Dann gingen die Mitteilungen an einem einzigen
Tag hinaus.

Unsere Kinder wußten es wohl zu schätzen, daß Jitzchak in
der Zeit des Sechstagekrieges solch außerordentliche Bega-
bung bewies. Seine Leistung war überwältigend. Doch ich
bin sicher, daß es nicht nur eine Frage der Fähigkeit war.
Vielleicht erkannten die Kinder auch, daß sich Jitzchak Tag
und Nacht so unermüdlich eingesetzt hatte, weil es einfach
nötig gewesen war. Nun fühlten auch sie sich ein wenig belohnt.

Als ich an jenem Samstag, an dem der Krieg endete, nach
Hause kam, traf ich die damals siebzehnjährige Dalia weinend auf ihrem Bett an. »Mama, es ist alles so ungerecht. In
der Schule, überall«, klagte sie. Was meinte sie? »Alle sagen,
Dayan habe den Krieg gewonnen, nicht mein Vater ...«

---

* Jitzchak gab in einem Zeitungsinterview am 5. Juli 1967 dem Krieg seinen Namen, in Anspielung auf die sechs Tage der Schöpfung.

»Dalia, viele Leute werden das richtig sehen«, tröstete ich sie. »Weine nicht. Erfolg, so heißt es, hat viele Väter. Die Geschichte wird zeigen, welche Rolle dein Vater in diesem Krieg gespielt hat.« Dann sagte ich ihr, daß die Angehörigen der Gefallenen am nächsten Tag benachrichtigt werden sollten und daß sie gewiß Grund hätten zu weinen. Meiner Meinung nach hat sich Jitzchak nicht sonderlich daran gestört, daß zunächst all das Verdienst Dayan angerechnet wurde. Erstens war der Ruhm groß genug, um ihn zu teilen. Zweitens war Jitzchak höchst zuversichtlich, daß die Geschichte diese Realitäten richtigstellen würde – und so war es auch.

Der Sonntag nach dem Ende des Krieges war ein schrecklicher Tag. Als Generalstabschef überwachte Jitzchak die Benachrichtigung von achthundert hinterbliebenen Familien. Am Sonntag, den 11. Juni, fürchteten alle in Israel, deren Kinder oder Ehemänner in den Krieg gezogen waren, daß die Vertreter des Verteidigungsministeriums mit dem Taxi bei ihnen vorfahren würden.

Der Generalstab hatte wohlweislich beschlossen, daß eine dreißigtägige Trauerzeit beachtet wurde, bevor irgendwelche Siegesfeiern stattfanden. In dieser Zeit kam eine Freundin aus den Vereinigten Staaten zurück und brachte mir als Geschenk ein Cocktailkleid mit. Zunächst einmal vergaß ich ganz und gar, es abzuholen. Als ich es dann holte und anprobierte, fragte ich mich, ob jemals wieder eine Zeit kommen werde, in der man solch ein elegantes Kleid tragen konnte. An jenen trüben Tagen der Trauer lag allein schon der Gedanke fern.

Nach dem Ende des Krieges zeigten die Menschen in Israel dem guten Jitzchak auf unterschiedlichste Weise ihre Anerkennung. Jitzchak hatte immer eine Vorliebe für Süßes. Während der Beratungen im Bunker hatte er unentwegt nußgefüllte Schokoriegel verzehrt. Nach dem Sieg schickte man ihm ganze Berge Schokolade! Er erhielt eine Flut von Briefen und ein Meer von Blumen. Er wurde mit Bewunderung und Zuneigung förmlich überschüttet.

Die israelischen Streitkräfte verleihen Orden und Auszeichnungen nur für den tapferen Einsatz auf dem Schlachtfeld, doch Jitzchak wurde für seine Leistung im Sechstagekrieg in einer Weise geehrt, die weit über jede Auszeichnung hinausging, in der bisher militärische Leistungen anerkannt wurden. Am 28. Juni 1967 verlieh ihm die Hebräische Universität in einer Feier auf dem Berg Skopus einen Ehrendoktortitel.

Zwanzig Jahre zuvor, kurz vor dem Unabhängigkeitskrieg, hatte ich mit Freunden auf dem Berg Skopus eine Ballettmatinée der Rina-Nikova-Companie besucht. Wenn man zwischen den Säulen hinter der Bühne hindurch nach Osten schaute, konnte man über das Bergland von Judäa bis zum Toten Meer sehen. Einmal drehte ich mich um und blickte nach Westen, wo die untergehende Sonne einen einzigartigen rosa Schimmer über die Hügel von Jerusalem warf.

Seitdem hatte ich den Berg Skopus nicht mehr gesehen. In den vergangenen zwei Jahrzehnten war dieses Gebiet für Israelis nur durch spezielle Konvois der Vereinten Nationen zugänglich gewesen; nur wenige hatten das Territorium in dieser Zeit besucht. Während der Ehrung saßen um uns herum Freunde der Hebräischen Universität aus aller Welt, die zusammengekommen waren, um diese großartige Heimkehr zu feiern. Und so saßen wir nun unerwarteterweise wieder hier. Ich war nervös und angespannt. Am Abend zuvor hatte Jitzchak noch gemeint, die Rede, die er halten sollte, würde nicht so richtig fließen. Er fürchtete, es würde eine mittelmäßige Ansprache werden.

Aber als er zu reden anfing, war er plötzlich wie beflügelt. Einmal sah ich mich um, doch diesmal fielen mir nicht die Hügel Judäas auf, auch nicht der zauberhafte rosa Glanz im Westen. Es waren vielmehr die Tränen, die den Menschen in die Augen stiegen und über die Wangen rollten – so ergreifend und bewegend waren seine Worte. Dreißig Jahre später bemerkte unser lieber Freund Norman Bernstein: »Jitzchak, der so bescheiden wirkte und bisweilen sogar passiv schien, konnte in manchen seiner Reden eine dramatische Intensität entfalten, die geradezu der eines Lasers gleichkam.« Dies war mit Sicherheit einer jener Augenblicke. Jitzchaks Dankesrede wurde im Rundfunk übertragen und bewegte die ganze Nation.

David Ben Gurion, der die Ansprache im Radio verfolgte, schrieb einen wunderschönen Brief, in dem er Jitzchak lobte:

Lieber Jitzchak,

ich war gerade im Auto unterwegs, als ich Ihre Rede hörte, die Sie nach der Entgegennahme des Ehrendoktors an der Universität hielten. Sie hatten recht, Ihren Stolz auf die Kommandeure und Soldaten der israelischen Streitkräfte zum Ausdruck zu bringen. Und mich hat Ihre Rede mit Stolz erfüllt. Ich weiß genau, wieso man Ihnen soviel mehr applaudierte als den anderen. Bis zum heutigen Tag habe ich Sie nie eine Ansprache halten gehört. Das war mehr als eine gelungene Rede. Es war Ihr Privileg, in den großartigsten Stunden unserer glorreichen Armee Generalstabschef zu sein. Und Sie haben es wahrlich verdient.

Ihr
David Ben Gurion

Was war der Kern dieser Rede, die so viele Menschen so tief bewegte? Die folgenden kurzen Ausschnitte beschreiben die Werte und Leistungen eines Israel, das damals noch keine zwanzig Jahre zählte:

Der Krieg an sich ist etwas Hartes und Brutales; Blut und Tränen sind seine Begleiter. Aber dieser Krieg, den wir gerade geführt haben, brachte seltene und wunderbare Momente des Mutes und des Heldentums hervor und gleichzeitig bewegende Beweise der Brüderlichkeit, der Kameradschaft und sogar der geistigen Größe.

Wer noch nie erlebt hat, wie eine Panzerbesatzung eine Offensive durchzieht, obwohl ihr Kommandant ums Leben kam oder die Ketten schwer beschädigt sind ... wer noch nie miterlebt hat, mit wieviel Anteilnahme und Einsatz die gesamte Luftwaffe bemüht ist, einen Piloten zu bergen, der über feindlichem Gebiet mit dem Fallschirm abspringen mußte, der weiß nicht, welche Bedeutung Treue und Opferwille unter Waffengefährten besitzen ...

Wir haben stets die Elite unserer Jugend für die israelischen Streitkräfte gefordert. Wir prägten das Motto Hatovim latayis – *die Besten für die Luftwaffe* –*, das zu einem gängigen Begriff wurde. Dies bezog sich nicht nur auf technisches und manuelles Geschick. Es bedeutete vor allem, daß unsere Flieger, um in ein paar wenigen Stunden die Streitkräfte von vier verfeindeten Ländern schlagen zu können, auch von moralischen und menschlichen Werten erfüllt sein mußten ...*

Unsere Kämpfer siegten nicht aufgrund ihrer Waffen, sondern aufgrund ihres Sendungsbewußtseins, ihrer Überzeugung von der Richtigkeit ihrer Sache, ihrer tiefen Liebe zu ihrem Heimatland und der Einsicht in die schwierige Aufgabe, die ihnen anvertraut wurde, nämlich die Existenz unseres Volkes in seiner Heimat zu sichern und selbst um den Preis des eigenen Lebens das Recht des jüdischen Volkes zu verteidigen, in einem eigenen Staat zu leben – frei, unabhängig und in Frieden.

6. Kapitel

Sabra-Staatsmann

Unsere erste gemeinsame Reise in die Vereinigten Staaten –
Jitzchak war schon früher dort gewesen – unternahmen wir
im November 1963, kurz bevor Jitzchak zum Generalstabschef ernannt wurde. Um sich auf diese Tätigkeit vorzubereiten, reiste Jitzchak zu Gesprächen auf höherer Ebene in die
USA. Heute weiß ich zu würdigen, wie bedeutsam es war,
die Vereinigten Staaten gerade zu jenem Zeitpunkt besucht
zu haben. Wir fuhren nach New York und Washington, und
Jitzchak suchte einige weitere Orte auf, hauptsächlich Be-
fehlszentralen und militärische Einrichtungen. Die Stätten,
die wir besuchten, waren zugleich aufregend und furchtein-
flößend und lieferten viele wichtige neue Anregungen.
Ich weiß noch, wie Jitzchak vor der Rückreise nach Israel
beiläufig bemerkte: »Wenn meine Amtszeit als Generalstabschef zu Ende ist, könnte ich mir vorstellen, Abe Harman
abzulösen.« Harman war damals israelischer Botschafter in
Washington. Jitzchaks Vorahnung sollte sich später bewahr-
heiten.
Unsere Amerikareise im Jahre 1963 dauerte drei Wochen.
Ich war erstaunt über die Größe und Hektik von New York.
Nirgendwo in Europa oder Israel hatte ich einen solch rasan-
ten Lebensstil erlebt. Dalia und Juwal sowie einige Offiziere
holten uns nach der Rückkehr in Tel Aviv vom Flughafen
Lod ab. Wir erfuhren, daß ein Attentat auf Präsident Kennedy verübt worden war; über seinen Zustand gab es keine klaren Aussagen. Wir waren den Kennedys nicht persönlich be-

gegnet, doch wir hatten mitbekommen, wie hoffnungsvoll JFK die Amerikaner gestimmt hatte, und konnten uns vorstellen, wie erschütternd es sein mußte, falls ihm etwas Ernsthaftes zugestoßen sein sollte. Kaum waren wir zu Hause angelangt, erfuhr ich die Schreckensmeldung über das Telefon: John F. Kennedy war tot. Die Nachricht verstörte und verwirrte uns – zumal wir eben erst aus den Vereinigten Staaten zurückgekehrt waren und Jitzchak sich auf seiner militärischen Sondierungsreise, wenn auch rein zufällig, nur wenige Stunden zuvor in Dallas aufgehalten hatte. Jitzchak hatte eben erst die modernsten Verteidigungssysteme und Sicherheitspraktiken der mächtigsten Nation der Welt inspiziert – und nun erfuhren wir plötzlich, daß der Präsident jenes Landes von einem einzelnen Schützen ermordet worden war.

Seit der Reise von 1963 wuchs in Jitzchak die Überzeugung, daß den Vereinigten Staaten eine herausragende Rolle in der Verteidigung Israels zukam. Als Jitzchak gegenüber Ministerpräsident Levi Eshkol zum erstenmal den Wunsch äußerte, aus dem Militär auszuscheiden und Botschafter in den Vereinigten Staaten zu werden, erwiderte Eshkol: »Halten Sie mich fest, sonst falle ich vom Stuhl.« Er konnte sich einfach nicht vorstellen, daß Jitzchak tatsächlich Botschafter werden wollte, denn das bedeutete unter anderem auch, bei Empfängen und Cocktailpartys Small talk zu pflegen.

Tatsache war jedoch, daß Jitzchak bereit war für etwas Neues. Im Jahre 1967 war er fünfundvierzig Jahre alt und hatte vier Jahre lang als Generalstabschef gedient. Er hatte den Gipfel der militärischen Laufbahn erreicht. Der israelische Generalstabschef steigt in der Regel nicht zum Verteidigungsminister auf, zumindest nicht unmittelbar. In jener Zeit wechselte etwa ein Drittel aller Generäle in eine Regierungslaufbahn über, und Jitzchak interessierte sich weit mehr für den Staatsdienst als für die freie Wirtschaft.

Die Stelle in Amerika war sicherlich der wichtigste Auslandsposten im diplomatischen Dienst Israels. Jitzchak war immerhin Generalstabschef und hatte als Referenz seine Erfahrung aus dem Sechstagekrieg vorzuweisen. Er zeigte außerdem großes Interesse an den Vereinigten Staaten und war überzeugt, daß die Beziehungen zu Amerika für die zukünftige Sicherheit Israels entscheidend waren. Abe Harman war seit Jahren Botschafter in den Vereinigten Staaten gewesen, und auch er war bereit für einen Wechsel.

Die einzige offizielle Zustimmung, die Jitzchak brauchte, war die des Ministerpräsidenten. Nicht einmal das Einverständnis des Außenministers war erforderlich, auch wenn dies sicherlich von Vorteil gewesen wäre. Der Außenminister Abba Ebban hielt nicht besonders viel von Jitzchak und seinen intellektuellen Fähigkeiten, und über Jitzchaks Englisch hat er sicher gestöhnt. Abe Harman stammte schließlich aus Südafrika und sprach ein perfektes Englisch. Ebban selbst, der Harman als Botschafter in den USA den Boden bereitet hatte, war ebenfalls Südafrikaner und hatte in England studiert und in Cambridge gelehrt. Wie soll dieser *Sabra* Rabin mit seiner begrenzten diplomatischen Erfahrung und seinem ungehobelten Englisch uns in den Vereinigten Staaten repräsentieren, wird er sich wohl gefragt haben. Der stärkste Konkurrent bei der Bewerbung um den Posten war Jakov Herzog, der politische Berater Eshkols. Jitzchaks Elan, seine kooperative Art und seine politischen Überzeugungen wogen nach Meinung Eshkols seinen mangelnden Schliff indes auf, und so wurde Jitzchak gegen Ende des Jahres auf den Posten berufen.

Wir wußten, worauf wir uns einzustellen hatten. Nun mußten wir abklären, was wir zurückließen. Juwal sollte mit uns kommen. Dalia wollte bleiben. Sie schloß damals gerade die High-School ab und sollte in Kürze in die Armee eintreten. Es war gewiß nicht leicht, sie in dieser Zeit zurückzulassen, doch wir gingen davon aus, daß wir relativ häufig nach Israel reisen würden und daß sie gelegentlich nach Amerika kommen würde. Ich war begeistert von der Möglichkeit, das Land besser kennenzulernen.

An dem Tag, an dem Jitzchak sein Amt als Generalstabschef niederlegte, war er der glücklichste Mensch der Welt. Ich weiß noch, wie er nach seinem offiziellen Abschied von der Armee nach Hause kam: Er sprang förmlich in die Luft und sagte: »Endlich trage ich keine Verantwortung mehr für Menschenleben.« Er hatte wohl das Gefühl, daß er sich am besten dafür eignete, diese Verantwortung zu tragen, und er übernahm sie gerne. Schließlich hatte er sich mit Leib und Seele dem Dienst an seinem Land verschrieben. Trotzdem war es eine schwere Bürde. In Amerika, glaubte er, konnte er seinem Land nicht weniger und dazu noch auf innovativere Weise dienen, indem er versuchte, die israelisch-amerikanischen Beziehungen auf eine gänzlich neue Ebene zu bringen.

Israel orientierte sich damals noch stark an Frankreich, unserem führenden Verbündeten und Waffenlieferanten. Als Jitzchak Botschafter in den Vereinigten Staaten wurde, kaufte Israel fast all seine Flugzeuge von Frankreich. Ministerpräsident Eshkol und Jitzchak hielten diese Situation für bedenklich; sie glaubten, kein europäisches Land würde sich je einem Risiko aussetzen, um Israel in einem Konflikt zur Seite zu stehen. Vor allem strebte Jitzchak den Botschafterposten in Washington deswegen an, weil er wußte, daß es für Israel ungemein nützlich wäre, intensivere Kontakte zu den Vereinigten Staaten aufzubauen, denn seiner Meinung nach waren die USA die einzige Hoffnung auf einen möglichen Frieden im Nahen Osten. Jitzchak hatte in dieser Frage eine besonders dezidierte Meinung, und seine Beurteilung der Rolle Amerikas mag ein Faktor gewesen sein, der seine Ernennung zum Botschafter in jenem Land begünstigte. Eine der großen Leistungen Jitzchaks bestand darin, in seinem ersten Jahr als

Botschafter den Verkauf hochentwickelter und strategisch wichtiger Phantom-Jets an Israel sichern zu helfen.

Das Jahr 1967 bildete einen entscheidenden Wendepunkt in den israelisch-amerikanischen Beziehungen. Vor dem Krieg betrachteten die Amerikaner eine Reise nach Israel als riskantes Unterfangen, als Vorstoß in die dritte Welt. Die »verwegenen« Amerikaner, die das Abenteuer wagten, pflegten sich darüber zu beklagen, wie schlimm die Hotels und Restaurants waren. Zwischen 1948 und 1967 hatten wir stets das Gefühl, die amerikanischen Juden würden auf uns hinabblicken. Unterschwellig schienen viele die Meinung zu bekunden: »Wir pumpen Geld in euer Land, und ihr macht nichts daraus.« Die Israelis hingegen empfanden die Amerikaner als respektlos: »Sie stellen ihre Schecks aus, und dann kommen sie und behandeln uns herablassend. Sie meinen, sie müßten uns darüber belehren, wie wir unser eigenes Land besser in den Griff bekommen.«

Zweifellos herrschte auf beiden Seiten ein gewisses Unverständnis, das eine Kluft hatte entstehen lassen. Dies änderte sich nach dem Sechstagekrieg abrupt. Plötzlich zollte man dem Zwerg Israel und seinen Leistungen ungeahnten Respekt. Über Nacht wurde in den Beziehungen zwischen der amerikanischen Diaspora und Israel ein Goldenes Zeitalter eingeläutet, das von einem massiven Ausbruch an Emotionen, vor allem der Dankbarkeit, gekennzeichnet war. Der Tourismus wurde belebt. Und eine neue Welle der Einwanderung aus Amerika – eine neue *Alijah* sowohl junger als auch älterer Menschen – setzte ein.

Als wir im Februar 1968 nach Washington kamen, wurden wir mit enormen Erwartungen, Wärme und Bewunderung empfangen. Jitzchak war der erste in Israel geborene Botschafter in Washington und der Held des Sechstagekrieges. Jeder wollte uns sehen und uns die Hände schütteln – besonders ihm.

Die Residenz des Botschafters in Washington war etwas ganz anderes als unsere Offizierswohnung in Zahala. Der Maßstab der Räumlichkeiten war immens – das Eßzimmer bot Platz für über fünfzig Personen! Das Haus eines Botschafters ist immer auch Mittel zum Zweck. Dies gilt insbesondere für den israelischen Botschafter in Amerika, denn das Los Israels hängt sehr vom Wohlwollen führender Politiker, Medienvertreter und Interessenverbände ab. Dazu sind unablässige Besuche und Empfänge erforderlich. Erst in Washington machte ich mich systematisch mit den verschiedenen Regeln der Bewirtung größerer Gesellschaften vertraut; dazu gehörte zum Beispiel die sorgfältige Festlegung der Sitzordnung, die an sich schon einiges an Diplomatie erfordert, zumal die Rücksichtnahme auf Protokoll und Rangordnung mit den Wünschen einzelner Gäste abgestimmt werden muß, die sich gerne unterhalten möchten; außerdem muß vermieden werden, Gästen bei wiederholten Besuchen dieselben Speisen zu servieren. Israel ist eine Einwandererkultur, und so verbindet unsere Küche Kochstile aus dem Nahen Osten, dem Mittelmeerraum und Europa – eine ideale Voraussetzung für Vielfalt und Abwechslung.

Ein neuer Botschafter in Washington muß in der Regel Antrittsbesuche bei etwa einhundertzwanzig diplomatischen Vertretungen in der amerikanischen Hauptstadt absolvieren. Damals unterhielten die meisten Länder jedoch keine diplomatischen Beziehungen mit Israel, wodurch sich die Zahl unserer Pflichtbesuche deutlich verringerte. Unsere Besuche konzentrierten sich daher auf die Vertretungen derjenigen Länder, die von besonderem Interesse für Israel waren.

Die Höflichkeitsbesuche und Empfänge gelten gewöhnlich als oberflächliche Angelegenheiten; trotzdem können bei solchen Anlässen bisweilen wichtige Signale übermittelt werden. Der Women's International Club – dem vor allem die Gattinnen der Mitglieder des diplomatischen Corps in Washington angehören – bot die Möglichkeit, etwas über andere Länder und deren Wohnkultur, Kunst und Küche zu erfahren.

Im Jahre 1970 gab ein Kongreßabgeordneter aus Nebraska anläßlich eines Feiertags einen Empfang in seinem Haus. Jitzchak war verreist, und so ging ich allein hin. Unter den Gästen befand sich auch Botschafter Andrew Mossbacher, der Protokollchef im Außenministerium. Mossbacher kam zwanglos auf mich zu und sprach mich mit einer recht ungewöhnlichen Frage an: »Mrs. Rabin, Sie sind doch häufig bei Joseph Sisco (dem stellvertretenden Außenminister) eingeladen. Wie ist denn das Essen dort?«

»Ausgezeichnet. Wieso fragen Sie?« erwiderte ich.

»Weil ich heute abend zu einem Diner zu Ehren von König Hussein eingeladen bin.« Offensichtlich wollte Mossbacher mir – beziehungsweise Jitzchak – zu verstehen geben, daß er mit dem jordanischen König zusammentreffen werde.

Zwei Monate zuvor, im September 1970 – dem »Schwarzen September« –, hatte es in Jordanien Zusammenstöße zwischen der jordanischen Armee und PLO-Kämpfern gegeben. Viele PLO-Führer (außer Arafat) befürworteten den Sturz des Königs und die Errichtung eines palästinensischen Staates auf jordanischem Boden. König Hussein entschloß sich zu einem massiven Gegenschlag. Unterdessen ließ Syrien Panzer in Jordanien einrollen, und die Vereinigten Staaten fürchteten den Sturz der haschemitischen Dynastie.

Die Vereinigten Staaten wollten Unterstützung für den König mobilisieren. Israel war der Kanal, über den eine Präventivwarnung an Syrien übermittelt wurde, seine Panzer aus Jordanien abzuziehen. Ich sagte zu Mossbacher: »Bitte teilen Sie König Hussein mit, Sie und ich hätten uns bei einer Cocktailparty getroffen und ich hätte Sie gebeten, ihm Grüße von mir auszurichten und ihm zu versichern, daß wir Israelis seinen Mut und seine Entschlossenheit in seinem Kampf gegen die

PLO sehr bewundern.« Vielleicht, so dachte ich mir, würde dies nicht viel nützen, aber es konnte gewiß nicht schaden.

Am nächsten Morgen rief Mossbacher in aller Frühe an und gestand mir mit seiner sonoren Stimme: »Mrs. Rabin, wir haben alle unsere Probleme. Vielleicht hat König Hussein weit mehr als wir. Sie haben ihn gestern abend richtig glücklich gemacht. Er war regelrecht begeistert, und als ich ihn zu seinem Wagen begleitete, sagte er immer wieder: ›Bitte vergessen Sie nicht, den Rabins meinen aufrichtigen Dank und die besten Wünsche zu übermitteln.‹«

Der Aufenthalt in den Vereinigten Staaten war unsere erste Gelegenheit, in einer jüdischen Diasporagemeinde zu leben. Hier lernten wir in direkter Anschauung die Unterschiede zwischen orthodoxen, konservativen und reformierten Juden kennen. Wir besuchten die Gottesdienste in einer konservativen Synagoge, vor allem weil die Botschafter vor uns dieser speziellen Gemeinde angehört hatten. In Israel waren wir nicht regelmäßig in die Synagoge gegangen. In Washington wurde der Besuch der Synagoge zur Frage des Protokolls. Jitzchak mag ein wenig darüber gestöhnt haben, aber es wurde schließlich von ihm erwartet, zumindest an den hohen Feiertagen und zu besonderen Anlässen wie der *Bar-Mizwa*.

Juwal hatte seinen dreizehnten Geburtstag bereits drei Monate nach unserer Ankunft, und so beschlossen wir, seine *Bar-Mizwa* auf den Herbst – auf *Sukkot,* das Laubhüttenfest – zu verschieben. In einer besonderen Unterweisung in der Synagoge Adas Yisrael in Washington begann Juwal sich auf seine *Haftara,* die »Aufrufung zur Thora«, vorzubereiten, bei der er den betreffenden Wochenabschnitt aus der Bibel vorlesen sollte. Als es soweit war, meisterte er seine Lesung vorbildlich. Einhundertfünfzig Gäste wohnten der Zeremonie bei. Dalia reiste bald darauf ab, um zu Hause ihren Militärdienst anzutreten.

Unser damaliger Rabbiner in der Synagoge Adas Yisrael,

Stanley Rabinowitz, ist bis zum heutigen Tag ein enger Freund unserer Familie geblieben. Er hielt wahrlich brillante Predigten. Jede seiner Predigten war zugleich eine fesselnde intellektuelle und spirituelle Erfahrung. Er pflegte sie nach den hohen Feiertagen zu veröffentlichen, und ich sammelte sie gewissenhaft. Im Jahre 1976 hielt Rabinowitz eine Predigt, die ich mir nach Jitzchaks Tod oft ins Gedächtnis zurückrief. Darin heißt es:

In den jüdischen Ghettos Europas, in jener längst vergangenen Welt, pflegten die Trauernden, Freunde wie Angehörige, auf dem Weg zur Grabstätte nahe an den Holzsarg heranzutreten. Und während sie das nackte, rohe Holz berührten, flüsterten sie … ehrfurchtsvoll: ›Vergib mir, bitte vergib mir.‹

Es lag etwas Heilsames in dieser inbrünstigen und schlichten Fürbitte, doch wir sind heute viel moderner.

Wie leben wir mit unseren Fehlern? … Zunächst einmal müssen wir schonungslos ehrlich sein in unserer Innenschau. In unserer Gewissensprüfung erinnern wir uns vielleicht an die bösen Worte, die womöglich über unsere Lippen gingen. Oder an die Augenblicke, in denen wir außer Fassung gerieten über Dinge, die jetzt so trivial scheinen.

Um wahre Reue zu üben, müssen wir bereit sein, uns die Momente ins Gedächtnis zurückzurufen, in denen wir uns böser Worte schuldig machten. Aufrichtigkeit ist die höchste Form der Buße.

Wie viele Israelis hätten Jitzchaks Sarg berühren und sich für die erhitzte und feindselige Rhetorik entschuldigen sollen, die das Klima schuf, das seinen Tod herbeiführte? Wie viele – Linke wie Rechte, Schweigende wie Bekennende – empfinden heute Reue wegen Jitzchaks Tod?

Besonders an den Feiertagen litten wir unter großem Heimweh. Manchmal verbrachten wir sie mit beiden Kindern, doch seit Dalia in der Armee war, hatten wir nur begrenzte Möglichkeiten, die Festtage gemeinsam zu feiern.

Die größte jüdische Gemeinde in den Vereinigten Staaten lebt natürlich in New York. Oft wird behauptet, in New York sei jeder zweite, den man kennenlernt, ein Jude, und man scheine immer nur jeden zweiten kennenzulernen. Auf den Straßen von New York bekommt man *Jom Kippur* durchaus mit, doch in Washington herrscht an diesem Feiertag die übliche Geschäftigkeit – eine höchst eigenartige Erfahrung für einen Israeli. Es war einigermaßen irritierend, am Vorabend von *Jom Kippur* zum Gottesdienst zu gehen, während der Verkehr munter weiterströmte und die Geschäfte vor Kunden überquollen. In Israel kommt das Alltagstreiben an *Jom Kippur* völlig zum Erliegen.

Mit jedem Jahr wuchs meine Sehnsucht nach der Heimat. Am Vorabend von *Jom Kippur* erstrahlte der Platz vor der Washingtoner Synagoge jedoch in hellem Scheinwerferlicht, und eine große Zahl jüdischer Gläubiger versammelte sich zum Gebet *Kol Nidre* und zur Predigt des Rabbiners. Das Gefühl jüdischer Identität, das durch diese Gottesdienste zum Ausdruck kam, stärkte mich innerlich und ließ mich auf dem Weg nach Hause über das hektische Treiben hinwegsehen. Durch diese Erfahrung erkannten wir auch die einigende und festigende Kraft der jüdischen Religion in der Diaspora.

✳

Unser Alltag in Washington kreiste nicht nur um das diplomatische Corps und die jüdische Gemeinde; auch das kulturelle Leben der Stadt stand im Mittelpunkt unseres Interesses. Washington ist bekannt für seine beeindruckende Architektur. Im Frühling ergötzt sich das Auge an der Pracht der feurigen Azaleen, der rosa und weiß blühenden Hartriegel und der wunderschönen Kirschblüten. In den Jahren vor unserer Versetzung nach Washington war Jitzchak zu einem leidenschaftlichen Amateurfotografen geworden. In allen ausländischen Städten machte er Aufnahmen, die er mir zu Hause zeigte. Dieses Interesse blieb auch während unserer Washingtoner Jahre bestehen, und die Kirschblüten wurden eines seiner Lieblingsmotive.

Den darstellenden Künsten mangelte es in Washington an Einrichtungen von internationalem Format, bevor das Kennedy Center mit Konzertsaal, Opernhaus und Theater erbaut wurde. Vor dem Abschluß der Bauarbeiten wurden die ausländischen Botschaften gebeten, Vorschläge für die Ausschmückung der Räumlichkeiten einzureichen. Israel sollte einen der Empfangssäle gestalten, und so wählten wir einen Raum auf Höhe des zweiten Rangs neben dem Konzertsaal aus. Der »Israel Room« war Jitzchaks Worten zufolge mein »Kind«.

Unsere amerikanischen Freunde Norman und Diane Bernstein und ich besuchten das unvollendete Bauwerk mit Schutzhelmen, um die Räumlichkeiten zu inspizieren. Jitzchak wollte nicht, daß der israelische Staat an der Finanzierung beteiligt wurde. Seiner Meinung nach sollte das Projekt Sache der Amerikaner sein. Er meinte auch, es würde einigen wichtigen Zwecken dienen, wenn die Gelder in Washington beschafft würden, schließlich sollten vor allem die Bürger von Washington den Raum nutzen. Mit ihren Zuwendungen konnten sie dazu beitragen, dem Erbe Israels in Washington ein bleibendes Denkmal zu setzen. Und so rief ich fünf oder sechs Freunde aus der Region Washington an und lud sie zu uns nach Hause ein. Joseph Meyerhoff aus Baltimore war großartig. »Was soll das ganze Theater?!« meinte er. »Jeder von uns spendet zehntausend Dollar, und der Fall ist erledigt.« Rasch wurden einige andere in die Fund-raising-

Aktion eingespannt, und so war das Ziel – einhunderttausend Dollar – an einem einzigen Nachmittag so gut wie erreicht.

Bei dem Projekt gingen alle mit Liebe an die Arbeit. Der lange, schmale und hohe Raum erinnerte den Architekten Rafi Blumenfeld an die Sixtinische Kapelle. Er ließ die Decke mit Illustrationen von Shraga Weil ausmalen, damit der Raum niedriger wirkte. Als zentrales Thema für die Ausgestaltung des Raums wählte Rafi musikalische Motive aus der Bibel. Das in sattem Blau, Weiß, Scharlachrot und Gold gehaltene Deckengemälde zeigt die singende Miriam und die Soldaten Josuas, die mit ihrem Schofarblasen die Mauern Jerichos zum Einsturz bringen; der Mittelteil stellt den harfespielenden David dar.

Eine der vier Wände besteht aus einer Holzschnitzarbeit des Bildhauers Nechemia Azaz, der biblische Musikinstrumente aus Haselnußholz schnitzte. In deren Mitte befindet sich eine Kupferplatte, in die Verse aus dem 152. Psalm eingraviert sind. Die anderen Wände sind mit bemaltem Wollstoff verkleidet. Kurz nach der Eröffnung des Centers nahm der Direktor einen Menschen fest, weil er dachte, jener zerstöre die Wandmalerei. Wie sich herausstellte, handelte es sich um Jehezkel Kimhi, der lediglich seine Gemälde signierte.

Als der Raum offiziell eingeweiht wurde, bat Jitzchak Senator Ted Kennedy, die Rede zur feierlichen Übernahme zu halten. In einer bewegenden Ansprache erklärte der Senator: »Wir sind es gewohnt, den Staat Israel als ein junges Land zu sehen, das wir fördern und in seinem Existenzkampf unterstützen. Und nun haben wir hier diesen wunderschönen Raum als Symbol dafür, was Israel uns an Tradition, Kultur und Größe bietet.« Die Zeitungen verkündeten »Israelischer Sieg im Kennedy Center«, und der Kunstkritiker der *Washington Post* verglich den Raum mit einem »wahren Heiligtum«. Dieser Auftrag bedeutete mir sehr viel, und Jitzchak war stolz und glücklich, als der Raum seiner Bestimmung übergeben wurde.

*

Wir kamen in einer bewegten Zeit nach Amerika. Im Sommer des Vorjahres wüteten Unruhen in Detroit. Etwa einen Monat nach unserer Ankunft im Februar erklärte Lyndon B. Johnson, daß er sich nicht zur Wiederwahl stellen werde. Die Proteste gegen den Vietnamkrieg nahmen zu. Am 4. April 1968 wurde Dr. Martin Luther King ermordet. Aufgrund der massiven Ausschreitungen wurde über Washington eine Ausgangssperre verhängt. Zwei Monate später wurde Senator Robert Kennedy ermordet – nur wenige Tage nachdem Jitzchak mit ihm zusammengetroffen war. Wir wurden Zeugen von Tumulten und Plünderungen. Das Beunruhigendste für Jitzchak und mich waren wohl die Rassenkonflikte, hinter denen sich unendlich viel aufgestauter Frust und Haß verbargen. Ich weiß noch, ich dachte unentwegt: »Wir hegten so viel Bewunderung für diese riesige, starke Nation, und nun sieh nur, wie tief sie in der Klemme steckt.«
Der Vietnamkrieg war besonders verwirrend für unseren Sohn Juwal, der kurz nach dem Sechstagekrieg von Israel nach Amerika gekommen war. Er meinte: »Ich verstehe gar nicht, wovon die eigentlich reden. Welcher Frieden? Frieden wo? Frieden für wen? Was soll dieses Wort ›Frieden‹ überhaupt bedeuten?« Juwals Fragen waren berechtigt. Die Vereinigten Staaten waren in Südvietnam präsent, um das Land zu verteidigen. Der Krieg mit Nordvietnam eskalierte. Aber »Frieden«? Verwendeten die Amerikaner wirklich den richtigen Begriff? Daß die Amerikaner nicht in den Krieg verwickelt sein wollten, das war das eine. Doch wenn die Amerikaner abrückten, hätte das Frieden für Vietnam bedeutet?
Die strategische Lage in Vietnam verschlimmerte sich zuse-

hends und stellte den Präsidenten vor ein großes Problem: Falls sich Amerika zurückzog, war all das bereits vergossene Blut umsonst geflossen. Jitzchak war der Meinung, Amerika sollte vor dem Abzug etwas für sich und Südvietnam erreichen. Wie Kissinger und Nixon fürchtete er, ein Rückzug wäre ein Eingeständnis des Scheiterns. Bei einer unerwarteten Eskalation einer brisanten Lage hielt Jitzchak es für das Beste, zumindest den Schaden zu begrenzen. Er glaubte, daß auch Kissinger und Nixon dies anstrebten.

Jitzchak lernte Richard Nixon im Sommer 1966 in Israel kennen. Amerikanischer Botschafter in Israel war damals Wally Barbour. Dessen *Chargé d'affaires* lud Gäste zu einem Essen zu Ehren von Mr. Nixon ein, unter anderem auch uns. Es war August, und viele waren in Urlaub; es war also nicht leicht, einen entsprechenden Kreis zusammenzustellen. Der *Chargé d'affaires* brachte immerhin eine zehn- oder zwölfköpfige Gesellschaft zusammen. Während des Essens saß Nixon an einem Ende des Tisches, Jitzchak saß ihm schräg gegenüber. Das Gespräch kreiste um die Frage, welche Rolle Amerika in Südostasien spielen konnte oder nicht spielen konnte beziehungsweise spielen sollte oder nicht spielen sollte. Es beeindruckte uns alle, wie klar Nixon seine Ansichten zu äußern vermochte.

Jitzchak fragte Nixon nach seinen Plänen für den nächsten Tag. Er lud ihn im Namen der israelischen Armee ein, mit einem kleinen Flugzeug oder einem Helikopter und einem Führer den nördlichen Teil des Landes zu besichtigen. Nixon nahm das Angebot natürlich an. Begleitet wurde er vom Chef des israelischen Geheimdienstes, General Aharon Jariv (dem Onkel von Itamar Rabinovich, dem israelischen Botschafter in Washington während Jitzchaks zweiter Amtszeit als Ministerpräsident). Als Nixon zwei Jahre später Präsident wurde, erinnerte er sich in Dankbarkeit an diese Tage, als er unser Gast war.

Im Januar 1968 wußte Jitzchak bereits, daß er nach Washington gehen würde. Er hatte seinen neuen Posten als Botschafter noch nicht angetreten, da traf er – noch in Israel – mit Henry Kissinger zusammen, dem renommierten deutschstämmigen Harvard-Professor, der damals Vorträge in Israel hielt. Die beiden hatten sich 1966 kennengelernt, als Kissinger am National Defense College in Israel gelehrt hatte. Bei dem Treffen im Jahre 1968 war Jitzchak so beeindruckt von Kissingers Weitsicht und Scharfblick, daß er sich gar nicht mehr erinnerte, wie lange die Unterredung gedauert hatte, aber es müssen wohl zwei bis drei Stunden gewesen sein. In seinen Memoiren erinnerte sich Jitzchak daran, daß Kissinger Angst hatte, Vietnam würde Amerikas Entschlossenheit unterhöhlen und die Nation stärker in die Isolation zwingen. Die Sowjetunion nutzte unterdessen die Unsicherheit der Vereinigten Staaten aus und freute sich über Amerikas kostspieliges Engagement in Vietnam. Was wäre, wenn sich Israel in einem ähnlich langwierigen Konflikt befände? Wie lange würden die Vereinigten Staaten ihren Verbündeten dann unterstützen? Die Unterredung mit Kissinger hat sicherlich dazu beigetragen, daß Jitzchak vor der Übernahme des wichtigsten israelischen Botschafterpostens seinen Blick schärfte und seine Ziele und Schwerpunkte klarer bestimmte. Keiner der beiden wußte damals, daß Kissinger bald neuer Sicherheitsberater der Vereinigten Staaten werden sollte.

Die Bewunderung beruhte auf Gegenseitigkeit. Auch Nixon und Kissinger lernten Jitzchaks Meinung zu würdigen. Sie schätzten auch seine Ansichten über die militärische Lage in Vietnam. Wenn Kissinger ihn bat zu beurteilen, wie Nordvietnam eine bestimmte Großoffensive führen würde, pflegte Jitzchak seine strategische Analyse darüber abzugeben, wie die Nordvietnamesen vorgehen könnten. Kissinger hatte viele erfahrene Köpfe in Washington um ihren Rat und ihre Meinung gebeten. Als die Offensive schließlich gestartet wurde, stellte Kissinger mit einer gewissen Bewunderung fest, daß der einzige General, der den Schlachtplan der Nordvietnamesen richtig eingeschätzt hatte, der israelische Botschafter in den Vereinigten Staaten gewesen sei. Präsident Nixon und Außenminister Kissinger waren wohl die einflußreichsten internationalen Größen, mit denen sich Jitzchak im Laufe der Jahre regelmäßig beriet.

Nachdem Levi Eshkol an einem Herzinfarkt gestorben war, trat im Februar 1969 Golda Meir seine Nachfolge an. Golda war die erste Frau, die das Amt des israelischen Ministerpräsidenten bekleidete. Sie erfreute sich im In- und Ausland großer Beliebtheit. Zwanzig Monate nachdem Jitzchak den Botschafterposten übernommen hatte, machte Golda ihn darauf aufmerksam, daß man ihn möglicherweise nach Israel zurückholen und als Bildungsminister ins Kabinett berufen würde. Ich war inzwischen aufgeschlossener gegenüber dem Gedanken, nach Israel zurückzukehren, um bei Dalia zu sein. Jitzchak war geteilter Meinung. Ein Kabinettsposten war natürlich verlockend, doch er bezweifelte, daß Bildung das richtige Ressort für ihn war. Außerdem glaubte er, seinen Auftrag als Botschafter noch nicht vollends erfüllt zu haben. Es hatte noch so viele Pläne, die er unbedingt verwirklichen wollte. Seine Einstellung skizzierte er in einem Brief an Dalia, den er Ende 1969 schrieb, kurz bevor sie zu einem Besuch in die Vereinigten Staaten kam:

Washington
30. November 1969

Schalom, Dalika,

ich nutze den Anlaß von Arales* Rückkehr nach Israel, um Dir diesen Brief zu schicken. Ich bitte um Entschuldigung, daß ich nicht öfter schreibe. Dies ist einer meiner gravierenderen Fehler, die ich bereits seit meiner Kindheit aufweise. Aus irgendeinem Grund habe ich ihn nie ablegen können. In meinem Alter scheint es sehr schwierig zu sein, alte Angewohnheiten zu ändern, so schlecht sie auch sein mögen. Jedenfalls ist Mutter die Talentiertere auf diesem Gebiet, deshalb pflegt sie den Kontakt zu anderen Teilen der Familie, die durch den riesigen Ozean von uns getrennt sind. Ich freue mich wirklich und wahrlich auf Deine baldige Ankunft und bin sicher, daß es uns allen guttun wird, einen Monat zusammenzusein.
Wie Du weißt, habe ich keine großen Neuigkeiten. Mutter ist recht angespannt aufgrund der Ungewißheit, wo wir nun leben werden. Juwal ist auch sehr nervös. Er möchte unbedingt nach Hause zurück. Da er viel verhaltener im Ausdruck seiner Gedanken und Empfindungen ist, sind seine Gefühle weniger offensichtlich. Was mich betrifft, so ist es mir nicht gleichgültig, was die Zukunft uns beschert, doch irgendwie bin ich recht gelassen. Der Hauptgrund dafür ist vielleicht, daß ich überhaupt nicht begeistert bin über die Aussicht, Bildungsminister zu werden. Trotzdem, falls die Ministerpräsidentin beschließt, daß ich zurückkehren und den Posten übernehmen soll, dann werde ich es tun. Das habe ich ihr gesagt, als wir miteinander sprachen. Dennoch ist es kein Gebiet, auf

---

* Jahov Arale war Chef des israelischen Militärgeheimdienstes.

dem ich mich ausgesprochen wohl fühle. Ich habe überhaupt keinen Bammel vor dem Posten und würde auf jeden Fall dafür nach Israel zurückkehren, aber ich wäre nicht allzu betrübt, sollte ich in meiner derzeitigen Stellung verbleiben.

Meine einzige Sorge wäre, daß wir nicht in Israel zusammensein könnten. Ich weiß, unser Aufenthalt hier bereitet Dir und Juwal großes Unbehagen und vielleicht sogar noch mehr. Selbst wenn ich jetzt nicht nach Israel zurückkehre – und diese Möglichkeit ist durchaus realistisch –, so hoffe ich, daß es uns gelingt, den Schaden, den die Trennung unserer Familie bereitet, zu verringern. Ich bin überzeugt, Dein Besuch hier wird uns allen sehr gut bekommen, auch wenn er nur ein kleiner Trost für unsere unerfüllten Hoffnungen sein mag.

Hier hat sich nicht viel ereignet. Es gibt sehr viel zu tun, und bisher ist die Arbeit hochinteressant. Israel wird leider immer abhängiger von den Vereinigten Staaten. Die Vereinigten Staaten sind unser engster Verbündeter. Angesichts der negativen Reaktion der Briten auf den Verkauf von Waffen an Israel und in Anbetracht des französischen Embargos sind wir in der Beschaffung von Waffen außerhalb Israels fast völlig auf die Vereinigten Staaten angewiesen.

Aufgrund der düsteren Wirtschaftsprognosen fordern und erhoffen wir neuerdings amerikanische Finanzhilfe – natürlich zusätzlich zu der Unterstützung, die wir bereits von den amerikanischen Juden erhalten. Die Juden hier sind sich unseres Problems durchaus bewußt, und trotz der Verschlechterung der wirtschaftlichen Lage hierzulande haben die Beiträge an den UJA [United Jewish Appeal] und die Bonds [Staatsanleihen] zugenommen. Man erhofft eine Steigerung um 25 bis 30 Prozent gegenüber dem letzten Jahr. Es besteht sogar die Aussicht,

*daß die Spenden nächstes Jahr den Stand von 1967 er-
reichen. Kurzum, es gilt einiges zu leisten in den Bereichen, die wichtig für Israel sind, in den schwierigen Zeiten, die vor uns liegen.*

*Dalika, sollte es bei der Planung Deiner bevorstehenden
Reise irgendwelche Probleme geben, ruf uns bitte sofort
an, und ich werde mein möglichstes tun, damit Du wirklich bis 10. Dezember 1969 eintriffst.*

Viele Küsse,
Abba

Nach all dem Wind, der um das Ministeramt gemacht worden war, erfuhr Jitzchak schließlich, daß ein anderer in das
Bildungsressort berufen wurde. Er fand sich leicht damit ab,
denn er hatte das Gefühl, noch einiges lernen zu müssen.
Außerdem war der neue Bildungsminister mehr ein Kamerad
denn ein Rivale – es war Jigal Allon.
Als Botschafter in den Vereinigten Staaten war Jitzchak
maßgeblich dafür verantwortlich, positive Bande zu den
Amerikanern zu schmieden. Erst mit der Nixon-Administra-
tion erreichte die Beziehung beider Staaten einen Grad von
bisher nicht dagewesener strategischer Bedeutung. Jitzchak
bemühte sich unentwegt, die amerikanische Führungsspitze
davon zu überzeugen, daß jedes Land – selbst ein so kleines
wie Israel – seine Beziehungen zu anderen Ländern auf einer
bilateralen Ebene gestalten müsse. Er wußte, daß man die
Amerikaner niemals übergehen oder umgehen konnte. Andererseits mußten die Amerikaner einsehen, daß wir unsere
Probleme im Nahen Osten selbst lösen mußten, daß sie sich
heraushalten mußten, wenn alles gut lief, und für uns dasein
mußten, wenn es hin und wieder brenzlig wurde. Nixon und
Kissinger verstanden dies durchaus, wenn es ihnen manchmal auch schwerfiel, sich an diese Prinzipien zu halten.

In Washington knüpfte Jitzchak eine Reihe wichtiger Kontakte, besonders auf dem Capitol Hill und bei der Presse. Darunter waren zwei demokratische Senatoren, die große Freunde Israels waren und die Jitzchak sehr schätzte – Hubert Humphrey und Henry »Scoop« Jackson. Letzterer war ein Experte in Sicherheitsfragen. Als besonders produktiv empfand Jitzchak auch die Zusammenarbeit mit dem Staatssekretär Joseph Sisco. Die Brüder Rostow bildeten ein großartiges Duo in Washington – Eugene war Staatssekretär im Außenministerium und Nationaler Sicherheitsberater von Präsident Johnson; sein Bruder Walt, ein Volkswirtschaftler, war ein einflußreicher Berater sowohl unter Kennedy als auch unter Johnson. Aus dem Bereich der Presse machten wir die Bekanntschaft von Katherine Graham, Joseph und Stewart Alsop, Rollie Evans, William Safire, May Frankel und Barbara Walters. Andere Mitglieder des internationalen diplomatischen Corps kennenzulernen war etwas schwieriger. Jitzchak maß den Beziehungen zu anderen ausländischen Botschaftern nie große Bedeutung bei. Er hatte alle Hände voll zu tun – sowohl mit den amerikanischen Behörden als auch mit den jüdischen Organisationen. Obwohl die Sowjetunion keine diplomatischen Beziehungen zu Israel unterhielt, waren der sowjetische Botschafter in den USA, Anatoli Dobrynin, und Jitzchak einander freundlich gesinnt, und auch ich kam sehr gut mit der Gattin des Botschafters aus, wenn wir uns bei offiziellen Anlässen begegneten.

Wir schlossen auch eine ungewöhnliche Freundschaft mit Rolf Pauls und seiner Frau. Pauls war der erste Botschafter Deutschlands in Israel und hatte viel dafür getan, daß das Nachkriegsdeutschland in Israel an Akzeptanz gewann. Er war ein ausgezeichneter Diplomat, sehr detailorientiert – und ein charmanter Tänzer. (Herr und Frau Pauls tanzten leidenschaftlich gern, und viele ihrer Gesellschaften waren Tanzabende.) Nach unserer Versetzung nach Washington wurde

Rolf Pauls deutscher Botschafter in den Vereinigten Staaten. Und so vertieften wir unsere Freundschaft, die auf vielen schönen gemeinsamen Erinnerungen an Israel aufbaute.

Während der Olympischen Spiele in München im September 1972 machte ich einen Besuch in Zahala. Jitzchak war nach Seattle gereist. Es war Samstag abend, zwei Tage vor *Rosch ha-Schana*. Ich war bei Freunden, wo ich der jüdischen Tradition folgend zur Feier des Neujahrsfestes einen Apfel in Honig tauchte und ein Glas erhob. Doch es war kein frohes Beisammensein. Wir waren alle beunruhigt und besorgt über die Geiselnahme unserer israelischen Athleten auf deutschem Boden. Zwei der Sportler, die als Geiseln genommen worden waren, waren getötet worden. Die Lage spitzte sich immer mehr zu. Die palästinensischen Terroristen forderten die Freilassung arabischer Häftlinge in israelischen Gefängnissen. Nach einer Rundfunkmeldung, in der es hieß, die übrigen neun Athleten seien in Sicherheit, fühlten wir uns einigermaßen erleichtert und verabschiedeten uns mit »Mazel tov« und »Schana Tova«. Um sieben Uhr früh rief mich ein Freund an und sagte: »Du wirst es nicht glauben. Auch die übrigen sind alle tot.« Es war ein Schock, mit der Nachricht von der Befreiung der Sportler schlafen gegangen zu sein und in dem Alptraum aufzuwachen, daß die Terroristen sie ermordet hatten. Jitzchak rief mich an. Er reiste auf der Stelle nach Washington zurück, um auf die Flut von Meldungen zu reagieren. Der israelische Rundfunk spielte den ganzen Tag den Trauermarsch aus Beethovens »Eroica«. Bis heute verbinde ich diese Musik mit jener Tragödie.

Ich kehrte wie geplant in jener Woche nach Washington zurück. Schon Wochen zuvor hatte uns Botschafter Pauls zum Essen eingeladen. Ich zögerte, der Einladung nun zu folgen, doch Jitzchak meinte, eine Ablehnung käme einem ernsthaften diplomatischen Bruch gleich. Jitzchak vermied jede Art von Provokation. Außerdem wollte er nicht, daß sich die Tragödie auf die persönliche Beziehung zwischen uns und Botschafter Pauls übertrug. Pauls und seine Gattin sollten Washington in Kürze verlassen, und dies war eines ihrer Abschiedsessen. Letztlich war ich froh, daß wir hingingen, denn Pauls und seine Frau brachten offen ihre Trauer und ihren Schmerz über das Unglück zum Ausdruck.

*

In der zweiten Hälfte des Jahres 1972 wurde klar, daß Jitzchak nach Israel zurückkehren mußte, um in seiner politischen Laufbahn weiter voranzukommen. Seine Einstellung gegenüber der bevorstehenden Veränderung läßt sich aus zwei Briefen ablesen, die er mir schrieb, als ich zu Hause zu Besuch war.
In den Vereinigten Staaten war Jitzchak damals zur Zielscheibe der Kritik geworden, weil er offen für die erneute Kandidatur Richard Nixons eintrat.

Washington
9. August 1972

Schalom, Lea,

ich schreibe diesen Brief im Büro, nachdem Juwal und ich unser letztes gemeinsames Mittagessen vor seiner Heimreise eingenommen haben. Es scheint alles ein wenig sonderbar: Die Familie fängt an, in die Heimat abzurücken. Wir sind eben mit dem Packen fertig geworden (genau nach Deinen Anweisungen), und ich bin wieder ins Büro gekommen. Juwal ist zu seiner letzten Spritztour in Deinem Wagen vor seiner zweijährigen Fahrpause aufgebrochen.
Als wir uns zum Essen hinsetzten, sagte er: »Es ist ein komisches Gefühl, dieses Haus jetzt zu verlassen und zu

wissen, daß ich nicht mehr hierher zurückkommen werde.« Alles in allem ist es ein wenig traurig, aber was kann man tun – wir müssen nach Hause, zu unserem richtigen Zuhause …

Ich bin froh, daß Du angerufen hast. Schenke den abscheulichen Zeitungsberichten keine Beachtung!* Sie sind alle neidisch auf meinen Erfolg und versuchen es mit jeder Art von Verunglimpfung … Das Wesentliche ist: Ich bin zufrieden mit meiner bisherigen Rolle in den amerikanisch-israelischen Beziehungen. Ich bin der festen Meinung, selbst wenn es Meinungsverschiedenheiten zwischen freundlich gesinnten Ländern wie den USA und Israel gibt, so sollten diese nie auf die Dimension der »Hexenjagd« reduziert werden.

Gewiß haben wir Meinungsverschiedenheiten mit den Vereinigten Staaten. Manchmal sogar massive. Andererseits gibt es neben den Vereinigten Staaten niemanden außerhalb Israels, der uns in dieser beispiellosen Form und Fülle mit Hilfsleistungen und Waffen unterstützt und mit Finanzhilfen beisteht. Trotz des ganzen Aufruhrs, für den wir sorgen, gibt es kein Land auf der Welt, das Israel in seiner politischen Haltung nähersteht als die Vereinigten Staaten.

Ich bin fest überzeugt, daß wir uns mit Amerika über das Thema Waffen, Hilfsleistungen und so weiter auseinandersetzen müssen, und zwar massiv, aber es ist nicht nötig, das Ganze in aller Öffentlichkeit breitzutreten und

---

* Jitzchak wurde damals wegen einiger kontroverser Stellungnahmen in der Presse scharf kritisiert. Zum einen trat er offen für Nixon ein. Zum anderen befürwortete er Bombenangriffe tief im Landesinneren von Ägypten, um dem anhaltenden Zermürbungskrieg ein Ende zu machen. Letztere Position irritierte das israelische Außenministerium ganz besonders. Jitzchak wurde in der amerikanischen Presse sogar als »der undiplomatische Diplomat« tituliert, worauf er allerdings eher stolz war.

*die Vereinigten Staaten dabei als Feind der Menschheit
hinzustellen …*

*Bei all diesen Vorkommnissen beunruhigt mich mehr
der Inhalt als das Maß meiner persönlichen Verwick-
lung. Die Angriffe der Zeitungen auf mich berühren mich
im Augenblick gar nicht. Sie haben mein Ansehen und
Prestige hier auf wahrlich alarmierende Weise gefördert.
Man hat Golda im Namen des Präsidenten und anderer
bereits nahegelegt, mich aus Rücksicht auf die amerikanisch-israelischen Beziehungen hier auf diesem Posten
zu belassen. Natürlich ging dieses Ansuchen nicht von
mir aus, aber ich vermute, sie ärgert sich darüber, genauso wie ihr engster Stab. Ich hege auch nicht den
Wunsch, hier länger zu bleiben, als wir gemeinsam besprochen haben. Trotzdem, die Vorstöße von Nixon,
Kissinger, Justizminister John Mitchell und Senator Henry Jackson haben nicht gerade mein Mißfallen erregt …
Ich habe vor, Dich kommenden Samstag in der Nacht
anzurufen, um Mitternacht nach Eurer Zeit. Es wird einiges kosten, aber dann können wir reden, und ich höre,
wie Juwal angekommen ist usw. usw.*

*Viele Küsse
Jitzchak*

Den zweiten Brief vom selben Monat schickte er mir anläßlich unseres vierundzwanzigsten Hochzeitstages.

23. August 1972

Meine liebe Frau,

*die Uhr zeigt hier gerade eine Minute nach Mitternacht
an; in Washington ist somit der 23. August angebro-
chen. Nachdem ich mit Dir telefoniert hatte, schrieb ich*

193

Dalia einen (wohl etwas zu rührseligen) Brief. Ihr letzter Brief ging mir sehr zu Herzen.

Dalias Brief, den sie am Beginn ihres neuen Lebensabschnitts* schrieb, hat mich tief berührt durch ihre Verständigkeit, ihr Feingefühl und ihren innigen Wunsch, es mir leichter zu machen und Worte der Ermutigung zu finden …

Es ist schwierig, zwei gefühlvolle Briefe an einem Abend zu schreiben.

Wenn ich auf unsere 24 Ehejahre zurückblicke, bin ich sicher, daß es trotz all der kleinen Zwiste, die im ersten Augenblick immer irritieren, schwer wäre, unter den Paaren, die ich kenne, ein besseres Duo als uns zu finden …

Ich weiß, ich hatte großes Glück in meinem Leben, als ich Dich heiratete, und Du weißt, wieviel mir das bedeutet. Es gelingt mir nicht immer, dies in den üblichen Formen des täglichen Lebens zum Ausdruck zu bringen …

Wir haben soviel zusammen durchgemacht und so viele kritische Augenblicke erlebt, daß es scheint, als hätten wir das Leben von Dutzenden von Familien gelebt. Damit meine ich die positiven Aspekte und die Tiefe der Erfahrungen, die wir gemeinsam durchlebt haben.

Manchmal habe ich den Eindruck, jeder der letzten beiden Posten, die ich innehatte (Generalstabschef und Botschafter), könnte für jeden anderen Menschen am Ende seiner Laufbahn den Gipfel an Ehrgeiz und Leistung bilden …

Ich bin mir sicher, daß die Übergangszeit nicht leicht sein wird … Deine Annahme, daß meine ersten öffentlichen Auftritte in Israel entscheidend sein werden, ist nicht zutreffend. Öffentliche Auftritte haben nur eine be-

---

* Dalia hatte kurz zuvor in Tel Aviv geheiratet. Jitzchak war natürlich zur Hochzeit gekommen.

grenzte Wirkung. Was zählt, ist die reale Situation – wo man steht und wieviel Macht man hat. In dieser Hinsicht werde ich es eine ganze Weile alles andere als leicht haben. Das weiß ich, ich weiß aber auch, daß ich keine andere Wahl habe und es einfach tun muß. Es ist keine ideale Situation. Es ist die Realität, die mir aufgezwungen wird. Und nun muß ich innerhalb dieser Realität handeln.

Ich mache jetzt Schluß, sonst komme ich erschöpft in Salt Lake City an.

Ich schließe mit vielen Küssen an Dich und vielen Küssen an Juwal.

Jitzchak

Jitzchak wußte, daß seine Amtszeit als Botschafter zu Ende ging, doch er wurde nicht gezwungen, den Posten aufzugeben. Er wußte, daß er nach Israel zurückkehren und für die Knesset kandidieren mußte, wenn er seine Erfahrungen im diplomatischen Dienst zur Grundlage einer tragfähigen politischen Laufbahn machen wollte. Dieser Schritt war nicht ohne Risiko. Schon einmal war er mit einem Kabinettsposten gelockt worden, doch das Angebot war zurückgezogen worden. Wenn er nun in das Kabinett eintrat, so wußte er nicht, in welchem Ressort. Während ich mich freudig darauf einstellte, wieder in Israel und bei beiden Kindern zu sein, stand Jitzchak vor einigen Ungewißheiten, so notwendig die Rückkehr nach Israel für seine politische Zukunft auch sein mochte. Diese Ungewißheiten klangen in seinem Brief an.

*

Zu den offiziellen Aufgaben des Botschafters in Washington gehört es, bei Besuchen israelischer Würdenträger die Rolle des Gastgebers zu übernehmen. Die beiden wichtigsten Größen der damaligen Zeit waren Mosche Dayan und Golda Meir. Ich erinnere mich noch an ein Essen, das wir für Dayan gaben. Er hatte sich zu einem Nickerchen hingelegt, und seine Tochter Jael wollte ihn nicht wecken. Wir hatten fünfzig Gäste eingeladen – und zwar für acht Uhr. Alle waren da, außer Dayan. Als er schließlich nach halb neun hereinmarschierte, ließ er beiläufig ein »Schalom« fallen und winkte seinen Militärattaché zu einer Besprechung in den Nebenraum. Finanzminister George Shultz, unser ranghöchster amerikanischer Gast, war pünktlich eingetroffen. Jitzchak hatte den Minister persönlich eingeladen und hatte ihm zu verstehen gegeben, wie wichtig es sei, daß er bei Dayans Besuch zugegen war. Shultz stand neben mir und konnte es sich nicht verkneifen, mir mit einem breiten Grinsen zuzuflüstern: »Ich habe nichts gegen eine Primadonna – vorausgesetzt, sie versteht zu singen. Ich bin sicher, Dayan singt vorzüglich …«

Golda Meir hingegen war stets pünktlich. Wenn wir sie abholten, saß sie immer selbstsicher und gelassen da und zog genüßlich an einer filterlosen Chesterfield. In ihrer Zeit als Ministerpräsidentin kam sie insgesamt dreimal nach Washington – 1969, 1971 und 1973. Wir betreuten sie während aller drei Besuchsreisen.

Kurz vor dem Ende von Jitzchaks Amtszeit als Botschafter, am 1. März 1973, kam sie zu ihrem letzten offiziellen Besuch nach Washington. Es war Jitzchaks Geburtstag, und Präsident Nixon überreichte ihm in Anwesenheit von Mrs. Meir ein Geschenk. Jitzchak sollte in Bälde für Golda Meirs Arbeitspartei für die Knesset kandidieren. Bei einem anschließenden Essen würdigte der Präsident Jitzchak ebenfalls in ihrer Anwesenheit. »Wir sind sehr traurig darüber, daß dieser hervorragende Botschafter aus Washington weggeht«, sagte Nixon. »Ich hoffe, Sie werden ihn gut einsetzen, wenn er in Ihr Land zurückkehrt ... Wenn nicht, würden wir ihm gerne einen Posten hier in Washington verschaffen.«

»Das hängt ganz davon ab, wie er sich führt«, erwiderte Meir. Offensichtlich ärgerte sie sich über die Ehrung, die Jitzchak in aller Öffentlichkeit durch den Präsidenten erfuhr. Ich persönlich fand ihre Bemerkung peinlich, doch ich biß mir auf die Zunge.

Jitzchaks Verhältnis zu Golda Meir war komplex. Er bewunderte ihre Bestimmtheit. Golda hatte auch eine ganz spezielle Beziehung zum amerikanischen Judentum – sie hatte in Milwaukee gelebt und sprach ein wunderbares Englisch. Daß Golda eine willensstarke und eigenwillige Frau war, hat Jitzchak nie gestört. Jeder, der ihre Fähigkeiten kannte, merkte, daß sie über solchen Dingen stand. Und schließlich war Jitzchaks Mutter, Rosa Cohen, aus ähnlichem Holz geschnitzt.

Golda engagierte sich indes nicht so selbstlos wie eine Rosa Cohen oder – auf der politischen Ebene – ein Levi Eshkol. Gewissen Leuten gegenüber war sie nicht ganz so großzügig eingestellt. Wenn Golda nach Washington kam, dann kam sie, um eine ganze »Einkaufsliste« von Waffenkäufen – wie Jitzchak es nannte – auszuhandeln. Er wußte nicht, ob ihr klar war, daß alles längst ausgehandelt war, bevor sie kam. Golda sah Jitzchak sicherlich nicht als Hoffnung für die Zukunft und betrachtete ihn nie als möglichen Nachfolger – wobei es ihr schwerfiel, überhaupt jemanden als ihren Nachfolger für möglich zu halten.

In jenem März kehrte Henry Kissinger aus Paris zurück, wo er ein Waffenstillstandsabkommen für Vietnam ausgehandelt hatte. Der Journalist Joseph Alsop liebte es, Gäste zu empfangen; er hatte eine besondere Schwäche dafür, Militärs einzuladen. Er war begeistert über die Gelegenheit, anläßlich Jitzchaks Abberufung und General Creighton Abrams' Versetzung in die amerikanische Hauptstadt einen Empfang zu geben. General Abrams hatte 1968 William Westmoreland als amerikanischer Kommandeur in Vietnam abgelöst; 1972 wurde er zum Generalstabschef der US Army ernannt.

Als der Kaffee serviert wurde, saß ich neben Henry Kissinger und unterhielt mich mit ihm. Jitzchak hatte stets großen Respekt vor Rang und Namen und sprach ihn nie mit »Henry« an; er nannte ihn »Dr. Kissinger«, und ich folgte seinem Beispiel. »Dr. Kissinger«, sagte ich, »wir sind jetzt fünf Jahre in den Vereinigten Staaten. Wir haben den schrecklichen Alptraum des Vietnamkrieges mit all seinem Leid und den traumatischen Ereignissen durchlitten. Sie werden in Bälde ein Abkommen unterzeichnen, um diesen Konflikt zu beenden. Bitte tun Sie mir den Gefallen, und unterzeichnen Sie das Abkommen, bevor wir Washington verlassen.«

Drei Wochen später fand im Capitol die Trauerfeier für Präsident Johnson statt. Jitzchak wohnte der Zeremonie bei. Ich hörte die Nachrufe im Radio, während ich das Gepäck für unsere bevorstehende Abreise packte.

Nach dem Trauergottesdienst hatte Jitzchak eine seiner regelmäßigen Zusammenkünfte mit Dr. Kissinger. Kissinger war am Abend zuvor nach Washington zurückgekehrt, nachdem das Vietnamabkommen geschlossen worden war. Jitzchak gratulierte ihm. »Tja, Dr. Kissinger, nun haben Sie es endlich geschafft.« Kissinger sah Jitzchak an und erwiderte in seiner trockenen Art: »Mr. Rabin, ich stand unter dem Befehl Ihrer Frau.«

*

Kurz nach unserer Rückkehr nach Israel im April 1973 kam Chaim Schur, der damalige Chefredakteur der Tageszeitung *Al Hamishmar,* und bat Jitzchak um ein Interview. Wir wohnten wieder in unserer Wohnung in Zahala. Während im Wohnzimmer die Aufzeichnungen gemacht wurden, klingelte das Telefon. Das Mädchen am anderen Ende der Leitung sagte mit zitternder Stimme: »Ich muß Chaim Schur mitteilen, daß sein Sohn letzte Nacht bei einem Angriff auf Beirut ums Leben kam.« (Dieses Kommandounternehmen von See aus war eine Vergeltungsmaßnahme gegen die Anführer des »Schwarzen September« für die Terrormorde bei der Münchner Olympiade.) Ich war fassungslos und fragte sie, was ich tun solle. Sie wollte mit Jitzchak sprechen. Als ich unter Tränen ins Schlafzimmer ging, nahm Jitzchak den Hörer, und ich hörte, wie er sagte, »Ja. Ich verstehe. Okay. Danke. Auf Wiederhören«. Er ging zurück ins Wohnzimmer und sagte zu Chaim Schur: »Ich glaube, wir sollten das Interview abbrechen. Ihr Sohn wurde bei der Operation gestern nacht verwundet.« Chaim stellte keinerlei Fragen – wie wir alle es gewohnt waren, war er auf das Schlimmste gefaßt – und stand einfach auf und ging. Ich hatte meine Tränen getrocknet und kam heraus, um ihn zu verabschieden. Jitzchak bot ihm an, ihn mit dem Wagen zur Redaktion zu bringen, doch Chaim wollte selbst fahren. Er war kreidebleich, als er ging.

Es war immer wieder dasselbe – dieser sinnlose und scheinbar unaufhaltsame Kreislauf des Todes in der Generation unserer Kinder. Chaim Schur schrieb später ein Buch zum Andenken an seinen Sohn. Es trug den Titel *Avida – Sound and Touch*. Dieses Buch fand in unserer Bibliothek Platz in einer viel zu langen Reihe von Bänden, die gefallenen Söhnen Israels gewidmet waren.

In den siebziger Jahren griff der Terrorismus sowohl gegen militärische als auch gegen zivile Ziele immer mehr um sich. Die Terrorakte wurden immer raffinierter. Für Jitzchak hatten alle terroristischen Gewaltakte etwas von derselben grundlegenden Bösartigkeit. Andererseits war Terrorakt nicht gleich Terrorakt. Golda Meir vertrat eine unumstößliche Auffassung in dieser Frage: Mit Terroristen verhandelt man nicht. Bei terroristischen Aktionen zog Jitzchak stets militärische Maßnahmen vor. Der Sturm auf Entebbe – auf den ich noch zu sprechen komme – war die aufwendigste Antiterroraktion, die Jitzchak je leitete. Nicht jeder Vorfall ließ jedoch ein solches Vorgehen zu. Jitzchaks Prinzip war einfach: Wenn sich eine reelle militärische Option anbot, so war diese Verfahrensweise vorzuziehen. Wenn nicht, wurde verhandelt, zumindest so lange, bis andere Optionen größere Erfolge versprachen.

Der willkürliche Terrorismus, der von Partisanenzellen ausgeht, erfordert eine völlig andere Antwort als die Art von Terrorismus, mit der Israel Ende der achtziger Jahre konfrontiert war, als die arabische Bevölkerung in den besetzten Gebieten geschlossen gegen die israelische Militärherrschaft rebellierte. Der Aufstand verlangte eine ganz neue Vorgehensweise, und so änderte auch Jitzchak seine Haltung. Oft verglich er die Zunahme des regionalen Terrorismus in Gegenden wie dem Südlibanon und dem Gazastreifen mit der weltweiten Verbreitung des Kommunismus Jahrzehnte zuvor; die Methode war in beiden Fällen dieselbe – lokale Kampagnen, die mit einem globalen Komplott in Verbindung standen. Während der Intifada, den Aufständen der Palästinenser in den achtziger Jahren, erkannte er die zunehmende Macht der Medien und ihren Einfluß auf Terrorakte. Angesichts dieser Art von Terrorismus pflegte er zu fragen: »Wer ist der eigentliche Terrorist?« Man verhandelte gewiß nicht mit Kindern. Wer es dennoch tat, so glaubte er, würde es büßen müssen. Die Selbstmordkommandos, die der islamische Fundamentalismus hervorgebracht hat, sind erst in den letzten Jahren zu einem entscheidenden Faktor geworden. Diese Form des Terrorismus unterscheidet sich deutlich von dem politischen Terrorismus der siebziger und achtziger Jahre und verlangt völlig andere Lösungen. Der Terrorismus hat mehr als nur ein Gesicht. Und er erfordert mehr als nur eine Antwort.

*

Während unseres Aufenthalts in den Vereinigten Staaten hatten sich weitere Entwicklungen abgezeichnet. Nach ihrer Niederlage im Krieg von 1967 bauten Ägypten und Syrien ihre Streitkräfte mit massiver Unterstützung der Sowjets neu auf und weiter aus. Zwischen 1968 und 1970 führte Ägypten einen »Zermürbungskrieg« gegen Israel – im Grunde eine Reihe von Grenzzwischenfällen, vor allem entlang der Sinai-Suez-Grenze. Dies führte zum Bau der Bar-Lew-Linie – einer Reihe von Bunkern in jener Region. Damit verlagerte sich die israelische Verteidigungsstrategie auf feste Stellungen, die an die französische Maginot-Linie erinnerten. Sowohl Jitzchak als auch Ariel Scharon, ein kampferprobter Held des Krieges von 1967, betrachteten dieses Vorgehen mit Skepsis; sie waren der Meinung, die Stärke der israelischen Armee beruhe auf ihrer Mobilität. Jitzchak fürchtete, durch die Bar-Lew–Linie könnte sich Israel in einer falschen Selbstgefälligkeit wähnen. Verteidigungsminister Mosche Dayan prahlte nämlich, Israel könne jeden Angriff innerhalb von 36 Stunden abwehren.

Im Jahre 1973 besuchte Juwal eine Marineoffiziersschule in Haifa. Am Abend vor *Jom Kippur* erreichte ihn ein dringender Anruf in unserem Haus: Er solle sich bei seiner Einheit melden. Juwals Einsatzort galt damals nicht als riskant, und so waren wir nicht besonders beunruhigt über seine Mobilisierung. Unser Schwiegersohn hingegen wurde als Panzerkommandant im Sinai, einer Region mit hoher Gefahrenstufe, in Alarmbereitschaft versetzt. Jitzchak war besorgt darüber, was dies alles für Israel bedeutete; er rechnete jedoch nicht mit dem Ausbruch eines Krieges. Als der Vorsitzende der Arbeitspartei, Jisrael Galili, ihn am nächsten Morgen – es war Samstag, der 3. Oktober – anrief, erfuhr Jitzchak etwas ganz anderes: Ein Krieg zeichnete sich deutlich ab. Man bat Jitzchak, sich um drei Uhr an jenem Nachmittag mit dem Verteidigungsminister und anderen ehemaligen General-

stabschefs zu treffen. Am selben Vormittag hatte Generalstabschef David Elazar in einer Kabinettssitzung die Mobil-
machung der Armee gefordert. Dayan war dagegen. Er meinte, es handelte sich wieder nur um falschen Alarm, wie bereits mehrfach zuvor. Als Kompromiß wurde beschlossen, an
jenem Vormittag immerhin zwei Brigaden mobil zu machen.
Das Heulen der Sirenen unterbrach um zwei Uhr nachmittags die Feiertagsruhe. Jitzchak war zu Hause und bereitete
sich auf das Drei-Uhr-Treffen vor. Wir erstarrten vor Schreck,
als die Sirenen losgingen. Die Radiomeldungen, in denen
die verschiedenen Einheiten per Code einberufen wurden,
schreckten uns aus der Feiertagsstimmung auf. Menschen eilten plötzlich aus den Synagogen, um ihre Einheiten zu erreichen. Das ganze Land war auf Achse. Es herrschte Krieg! Die
Warnsignale erfolgten so spät, weil niemand ahnte, daß wir
angegriffen werden würden. Dalias Mann war von seinen
Vorgesetzten noch zu einer kleineren Operation freigestellt
worden – so wenig war die Militärführung auf den Ausbruch
eines Krieges gefaßt. Weder die Panzereinheiten noch die
anderen Verbände schienen einsatzbereit zu sein. Am Samstag fuhr Dalias Mann nach Hause zurück. Da er keine Durch-
sagen erwartete, hatte er das Radio nicht eingeschaltet. Erst
als er nach Hause kam, erfuhr er von Dalia, daß sich die Nation im Krieg befand. Per Anhalter versuchte er zu seiner Einheit im Sinai zu gelangen. Als ihm das nicht gelang, schloß
er sich einer anderen an.
Für Jitzchak war dies eine äußerst bedrückende Zeit, denn
die Lage erschien alles andere als rosig und er hatte keinerlei
Möglichkeiten, irgend etwas zu tun. »Dado« Elazar nahm ihn
mit an die Front und fragte ihn nach seiner Meinung, doch
Jitzchak wußte, wie riskant es war, als Außenstehender Voraussagen über taktische Entscheidungen zu machen. Wegen
Jitzchaks Erfahrung im diplomatischen Dienst und seiner
Kontakte bat Finanzminister Pinchas Sapir ihn, ein Krisen-

kreditprogramm in die Hand zu nehmen, was er auch tat. Am liebsten hätte er jedoch die militärische Strategie direkt mitgesteuert. Er wußte allerdings, daß das nicht möglich war.

Namaat, die Frauenorganisation der Arbeitspartei, setzte sich dafür ein, daß Familien ihre verwundeten Söhne in abgelegenen Krankenhäusern besuchen konnten. Hier arbeitete ich mit. Als der Krieg zu Ende war, erkannte Juwal, wie schwach und unorganisiert die Armee damals war. Er bat um Entlassung aus seiner prestigeträchtigen zweijährigen Ausbildung zum Marineoffizier und trat statt dessen in das Panzercorps ein, was ein viel größeres Risiko bedeutete. Er konnte einfach nicht einsehen, wozu es gut sein sollte, zwei Jahre lang im Sonnenschein die Schulbank zu drücken. Wir waren sehr stolz auf ihn, um so mehr, als er den Entschluß dazu aus eigenem Antrieb faßte, und nicht, weil er der Sohn eines nationalen Kriegshelden war. Wir sprachen nur kurz über seine Pläne, und Jitzchak, der sich in den USA befand, um Finanzmittel lockerzumachen, erfuhr von Juwals Entscheidung schließlich durch mich.

Unser Neffe Jiftach, ein Sohn von Jitzchaks Schwester Rachel, der auf dem Sinai in einer Panzereinheit diente, erlitt schwere Verwundungen, als sein Panzer von einer Rakete getroffen wurde. Ich weiß noch, wie besorgt wir waren, als wir ihn im Ichilov-Hospital besuchten und die großen schwarzen Brandmale überall auf seinem Körper sahen. Die Ärzte meinten, sein Zustand sei nicht so schlimm, wie es aussah. Eine seiner Hände war jedoch schwer in Mitleidenschaft gezogen – er hatte zwei Finger verloren. Die Nervenbahnen und die Bewegungsfähigkeit konnten die Ärzte indes wiederherstellen, so daß er heute wieder Auto fahren kann.

Der Jom-Kippur-Krieg dauerte nicht sechsunddreißig Stunden, sondern dreiundzwanzig Tage. Obwohl Israel in der Lage war, das Beste aus der schrecklichen Situation zu machen, war die Zahl der Opfer schließlich doch gewaltig. 2701 Tote, mehr als 7500 Verwundete und 300 Kriegsgefangene, 100 Flugzeuge und 800 Panzer zerstört – das war die schlimmste Kriegsbilanz in der Geschichte Israels. Hätten wir wohl überlebt, wenn die Vereinigten Staaten nicht eine Luftbrücke eingerichtet und über fünfhundert Ladungen mit Munition und Ausrüstung geflogen hätten? Ich werde nie vergessen, wie auf dem Flughafen die Galaxy-Transporter ihre Luken öffneten und ein Panzer nach dem anderen herausrollte. Der Krieg verschlang insgesamt zehn Milliarden Dollar. Er legte fast die gesamte israelische Volkswirtschaft lahm und trieb die Inflation gewaltig in die Höhe. Es gelang uns nur mit knapper Not, das israelische Territorium zu verteidigen.

Der Krieg hatte nicht nur die Hospitäler und Friedhöfe gefüllt, sondern auch die Staatskasse geleert. Vor allem aber erschütterte dieser Krieg zutiefst das Vertrauen in die Regierung, besonders wegen der Art und Weise, wie man mit den Opfern verfuhr. An den ersten beiden Tagen fielen sehr viele Soldaten – auf den Golanhöhen, am Suezkanal und in der Sinaiwüste –, wurden wegen des allgemeinen Durcheinanders jedoch wochen- oder sogar monatelang nicht geborgen und als tot gemeldet. Die Angehörigen dieser Vermißten waren aufgebracht und irritiert.

In unserer Nachbarschaft in Zahala wohnte eine Frau namens Francie Oberlander. Ihr Sohn Danny gehörte einer Einheit an, die auf den Golan vorgerückt war. Francie hatte seit dem Ausbruch des Krieges nichts mehr von ihrem Jungen gehört. Im Laufe der Zeit riefen andere Soldaten bei ihren Familien an, doch er ließ nichts von sich hören. Sie wurde immer verzweifelter. Eines Tages kam sie zu uns. Jitzchak war zu Hause, und sie gestand ihm: »Ich drehe noch durch. Glauben Sie, Sie könnten mir helfen?« Jitzchak war hilflos. In seiner Position konnte er nicht viel für sie tun. Voller Enttäuschung schrie sie: »Aber die Erde hat den Jungen doch nicht einfach verschluckt – er kann doch nicht spurlos verschwunden sein!« Etwa zwei oder drei Wochen später erfuhren wir, daß er am ersten oder zweiten Tag des Krieges in einem Panzer umgekommen war. Es hatte Wochen gedauert, bis eine offizielle Meldung durchkam. Es existierte kein Nachrichtennetz, um die Verluste zu erfassen und zu melden. Noch Jahre später pflegte ich am Heldengedenktag mit Francie und vielen unserer Nachbarn an Dannys Grab zu gehen.

Ejal, ein Klassenkamerad von Dalia, der im Krieg kämpfte, hatte eine ihrer Schulfreundinnen geheiratet. Eines Abends kamen Jitzchak und ich von einem Essen mit einem Journalisten nach Hause und trafen die beiden Mädchen in der Küche an. Ich wußte bereits, daß der Mann von Dalias Freundin gefallen war. Die Angehörigen waren noch nicht benachrichtigt worden. Ich konnte nichts sagen. Die Ineffizienz der Bürokratie gebar absurde menschliche Tragödien und schuf extrem belastende Situationen.

Die ganze Episode hat dennoch Jitzchaks Schicksal bestimmt, allerdings auf eine Weise, wie er es nie erwartet hätte, zumal er sozusagen außerhalb des Spielfelds stand. Besonders eine Bemerkung von Jitzchak damals prägte sich mir ein: »Im Krieg werden persönliche Schicksale entschieden. In diesem Krieg wird auch mein Schicksal entschieden, weil ich nicht dabei bin. Wo werde ich stehen, wenn all das vorüber ist?«

Ich versicherte ihm mehr als einmal: »Du wirst der Held sein, der nicht dabei war.«

7. Kapitel

Die erste Runde

Wegen des Krieges wurden die Wahlen im Jahre 1973 auf Dezember verschoben. Es wäre nicht ganz richtig zu sagen, Jitzchak habe gerne am Wahlkampf teilgenommen, doch er war ein engagierter und aktiver Wahlkämpfer, der jeden Abend pflichtbewußt für seine Partei zu Felde zog.

Nach unserer Rückkehr aus den Vereinigten Staaten im Jahre 1973 gehörte Jitzchak weder der Armee noch der Regierung an – er kandidierte lediglich für die Knesset. Er pflegte darüber zu witzeln, daß er Ex-Soldat und Ex-Botschafter war. Es sah zunächst nicht so aus, als würde er einen begehrenswerten Kabinettsposten bekommen, und so erweiterte er die Liste seiner Referenzen um die Qualifikation als »Ex-Kandidat für das Kabinett«. Inzwischen schien es aber so, als sei ihm ein Ministerium sicher, wenn auch noch nicht klar war, welches. Die Jahre in den Vereinigten Staaten hatten den Übergang in die Politik leichter gemacht. Als die Listenplätze für die Wahl in die Knesset festgelegt wurden*, ließ sich Jitzchak auf Platz 20 setzen – weder zu weit oben noch zu weit unten.

Die Arbeitspartei gewann die Wahl zwar, doch ihr Stimmenanteil sank von 46 auf 39 Prozent. Entsprechend schrumpfte ihre Anzahl der Sitze im Parlament. Jitzchak gewann ein

---

* In Israel stellt jede Partei eine Wahlliste auf. Aufgrund des Verhältniswahlsystems haben die Kandidaten auf den ersten Listenplätzen die besten Aussichten auf einen Sitz in der Knesset.

206

Mandat in der Knesset. Als Mosche Dayan sich sträubte, dem neuen Kabinett beizutreten, sah es einen Moment lang so aus, als würde Jitzchak möglicherweise Verteidigungsminister werden. Diesen Posten hätte er liebend gerne übernommen. Dayan war zurückgetreten, weil ihm die Veteranen vorwarfen, er habe die Vorbereitungen für den Jom-Kippur-Krieg falsch angepackt. Er war alles andere als begeistert, wieder in das Kabinett einzutreten. Schließlich übernahm Dayan doch das Verteidigungsressort, und Jitzchak wurde zum Arbeitsminister ernannt.

Jitzchak arbeitete sich nach und nach in sämtliche Bereiche des Arbeitsministeriums ein und stellte sich voller Enthusiasmus der Herausforderung, die sich ihm bot. Die konkreten Inhalte seiner Tätigkeit begeisterten ihn, doch er nutzte sie auf seine typisch rationelle Weise, um eine spezielle Kompetenz auf einem Gebiet zu erwerben, auf dem er sich relativ wenig auskannte. Von da an konnte er jeden Monat berichten, wie sich die Zahl der neu eingetroffenen Einwanderer, zum Beispiel nach Berufen aufgeteilt, zusammensetzte. Meist lächelte er über den stetigen Zustrom von Bergbauingenieuren aus der Sowjetunion – Israel besitzt keine einzige Kohlenzeche! Er wußte, daß diese Neuankömmlinge nur etwas Zeit brauchten, um neue Fertigkeiten zu erlernen.

Die Arbeitspartei hatte zwar die Wahl gewonnen, doch das Kabinett bekam die Unzufriedenheit im Land stark zu spüren. Die Demonstrationen auf den Straßen richteten sich hauptsächlich gegen Mosche Dayan. Dem schneidigen Kriegshelden, der 1967 als so charismatisch dargestellt worden war, warf man inzwischen vor, die israelische Armee heruntergewirtschaftet und die Vorboten des Krieges falsch eingeschätzt zu haben. Manche behaupteten, die Bar-Lew-Linie sei eine »Falle« gewesen, weil sie ein falsches Gefühl der Sicherheit erzeugt habe. Andere wollten wissen, ob der Geheimdienst so leistungsfähig war, wie er hätte sein können.

Jitzchak diskutierte nie in dieser Weise mit mir über den Krieg – er gehörte damals seit fünf Jahren nicht mehr der Armee an –, doch er war zutiefst überzeugt, daß der politischen Ebene eine ebenso große, wenn nicht sogar größere Verantwortung zukam wie der militärischen.

Ein Untersuchungsausschuß – die Agranat-Kommission (benannt nach Schimon Agranat, dem Richter am Obersten Israelischen Gerichtshof) – sollte feststellen, ob Versäumnisse der Militärs für die Verluste des Jom-Kippur-Krieges verantwortlich waren. Es war nicht Aufgabe der Kommission, über die Verantwortlichkeit der Regierung zu befinden. Dayan hatte dies so gewollt, damit ihn auf keinen Fall irgendwelche Vorwürfe trafen, doch die Bevölkerung gab ihm trotz allem die Schuld. In dem Bericht der Kommission wurde die ganze Verantwortung auf das Militär abgewälzt. General Elazar hatte keine andere Wahl – er mußte sein Amt niederlegen. Jitzchak war empört und verlangte eine Revision des Berichts. Wie war es möglich, daß der Untersuchungsausschuß dem Generalstabschef die alleinige Schuld gab? War dies die Art von Rückendeckung, die der Generalstabschef von der israelischen Regierung zu erwarten hatte? Als Elazar die Kabinettssitzung unter Protest verließ, war Jitzchak der einzige Minister, der mit ihm ging.

Golda Meir – das muß man ihr zugute halten – zog sich in der Frage der letztendlichen Verantwortung für das Desaster nicht so leicht aus der Affäre. Angesichts öffentlicher Proteste gab sie am 11. April 1974 ihren Rücktritt bekannt. Das Kabinett – einschließlich Jitzchak und Mosche Dayan – trat mit ihr zurück. Goldas Regierung war knapp einen Monat im Amt gewesen. Es war nicht erforderlich, Neuwahlen auszuschreiben. Die Arbeitspartei war noch immer an der Macht. Die Frage war, wer neuer Ministerpräsident werden würde.

Man rechnete damit, daß das Zepter in die Hand von Finanzminister Pinchas Sapir ginge, der damals der stärkste Mann im Kabinett war, doch er riß sich nicht um den Job. Eines Abends kam Jitzchak mit der Neuigkeit nach Hause: »Komisch, Sapir behauptet, ich sei sein Favorit für das Amt des Ministerpräsidenten.« Wir konnten es beide nicht so recht glauben. Was mochte Pinchas Sapir dazu bewogen haben, den Königsmacher zu spielen, anstatt das Amt des Ministerpräsidenten selbst anzustreben? War es Jitzchaks Führungsrolle im Sechstagekrieg? War es die Tatsache, daß er einer der wenigen populären Parteiführer war, dem nicht die Schande des Jom-Kippur-Krieges anhaftete? Oder war es, weil Jitzchak und Sapir sich in ihrer zurückhaltenden, selbstlosen und patriotischen Art so sehr ähnelten? Wir wußten es nicht. Wir wußten nur: Falls Sapirs Unterstützung ernst gemeint war, blieb als einziger Konkurrent offensichtlich nur Schimon Peres, der ein enger Vertrauter Dayans gewesen war und der sich sofort zu Jitzchaks Gegenkandidaten erklärte. Obwohl sie sich ganz klar als Rivalen betrachteten, einigten sich Jitzchak und Peres darauf, daß der Verlierer auf jeden Fall den zweitwichtigsten Posten, nämlich das Verteidigungsministerium, besetzen sollte.

Die Arbeitspartei mußte in einer internen Abstimmung des Zentralkomitees entscheiden, wer Golda Meirs Nachfolger als Parteiführer und Ministerpräsident werden sollte. Einer der stärksten Faktoren, die sich gegen Schimon Peres auswirkten, war seine angeblich enge Verbindung zu Mosche Dayan. Nach der Tragödie des Jom-Kippur-Krieges bestanden starke Vorbehalte gegen Dayan.

Sapirs Zustimmung bedeutete keineswegs, daß Jitzchaks Ernennung garantiert war. Er mußte einiges tun, um sich die Unterstützung der Partei aufgrund eigener Verdienste zu sichern. Ein kleines Häuflein von Freiwilligen stand ihm zur Seite. An Hunderte von Menschen mußte man sich wenden, was Jitzchak gar nicht so leichtfiel, da er von Natur aus schüchtern war und andere ungern um einen Gefallen bat.

Alles mußte innerhalb von Wochen über die Bühne gehen. Schnell, schnell, schnell!

Ezer Weizman, der damals dem rechten Likud-Block angehörte, gab sich die größte Mühe, Jitzchaks Kandidatur um das Amt des Ministerpräsidenten zu hintertreiben, indem er Berichte in Umlauf brachte – zunächst innerhalb der Arbeitspartei und dann in der Presse –, wonach Jitzchak kurz vor dem Sechstagekrieg einen Zusammenbruch erlitten habe. In seinen Memoiren sprach Jitzchak davon, daß Weizman »seine Bombe hochgehen« ließ. Drei Generäle und Jitzchaks Arzt, Dr. Eliahu Gilon, widerlegten Weizmans Behauptung. Eine weit größere Hürde auf Jitzchaks Weg an die Spitze war die Behauptung, er sei ein politischer Grünschnabel. Außer jenem Monat im Amt des Arbeitsministers verfügte Jitzchak über keinerlei Erfahrung in der Welt gewählter Politiker. Doch vielleicht war dies sein größter Vorzug. Seine Verdienste – vor allem seine Ehrlichkeit und seine Selbstlosigkeit – waren unbestritten.

In der vorletzten Nacht vor der Abstimmung träumte ich, ich säße in einer politischen Versammlung neben einer Knessetabgeordneten namens Nava Arad, die zur Gruppe der Jitzchak-Anhänger gehörte; das Wahlergebnis blieb in meinem Traum jedoch unklar. Am Montag, den 22. April 1974, erfuhr ich zusammen mit einigen Freunden aus dem Radio die Meldung: Jitzchak war in der Geheimabstimmung des Zentralkomitees der Arbeitspartei mit der Bildung der neuen Regierung beauftragt worden. Wer mich als erstes anrief und mir gratulierte, war unsere Freundin Nava! Jitzchak gewann mit einer Mehrheit von 44 Stimmen. Ich weiß noch, wie ich Nava fragte: »Nur 44 Stimmen?« Sie sagte, das sei nicht entscheidend; für einen Sieg genüge eine einzige Stimme. Nun war es gewiß, daß die Knesset Jitzchak zum nächsten Ministerpräsidenten Israels wählen würde. Beinahe über Nacht sollte der Held, der nicht dabei war, Leitfigur des Landes werden. Jitzchak war überrascht und verwirrt – nicht unglücklich, aber skeptisch. Ich war verblüfft und begeistert zugleich. Zahllose Telegramme und Blumen trafen ein. Das Telefon klingelte unentwegt. Wir waren jedoch beide viel zu nüchtern und realistisch, um uns von der Euphorie überwältigen zu lassen.

Nach Jitzchaks Wahl mußten in aller Eile einige politische Ämter besetzt werden. Jigal Allon sollte als Nachfolger Abba Ebbans Außenminister werden; Schimon Peres wurde zum neuen Verteidigungsminister ernannt. Peres hatte zwar nie in der Armee gedient, doch er war bereits stellvertretender Verteidigungsminister gewesen. Seine Ernennung schien damals notwendig zu sein, um innerhalb der Partei ein Bündnis zur Bildung der Regierung zu schmieden. Jitzchak bereute später, Peres ins Kabinett berufen zu haben, da Peres über keinerlei Fronterfahrung in der israelischen Armee verfügte und verschiedene strategische Vorschläge machte, die Jitzchak nicht billigte.

Es war nicht leicht, eine Koalitionsregierung zu bilden. Am 3. Juni 1974 stellte Jitzchak dem israelischen Staatspräsidenten die Kandidaten für sein Kabinett vor. Nachdem Jitzchak in einer Rede vor der Knesset sein Regierungsprogramm und seine Ministerliste vorgelegt hatte, folgte eine elfstündige Debatte – was nach israelischen Maßstäben nicht besonders lang ist. Auch damals waren unsere amerikanischen Freunde Norman und Diane Bernstein bei uns – sie waren extra zur Vorstellung des Kabinetts nach Israel gereist. Nach der Marathonsitzung wollte Diana unbedingt zur Klagemauer in der Altstadt von Jerusalem gehen, um ein zusammengerolltes Stück Papier zwischen die Steine zu stecken. Dem Brauch nach ist dies die wirksamste Art, göttlichen Beistand zu erbitten. Hat es funktioniert? Wer weiß? Ich weiß nur, daß Jitzchaks Regierungsentwurf angenommen wurde und er der fünfte israelische Ministerpräsident wurde. Er krempelte die Ärmel hoch und machte sich an die Arbeit.

Nicht wenige waren besorgt über Jitzchaks mangelnde Erfahrung in Fragen der Parteipolitik. Er mag sich in der Landesverteidigung und in der internationalen Diplomatie ausgekannt haben, doch wie würde er mit der Innenpolitik zurechtkommen? Einer seiner besten Ratgeber war Jehoshua Rabinowitz, der Finanzminister im Kabinett. Jeden Samstagmorgen fand sich der einstige Bürgermeister von Tel Aviv mit seinem steifen Hut und seinem kleinen Notizbuch in der Hand zuverlässig bei uns zu Hause ein. Ich pflegte zu sagen: »Jehoshua ist zum Morgengebet gekommen.« Beten war durchaus angebracht. Der finanzielle Verlust, den der Jom-Kippur-Krieg verursacht hatte, war genauso groß wie der gesamte israelische Staatshaushalt des Jahres 1973. Jitzchak war überzeugt, daß ein Finanzminister die massive Unterstützung des Ministerpräsidenten brauche, um erfolgreich zu sein. Sie arbeiteten eng zusammen, quasi Hand in Hand, und die Resultate konnten sich tatsächlich sehen lassen.

Jitzchak verordnete eine Reihe von Sparmaßnahmen, unter anderem die Abwertung der Währung und die Beschränkung von Importen und überflüssigen Ausgaben. Er tat, was er konnte, um Stellen aus dem öffentlichen Sektor in den privaten zu verlagern, um Investitionen im Bildungsbereich anzukurbeln und in der Landwirtschaft Beschäftigte dazu zu bewegen, sich in der Industrie neu zu orientieren. Jitzchak wußte, daß es langwierig und schwierig sein würde, die israelische Wirtschaft zu sanieren, daß es aber unumgänglich war. Die Öffentlichkeit sah dies nicht so ohne weiteres ein, und so kam es zu einer Reihe von Streiks. Jitzchak versuchte einerseits, das Wachstum zu stimulieren, andererseits bemühte er sich, mit einer drastischen Steuerreform die Lücke in der Zahlungsbilanz zu schließen; er sicherte die Sozialversicherung ab, um die Armen zu unterstützen, und versuchte, das Wohlstandsgefälle abzubauen, das immer größer und besorgniserregender wurde. Inzwischen waren in der israelischen Landwirtschaft und Industrie einige Firmen zu großem Reichtum gelangt, und die Oberschicht trat immer mehr in Erscheinung.

Trotz seiner mangelnden Erfahrung bemühte sich Jitzchak eingehend um die Lösung der sozialen und wirtschaftlichen Probleme der siebziger Jahre – der Steuerflucht, der Korruption und der ökonomischen Ungleichheit zwischen den Gesellschaftsschichten. Ein Beispiel war die Forderung der Angestellten im öffentlichen Dienst nach verkürzten Sommerarbeitszeiten. Die Büroangestellten verlangten, daß der Arbeitstag um 15 Uhr endete. Jitzchak entgegnete erbittert: »Wieso beanspruchen die Beschäftigten, die in Büros mit Klimaanlagen sitzen, Sommerarbeitszeiten, während die Arbeiter, die in den Fabriken an glühenden Schmelzöfen stehen, von einem solchen Luxus nicht einmal träumen würden?«

In seiner ersten Amtszeit als Ministerpräsident gab es einige Leute (sowohl innerhalb als auch außerhalb der Regierung), die unentwegt Jitzchaks mangelnde Erfahrung in inneren Angelegenheiten ausschlachteten. Man kann nicht behaupten, er habe in den dreieinhalb Jahren seiner ersten Amtsperiode keine Erfolge aufzuweisen gehabt. Die gab es. Zunächst einmal war das Kabinett sichtlich verjüngt worden. Außerdem waren fast alle Minister *Sabras*. Die Ära der »Gründungsväter« war vorbei. Jitzchak war erst zweiundfünfzig, als er Ministerpräsident wurde – bis dahin der jüngste in der Geschichte Israels. Die meisten anderen neuen Mitglieder des Kabinetts waren ebenfalls in den Fünfzigern. Das war eine große Neuerung für Israel, das bislang von »Giganten«, wie wir sie nannten, regiert worden war.

*

Unsere kleine Kernfamilie veränderte sich ebenfalls entscheidend. Dalia war Ende 1968 in die Armee eingetreten und hatte 1971 mit dem Jurastudium begonnen. 1972 heiratete sie und brachte zwei Kinder zur Welt – Jonatan (1974) und Noa (1977). Unser Sohn Juwal war Mitte der siebziger Jahre ebenfalls in der Armee und absolvierte den zweiten Teil seines Wehrdienstes.

Im Dezember 1973, als Jitzchak für die Knesset kandidierte, zogen wir in eine Wohnung in der Harav-Ashi-Straße im Tel Aviver Vorort Neve Avivim. Nach Jitzchaks Wahl behielten wir das Apartment in Tel Aviv als Privatwohnung. Als er am 24. Juni 1974 Ministerpräsident wurde, hatten wir die Wahl zwischen zwei Regierungsresidenzen in Jerusalem – Golda Meirs und Abba Ebbans. Die Wohnsitze der Regierungschefs in Israel sind nicht unbedingt vergleichbar mit dem Weißen Haus oder Nr. 10 Downing Street. Unter den beiden bereitstehenden Wohnungen entschieden wir uns für die von Abba Ebban, der sein Amt als Außenminister zur Verfügung stellte. Dieses Haus befand sich in einem weit besseren Zustand und erforderte keine so kostspielige Renovierung, doch es dauerte Monate, bis Ebban in sein neues Domizil einziehen konnte, und so wohnten wir vorübergehend im King David Hotel, einem der schönsten Hotels der Welt, in dem wir viele offizielle Empfänge gaben.

Jitzchak war erst wenige Wochen im Amt, als Richard Nixon auf dem Höhepunkt des Watergate-Skandals zu Besuch kam. Er war der erste amerikanische Präsident, der Israel einen Besuch abstattete. Nixon war in arger Bedrängnis. Keine zwei Monate später, im August 1974, trat er zurück. Jitzchak war äußerst besorgt darüber, einen US-Präsidenten zu verlieren, der sich so sehr für die Interessen Israels eingesetzt hatte. Nixon wurde von einer jubelnden Menschenmenge begrüßt und bei einem Staatsbankett gefeiert. Zu Hause mochte Nixon in der Klemme gesteckt haben, doch durch seinen zuverlässigen Beistand während des Jom-Kippur-Krieges hatte er sich einen Platz im Herzen der Israelis erobert. Trotz der Watergate-Affäre machte er einen gefaßten Eindruck und hielt eine ausgezeichnete Rede bei dem Essen in der Knesset.

Als Jitzchak im September 1974 seine erste Amerikareise in seiner Funktion als Ministerpräsident unternahm, war Gerald Ford Präsident der Vereinigten Staaten. Der Besuch in Washington war aufregend und hatte etwas von einer Heimkehr. Ich begleitete Jitzchak auf der Reise. Wir wohnten zum erstenmal im Blair House, was ein unvergeßliches Erlebnis war. Das Haus wurde von einer Dame seit Jahren auf vorbildliche Weise geführt. Alles war blitzsauber. Das Tafelsilber glänzte. Die Räume waren voll von wunderschönen Antiquitäten. Man gab uns das Gefühl, völlig frei über das Haus verfügen und Freunde und Gäste einladen zu können, wann und wie wir wollten. Die Atmosphäre im Blair House änderte sich wenig, als die Hausherrin in den Ruhestand ging. Wir sollten noch viele Male im Blair House absteigen und fühlten uns jedesmal wieder wie zu Hause.

Betty Ford führte mich – zusammen mit Vivian Dinitz, der Frau des israelischen Botschafters Simcha Dinitz – durch das Weiße Haus, das wir bereits kannten, doch diesmal zeigte man uns Richard Nixons privates Arbeitszimmer. In dem Raum roch es ungewöhnlich stark nach Rauch. Während der Watergate-Krise, die einen Monat zuvor mit Nixons Rücktritt geendet hatte, schloß sich der Präsident in dieses Refugium ein, entfachte im Kamin ein loderndes Feuer und ließ gleichzeitig die Klimaanlage auf Hochtouren laufen. Der Geruch war so stark, als hätte erst am Abend zuvor ein Feuer gebrannt.

Nach einem Essen im Weißen Haus anläßlich dieses Staatsbesuchs forderte Betty Ford Jitzchak zum Tanzen auf. Es war eine Premiere – Jitzchak mied das Parkett; selbst als Botschafter hatte er sich erfolgreich davor gedrückt, das Tanzbein zu schwingen. Er versuchte, Ausflüchte zu machen und sich damit herauszureden, er könne nicht tanzen und er fürchte, ihr auf die Zehen zu treten. Sie ließ jedoch nicht locker, und Jitzchak schlug sich wacker – er hatte tatsächlich noch nie in seinem Leben getanzt. Als ich über die Schulter meines Tanzpartners, Präsident Ford, zu Jitzchak schaute, sah ich, wie Henry Kissinger ihm zu Hilfe kam und ihn zu einer Unterredung bat. Während desselben Besuchs gab Nancy Kissinger mir zu Ehren ein Essen auf einer Jacht auf dem Potomac. Wir kannten Nancy lange bevor sie und Henry Kissinger heirateten, und wir fanden sie immer sehr sympathisch.

Unser erster Staatsbesuch diente auch wichtigen diplomatischen Zwecken. Jitzchak sprach mit Gerald Ford (den er bereits kannte, als dieser noch Fraktionsführer der Minderheitspartei im Repräsentantenhaus war) über die Fortsetzung der amerikanischen Unterstützung für Israel. Jitzchak betonte, daß Israel nur aufgrund einer klaren, langfristigen Übereinkunft über Waffenlieferungen seine zukünftigen Ausbildungserfordernisse und sein gesamtes militärisches Programm planen könne. Ferner unterstrich er, daß Israel für jedes »Stück Land«, das es in Verhandlungen mit seinen Nachbarn aufzugeben bereit wäre, ein sicheres »Stück Frieden« fordere. Es war ein Glück für Jitzchak und für Israel, daß Henry Kissinger auch unter Präsident Ford Außenminister blieb. Auf diese Weise war zwischen dem Rücktritt Nixons und der Wahl Carters die Kontinuität in der Nahostpolitik gewahrt.

Vivian Dinitz gab mir zu Ehren ein Mittagessen im Israel-Raum des Kennedy Center. Unter den Gästen war auch die Frau des Obersten Bundesrichters Warren Burger. Ich war noch tief beeindruckt von einem Besuch in einem Zentrum für autistische Kinder in Ellicot City, Maryland. In Israel habe ich mich sehr für wohltätige Einrichtungen zugunsten von Autisten eingesetzt. Als ich begeistert von der Besichtigung erzählte, meinte Mrs. Burger: »Ihr Juden … ihr seid doch so intelligent! Ich kann mir gar nicht vorstellen, daß Sie mit so etwas Probleme haben.« Ich traute meinen Ohren nicht. Was hat Autismus mit Rasse oder Intelligenz zu tun? Im Laufe der Jahre bin ich jedoch dahintergekommen, daß jeder Kommentar, der mit »Ihr Juden …« beginnt, zwangsläufig mit einer ziemlich unhaltbaren Aussage endet.

Betty Ford lernte ich als einen warmherzigen, einfühlsamen und bescheidenen Menschen kennen, obwohl sie unter schrecklichen Schmerzen litt, die jene Medikamentenabhängigkeit verursachten, über die in der Presse soviel Wind gemacht wurde. Jitzchak und ich fanden die Fords sehr sympathisch. Er war ein ehrlicher und prinzipientreuer Präsident. Jitzchak und Ford hatten einen guten Draht und entwickelten eine gute Arbeitsbeziehung.

*

1974 war die jährliche Inflationsrate auf über fünfzig Prozent gestiegen. Die israelische Wirtschaft konnte sich nur in einem dauerhaften Frieden wieder erholen. Jitzchak war überzeugt, daß ein Frieden mit Ägypten die Grundlage für jedes langfristige Friedensabkommen im Nahen Osten bilden mußte.

Für eine Aussöhnung mit Ägypten mußte Jitzchak eine persönliche Brücke zu Anwar el-Sadat bauen. Sadats Vorgänger, Gamal Abdel Nasser, war für die Israelis der Inbegriff des Feindes der Juden gewesen. Jitzchak war Nasser während des Unabhängigkeitskrieges sogar persönlich begegnet. Damals war Nasser Offizier einer ägyptischen Einheit, die sich in Irak-Sudan einem israelischen Kommando ergab, dem Jigal Allon und Jitzchak angehörten. Als Jitzchak erklärte, wie es den Israelis gelungen war, die Briten ein für allemal aus Palästina zu vertreiben, meinte er bewundernd zu Jitzchak:

»Wir kämpfen wohl am falschen Ort und zur falschen Zeit gegen den falschen Feind.« Anwar el-Sadat wurde 1970 Nassers Nachfolger im Amt des ägyptischen Präsidenten, nachdem Nasser überraschend an einem Herzinfarkt gestorben war. Zu Nassers Lebzeiten galt Sadat allgemein als dessen treuer Handlanger, doch nach Nassers Tod zeigte er plötzlich sein wahres Format. Er brachte die ägyptische Wirtschaft auf Vordermann und begann sich allmählich von der Position der Arabischen Liga zu lösen.

Im Jahre 1975 bemühte sich Jitzchak, gemeinsam mit Henry Kissinger und Außenminister Jigal Allon, auf diplomatischer Ebene um ein vorläufiges Abkommen mit Ägypten, in dem für Nichtangriffsgarantien begrenzte territoriale Zugeständnisse gemacht wurden. Dieses Abkommen entsprach nicht ganz einem offiziellen Friedensvertrag, doch es sollte einen wichtigen Schritt auf dem Weg zum Frieden zwischen unseren beiden Ländern darstellen. Selbst damals war die Öffentlichkeit geteilter Meinung über jegliche Art von Konzessionen, um Frieden mit den Arabern zu schließen. Auf den Straßen von Jerusalem und Tel Aviv wurde demonstriert: »Kissinger, go home!« und »Rabin, go home!«.

Jitzchak wußte Kissingers Beobachtungsgabe sehr zu schätzen. Kissinger war mit den Führern der arabischen Welt persönlich bekannt; die israelischen Politiker kannten sie nur dem Ruf nach. Er half uns, ihr Wesen und ihre Motive zu verstehen und uns besser auf ihre Reaktionen auf gewisse Gesten oder Vorschläge einzustellen. Zum Beispiel wußte Kissinger am Ende des Jom-Kippur-Krieges genau, daß es unklug wäre, Anwar el-Sadat völlig zu schlagen: Dies hätte eine Demütigung bedeutet, die sich bei späteren Friedensverhandlungen als Hindernis erweisen mußte. Das diplomatische Gespür, das Kissinger bewies, indem er Sadat sein Gesicht wahren ließ, wurde in Israel völlig mißverstanden. Die Israelis verstanden nicht, wieso Kissinger zuließ, daß die

Ägypter ihre Dritte Armee retteten, die Israel in den letzten Stunden des Jom-Kippur-Krieges zu vernichten drohte. Viele Israelis betrachteten Kissinger als Verräter. Für Jitzchak hingegen war Kissinger ein »Virtuose« am Verhandlungstisch – bisweilen sogar ein brillanter –, und er wußte, daß die Geschichte beweisen würde, welch bedeutenden Beitrag Kissinger zum Frieden und zur Sicherheit Israels leistete.

Keine Phase in ihren gemeinsamen Bemühungen um Frieden im Nahen Osten war so intensiv wie das Marathon der Pendeldiplomatie im Frühjahr 1975. Ich glaube, es ist verständlich, daß Kissinger, der selbst Jude ist, stets für die Interessen Israels eintrat. Dennoch bemühte er sich, so wenig wie möglich seine Gefühle zu offenbaren. Er war ein unparteiischer Vermittler zwischen Israel und den arabischen Ländern, was uns Israelis bisweilen rasend machte. Doch letzten Endes wurde er dadurch für alle Parteien glaubwürdiger. Manchmal wurde der Dialog zwischen ihm und Jitzchak recht hitzig. Beide Seiten wendeten gelegentlich auch Tricks an. Als es sich die amerikanischen Diplomaten zum Beispiel zur Gewohnheit machten, am Vormittag in Kairo zu konferieren und nachmittags nach Israel zu reisen, pflegten Jitzchak und die anderen Mitglieder des israelischen Verhandlungsteams vor ihren Treffen mit den Amerikanern lange auszuschlafen. Sie blieben dann bis tief in die Nacht rege und munter, während der gewöhnlich energiegeladene Dr. Kissinger müde wurde und Feierabend machen wollte.

Im März 1975 erreichten die Verhandlungen einen toten Punkt. Man konnte sich nicht darüber einigen, wie weit sich Israel aus dem Sinai zurückziehen sollte. Kissinger fühlte sich nicht in der Lage, mit einem akzeptablen Kompromiß nach Kairo zurückzukehren. Er gab Israel die Schuld am Scheitern der Verhandlungen, in denen es weitgehend um die Definition des Begriffs kriegerischer Aggression ging, doch Jitzchak widersprach ihm und machte die »Unnachgiebigkeit Ägyptens« dafür verantwortlich. Die Gespräche befanden sich jedenfalls in einer Sackgasse. Jitzchak und Kissinger kamen vor der Abreise des Außenministers zu einem privaten Treffen am Flughafen zusammen. Während sich die beiden unterhielten, sprach ich mit den Journalisten Marvin Kalb und Marilyn Berger, die beide die Hoffnung äußerten, Israel möge keine allzu harte Linie verfolgen und keinen Krieg provozieren. In seiner vertraulichen Unterredung mit Kissinger machte Jitzchak eine ungewöhnlich gefühlsbetonte Bemerkung, wie ich später erfuhr: »Ich fühle mich für jeden israelischen Soldaten verantwortlich – fast so, als wäre er mein Sohn«, gestand er. »Sie wissen, daß mein eigener Sohn einen Panzerzug an der Front im Sinai kommandiert. Der Mann meiner Tochter befehligt dort ein Panzerbataillon. Falls es zum Krieg kommt, weiß ich, was sie erwartet. Doch Israel kann dieses Abkommen zu den gegenwärtigen Bedingungen nicht akzeptieren, und ich kann nichts tun, als die schwere Last der Verantwortung zu tragen – die nationale wie die persönliche.« Als Kissinger vor seinem Abflug zur Presse sprach, klang seine Stimme tiefbewegt, und seine Augen waren feucht. War es die Anspannung? Die Gefahr eines Krieges? War es das angekratzte Ego? Bis zum heutigen Tag weiß ich nicht genau, was seine Gefühlsregung verursachte. Vielleicht war es Jitzchaks düsterer Realismus. Vielleicht aber auch Kissingers tiefe Enttäuschung darüber, daß sein guter Freund Jitzchak bereit war, ihn in diesem entscheidenden Augenblick im Stich zu lassen.

*

Im Juli 1975 fand in Mexico City eine internationale Konferenz zum Jahr der Frau statt. Das israelische Außenministerium hatte erfahren, daß Jihan Sadat, die Frau von Präsident

Sadat, die ägyptische Delegation anführen würde, woraufhin man mich bat, die israelische zu leiten. Diese Gelegenheit, Brücken zu bauen, durfte nicht ungenutzt bleiben, zumal die Kluft zwischen entwickelten Ländern (einschließlich Israels) und der dritten Welt immer breiter wurde. Vor dem Hintergrund des verarmten Mexiko wurde dies besonders deutlich. Der Zionismus wurde als böse Macht in internationalen Angelegenheiten abgestempelt. Die PLO – die damals eine weitaus radikalere und destruktivere Terrororganisation war als die PLO von heute – wurde dagegen bei den Vereinten Nationen förmlich hofiert. Arafat wurde wie ein Staatsmann und Held empfangen, als er 1974 – mit dem Halfter für seine Beretta – vor die Generalversammlung der Vereinten Nationen trat und eine Ansprache hielt. Trotz ihrer abscheulichen Terroranschläge war die PLO zu jener Zeit in linken und liberalen Kreisen so etwas wie eine *Cause célèbre* geworden. Im selben Monat verabschiedete die UNO zwei Resolutionen, die den Palästinensern das Recht auf Selbstbestimmung garantierten und der PLO einen Beobachterstatus bei den Vereinten Nationen einräumten.

Unmittelbar nach meiner Ankunft in Mexiko und während meines gesamten Aufenthalts bemühten sich die Medien, eine Begegnung zwischen Mrs. Sadat und mir zu inszenieren. Jede von uns gab immer wieder dasselbe zur Antwort. Ich sagte, ich hegte größte Hoffnungen, mit ihr zusammenzutreffen. Sie sagte: »Nein! Ich kann nicht mit ihr zusammenkommen. Die Israelis halten Gebiete von uns besetzt, und eine Begegnung zwischen uns beiden wird die Probleme, die unsere Nationen belasten, nicht lösen.« Ich war beeindruckt von ihrer Präsenz in den verschiedenen Sitzungen. Mein Leibwächter sagte, während der Plenarsitzungen habe sie unentwegt zu mir herübergeschaut. Im Laufe der Konferenz kam es jedoch zwischen uns zu keiner Begegnung, die irgendwelche Folgen gehabt hätte. Der Fernsehmoderator Pe-

ter Jennings wollte in seiner Sendung »Issues and Answers«
ein Interview bringen, bei dem wir beide gleichzeitig vor der
Kamera erscheinen sollten. Mrs. Sadat wollte nur einwilligen,
wenn sie und ich getrennt interviewt wurden. Sie hielt ihre
Ansprache am ersten Konferenztag. Einen Tag später reiste
sie ab, und so vertagte sich eine persönliche Begegnung, die
in Mexiko so einfach gewesen wäre, auf unbestimmte Zeit.

Als ich ein paar Tage nach Mrs. Sadats Abreise aus Mexiko
bei der Frauenkonferenz meine Ansprache halten sollte,
verließen zwei Drittel der Delegierten, einschließlich denen
des kommunistischen Blocks und der arabischen Welt (darunter die übrigen Teilnehmer aus Ägypten), den Saal. Es
blieben die Vertreter der Vereinigten Staaten, der westeuro-
päischen Länder und einiger anderer Staaten. Kurz vor Beginn der Sitzung hatte mich jemand gewarnt, daß einige Teilnehmer demonstrativ den Saal verlassen würden. Ich konnte
mich also darauf einstellen. Während ich vorgestellt wurde,
schrieb ich schnell die Einleitung zu meiner Rede um. Der
Auszug bestärkte mich bloß in meinem Entschluß zu reden.
Ich empfand eher Trauer als Wut. Auf keinen Fall ließ ich
mich einschüchtern und von meinem Vortrag abhalten. Ich
wandte mich an den UNO-Generalsekretär Kurt Waldheim
und sagte:

Herr Generalsekretär, wir werden warten, bis der »Ex-
odus« beendet ist ... Über die Meinungsverschiedenhei-
ten, die zwischen den Mitgliedsländern und Völkern be-
stehen, bin ich mir durchaus bewußt, doch die Weige-
rung, einander wenigstens zuzuhören, widerspricht all
den hehren Absichten und Zielen dieser Konferenz. Es ist
bedauerlich, daß Frauen heute noch immer allen mögli-
chen Formen der politischen Manipulation durch Männer
ausgesetzt sind und weder die Macht noch die Möglich-
keit besitzen, diese Konferenz von den politischen Wider-

*sprüchlichkeiten zu trennen, die innerhalb der Vereinten
Nationen bestehen.*

Dies löste begeisterten Beifall aus. Ich fuhr fort:

*Ich spreche im Namen der Frauen eines kleinen Landes,
die immer wieder Tränen vergossen haben über den Verlust ihrer Söhne, Brüder und Männer, die bei der Verteidigung ihres Landes gefallen sind. Der Preis, den wir für
unsere Unabhängigkeit bezahlt haben, war hoch und
das Opfer schwer. Wir sind uns bewußt, daß die Mütter
jenseits der Grenze im selben Maße leiden.*

*Die Zeit ist gekommen, wo wir gemeinsam unsere Stim-
me erheben und als Frauen, die in der Realität des Alltagslebens eingeschlossen und durch Grenzen isoliert
sind, die durch tödliche Waffen gesichert werden, den
Versuch machen, einander mehr Verständnis für unsere
Not zu zeigen. »Frieden« ist ein so einfaches Wort, doch
in unserer Region steckt es voller Illusionen. Wahrer Frieden darf nicht allein auf der diplomatischen Ebene
existieren, sondern muß sich in der Beziehung zwischen
den Völkern auf einer persönlichen und menschlichen
Grundlage ausdrücken.*

*Wir sind ein uraltes Volk. Unser Vermächtnis ist der Frie-
den. Unsere Wurzeln liegen in dem Land, aus dem die
Botschaft stammt, »Liebe deinen Nächsten …« Frieden
und Sicherheit sind vorrangige Ziele für Israel. Krieg ist
keine Lösung, das haben die letzten 27 Jahre bewiesen.
Unsere Region dürstet nach Frieden, zum Nutzen aller
Völker, die dort leben. Unsere wahren Feinde sind Armut, Analphabetismus, Krankheit und Chancenungleich-
heit. Ich appelliere an diese Konferenz: Helft uns, den
Frauen Israels, mit unseren Schwestern jenseits der Grenze zusammenzukommen; helft uns, daß aus unseren Mo-*

nologen Dialoge der Einigung und Versöhnung werden.
Denn dies ist offensichtlich der Zweck dieser internatio-
nalen Konferenz: Mauern einzureißen, den Wohlstand zu
fördern, die Ungleichheit zu beseitigen und eine bessere
Welt zu schaffen, in der wir unsere Kinder in Frieden,
Glück und Sicherheit heranziehen können.

Die stehende Ovation am Ende meiner Bemerkungen, die
Küsse und Umarmungen derjenigen, die geblieben waren
und mir zugehört hatten, entschädigten dafür, daß so viele
den Saal verlassen hatten. Dennoch wurde in einer Erklärung von 77 blockfreien Staaten, die an dieser Konferenz teilnahmen, der Zionismus immer noch als schreckliches Übel
gebrandmarkt, das »gemeinsam mit dem Kolonialismus,
Neokolonialismus, Imperialismus, der Fremdherrschaft und
Besatzung, der Apartheid und Rassendiskriminierung« auf einer Stufe stünde. Als Vertreterin des jüdischen Staates fühlte
ich mich schmerzlich betrübt über das Ereignis. Ein Großteil
der Welt floh vor dem jüdischen Volk wie vor der Pest. Das
produzierte ein starkes Gefühl der Isolation und der Ablehnung. Heute, zwanzig Jahre später, kann ich jedoch sagen,
daß ich genau dasselbe sagen und mich genauso verhalten
würde.
Der Ruf, den Israel zu jener Zeit in der Welt genoß, verschlechterte sich sogar noch: Im November 1975 verabschiedete die Generalversammlung der Vereinten Nationen die
Resolution 242, in der Israel als »das rassistische Regime des
besetzten Palästina« verurteilt wurde. Der Zionismus wurde
als »eine Form der … Rassendiskriminierung« abgetan. Jitzchak empfand dies als Schlag ins Gesicht. Die Resolution
war proarabisch, prosowjetisch und antiisraelisch. Eines war
sie seiner Meinung nach jedoch nicht, nämlich überraschend!
Trotz der Welle internationaler Ablehnung wurden die Ver-

oben: Jitzchak als Fünfjähriger mit seiner Mutter Rosa und Schwester Rachel, 1927.

rechts: Jitzchak mit dreizehn.

Jitzchak, Rachel und ihr Vater Nechemia, 1942 nach Rosas Tod.

Meine Eltern, Gusta und Fima Schloßberg, 1919 in Kopenhagen.

Meine ersten Schritte, 1929 in Königsberg.

Das erste »Porträt« von mir.

Meine Freundin Zohara, deren kurzes, heroisches Leben am Vorabend der israelischen Unabhängigkeit tragisch endete.

Jitzchak und ich kurz nach unserer Vermählung im Sommer 1948.

Jitzchak und Jigal Allon im Januar 1949, zur Zeit des Unabhängigkeitskrieges, in der Wüste Negev.

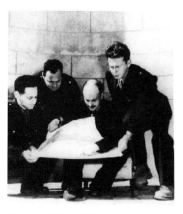

Bei den Waffenstillstandsverhandlungen mit Ägypten, 1949 in Rhodos *(von links nach rechts):* Jechoschafat Harkavi, Aryeh Simon, Jigal Jadin und Jitzchak.

Der stolze Vater mit der kleinen Dalia, 1953 in Camberley.

David Ben Gurion gratuliert Jitzchak zur Ernennung zum Stabschef der israelischen Streitkräfte, 1964.

Jitzchak und unser Sohn Juwal bei einer Parade zum Unabhängigkeitstag 1964.

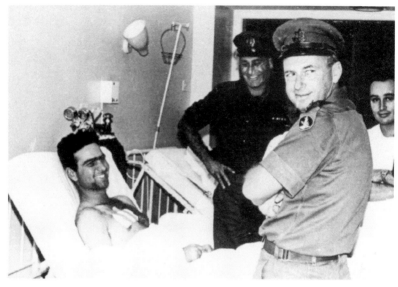

Besuch bei einem verwundeten Soldaten nach dem Sechstagekrieg. Im Hintergrund in Uniform Jeschajahu Gawisch, Befehlshaber über das Kommando Süd.

Empfang der Ehrendoktorwürde der Hebräischen Universität auf dem Berg Skopus wenige Wochen nach dem Sieg von 1967.

Der israelische Botschafter mit Präsident Richard Nixon im Weißen Haus.

Mit Henry Kissinger und Golda Meir bei einem Empfang anläßlich des Besuchs der Ministerpräsidentin in Washington im Jahre 1973.

Das einzige Foto, das Jitzchak beim Tanzen zeigt – mit Betty Ford 1974 im Weißen Haus (*links*).

Ich hatte in Präsident Gerald Ford einen weitaus gefälligeren Tanzpartner (*rechts*).

Jitzchak während seiner ersten Amtszeit als Ministerpräsident mit dem ehemaligen Finanzminister Pinchas Sapir, 1975 bei der Übergabe zweier Thorarollen an eine Synagoge. Es war ein sehr heißer Tag, doch Sapir bestand darauf, die schwere Thora zu tragen. Wenige Minuten nach dieser Aufnahme brach er zusammen und starb an einem Herzinfarkt.

Der liebevolle Großvater mit dem kleinen Jonatan, 1975.

Auf dem Weg zum Frieden

Mit Präsident Bill Clinton 1995 im Weißen Haus (*links*); der berühmte Händedruck mit Jassir Arafat im September 1993 (*unten*); bei der Unterzeichnung des Friedensvertrags mit dem jordanischen König Hussein im Juli 1994 (*rechts*); *Gegenüberliegende Seite:* bei der Verleihung des Prinz-von-Asturien-Preises für Internationale Zusammenarbeit im Oktober 1994 in Spanien, mit König Juan Carlos und Königin Sofia sowie Jassir und Sua Arafat (*oben*); Königin Nur, Hillary Clinton und ich auf dem Rasen des Weißen Hauses (*Mitte*); Jitzchak, Schimon Peres und Jassir Arafat im Dezember 1994 bei der Verleihung des Friedensnobelpreises in Oslo (*unten*).

Mit US-Präsident George Bush in Kennebunkport, Maine (*oben*); mit Bundeskanzler Helmut Kohl in Jerusalem (*rechts*).

Nächste Seite:
auf der Chinesischen Mauer (*großes Bild*); Überreichung eines antiken Gefäßes an Papst Johannes Paul II. im Vatikan (*oben*); Jitzchak im April 1993 in Polen bei einer Rede anläßlich des 50. Jahrestages des Aufstands im Warschauer Ghetto (*unten*).

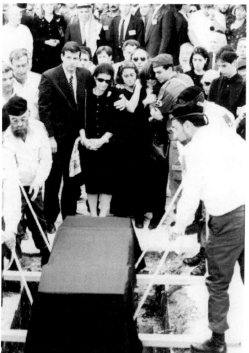

oben: Singen des »Friedensliedes« bei der Kundgebung auf dem Platz der Könige Israels am 4. November 1995, wenige Minuten bevor die tödlichen Schüsse fielen.

links: Die Beisetzung auf dem Herzlberg. Neben mir (*von links nach rechts*): Juwal, Noa, unser Schwiegersohn Awa Pelossof, Dalia und die Enkel Jonatan und Michael. Hinter uns stehen König Hussein und Königin Nur.

Jassir Arafats Besuch in unserem Haus während der *Schiwa*. Zwischen uns sitzt Jossi Genosar, Jitzchaks ehemaliger »heißer Draht« zu Arafat.

Kundgebung der »Generation der Kerzen« an der Stelle der Ermordung während der dreißigtägigen Trauerzeit.

Inspiriert durch ihren Großvater, trat Noa in dem Jahr nach Jitzchaks Tod eine Offiziersausbildung an. Bei einer Abschlußfeier im Oktober 1996 brach sie in Tränen aus, als der Redner an Jitzchaks Erbe erinnerte.

Mein Lieblingsbild von Jitzchak.

träge des Interimsabkommens zwischen Israel und Ägypten schließlich am Ende des Sommers, am 4. September 1975, unterzeichnet. Dem Abkommen zufolge sollten Teile des Sinai und seiner Ölfelder an Ägypten zurückgegeben und der Suezkanal wieder geöffnet werden. Israel willigte ein, sich weitere achtzehn Meilen aus dem Sinai zurückzuziehen und die Pässe Mital und Gidi freizugeben. Ägypten übernahm vier Meilen der besetzten Gebiete. Die Vorteile dieses Abkommens für Israel waren ebenfalls offensichtlich. Die amerikanischen Waffenlieferungen an Israel, die unterbrochen worden waren, kamen wieder in Gang. Damit war insbesondere der Nachschub an wichtigen F-16-Bombern gesichert. Das Zwischenabkommen mit Ägypten von 1975 führte letztlich zu Sadats historischem Besuch in Jerusalem im Jahre 1977 und schließlich zu den Camp-David-Verhandlungen Ende 1978 und zur Unterzeichnung eines Friedensvertrags zwischen Ägypten und Israel im März 1979. Mit seiner Pionierarbeit beim Zustandekommen des Interimsabkommens bewies Jitzchak sein dauerhaftes Engagement für den Frieden und sein unentwegtes Streben nach der Schaffung von Grundlagen, auf denen der Frieden Bestand haben konnte.

Einer unserer denkwürdigsten Staatsbesuche war unsere Reise nach Deutschland im Jahre 1975. Dies war der erste Deutschlandbesuch eines amtierenden israelischen Ministerpräsidenten seit der Aufnahme diplomatischer Beziehungen zwischen Israel und Westdeutschland. Es war auch meine erste Rückkehr nach Deutschland, seit meine Familie 1933 von dort geflohen war. Anfangs hatte ich große Widerstände, irgendwelche deutschen Produkte zu besitzen, doch Jitzchak war ganz anderer Gesinnung und hegte keinerlei Vorbehalte. (Als er in den fünfziger Jahren einmal in die Vereinigten Staaten reiste, brachte er eine Grundig-Stereoanlage mit. Ich starrte ihn ungläubig an. Er hätte jede x-beliebige Marke kaufen können, aber mußte es ein deutsches Grundig-Gerät sein?) Meiner Rückkehr nach Deutschland sah ich besorgt entgegen, denn ich wußte nicht, was ich zu erwarten hatte.

Damals war Helmut Schmidt Bundeskanzler. Ich dachte lange über ein geeignetes Geschenk nach. Anfangs erwog ich eine wunderschöne polnische *Chanukkija* – einen Kerzenleuchter, wie er beim jüdischen Chanukkafest verwendet wird –, doch ich entschied mich dagegen, weil während des Krieges so viele Schätze des europäischen Judentums geplündert und zerstört worden waren. Wieso sollte ich ein so wichtiges jüdisches Objekt wie dieses nach Deutschland bringen? Das Geschenk, das wir schließlich auswählten, war ein Stein aus Eilat, denn der Kanzler war ein Sammler geologischer Proben.

Bergen-Belsen war das erste Todeslager, das ich je besuchte. Es war ein unbeschreiblich schreckliches Erlebnis. Heute sind die Massengräber idyllische Grashügel. Auf den Gedenktafeln stehen Zahlen in Größenordnungen von 5000 oder 20 000 – je nach der Anzahl der geschätzten Leichen in jedem Abschnitt. Während ich mich umsah, dachte ich an meinen Vater und überlegte mir, wie leicht meine Familie dieses Schicksal geteilt hätte, wenn er nicht so schnell den Entschluß gefaßt hätte, nach Palästina zu ziehen.

Berlin löste ganz andere Gedanken in mir aus. Als wir auf die Plattform stiegen, von der aus man durch das Brandenburger Tor nach Ostberlin blicken konnte, mußte ich immer wieder an die Zeit denken, als Jerusalem noch eine geteilte Stadt war und wir das Jaffa- und das Damaskustor nur vom Dach des Klosters Notre Dame aus sehen konnten. Ich bin sicher, daß die Berliner – und die Deutschen insgesamt – ähnliche Empfindungen hatten, bevor die Mauer 1989 fiel.

In unserem Hotelzimmer entdeckten wir eine Sonderausgabe der Zeitung *Die Welt.* Der Verleger Axel Springer hatte die Titelseite seines Blattes mit der Schlagzeile »Willkommen Jitzchak Rabin!« – auf hebräisch – geschmückt.

Von Berlin aus reisten wir nach Bonn, wo wir mit allen militärischen Ehren empfangen wurden. Die Kapelle spielte dieselbe Nationalhymne, die unter Hitler erklungen war. Jitzchak und ich standen nebeneinander und hörten gebannt zu. Dann wurde unter den Klängen der *Hatikwah* die israelische Flagge geehrt. Was hätten meine Eltern wohl dazu gesagt? dachte ich insgeheim. Als ich nach der Zeremonie mit der Frau des Kanzlers durch die Gartenanlagen spazierte, bemerkte sie: »*Hatikwah!* Ich weiß noch, wie ich Ihre Nationalhymne zum erstenmal hörte. Es war in der Werft von Bremerhaven bei einem Stapellauf. Als die *Hatikwah* gespielt wurde, kamen uns alle die Tränen.«

Es herrschte ein hohes Maß an Kultiviertheit. Kanzler Schmidt erwies sich als ausgezeichneter Pianist und brillanter Gesprächspartner. Während unseres Besuchs schenkte mir Hannelore Schmidt ein Sträußchen mit Gartenwicken; ich hatte ihr erzählt, wie sehr ich diese Blume liebte, seit meine Mutter sie zu meinem Geburtstag zwischen die Geschenke zu stellen pflegte. Wir wohnten im offiziellen Gästehaus Schloß Gymnich außerhalb von Bonn, das aus dem 11. Jahrhundert stammte, in jeder wichtigen Kunstepoche erweitert worden und von wunderschön gepflegten Gärten umgeben war. Die deutsche Regierung hatte das Schloß von einem jungen Baron gemietet, den wir in einer kleinen Gruppe besuchten. Während wir uns unterhielten, ging er an eine Vitrine und entnahm ihr zwei prächtige antike *jüdische* Kerzenhalter – Nachbildungen jener Leuchter, wie Titus sie aus Salomos Tempel in Jerusalem nach Rom mitgenommen hatte. Der Baron sagte: »Frau Rabin, ich glaube, die sind bei Ihnen besser aufgehoben als bei mir. Ich würde mich sehr freuen, wenn Sie sie mit nach Israel nehmen.«

Der Besuch in Deutschland war eine Reise in eine ganz andere, höchst provokative Welt – eine Rückkehr zu den Quellen einer unbeschreiblichen Tragödie, mit der Erkenntnis, daß man zwar nicht vergessen kann, aber trotzdem Brücken der Versöhnung bauen muß. Jitzchak war bewußt, wie wichtig für Israel die deutschen Waffenlieferungen waren, aber auch die Wiedergutmachungsleistungen. Seit Mitte der fünfziger Jahre kamen sie Überlebenden und Angehörigen von Opfern des Holocaust zugute. Die Annahme der Gelder war seinerzeit von der Cherut-Partei unter Führung Menachem Begins vehement bekämpft worden, während Ben Gurion sie akzeptierte. Jitzchak stimmte darin mit ihm überein. Den Besuch in Deutschland bewertete er im nachhinein immer positiv, zumal er Deutschlands Bedeutung als Fürsprecher im Forum der internationalen Meinung erkannte.

*

Eine der großen Krisen in Jitzchaks erster Amtszeit als Ministerpräsident ereignete sich fernab von israelischem Boden, auf dem Rollfeld des Flughafens von Entebbe in Uganda. Am 27. Juni 1976 kaperten zwei deutsche und zwei palästinensische Luftpiraten eine Maschine der Air France, die auf dem Weg von Tel Aviv nach Paris eine routinemäßige Zwischenlandung in Athen gemacht hatte. Etwa ein Drittel der 230 Passagiere waren Israelis. Zunächst war die Lage äußerst unklar: Wie lauteten die Forderungen? Wo sollte das Flugzeug schließlich landen? Niemand schien etwas zu wissen. Ich hörte die Nachricht zu Hause im Radio. Jitzchak befand sich in einer regulären sonntäglichen Kabinettssitzung. Erst als er in jener Nacht nach Hause kam, konnten wir über den Vorfall sprechen.

Das Flugzeug war inzwischen in Entebbe gelandet, wo die Terroristen schließlich ihre Forderungen stellten. Sie verlangten die Freilassung von 53 sogenannten Freiheitskämpfern, die in fünf verschiedenen Ländern – in Israel, Westdeutschland, Kenia, Frankreich und der Schweiz – inhaftiert waren.

Es war eine globale Erpressung – die Geiseln waren Israelis, doch die Häftlinge saßen in unterschiedlichen Ländern ein. Diese Situation war auch aus einem anderen Grund beunruhigend: Zwischen Uganda und Israel bestanden keine freundschaftlichen Beziehungen, und niemand wußte, wie Uganda reagieren würde, falls Israel eine Befreiung versuchte.

Als diese Krise über Jitzchak hereinbrach, stand unserer Familie ein einschneidendes Ereignis bevor. Mitten in der Krise um die Flugzeugentführung fand die Feier für Dalias Zulassung zur Anwaltskammer statt. Wir waren natürlich dazu eingeladen, doch sie wußte durchaus, unter welchem Druck Jitzchak stand, und sagte mehr als einmal: »Abba, du mußt nicht unbedingt mitkommen!« Jitzchak beteuerte jedoch, er wolle auf jeden Fall dabeisein, und ich glaube, es bedeutete ihm wirklich sehr viel. Die Reden bei der Feier im Neveranauditorium auf dem Campus der Hebräischen Universität in Jerusalem waren endlos. Jitzchak wurde allmählich ungeduldig. Er schaute immer wieder auf seine Uhr. Nach einer Weile ermahnte ich ihn – da er sich entschlossen habe mitzukommen, müsse er nun bis zum Schluß bleiben. In dem Augenblick wußte ich gar nicht, wie viele schwierige Fragen er in seinem Kopf herumwälzte.

Das Interesse der Öffentlichkeit war ganz auf das Schicksal jenes Flugzeugs gerichtet. Bemühungen, auf diplomatischem Wege eine Lösung zu erzielen, waren in Paris angelaufen. Ich erinnere mich an die Worte eines Herrn Avischai Davidson in einer Diskussion über die möglichen Alternativen. Sein Sohn, seine Schwiegertochter und deren zwei Kinder waren unter den Geiseln. »Nach dem Jom-Kippur-Krieg waren Sie bereit, für die Rückgabe von Särgen jeden Preis zu zahlen, den man von Ihnen forderte«, sagte er. »Sie ließen Tausende von Kriegsgefangenen frei, um Leichen zurückzubekommen. Warten Sie nun darauf, daß sie in Särgen zurückgebracht werden? Retten Sie sie, solange sie noch am

Leben sind! Zahlen Sie jeden Preis für das Leben unserer Kinder!« Die Öffentlichkeit diskutierte erhitzt darüber, ob Zugeständnisse tragbar seien oder nicht. Dann trat Schimon Peres im Kabinett massiv dafür ein, eine Befreiung der Geiseln zu versuchen. Gut, sagte Jitzchak, aber *wo ist der Plan?* Prinzipiell eine Befreiungsaktion zu propagieren ist eine Sache. Einen klaren und realisierbaren Plan zu haben ist eine ganz andere. Jitzchak reagierte auf Terroraktionen von Fall zu Fall verschieden. Bei jeder militärischen Befreiungsoperation, die versucht wurde, gab es zahlreiche Alternativstrategien, die jedoch aufgegeben wurden, wenn die Pläne zu ihrer Durchführung nicht verläßlich und reell genug waren.

Schließlich arbeitete man einen Plan aus und legte ihn Jitzchak vor. Die Pläne für die Befreiung mußten absolut geheim bleiben. Das Befreiungsmanöver mit dem Decknamen »Herkulesplan« sah vor, daß israelische Flugzeuge zwischen den normalen Landungen und Starts in Uganda landeten. Der Plan wurde von Mitgliedern des militärischen Stabs innerhalb des Mossad, des israelischen Geheimdienstes, entwickelt und sorgfältig geprobt. Jitzchak äußerte später die Überzeugung, daß der Plan vor allem wegen der Präzision der Geheimdienstinformationen, die in Entebbe gesammelt worden waren, funktionierte. »Jedes Detail, jede Phase der Operation«, schrieb Jitzchak später in seinen Memoiren, »hatte sich meinem Gedächtnis eingeprägt.« Er sagte auch, *vor* der Durchführung des Angriffs sei er ruhig gewesen; er glaubte, es handelte sich um die bestmögliche Option, wenn sie auch nicht ganz ohne Risiken war.

Ich erfuhr von dem Plan erst am Abend des 3. Juli gegen 18 Uhr, als die Flugzeuge bereits gestartet waren – zwei Stunden bevor Jitzchak in die Kommandozentrale ging, um die Mission zu überwachen. Die Pläne für den Sturmangriff hatte mir Jitzchak selbst geschildert: Der Geheimdienst hatte ermittelt, daß die Geiseln im Flughafengebäude festgehalten wurden. Vier Herkules-Transporter und eine Boeing 707 als Kommandozentrale – allesamt israelische Maschinen – waren unterwegs zum Flughafen von Entebbe. Der erste Herkules-Transporter sollte dicht hinter einem planmäßigen britischen Frachtflugzeug landen, um auf dem Flughafen durch das Radarnetz zu schlüpfen, und dort eine Mercedes-Limousine und zwei Landrover absetzen, die genauso aussahen wie der Standardkonvoi des ugandischen Präsidenten Idi Amin. Die Soldaten in dem Fahrzeug sollten sich zum Flughafengebäude vorarbeiten. Derweil sollten die anderen Transporter landen, die weitere Unterstützung brachten und eine Rückzugsmöglichkeit boten. Dann sollten der Terminal gestürmt und die befreiten Geiseln zu einem wartenden Flugzeug geleitet werden.

Als Ablenkungsmanöver wurden die diplomatischen Verhandlungen in Paris fortgesetzt. Ich weiß noch, wie Jitzchak um sieben Uhr mit dem Leiter des Verhandlungsteams in Paris telefonierte; er sprach äußerst zurückhaltend und zog das Gespräch absichtlich mit Detailfragen in die Länge, damit nicht der geringste Verdacht entstand, daß die Flugzeuge bereits gestartet waren. In einer Krise hatte der Mann wirklich Nerven wie Drahtseile! Als er aus dem Haus ging, sagte er zu mir: »Morgen früh stehen die Aktien für Israel hoch im Kurs, oder man erhängt mich in Kikar HaMedina.«

Die Landung in Entebbe verlief einwandfrei, das Flughafengebäude wurde angegriffen, alle sechs Terroristen wurden liquidiert und die befreiten Geiseln auf der Stelle nach Israel zurückgebracht. Außer den Terroristen kamen bei der Aktion fünf Opfer ums Leben – drei Geiseln, die während des Sturmangriffs getötet wurden, eine Geisel, die in Kampala in ein Krankenhaus eingewiesen und später dort ermordet wurde, und ein vorbildlich tapferer Einheitsführer, Jonatan Netanjahu, ein Bruder des derzeitigen israelischen Ministerpräsidenten. Jitzchak bedauerte die Verluste unendlich, auch wenn die kühne Rettungsaktion weltweit als verblüffende militärische Leistung gewürdigt wurde.

Der Sturm auf Entebbe war ein Glanzpunkt in Jitzchaks erster Amtszeit – ein Höhepunkt vor dem schwierigen Abstieg, gegen den er kaum etwas tun konnte. Im Dezember 1976 begannen einige Dinge schiefzulaufen. Damals erhielt Israel eine Lieferung von Kampfflugzeugen von den Vereinigten Staaten. Aufgrund gewisser Komplikationen trafen die Jets an einem Freitagnachmittag, also vor dem *Schabbat*, ein. Da der Feier zur Begrüßung der entscheidenden neuen Technologie in Israel zahlreiche Staatsbeamte beiwohnten, stellte eine der religiösen Parteien einen Mißtrauensantrag mit der Begründung, der *Schabbat* sei entweiht worden. Weil Jitzchaks Koalition auch andere religiöse Parteien angehörten, löste dieser scheinbar triviale Zwischenfall in der Knesset eine Welle unvorhersehbarer Ereignisse aus.

Um nicht dem ständigen Druck seitens der religiösen Parteien ausgesetzt zu sein, beschlossen Jitzchak und sein gesamtes Kabinett schließlich, zurückzutreten und Neuwahlen auszuschreiben. »Ich habe es satt«, gestand er mir, »mich bei jeder Gelegenheit von denen unter Druck setzen und erpressen zu lassen.« Er hoffte, sie als Koalitionspartner loszuwerden. Dem parlamentarischen Reglement zufolge leitete Jitzchak nun ein Übergangskabinett. Die ursprünglich für den Herbst 1977 vorgesehenen Wahlen wurden nun auf den Mai desselben Jahres vorverlegt. Viele Mitglieder der Arbeitspartei warfen Jitzchak vor, die langjährige Verbindung zur Nationalreligiösen Partei abgebrochen zu haben, doch die Ultraorthodoxen hatten zahlreiche Initiativen blockiert, unter anderem die Baugenehmigung für ein Gemeindehaus der Reformierten oder für ein Schwimmbad, das auch am *Schabbat* geöffnet sein sollte.

Im März 1977 reiste Jitzchak nach Washington, wo er erstmals mit dem neuen Präsidenten Jimmy Carter zusammentraf, der erst zwei Monate zuvor seinen Amtseid abgelegt hatte. Carter war der erste amerikanische Präsident, mit dem Jitzchak nicht in allen wesentlichen Punkten völlig übereinstimmte. Für Jitzchak war es wichtig, daß sich ein Regierungschef auf seinen Stab verließ, so wie es die Präsidenten Nixon und Ford getan hatten. Jitzchak pflegte die Berichte seiner Mitarbeiter stets kritisch zu prüfen, andererseits war er es gewohnt, auch in untergebenen Positionen auf tüchtige Profis zu zählen. Präsident Carter sah das anders. Er hielt es für nötig, sich mit den Einzelheiten einer Sache stets persönlich zu befassen. Jitzchaks Meinung nach war Carter unfähig zu delegieren. Präsident Carter konnte außerdem höchst unberechenbar sein. Nach einem langen Tag mit endlosen Erörterungen und einem Herrenabend im Weißen Haus beispielsweise entließ Präsident Carter seine Gäste mit den Worten: »Der Ministerpräsident und ich müssen uns jetzt oben unter vier Augen sprechen.« Als sie sich zurückgezogen hatten, sagte Präsident Carter zu Jitzchak: »Herr Ministerpräsident, nun sagen Sie mir doch, was Sie *wirklich* denken.« Jitzchak war entrüstet.

»Herr Präsident, wir haben heute lange Gespräche geführt. Ich hege nicht zwei verschiedene Meinungen. Ich habe nur einen Standpunkt, und den habe ich Ihnen heute zur Genüge dargelegt.« Dann ließ sich Präsident Carter ausführlich über seine religiösen Ansichten aus, und Jitzchaks Augenlider wurden immer schwerer. Er war an jenem Morgen aus Israel eingetroffen, es war schon spät, und er war erschöpft. Noch vor unserer Abreise aus Washington gab Präsident Carter eine Erklärung zum Recht der Palästinenser auf ihre Heimat ab.

Jitzchak kam also aus verschiedenen Gründen nicht mit der damaligen amerikanischen Regierung zurecht. Daß Jitzchak 1972 so offen für Richard Nixon eingetreten war, machte die Sache auch nicht unbedingt einfacher. Das eigentliche Problem bestand nicht darin, daß Nixon Republikaner und Carter Demokrat war – Jitzchak unterhielt ausgezeichnete Beziehungen zu Mitgliedern der Johnson-Administration und später zu Clintons Mannschaft. Es lag eher am politischen Stil des Weißen Hauses unter Carter.

Als Chef einer Interimsregierung war Jitzchak in Israel allen möglichen Angriffen seitens der Rivalen und der Medien ausgesetzt. Er begegnete nicht nur der knallharten Rhetorik seines Gegners Menachem Begin vom Likud-Block; auch Schimon Peres kündigte an, er werde sich in der Arbeitspartei offen als Jitzchaks Gegenkandidat für die Aufstellung zur Wahl des Ministerpräsidenten bewerben. Die beiden nahmen in politischen Fragen oft gegensätzliche Standpunkte ein, so zum Beispiel, als es um den Bau jüdischer Siedlungen im besetzten Westjordanland ging: Peres wollte die Zahl der Siedlungen massiv erhöhen, Jitzchak wollte sie begrenzen. Jitzchak bemühte sich um eine langfristige Übereinkunft mit Peres, die diesem für den Verzicht auf die Kandidatur ein größeres Gewicht einräumen sollte. Es kam jedoch zu keinem konkreten Ergebnis, und so kämpften die beiden nun zum zweitenmal um die Parteiführung. Der Kandidat der Arbeitspartei sollte auf einem Parteitag von nahezu dreitausend Delegierten gewählt werden. Am 22. Februar gelang es Jitzchak, den Herausforderer Peres zu schlagen; er gewann mit knapper Mehrheit – 1445 zu 1404 Stimmen bei 16 Enthaltungen.

Die Medien folgten einigen verheißungsvollen Spuren und lancierten ihre Attacken. *Histadrut,* die Allgemeine Organisation der jüdischen Arbeiter in Israel, war in diverse Finanzskandale verstrickt; es ging auch um staatliche Investitionen in Großbritannien. Aus Angst vor einer gerichtlichen Untersuchung beging der Wohnungsbauminister Selbstmord. Jitzchak war in keine dieser Angelegenheiten verwickelt, doch allmählich verbreitete sich die Meinung, die Arbeitspartei insgesamt sei korrupt. Es war fast vorhersehbar, daß sich die Aufmerksamkeit schließlich auf Jitzchak und mich richtete. Ihm warf man vor, während seiner Dienstzeit in den Vereinigten Staaten Honorare für Vorträge angenommen zu haben, obwohl es sich nur um bescheidene Beträge handelte und seine Vorgänger genauso verfahren waren. Dann folgten die Enthüllungen über unsere amerikanischen Bankkonten, die mich schlagartig ins Rampenlicht rückten.

Im März 1977 hatte ich Jitzchak auf einer Dienstreise nach Washington begleitet. An jenem Morgen, an dem Jitzchak erstmals mit Präsident Carter zusammentraf, wollte ich ein Giro- und ein Sparkonto auflösen, über die wir während Jitzchaks Zeit als Botschafter unsere alltäglichen Finanzgeschäfte abgewickelt hatten. Die Konten liefen zwar auch auf Jitzchaks Namen, doch er benutzte sie im Grunde nie. Der höchste Stand der beiden Konten zusammen hatte kaum mehr als 20 000 Dollar betragen; zum Zeitpunkt der Auflösung wiesen sie 2000 Dollar aus. Die Auflösungsprozedur sollte einige Zeit in Anspruch nehmen. Die Leibwächter warteten bereits ungeduldig, um mich zu einer Feier zur American University zu bringen, wo Jitzchak ein akademischer Ehrentitel verliehen werden sollte. Deshalb ließ ich das Girokonto bestehen und übertrug den Restbetrag des Sparkontos auf das Girokonto. Ich hatte vor, die Sache bei unserem nächsten Besuch in den Vereinigten Staaten zu erledigen.

Damals herrschten in Israel strenge Bankengesetze und Vorschriften, die es einer Privatperson untersagten, im Ausland Bankkonten zu unterhalten, es sei denn, sie wohnte tatsächlich im Ausland. Ein Zeitungsreporter namens Dan Margalit bekam Wind von den Bankkonten. Die zur Sensation aufgebauschte Story über unsere Bankkonten wurde am 15. März publik. Finanzminister Rabinowitz war mit einer Geldstrafe nicht zufrieden. Generalstaatsanwalt Aharon Barak, der derzeitige Vorsitzende des Obersten Israelischen Gerichtshofes, forderte für Jitzchak eine Geldbuße und für mich ein Strafverfahren. Die Sache mit den Konten war ein Versehen, ein unbeabsichtigtes Vergehen. Es wäre kaum vorstellbar, daß irgendein anderer führender Kopf der Welt – und sicherlich keiner von Jitzchaks moralischer Integrität – Gefahr liefe, wegen einer solchen formalen Übertretung in Bedrängnis zu geraten. Am 17. April mußte ich mich vor Gericht dafür verantworten, daß ich verbotenerweise ein Bankkonto in einem anderen Land unterhielt, ohne dort einen Wohnsitz zu haben. Dalia saß an meiner Seite, allerdings nicht als meine Anwältin. Jitzchak fragte wiederholt, ob er mich in den Gerichtssaal begleiten könne, doch ich bestand darauf, daß er nicht mitkam. Das Prozedere im Gericht kam mir vor wie von einer anderen Welt. Das Urteil fiel weit schärfer aus, als allgemein erwartet wurde. Der Richter hielt mir eine Strafpredigt, die viele als unerhört streng empfanden, und stellte mich vor die Wahl, eine Buße in Höhe von 250 000 israelischen Pfund zu bezahlen – was damals dem Preis für eine anständige Eigentumswohnung entsprach – oder ein Jahr zu sitzen. Wir bezahlten die Strafe mit Geldern, die wir von Freunden borgten und später wieder zurückzahlten.

Wir erhielten Briefe von Tausenden von Menschen, die uns ihre Sympathie bekundeten. Manche sandten sogar Schecks, die wir natürlich zurückschickten. Ein Likud-Abgeordneter in der Knesset meinte in einem rührenden Brief, er empfinde den Vorfall als beschämend, was Jitzchak ganz besonders bewegte, zumal die Äußerung von einem Mitglied der Opposition stammte. Ein ganz lieber Mensch erbot sich sogar, die Gefängnisstrafe für mich abzusitzen!*

Hatte die Gerechtigkeit gesiegt? Einen Monat nachdem die Geschichte um unsere Bankkonten publik geworden war,

---

* Das Gesetz, nach dem ich verurteilt wurde, ist später außer Kraft gesetzt worden.

wurde ein weiterer prominenter Israeli ertappt, der ein aus-
ländisches Konto mit einem sechsstelligen Dollarguthaben
unterhielt. Er wurde nicht einmal vor Gericht gestellt! Der
Grund dafür war ganz offensichtlich: Er stand nicht auf der
politischen Abschußliste.

Die drastischste Konsequenz aus der Kontenaffäre war jedoch schon kurz nach der Enthüllung und bereits zehn Tage
vor dem Prozeß gezogen worden.

Am Abend des 7. April war ganz Israel dem Basketballfieber
verfallen. In der europäischen Basketballmeisterschaft sollte
die Maccabi-Mannschaft aus Tel Aviv – die wenigsten hatten
erwartet, daß der Außenseiter überhaupt das Finale erreichte – gegen das italienische Team Mobilgirgi Varese antreten.
Die Begegnung fand in Belgrad statt. Ganz Israel saß während des Spiels vor dem Fernseher, und Siegesrufe hallten
durch die Straßen, als Maccabi mit einem Punkt Vorsprung
gewann. Dies sollte indes nicht das einschlagende Nachrich-
tenereignis dieses Abends sein. Kurz nachdem der letzte
Treffer erzielt worden war, trat Jitzchak in einem Interview
im israelischen Fernsehen auf.

Jitzchak gab seinen Rücktritt bekannt. Sein Entschluß dazu
war zugleich viel komplexer und weniger qualvoll, als die
meisten gedacht haben mochten. Zunächst einmal war sein
Rücktritt eine völlig andere Sache als der von Nixon oder
auch Golda Meir, denn niemand hatte Jitzchak aufgefordert,
sein Amt niederzulegen. Natürlich wollte er seine Laufbahn
nicht aufgeben, doch dies war nicht das erstemal, daß er in
einer Krise seinen Rücktritt angeboten hatte. Am 25. Mai
1967, dem Tag nach seinem Schwächeanfall vor dem Sechstagekrieg, war Jitzchak aus eigenem Entschluß zu Levi
Eshkol gegangen und hatte ihm mitgeteilt, daß er Probleme
mit seiner Gesundheit gehabt habe, daß es ihm inzwischen
wieder gutgehe, aber daß er zurücktreten würde, falls der Ministerpräsident dies wünsche. Eshkol winkte ab; er wollte

nichts davon wissen. Dieses Mal war die Sache nicht so einfach; allerdings waren die Gründe für ein Verbleiben im Amt diesmal nicht so zwingend wie ein Jahrzehnt zuvor.

Ich weiß nicht genau, wie Jitzchak die Sache sah, doch ein Pragmatiker könnte es rückblickend so sehen: Die Arbeitspartei stand nicht gerade gut da. Seit dem Jom-Kippur-Fiasko von 1973 hatte sie ihre Popularität nicht wiedergewonnen. Die jüngsten Skandale hatten die Partei zusätzlich erschüttert. Jitzchak war nur mit knapper Mehrheit zu ihrem Spitzenkandidaten gekürt worden. Sollte die Partei die Wahl verlieren, würde man sicherlich ihn für die Niederlage verantwortlich machen, wobei man die Schuld höchstwahrscheinlich auf den Eklat um die Bankkonten schieben würde. Damit wäre er politisch am Ende gewesen. Zog er sich hingegen vor der Wahl zurück, so konnte er nur als gewissenhaft und über jeden Tadel erhaben angesehen werden. Man mag ihm vorgeworfen haben, politisch unerfahren zu sein, was er durchaus zugab. Doch ein Rücktritt bot eine weit bessere Garantie für ein mögliches politisches Comeback als ein Durchhalten.

Wenn Jitzchak vor einer schwierigen Entscheidung stand, hatte er die Angewohnheit, unentwegt mit den Fingern auf dem Schreibtisch zu trommeln. Abgesehen davon behielt er seine Gedanken für sich und ließ sich nichts anmerken. Man hat Jitzchak oft vorgeworfen, er hätte kein Küchenkabinett gehabt. Im Grunde hatte er keine engen Freunde, denen er sich anvertraute. Er war sich selbst der beste Freund – und dann kam gleich ich. Die schwierigste Situation, mit der er sich je konfrontiert sah, war sicherlich der Augenblick unmittelbar vor dem Sechstagekrieg. Er hielt es unbedingt für notwendig, sich mit Ben Gurion und dann mit Weizman zu beraten. Doch was brachte es ihm? Gebranntes Kind scheut das Feuer. Im Jahre 1977 hatte sich seine Einstellung gänzlich geändert. In seinen Memoiren schrieb er: »In solchen Zeiten steht man immer ganz alleine da.«

Jitzchak verließ sich stets auf sein eigenes Urteil, und dieses Vertrauen war 1977 sogar noch stärker ausgeprägt als 1967. Ich weiß noch, wie unser Sohn Juwal im Alter von neun Jahren voller Überzeugung und offensichtlich nach reiflicher Überlegung sagte: »Mein Vater ist wahrscheinlich der klügste Mann im ganzen Land.« Es ist durchaus möglich, daß auch Jitzchak dies glaubte, und er könnte sogar recht gehabt haben.

Er mochte zwar kein Küchenkabinett gehabt haben, doch er verfügte über seinen offiziellen Beraterstab – und er hatte mich. Die Kinder fragte er nicht um ihren Rat; er dachte wahrscheinlich, sie seien noch zu jung, um die Lage klar einzuschätzen. Seine Entscheidung war unumstößlich. »Nichts kann mich dazu bewegen, meinen Rücktritt zu widerrufen«, sagte er vor der Fernsehsendung zu mir und anderen. »Es ist undenkbar, daß ein Ministerpräsident im Amt ist, während gegen seine Familie Strafverfahren laufen.« Ich versicherte ihm, daß ich seine Entscheidung für richtig hielt, und ich glaube, das wollte und mußte er auch hören.

Die Nachricht schlug wie eine Bombe ein. Das gesamte Fernsehinterview dauerte nicht länger als eine Viertelstunde. Dalia, Juwal und einige Freunde kamen mit zu uns, als wir vom Fernsehstudio nach Hause fuhren. Ich erinnere mich, daß ich unseren Gästen Kaffee servierte, doch das Gefühl der Ausgelaugtheit war überwältigend.

In der Kontenaffäre verhielt sich Jitzchak mir gegenüber von Anfang an wie ein klassischer Gentleman. Er hat mich weder getadelt noch meine Haltung hinterfragt. Er hat mich nie gefragt, wie ich so etwas hatte geschehen lassen können – die Verwaltung der Familienfinanzen war im Rahmen unserer »Arbeitsteilung« mir zugefallen. Er hat mir nie vorgeworfen, seinen Sturz heraufbeschworen zu haben. Vor allem aber war er für mich da. Ich konnte mich auf ihn verlassen, so wie man sich darauf verlassen konnte, daß er einem verwundeten Kameraden auf dem Schlachtfeld zu Hilfe kam. Er hatte das Gefühl, er müsse vortreten und die Verantwortung mit übernehmen, auch wenn es im Grunde gar nicht seine Verantwortung war. Natürlich war mir die ganze Episode furchtbar unangenehm. Doch Jitzchak hatte keine Lust, auf der Sache herumzureiten. Wir marschierten einfach nach vorn, wie zwei Kameraden, die gemeinsam der Zukunft entgegensehen.

Wenn ich irgend etwas zu Jitzchaks Entscheidung beitrug, dann das, daß er die Frage der Ehre nicht überbewertete. Für ihn waren drei Dinge untrennbar miteinander verbunden: als Ministerpräsident zurückzutreten, die Kandidatur für das Amt des Regierungschefs niederzulegen und gemeinsam mit mir die Verantwortung für das Kontendilemma zu übernehmen. Viel weniger sicher war er sich in der Frage, ob er in der Knesset verbleiben sollte. Während Jitzchaks Anwalt ihm riet, auch seinen Sitz in der Knesset aufzugeben, waren ich und andere Berater der Meinung, solch ein Schritt ginge zu weit. Zum Glück konnten wir Jitzchak überzeugen, in der Knesset zu bleiben. Als er das Amt des Ministerpräsidenten niederlegte, gab man ihm ein winziges Büro in der *Kiryah*, dem Bürokomplex der Regierung. Er hatte eine Sekretärin und einen Chauffeur. Platz für weitere Mitarbeiter hätte er gar nicht gehabt, selbst wenn man sie ihm zur Verfügung gestellt hätte. Über Nacht war er vom Regierungschef zum Hinterbänkler geworden, fast genauso schnell wie er dreieinhalb Jahre zuvor aus dem politischen Nichts auf den Posten des Ministerpräsidenten katapultiert worden war. Wie sollte es nun weitergehen? Jitzchak hatte keinerlei Interesse an einer Tätigkeit in der Wirtschaft. Er kannte nichts anderes als den Staatsdienst. Doch er hatte eben einen größeren Rückschlag erlitten, und keiner von uns beiden wußte, wohin es jetzt gehen würde. Er fühlte sich jedoch in keiner Weise entmutigt. Während der gesamten Affäre um die Bankkonten und in der Zeit nach Jitzchaks Rücktritt standen uns enge Freunde vertrauensvoll bei. Wir erhielten auch Unterstützung von unerwarteter Seite. Beim Empfang des Verteidigungsministeriums anläßlich des Unabhängigkeitstages begegneten wir zufällig Meir und Jona Amit, die jedes Jahr an diesem Feiertag ein Sängerfest bei sich zu Hause veranstalten. Meir war General und wurde später Chef des Mossad. »Sie kommen zu unserem Fest!« drängten sie hartnäckig. Jitzchak und ich waren gerührt über die beharrliche Einladung und nahmen sie dankend an.

Bei dem Empfang des Verteidigungsministers saß Mosche Dayan am selben Tisch. Er bemühte sich, die Unterhaltung auf andere Themen zu lenken. Dayan konnte viel durch Andeutungen und Gesten ausdrücken. Er sprach mich auf Mr. und Mrs. Kissinger an und wollte wissen, ob sie meiner Meinung nach ein gutes Paar waren. Ich schilderte ihm, was die beiden zu einem harmonischen Ehepaar machte, wie sie einander respektierten und gegenseitig auf ihre Bedürfnisse eingingen.

»Na gut, aber *lieben* sie sich?« wollte Mosche Dayan wissen.

»Was kann man schon über die Liebe sagen?« erwiderte ich. »Sie hat so viele Facetten.«

Schimon Peres saß ebenfalls an unserem Tisch, und auch er war freundlich. Plötzlich fragte Dayan laut über den Tisch hinweg: »Jitzchak, trägst du morgen bei der Parade deine Uniform?« Damit wollte er Peres provozieren, der nie in der israelischen Armee gedient hatte. Bei der Parade am Unabhängigkeitstag trugen sie stets ihre Uniform. Dayan und Peres hatten einander immer nahegestanden, doch in diesem Augenblick signalisierte Dayan eine Verbundenheit mit Jitzchak, an der Peres nicht teilhaben konnte.

Viele Freunde blieben Jitzchak treu und besuchten ihn. Er war nach wie vor ein Magnet, insbesondere wegen seiner militärischen Leistungen, und wurde zu Hause und im Ausland gerne als Redner eingeladen. Seine Pension, die er als Generalstabschef a. D. bezog, nahm ihm jeden finanziellen Druck. Nach und nach zahlten wir den Kredit zurück, mit dem wir die Strafe bezahlt hatten. Jitzchak gab sich mehr oder weniger damit zufrieden, den Wirbel um seinen Rücktritt allmählich und gründlich hinter sich zu lassen. Wenn er über die Skandale in der Verwaltung und die Affäre um die Bankkonten sprach, pflegte er hämisch zu sagen: »Ich verstehe nicht, wieso plötzlich alle, die mir nahestehen, in Schwierigkeiten stecken.« Auf die Frage, worin er denn die Ursache für seine Probleme sah, äußerte er die Überzeugung, sie seien auf Kräfte »innerhalb und außerhalb« seiner eigenen Partei zurückzuführen.

Schimon Peres wurde Spitzenkandidat der Arbeitspartei und führte die Partei zur ersten der fünf Wahlschlappen, die sie unter ihm erlitt. Im Mai 1977 wurde die Arbeitspartei nach einer achtundzwanzigjährigen Ära als Regierungspartei abgelöst.

Innerhalb kurzer Zeit scharte sich eine Gruppe junger Leute um Jitzchak. Sie empfanden sein Ausscheiden aus dem Spitzenamt in der Regierung als ausgesprochen unfair und spürten sein enormes Potential für den Dienst an Israel. Unsere Freundin Niva Lanir gründete ein Diskussionsforum namens *Urim*, »Die strahlenden Lichter«. Niva war überzeugt, daß sich Jitzchak für die Führung des Landes am besten eigne, und wollte eine Bewegung ins Leben rufen, mit deren Hilfe er wieder das Ruder in der Regierung übernehmen sollte. Die Gruppe hielt ihn in den wichtigen Fragen auf dem laufenden und brachte ihn mit den besten Köpfen des Landes in Kontakt. Ihre Zusammenkünfte lieferten ihm wichtige Informationen und entscheidende Anregungen für ein mögliches Comeback.

*

242

Am 29. Februar 1980 starb Jigal Allon unerwartet an einem Herzinfarkt. Sein Sarg wurde in Afula feierlich aufgebahrt. Wir schlossen uns dem Trauerzug bei seiner Beisetzung im Kibbuz Ginossar an. Es hieß, Allon sei Jitzchaks einziges wirkliches Leitbild in seiner Laufbahn gewesen. Jitzchak achtete Allon jedenfalls als exzellenten Diplomaten und großen militärischen Strategen. Allon hatte in Jitzchaks Kabinett als Außenminister gedient. Diese Tätigkeit machte ihm Freude, und er übte sie mit Erfolg aus. Die Israelis bewunderten Allon und pilgerten zu seinem Todestag scharenweise an sein Grab. Allons Witwe, Ruth, bestärkte Jitzchak darin, an der politischen Überzeugung festzuhalten, die er und Jigal gemeinsam vertreten hatten.

Das Volk glaubte nach wie vor fest an Jitzchak. Als er am 9. April 1977, zwei Tage nach seinem Rücktritt vom Amt des Ministerpräsidenten, ein Fußballspiel des Maccabi-Teams in Tel Aviv besuchte, feierte ihn das Stadion voller jubelnder Menschen mit einer stehenden Ovation. Ich glaube, die Menschen würdigten damit die Größe dieses noblen Mannes.

Vielleicht erwartete Israel schon damals sein Comeback.

8. Kapitel

Mister Verteidigung

Nicht alle Umwälzungen in unserem Leben im Frühjahr 1977 waren unangenehm. Am 20. März kam in Tel Aviv unsere Enkelin Noa zur Welt. Heute hat sie wunderschön volles Haar, doch als Säugling war ihr Kopf fast kahl. Jitzchak liebte alle drei Enkelkinder gleich innig; für Jonatan und Noa hatte er jedoch mehr Zeit übrig, weil sie aufgrund besonderer Umstände viel Zeit bei uns verbrachten, so daß sie unser Haus praktisch als ihr eigenes Zuhause betrachteten. Juwals Sohn Michael lebte ungefähr fünf Jahre im Ausland, zunächst in Deutschland und dann in den Vereinigten Staaten. Nach seiner Dienstzeit in der Armee erhielt Juwal eine Stelle in einer Computer-Software-Firma, die er im Ausland vertrat.

Jitzchak vermittelte unseren Kindern und Enkeln einige Grundprinzipien. »Sei vollkommen eins mit dir«, brachte er ihnen vor allem bei. »Je besser du mit dir selbst klarkommst, um so überzeugter wirst du sein, daß du das Richtige tust; gehe deinen Weg, und kümmere dich nicht allzusehr darum, was andere über dich sagen.« Jitzchak war gerne mit den Enkeln zusammen. Immer wenn der kleine Jonatan nicht essen wollte, übernahm Jitzchak die Aufgabe, ihn zu füttern – so wie er es mit Juwal getan hatte, als der ein Baby war. Plötzlich wurde aus einem Löffel Erbsenbrei oder Apfelmus ein AMX-13 oder ein Patton-Panzer oder ein Mannschaftswagen, der sich vor Jonatans Hochstuhl durch die Luft bewegte. Der Löffel ging auf und ab und hin und her, so als fahre er in der Sandwüste über Dünen. Jonatans Augen quollen förmlich über vor Begeisterung, wenn der »Panzer-Löffel« zu einem Flankenangriff überging und plötzlich und unerwartet in Jonatans Mund vorstieß. Dies war ein Manöver, dessen Jonatan nie überdrüssig wurde und das immer Erfolg hatte.

Jitzchak konnte ein außergewöhnliches Maß an Geduld und Sensibilität aufbringen. Anfang 1995 diente Jonatan im Südlibanon und machte sich über irgend etwas ernste Sorgen. Am Samstag beim Mittagessen wollte er Jitzchak einiges über die Militärpolitik der Regierung fragen. Irgendwie kreiste das Tischgespräch jedoch um andere Themen, und Jitzchak kam nicht dazu, auf Jonatans Fragen einzugehen. An jenem Abend waren Jitzchak und ich beim ägyptischen Botschafter eingeladen, der nicht weit vom Hause unserer Tochter wohnte. Auf dem Weg zum Haus des Botschafters sagte Jitzchak: »Weißt du, Lea, es tut mir richtig leid, daß ich heute mittag nicht mit Jonatan gesprochen habe. Wenn es dir nichts ausmacht, setzte ich dich beim Botschafter ab und spreche kurz mit Jonatan.« Eine halbe Stunde später kam Jitzchak nach. Er hatte die Pflichten eines Großvaters erfüllt, der zufällig einmal Verteidigungsminister war und sich in Militärfragen bestens auskannte. Seine Geduld bewies Jitzchak auch, als er der dreijährigen Noa das Schachspielen beibrachte.

Geduldig und methodisch war Jitzchak vor allem in den Jahren, in denen er kein politisches Amt innehatte (1977 bis 1984 und 1990 bis 1992). Er verstand es ausgezeichnet, diese Zeit für sich zu nutzen, indem er Kontakte pflegte und neue Kenntnisse erwarb. Natürlich konnte er nicht wissen, ob er jemals wieder Ministerpräsident werden würde, doch er war überzeugt, daß er sich nur dann Chancen für ein politisches Comeback ausrechnen konnte, wenn er in allen wichtigen Fragen der Zeit auf dem laufenden blieb. Ich bin sicher, daß er zumindest wieder Verteidigungsminister werden wollte. Jede Initiative, die Jitzchak ergriff, um seine Wiederwahl zu

begünstigen – das Befürworten einer sukzessiven Friedens-
vereinbarung im Nahen Osten, die Lösung des Libanonkon-
flikts, die Bestärkung des Vertrauens der amerikanischen Regierung in seine Führungsrolle und die Entwicklung einer
Strategie, die den neuen Bedürfnissen des Nahen Ostens entsprach – all diese Aktivitäten schufen ein solides Fundament
für die Leistungen während seiner zweiten Amtszeit. In seinen Gesprächen mit Entscheidungsträgern in der israelischen Wirtschaft und Politik betonte er immer wieder, Israel
müsse seine nationalen Prioritäten ändern. Jitzchak forderte – recht ungewöhnlich für jemanden, der vom Militär
kam –, den Verteidigungshaushalt zu kürzen und mehr in die
Infrastruktur des Landes zu investieren, vor allem in den Bereichen Verkehr, Industrieförderung, Wohnungsbau und Bildung. Diese Maßnahmen erforderten eine Langzeitperspek-
tive und Geduld.

*

Im April 1977 wurde Menachem Begin zum Ministerpräsidenten gewählt. Erstmals in der Geschichte Israels stellte der Likud-Block die Regierungsmannschaft – Ezer Weizman wurde
Verteidigungs- und Ariel Scharon Landwirtschaftsminister.
Mosche Dayan wurde der Posten des Außenministers angeboten. Diese Gelegenheit, sein Image aufzuwerten, konnte er
sich nicht entgehen lassen. Er gab sein Mandat der Arbeiterpartei auf und wurde »unabhängiger Anhänger« des Likud.
Für manche war seine politische Vergangenheit ein rotes
Tuch. Andere wiederum brachten ihm Sympathien entgegen. Auf jeden Fall war Dayan ein wichtiger Faktor in der Regierung Begins.
Das Aufkommen religiöser Parteien unter der Likud-Regierung beunruhigte Jitzchak, denn dies drohte die israelische
Gesellschaft weiter zu spalten. Die religiösen Parteien hatten

mehr Sitze gewonnen und vertraten immer kompromißloser ihre Forderungen, beispielsweise nach Schließung von Geschäften, Kinos und ähnlichem am *Schabbat*. Die jüdische Besiedlung des Westjordanlandes, die unter der Arbeitspartei begonnen worden war, aber unter dem Likud intensiviert wurde, war ein Akt politischer Aggression, die eine untragbare Last für den Verteidigungsetat darstellte und Jitzchak unendlich ärgerte. Diese Siedler waren nicht die Zionisten unserer Zeit, glaubte er. Ihre Siedlungen trugen sich nicht selbst. Sie vergrößerten nicht das israelische Verteidigungspotential, wie die Siedler behaupteten, sondern belasteten dieses. In seiner Haltung gegenüber Begin als Person war Jitzchak indes etwas gemäßigter. Ich entsinne mich an eine Rede vor der Knesset, in der er die Politik des Likud scharf attackierte, aber kein einziges Mal Begin persönlich angriff, obwohl er allen Grund dazu gehabt hätte.

Ironischerweise sah es so aus, als würde es unter dem Likud bei den Friedensverhandlungen zwischen Israel und Ägypten zu einem Durchbruch kommen. Wir weilten gerade in Washington im Hause von Polly Wisener, als der CBS-Moderator Walter Cronkite Anwar el-Sadat fragte, ob er nach Jerusalem reisen würde, falls man ihn einlüde. Wie skeptisch die Washingtoner damals waren; kaum jemand glaubte, daß solch ein Besuch jemals zustande kommen würde. Doch Sadat kündigte vor dem ägyptischen Parlament an, daß er nach Jerusalem reisen würde. Die Initiative wurde rasch in die Tat umgesetzt, und bald wurde bekannt, daß Sadat am Samstag, den 19. November 1977, in Jerusalem eintreffen würde. Ich hielt mich in Washington auf, während Jitzchak zu einer Vortragsreihe nach New York gereist war. Als er am Donnerstag von Sadats bevorstehendem Besuch erfuhr, brach er Hals über Kopf zum Kennedy-Flughafen auf und ergatterte noch einen Platz für den nächsten El-Al-Flug nach Tel Aviv. Ich flog am Freitag mit der Swissair

von New York nach Israel, doch ich verpaßte Sadats Ankunft.
Als Jitzchak den ägyptischen Gast am Ben-Gurion-Flughafen
begrüßte, wußte er, daß dies ein dramatischer Augenblick in
der Geschichte Israels war. In seinen Memoiren schrieb Jitzchak über Sadats Haltung:

> Als ich Präsident Sadat in dem Empfangskomitee be-
> grüßte, gab es keine Zeit, mehr als ein paar freundliche
> Worte zu wechseln. Es war das erstemal, daß ich ihm
> persönlich gegenüberstand, und ich war enorm beein-
> druckt von der Haltung, die er in einer solch einzigarti-
> gen Situation zeigte. Hier begegnete er nun all seinen frü-
> heren Erzfeinden, einem nach dem anderen, innerhalb
> von Sekunden, und trotzdem gelang es ihm, gleich zu
> Beginn seines Besuches zu jedem einzelnen genau das
> Richtige zu sagen.

Jitzchak schilderte auch Sadats brillante Rede vor der
Knesset mit dem entwaffnenden Statement: »Ich verstehe Ihren Anspruch auf Sicherheit, aber nicht auf Land.« Kein arabischer Politiker hatte sich je so direkt geäußert. Und Sadat
signalisierte seine Bereitschaft, im Alleingang und unabhängig von den anderen arabischen Ländern einen Frieden mit
Israel auszuhandeln.
Man kann sich noch gut zurückentsinnen, wie heftig der
Konflikt zwischen unseren beiden Ländern vor zwanzig oder
dreißig Jahren einmal war. Um so erstaunlicher ist es, wie
einfach die Mauern fallen können. Ich habe dies immer wieder festgestellt. Sadats Besuch in Israel markierte einen
Wendepunkt. Die größte und mächtigste arabische Nation
folgte der mutigen Vision von Sadat und suchte den Frieden.
Jitzchak feierte diesen Erfolg völlig selbstlos. Die Offenheit,

mit der er solch eine entscheidende Leistung würdigte, bildete eine seiner größten und edelsten Eigenschaften. Jitzchak war in erster Linie Patriot. Sein Berater Schimon Scheves formulierte es einmal so: »Jitzchak war ›Netto Israel‹, während all die anderen Politiker ›Brutto Israel‹ waren.« Der Vergleich spielt auf die Begriffe Netto- beziehungsweise Bruttoinlandsprodukt an. Für mich bedeutet diese Charakterisierung, daß Jitzchaks oberstes Ziel darin bestand, sich stets auf das zu konzentrieren, was Israel alles in allem am meisten nützte. Er hatte nichts für große Gesten oder pures Geplänkel übrig. Er freute sich, als im März 1979 unter Präsident Jimmy Carter und Außenminister Cyrus Vance in Washington das Camp-David-Abkommen unterzeichnet wurde, und er äußerte nie auch nur ein Wort des Grolls darüber, daß dieser Erfolg dem Likud in den Schoß fiel. Er reiste nach Washington und feierte gemeinsam mit der damaligen Regierung, denn es war eine Feier für ganz Israel. Auf dem Weg zur feierlichen Unterzeichnung im Weißen Haus gestand er sogar dem Reporter Ron Ben-Jishai: »Wäre dies geschehen, als ich Regierungschef war, wäre auf den Straßen von Israel wahrscheinlich Blut geflossen.«

Das Camp-David-Abkommen war eigentlich die Erfüllung des Prinzips »Land für Frieden«, das Jitzchaks Verhandlungen vor den Interimsabkommen von 1975 zugrunde lag. Henry Kissinger sagte dazu nach Jitzchaks Tod: »Die Ägypter wollten die Interimsabkommen von 1975 nicht in persönlicher Anwesenheit unterzeichnen, bevor keine Einigung über die Räumung ihres Territoriums erzielt war. Das hatte Sadat von Anfang an gesagt. Er verstieß später gegen seine eigenen Prinzipien, indem er 1977 als Auftakt zu einer Direktunterzeichnung nach Israel reiste. Als Sadat 77 nach Israel kam, wußte er nicht, ob er sein gesamtes Territorium zurückbekommen würde. Doch 1975 war er dazu noch nicht bereit.« Als Jitzchak »Sadat am Flughafen begrüßte«, fuhr Kissinger fort, »muß er wohl gemischte Gefühle gehabt haben, denn es hätte eigentlich unter ihm passieren sollen.«

Jitzchak kritisierte nur einen Punkt am Camp-David-Abkommen – was sich heute, da sich die Einstellungen gewandelt haben, wie eine Ironie der Geschichte ausnimmt. Der Verzicht auf den Sinai führte zur Entwurzelung des wahrhaft bedeutsamen jüdischen Siedlungsgebietes Jamit. Dies waren Siedlungen, die wirklich blühten. Jamit war kein künstlicher Vorposten, kein rein politisches Statement. Die Menschen dort führten eine fruchtbare und tiefverwurzelte Existenz, die sie für den Frieden bedauerlicherweise aufgeben mußten. Ministerpräsident Menachem Begin willigte in dem Friedensschluß ein, daß etwa fünftausend Siedler Jamit verlassen sollten, damit der Sinai an Ägypten zurückgegeben werden konnte. Jitzchak war der Meinung, durch härtere Verhandlungen hätte dies verhindert werden können.

∗

Im August 1979 veröffentlichte Jitzchak seine Memoiren, in denen er auf 57 Jahre zurückblickte. Viele lobten das Buch wegen seiner Offenheit, seiner Klarheit und der strategischen Einsichten, die es vermittelte. Manche meinten, in seinen Betrachtungen über die israelische Geschichte sei er mit anderen Persönlichkeiten zu kritisch umgesprungen. Jitzchak neigte eben zur Offenheit. Am schärfsten kritisierten Anhänger von Schimon Peres das Buch. Wohl kalkuliert hatte Jitzchak seinen Kollegen Peres als »hartnäckigen Intriganten« qualifiziert, weil das seiner Meinung nach dem Sachverhalt entsprach.[*]

---

[*] Dieser Passus findet sich nur in der hebräischen Originalausgabe der Memoiren.

Etliche Mitglieder der Arbeitspartei waren empört. In einem Interview beteuerte Jitzchak, es sei nicht seine Art, mit versteckten Andeutungen zu taktieren. Er nenne die Dinge einfach beim Namen – *dugri*, wie wir auf hebräisch sagen. Gewisse Abschnitte der Memoiren wurden zensiert; israelische Staatsdiener mußten ihre autobiographischen Berichte einem Zensurbüro vorlegen. Die *New York Times* veröffentlichte später eine Darstellung, die angeblich aus dem Buch gestrichen worden war und die sie angeblich vom englischen Übersetzer erhalten hatte. In diesem Auszug wurde behauptet, David Ben Gurion habe die Vertreibung von etwa 50 000 Arabern aus den Städten Lod und Ramle befohlen und Jitzchak habe den Befehl ausgeführt. Die Wahrheit sieht so aus: Während des Unabhängigkeitskrieges leiteten Jigal Allon und Jitzchak tatsächlich eine Ausweisung in die Wege, um ihren Einheiten den Rücken freizuhalten. Diese Maßnahme schien Ben Gurion mit einer Handbewegung abgesegnet zu haben. Der Zensor hatte diese Darstellung herausgestrichen. Aus dem Zusammenhang gerissen warf sie jedoch ein schlechtes Licht auf Jitzchak.

*

Ende der siebziger und Anfang der achtziger Jahre weitete sich der islamische Fundamentalismus im gesamten Nahen Osten aus. Wir hatten neue Feinde, wie etwa den Iran, die nicht einmal an Israel angrenzten, aber entschlossen waren, den Terrorismus und die Aggression gegen uns zu finanzieren. Jitzchak assoziierte mit dem Wort *Ayatollah* nicht nur eine fundamentalistische Haltung, sondern auch eine autoritäre Willkür. Der iranische Fundamentalismus unterstützte Aufstände der inländischen Bevölkerung auf lokaler Ebene und erweckte daher nie den Anschein einer internationalen Kampagne. In dieser Hinsicht, so meinte Jitzchak, kopierte der Fundamentalismus in seinen taktischen Methoden den Kommunismus.

Der Sturz des iranischen Schahs bedeutete das Ende eines starken Bündnisses zwischen Israel und dem Iran. Über Nacht wurde der Verbündete zum Feind. Im November 1979 besetzten schiitische Fundamentalisten die Botschaft der Vereinigten Staaten in Teheran. Und im September 1980 gerieten der Irak und der Iran im Streit um die Wasserstraße Schatt al-Arab in einen bewaffneten Konflikt, dem unzählige Menschen zum Opfer fallen sollten.

In dem Maße, in dem der Austausch zwischen Ägypten und Israel zur Normalität wurde, wuchs die Kluft zwischen Ägypten und der zunehmend fundamentalistisch orientierten arabischen Welt. Nun mußte auch Jihan Sadat erfahren, wie es ist, auf einem internationalen Forum einer Front der Ablehnung gegenüberzustehen. Die meisten Delegierten einer Frauenkonferenz, welche die Vereinten Nationen 1980 in Kopenhagen abhielten, verließen vor Jihan Sadats Ansprache das Auditorium, weil ihr Mann mit Israel Frieden geschlossen hatte. (Die Konferenz, die alle fünf Jahre stattfindet, war in jenem Jahr ursprünglich für Teheran geplant, wurde nach dem Sturz des Schahs jedoch nach Dänemark verlegt.) Ich zögerte keinen Augenblick, ihr ein Telegramm zu schicken, in dem ich an meine Erfahrung von Mexico City erinnerte: »Es ist beschämend, daß diese Farce kein Ende nimmt ...«

*

Im Juli 1980 erklärte Israel das wiedervereinigte Jerusalem zur Hauptstadt. Die internationale Staatengemeinschaft zögerte jedoch mit der völkerrechtlichen Anerkennung und beließ ihre Botschaften weiterhin in Tel Aviv. Der Vatikan beispielsweise nahm überhaupt erst 1994 diplomatische Beziehungen mit Israel auf und hat Jerusalem bisher noch nicht offiziell als Hauptstadt Israels anerkannt. Nachdem Jitzchak ermordet wurde, besuchte ich mit meinen Kindern im Dezember 1995 auf Einladung des Papstes den Vatikan. Im Laufe unseres Gesprächs erklärte Johannes Paul II., Jerusalem habe eine zweifache Bedeutung – als Hauptstadt Israels und als Zentrum dreier Weltreligionen. Meine Kinder schärften mir ein: »Das mußt du an die Presse weitergeben, was er da gesagt hat«, und das tat ich auch. Die Medien zeigten großes Interesse an den Äußerungen des Papstes. Wenn der Papst Jerusalem als Hauptstadt Israels anerkennt, so hat dies enorme politische Konsequenzen. Vielleicht war es gar nicht seine Absicht, solch eine Äußerung zu machen. Der Vatikan veröffentlichte sofort eine Darstellung, in der die Aussage relativiert wurde. Doch meine Kinder und ich haben unmißverständlich gehört, wie der Papst Jerusalem als Hauptstadt Israels bezeichnete.

Im Januar 1981 wendete sich das Blatt der Weltpolitik erneut. Ronald Reagan wurde Präsident der Vereinigten Staaten, George Shultz sein Außenminister. Eine der ersten Folgen dieses Wechsels war die Befreiung der amerikanischen Geiseln in Teheran. Ronald Reagan war in seinen beiden Amtsperioden ein verläßlicher Freund Israels. Als der Likud in Reagans erstem Amtsjahr gegen die Lieferung amerikanischer AWACS-Aufklärungsflugzeuge an Saudi-Arabien protestierte, hielt Jitzchak es für äußerst unklug, sich mit den Amerikanern in einer Sache anzulegen, die für Israel von so geringer Bedeutung war. Themen wie diese ärgerten Jitzchak und reizten ihn zum Widerspruch, nicht nur gegenüber dem Likud, sondern auch gegenüber den aggressiven Mitgliedern der jüdischen Lobby in Amerika.

Jitzchak stellte sich voll hinter Jigal Allon, dem Herausforderer von Schimon Peres im Wettstreit um die Führung der Arbeitspartei, doch nach Allons unerwartetem Tod startete Jitzchak selbst eine Kampagne, um bei der Wahl im Juni

1981 als Spitzenkandidat der Arbeitspartei aufgestellt zu werden, unterlag dem Konkurrenten Peres jedoch bei der Abstimmung des Zentralkomitees der Arbeitspartei im Dezember 1980. Trotz der Niederlage war Jitzchak nach wie vor äußerst beliebt. Drei Faktoren mögen ihm besonders zugute gekommen sein: Erstens war Jitzchak kein Berufspolitiker. Zweitens hatte er bei seinem Rücktritt im Jahre 1977 soviel Würde und Integrität bewiesen, daß die Menschen großen Respekt vor seiner Charakterstärke hatten. Drittens zeigte er immer wieder, daß er die Probleme des Landes mit großem Sachverstand anpackte. Als Kandidat mit einem beträchtlichen Stimmenanteil hatte er möglicherweise Aussichten auf einen wichtigen Kabinettsposten.

Im Juni 1981 konnte Menachem Begin vom Likud-Block seine Wiederwahl so gut wie sichern, indem er den Befehl zur Bombardierung des irakischen Kernreaktors in Tammuz erteilte – eines Reaktors, in dem spaltbares Material für die Produktion von Atombomben hergestellt werden konnte. Jitzchak befürwortete den Angriff; er wußte, wie gefährlich es für Israel wäre, wenn der Irak Atomwaffen produzieren konnte. Peres dagegen verurteilte die Aktion und verlor damit in der Öffentlichkeit viel an Reputation. Das wiederum hatte zur Folge, daß er seine Einstellung Jitzchak gegenüber kurzerhand änderte. Bis zum Zeitpunkt des Übergriffs auf den Irak hatte Peres den Eindruck erweckt, er würde Jitzchak nicht in sein Kabinett aufnehmen. Nach dem Lufteinsatz im Irak gab er dem Druck vieler seiner Berater nach, die wußten, wie wichtig Jitzchaks Kandidatur als Verteidigungsminister in dem Schattenkabinett war. Fünf Tage vor der Wahl kündigte Jitzchak an, daß er im Fall eines Wahlsieges der Arbeitspartei das Verteidigungsressort übernehmen würde – mehr aus Loyalität gegenüber der Partei als aus irgendeinem anderen Grund.

Bedauerlicherweise wurde Jitzchaks potentielle Beteiligung

erst sehr spät bekanntgegeben, zu spät. Bei der Wahl am 30. Juni 1981 unterlagen Schimon Peres und die Arbeitspartei dem Likud-Block. Menachem Begin blieb Regierungschef, und Ariel Scharon wurde Verteidigungsminister.

Die Spannungen innerhalb der arabischen Welt verstärkten sich; besonders jene Länder standen im Zentrum der Konflikte, die sich um einen Frieden mit Israel bemühten. Im Oktober 1981 wohnte der ägyptische Präsident Anwar el-Sadat einer großen Militärparade bei, die alljährlich aus Anlaß des ägyptischen Vorstoßes über den Suezkanal während des Jom-Kippur-Krieges abgehalten wurde. Während der Parade war für ein hohes Maß an Sicherheit für Sadat gesorgt. Doch eine Gruppe fundamentalistischer Offiziere nutzte den Anlaß für einen Anschlag, dem Sadat und mehrere Gäste auf der Tribüne zum Opfer fielen.

Drei amerikanische Präsidenten kamen zu Sadats Begräbnis. Auch die übrigen Länder der westlichen Welt waren zahlreich vertreten. Menachem Begin repräsentierte Israel. Die meisten arabischen Länder waren jedoch unterrepräsentiert. Das Fernsehen verbreitete weltweit Bilder von Menschen, die in Ländern wie Libyen auf der Straße tanzten und jubelten. Jitzchak war der Meinung, mit Anwar el-Sadat hatte Ägypten einen charismatischen und weitsichtigen Führer verloren. Er fürchtete, daß der gewaltige Fortschritt in den israelisch-ägyptischen Beziehungen gefährdet sein könnte, wenn Sadats Nachfolger nicht ähnlich gemäßigt wäre und die fundamentalistischen Kräfte bannen könne. Zum Glück behielt Präsident Hosni Mubarak den Kurs seines Vorgängers bei, und so wurde der sukzessive Rückzug Israels aus dem Sinai fortgesetzt. Doch die Kluft, welche die arabische Welt spaltete, wurde immer tiefer, und der islamische Fundamentalismus war weiter auf dem Vormarsch.

Zu meinem ersten Besuch bei Jihan Sadat kam es im Juli 1983, etwa zwanzig Monate nach der Ermordung ihres Mannes. Anlaß dazu war eine amerikanisch-israelisch-ägyptische Frauenkonferenz. Das Ereignis war fast reine Show, ohne viel Substanz. In der Progammankündigung war Israel nicht einmal erwähnt. Ich konnte mir diese Gelegenheit jedoch nicht entgehen lassen, zumal es auch meine erste Chance zu einer Reise nach Ägypten war. Die Beziehungen zwischen Israel und Ägypten waren etwas abgekühlt. Grund war die israelische Invasion im Libanon, auf die ich noch zu sprechen komme. Die hebräische Zeitung *Yediot Aharonot* bat mich um einen Bericht über meine Reise. Ich schrieb ihr folgendes:

Es ist mitten in der Nacht, und ich bin in Kairo – auf dem Weg vom Flughafen zum Mahnmal. Hier, gegenüber der Tribüne, auf der Präsident Sadat seinen Tod fand, befindet sich sein Grab. Die Tribüne ist hell erleuchtet. Das Mahnmal wirkt fahl. Jetzt, bei Nacht, ist niemand dort. Nur die Wachsoldaten. Plötzlich hält ein Wagen an. Die Insassen wollen wie wir dem Toten ihre Ehre erweisen.
… Sadat wurde hier ermordet und liegt hier bestattet, auf der anderen Seite dieses breiten Boulevards. Wurden unsere Hoffnungen auf Frieden mit ihm begraben?
Der Besuch in Ägypten … war eine – wenn auch flüchtige – Gelegenheit, die Bedeutung dieses Friedens zu prüfen – eines Friedens, der unsere Erwartungen nicht ganz erfüllte: ein Prozeß, der mit einem dramatischen Schritt begonnen hatte und bei einem der Zwischenschritte plötzlich zum Stillstand gekommen war – keine Normalisierung, kein Besuch von Delegationen, eingefrorene Austauschprogramme in Wissenschaft, Industrie und Tourismus.
Doch [die Menschen waren ausgesprochen freundlich], und genau das war das Verblüffende: Ich bewegte mich plötzlich in Kairo wie in jeder anderen Stadt – [vielleicht mit einem noch] größeren Gefühl der Sicherheit. Die

Ägypter erschienen auf einmal viel mehr als Partner im Frieden denn als Gegner im Krieg ... Wo war der Haß von dreißig Jahren Krieg geblieben? Hatte ihn jemand mit einem Zauberstab hinweggefegt?

Kurz nach meiner Ankunft ließ ich Mrs. Sadat wissen, daß ich sie gerne besuchen würde. Sie lud mich in den Sommerpalast der Familie in Marmora in der Nähe von Alexandria ein. Bei dem Besuch begleitete mich Daniella Schamir, deren Ehemann Schimon damals das Israelische Akademische Institut leitete (er wurde später israelischer Botschafter in Ägypten und anschließend in Jordanien).

Das riesige Anwesen an der Küste war massiv bewacht. Überall hingen Porträts von Anwar el-Sadat. Die Sitzbänke waren mit blaßblauem Samt bezogen. Jihan Sadat trug einen eleganten Kaftan aus schwarzer Seide. Die kleinen Enkelinnen – die eine war vier Jahre alt, die andere knapp sechs Monate – gesellten sich kurz zu uns, und ich erlebte Jihan Sadat als eine sehr liebevolle Großmutter. Wir unterhielten uns länger als zwei Stunden. Sie erwähnte, wie unglaublich niedergeschlagen ihr Mann nach dem Sechstagekrieg gewesen war. (In dem Augenblick fiel es mir schwer, ein Lächeln zu unterdrücken.) Sie befaßte sich ernsthaft mit sozialen Fragen – von der Rehabilitierung verwundeter Veteranen bis zur Familienplanung – und setzte sich für Frauenrechte ein. Sie schilderte ein Beispiel dafür, welchen Konflikten Frauen in den Führungsschichten der arabischen Gesellschaft ausgesetzt waren. Als sie für die Kriegsversehrten arbeitete, verfügte ihr Mann: »Jihan, ich möchte, daß du zu Hause bist, wenn die Familie um zwei Uhr zu Mittag ißt.« Am ersten Tag war sie zur Stelle, und auch am zweiten Tag war sie pünktlich. Am dritten Tag kam sie jedoch ein wenig später. Ihre Arbeit für die Veteranen war ihr viel zu wichtig. Ihr Mann war verärgert, doch sie setzte sich durch. Manchmal kam sie so spät nach Hause, daß sie die Schuhe auszog und auf Zehenspitzen ins Zimmer schlich, um ihn nicht zu wecken.

In Mexiko hatte Peter Jennings vom Sender ABC mir gesagt: »Sollten Sie beide je auf derselben Couch sitzen, werden Sie nicht mehr aufstehen wollen.« Und er hatte recht. Für mich verstrichen die Minuten in Marmora wie im Flug, und ich erlebte Jihan Sadat als eine faszinierende Frau.

＊

Um dem Terrorismus und den Gewaltakten an der Nordgrenze Einhalt zu gebieten, startete die Likud-Regierung am 6. Juni 1982 die Invasion in den Libanon (der sogenannte Vorstoß war im Grunde ein kriegerischer Überfall). Drei israelische Divisionen drangen in den Südlibanon ein. Die Operation unter dem Beinamen »Frieden für Galiläa« sorgte in Israel für eine tiefe Spaltung der Lager. Bislang hatte sich die Militärstrategie Israels auf die Verteidigung gegen bewaffnete Angriffe beschränkt; diese Mission verfolgte jedoch ein doppeltes Ziel: Erstens sollten die PLO und die Syrer aus dem Libanon vertrieben werden, und zweitens sollte in Beirut eine Regierung unterstützt werden, die mit den israelischen Interessen sympathisierte. Der Likud initiierte diesen Konflikt und stellte ihn der Nation gegenüber als ein vierzig Kilometer weites Vordringen über die Grenze, als kurzfristige Aktion von höchstens 48 Stunden Dauer vor. Diese Täuschung gipfelte in einer Langstreckenoffensive bis vor die Tore Beiruts.

Es dauerte einige Zeit, bis die Libanonkrise überwunden war. Jitzchak lehnte die israelische Offensive im Libanon ab; er empfand jedoch auch eine gewisse Verpflichtung, die Soldaten zu unterstützen. Er sprach sich niemals dafür aus, die Bedrohung vom Libanon aus in der Weise zu stoppen, daß Israel regelrecht in das Land einmarschierte und eine

Regierung nach eigenem Ermessen einsetzte. Viele Seiten innerhalb und außerhalb Israels fanden die neue Strategie wenig sinnvoll. Die amerikanischen Senatoren bereiteten Menachem Begin im Juni 1982 wegen der Libanonoffensive einen recht kühlen Empfang in Washington.

Obwohl Jitzchak kein politisches Amt innehatte, konnte er nicht einfach zusehen, ohne seinen Rat anzubieten. Diesmal konnte er sich nicht mit der Rolle des Außenstehenden abfinden, zu der ihn die Ereignisse während des Jom-Kippur-Krieges gezwungen hatten. Er war der Meinung, die israelischen Streitkräfte sollten das Vordringen der Verbände auf Beirut nutzen, aber ein Blutvergießen weitgehend vermeiden. Bei einem Treffen mit Begin am 4. Juli 1982 unterstützte Jitzchak den Plan von Verteidigungsminister Ariel Scharon, der vorsah, die Belagerung von Beirut durch ein Unterbrechen der Wasserversorgung zu forcieren. Jitzchak war gegen die Eroberung von Beirut und die Invasion in den Libanon, andererseits hielt er diese Maßnahmen für eine wirksame Möglichkeit, die Palästinenser und ihre libanesischen Verbündeten ohne weiteres Blutvergießen zur Kapitulation zu zwingen. Er meinte, Israel könne die Beständigkeit einer von ihm handverlesenen Regierung nicht garantieren und solle nicht die Rolle eines »Polizisten« im Libanon spielen. Hütet euch vor den Sümpfen des Libanon, pflegte er zu sagen.

Die Empfehlung, die Wasserversorgung zu sperren, sollte Jitzchak noch einiges Kopfzerbrechen bereiten. Man wunderte sich über seinen Standpunkt und fragte sich, wie ein Jitzchak Rabin einen so schrecklichen Krieg gutheißen konnte. Er war kein Befürworter des Krieges, doch er war sich darüber im klaren, daß die israelische Armee bereits Hunderte von Menschenleben verloren hatte, und er wollte diesen unbesonnenen Feldzug nicht in einer Katastrophe enden lassen. Er hoffte, die Unterbrechung der Wasserversorgung würde die Beendigung des Konflikts beschleunigen. Jitzchak befand sich in einer regelrechten Zwickmühle: Einerseits vertraute er vollkommen auf die israelischen Streitkräfte, andererseits lehnte er die Strategie des Likud strikt ab.

Im Libanon, traditionell Israels friedlichstes Nachbarland, hatte es immer einen bedeutenden christlichen Bevölkerungsteil gegeben. Der libanesische Bürgerkrieg erreichte seinen Höhepunkt 1976, als die islamischen Kräfte im Land immer einflußreicher wurden. Für die israelische Führung stellte sich die Frage, wie die Situation einzuschätzen und wie damit umzugehen wäre. Legt man einen Sumpf am besten dadurch trocken, indem man hineinspringt, oder ist es besser, seine Gefahren zu erkennen und sich vorsichtig vom Rand aus an die Situation heranzutasten? Während Jitzchaks Zeit als Ministerpräsident war er denselben Versuchungen und Pressionen ausgesetzt, denen Menachem Begin 1982 erlegen war. Die Begin-Administration folgte der naiven Philosophie, daß ein Regierungswechsel im Libanon mit militärischer Stärke zu erzielen wäre, und entschied sich dafür, unmittelbar selbst zu intervenieren. Jitzchak hielt das für zwecklos. Während die Likud-Regierung dazu neigte, im Libanon ein Problem zu sehen, das sich rein auf den Libanon beschränkte und dort auch zu lösen wäre, sah Jitzchak das Land stets im Zusammenhang mit Syrien. Er wußte, daß es auf lange Sicht keine dauerhafte Lösung für den Libanon geben konnte, wenn nicht gleichzeitig das syrische Problem gelöst würde. Die Ermordung des libanesischen Präsidenten Bashir Gemayel durch ein Bombenattentat 1982 zeugte davon, wie labil die Lage war. Wie sollte Israel Ereignisse kontrollieren können, die innerhalb des Libanon selbst entstanden?

In dem dreijährigen Fiasko mit dem Libanon bezahlte Israel einen enormen Preis. Über 650 Israelis kamen ums Leben, die Kosten für die Offensive wurden auf über fünf Milliarden Dollar geschätzt. Dies waren jedoch nur die direkten, meßba-

260

ren Folgen. Verschiedene Länder brandmarkten Israel als einen völkermordenden Aggressor. Das Vorgehen stellte das Verhältnis zwischen Israel und der Diaspora sowie seinen stärksten Verbündeten, vor allem den Vereinigten Staaten, auf eine harte Probe. Und nicht zuletzt schuf der Einmarsch in den Libanon ein ideales Treibhausklima für die Entwicklung der Hisbollah, einer vom Iran ausgehenden islamisch-fundamentalistischen Terrororganisation.

Im September 1983 trat Menachem Begin als Ministerpräsident zurück. Der Tod seiner Frau einige Monate zuvor hatte ihn tief erschüttert. Sie hatten viele äußerst schwere Jahre zusammen durchgemacht – Kriegsjahre in Europa, Jahre im Untergrund in Palästina (Begin war einst Kommandeur von *Ezel*, einem der bewaffneten Flügel der Revisionistischen Bewegung). Er und seine Frau lebten ganz bescheiden in einer kleinen Souterrainwohnung in Tel Aviv, doch sie hatten einen großen Kreis von Freunden und Anhängern im In- und Ausland, die oft zu Besuch kamen. Aliza Begin ging mit ihrem Mann einen langen Weg durch die Wüste, um mit den Worten der Bibel zu sprechen. Sie waren ein innig verbundenes Paar. Im Laufe der Jahre machte ihr ein Emphysem immer mehr zu schaffen, doch sie hörte nicht auf zu rauchen, und dies führte schließlich zu ihrem Tod.

Begins Nachfolger wurde Jitzchak Schamir, doch dessen Amtszeit war nur von kurzer Dauer. Nach ganzen vier Monaten, am 25. Januar 1984, stürzte Schamirs Regierung.

Inzwischen hatte sich der Libanon zur Bastion des Terrorismus entwickelt. Selbstmordkommandos sprengten das Hauptquartier der US Marines in Beirut in die Luft, 241 Menschen kamen ums Leben. Bei einem Bombenanschlag auf eine französische Kaserne wurden 58 Menschen getötet.

Im Frühjahr 1984 erhielt die Arbeitspartei 44 Sitze in der Knesset, der Likud 41. Da die Mandate der Arbeitspartei nicht ausreichten, eine Mehrheitsregierung zu bilden, entstand eine Regierung der nationalen Einheit – eine Koalition aus Arbeitspartei und Likud, wie es sie bisher noch nie gegeben hatte. Sie beruhte auf dem Prinzip der Teilung der Macht. Das Amt des Regierungschefs sollte rotieren – Schimon Peres sollte die ersten beiden Jahre als Ministerpräsident und Jitzchak Schamir als Außenminister fungieren, und im Oktober 1986 sollten sie die Posten tauschen. Die Koalition hatte mit zwei unmittelbaren Problemen zu kämpfen – dem Rückzug Israels aus dem Libanon und dem Drosseln der Inflation. Die israelische Wirtschaft war sozusagen auf Grund gelaufen; im Jahre 1985 betrug die Inflationsrate über 35 Prozent *im Monat!* Die Anpassung der Lebenshaltungskosten konnte mit der Inflation nicht mehr Schritt halten, und einige staatliche Unternehmen standen vor dem Bankrott. Jeder Gang zum Supermarkt erinnerte an das wirtschaftliche Debakel.

Die Regierung der nationalen Einheit sollte am 13. September 1984 vereidigt werden. Ich entsinne mich, wie Jitzchak und ich an jenem Nachmittag mit seinen Beratern Niva Lanir und Zwili Ben-Mosche und der mit uns befreundeten Journalistin Aliza Wallach in der Kaffeestube der Knesset plauderten. Dalia und ihr Mann Avi gesellten sich ebenfalls zu uns. Jeden Augenblick sollte die Bildung einer Koalition bekanntgegeben werden. Die Eröffnung der Parlamentssitzung wurde jedoch auf vier Uhr verschoben, weil noch in letzter Minute über einige Einzelheiten gefeilscht wurde. Es folgte eine endlose Debatte. Jitzchaks formelle Ernennung zum Verteidigungsminister erfolgte erst um 23.30 Uhr an jenem Abend.

Jitzchak war der Meinung, die Regierung der nationalen Einheit könnte funktionieren, und es lag ihm viel daran, Verteidigungsminister zu werden – ein Amt, das er noch nicht bekleidet hatte. Seine Berufung beruhte auf einem internen Beschluß der Arbeitspartei – offensichtlich kam niemand anderes in Frage. Wenn sich Schamir und Peres auf den Posten des Ministerpräsidenten und des Außenministers abwechseln sollten, dann sahen ihn wohl beide Parteien als den zwangsläufigen Anwärter auf das Amt des Verteidigungsministers an. Seine Rolle innerhalb der neuen Regierung war mehr oder weniger eine gegebene Tatsache. Schamir wußte, daß Jitzchak für die Israelis »Mister Verteidigung« war, und ließ ihm in Fragen der Verteidigung freie Hand. Die neue Tätigkeit machte Jitzchak viel Freude, genau wie er es erwartet hatte. Von allen Posten, die er innegehabt hatte, fühlte er sich auf diesem am wohlsten. Im Umgang mit den Soldaten war er genauso routiniert wie mit den Generälen. Dies war seine Alma mater. Die Armee liebte ihn, und er liebte sie.

Jecheskel, Jitzchaks Chauffeur, stand die Freude ins Gesicht geschrieben; seit Jitzchak als Kandidat für das Verteidigungsressort ins Gespräch gekommen war, hatte Jecheskel es gar nicht erwarten können, den Dienstwagen des Verteidigungsministers zu steuern. Siebzehn Jahre nachdem Jitzchak die Uniform abgelegt hatte, kehrte er wieder zum Militär zurück. Sein Haar war etwas ergrauter, aber er hatte noch immer die Haltung eines Soldaten.

Am Donnerstag, dem 13. September 1984, wurde Jitzchak als Verteidigungsminister vereidigt. Dieses Amt galt traditionell als der zweitwichtigste Posten innerhalb der israelischen Regierung. Wir wurden mit Telefonanrufen und Blumensträussen förmlich überschüttet. Der Empfang, den wir am Samstag abend für etwa fünfzig Freunde und Gratulanten gaben, wurde ein richtiges Fest. Es herrschte große Zuversicht.

Nun konnte sich Jitzchak jenem Thema widmen, von dem er am meisten verstand, nämlich der Sicherheit Israels und dem Wohle unserer Streitkräfte. Jitzchak war ein genialer Militärstratege, doch er war kein typischer Krieger. Er war der Meinung, daß die militärische Macht vor allem unsere Existenz zu sichern und unserer Verteidigung zu dienen habe. Er betrachtete die israelischen Streitkräfte als reine Verteidigungsarmee. Jegliche Versuche, Israel zu vernichten, konnten seiner Überzeugung nach nur mit Hilfe einer starken Armee abgeschreckt werden. »Nur mit einem sehr starken Israel werden sie bereit sein, über Frieden zu sprechen«, pflegte er zu sagen.

Jitzchaks neue Tätigkeit erforderte die geduldige Aufnahme endloser Daten. Als seine Stabsberaterin mußte Niva Lanir unter anderem alle Telegramme und Meldungen lesen, die im Ministerium eintrafen. Jitzchak mußte jedes Dokument, das er zu Gesicht bekam, abzeichnen. Bevor Jitzchak dieses Material durchsah, las Niva es aufmerksam durch und markierte die wichtigen Stellen. Viele Informationen schickte der israelische Botschafter in Ägypten – interessante, aber lange Berichte aus Kairo. Eines Tages traf der Botschafter, Mosche Sasson, persönlich mit Jitzchak zusammen. Als er begann, Jitzchak über ein technisches Detail zu informieren, unterbrach ihn dieser mitten im Satz und führte den Gedankengang genau so zu Ende, wie er in dem schriftlichen Bericht schon dargelegt war.

Jitzchaks umfassende und detaillierte Kenntnis der Geographie Israels kam ihm bei wichtigen militärstrategischen Entscheidungen sehr zugute. Er wußte Dinge über Israel, die ein ranghoher Beamter in der Regel nicht weiß. Auf Abbildungen und in Berichten erkannte er sofort alles Wesentliche und erinnerte sich selbst an Einzelheiten. Niva Lanir begleitete ihn einst nach Patach Tikwa, einem Vorort nordöstlich von Tel Aviv, in dem sich ein Gebäude der Arbeitspartei befindet, ein recht heruntergekommenes Gebäude. Vier Jahre später fuhren sie wieder hin. Derselbe Ort, dieselben Menschen, dieselben Reden. Auf der Rückfahrt merkte Niva an: »Ist dir aufgefallen, daß die Fensterscheibe noch immer kaputt ist?« Und Jitzchak erwiderte: »Und ist dir aufgefallen, daß in derselben Ecke über demselben Fenster auf demselben Staub dieselbe Spinne im selben Netz sitzt?«

Jitzchak war der Auffassung, daß das Achten auf Details die Überlebenschancen für die Soldaten erhöhte. Selbst in den kritischsten Augenblicken kamen Eltern auf Jitzchak zu und gestanden ihm, wie froh sie seien, daß ihre Kinder in einer Zeit dienten, in der er Verteidigungsminister war. Sie wußten, daß unter seiner Aufsicht jede lebensbedrohliche Einzelheit immer und immer wieder überprüft wurde. Jitzchak trat auch entschieden dafür ein, die militärische Ausrüstung genau auf die Bedürfnisse der israelischen Armee zuzuschneiden – Panzerfahrzeuge wurden zum Beispiel mit einer zusätzlichen Unterbodenpanzerung versehen, um sie so vor Minenexplosionen zu schützen. Als Israel amerikanische Patton-Panzer kaufte, wurden sie der besseren Wirtschaftlichkeit und Haltbarkeit wegen auf Diesel umgerüstet.

Nach seinem Eintritt ins Kabinett machte es sich Jitzchak zu seinem obersten Ziel, das Libanonproblem zu lösen. Doch er ließ sich nicht zu übereilten Entscheidungen drängen, auch wenn ständig gebohrt wurde, wieso es so lange dauere. Jitzchak bereitete jede Maßnahme sorgfältig und präzise vor. Zu diesen Maßnahmen gehörte es auch, die Südlibanesische Armee zu stärken – eine Miliz christlicher Libanesen, die von Israel unterstützt und ausgerüstet wurde – sowie eine Sicherheitszone einzurichten. Wenn Israel den Libanesen ihr Territorium wieder überlassen und trotzdem seine Grenze sichern wollte, war diese Zone unverzichtbar. Israelische Einheiten sollten das Gebiet nicht besetzen, aber Zugang zu diesem Gebietsstreifen haben. Im Gegenzug sollten die Israelis der Südlibanesischen Armee gegen Angriffe der vom Iran unterstützten Hisbollah beistehen. All dies erforderte Zeit und Geduld.

Im Januar 1985, ungefähr vier Monate nach seinem Amtsantritt, legte Jitzchak seinen Plan für einen sukzessiven Rückzug aus dem Libanon vor, der sich über einen Zeitraum von fünf bis sechs Monaten erstrecken sollte. Im Juni 1985 war der Rückzug aus dem Libanon abgeschlossen.

Als sich in der Lösung der Libanonfrage Fortschritte abzeichneten, richtete Jitzchak seine Aufmerksamkeit auf Jordanien. Im März 1985 traf er sich in London zu geheimen Gesprächen mit König Hussein. Als Geschenk überreichte er dem König ein israelisches Galil-Sturmgewehr in einem wunderschönen Etui aus Olivenholz. Es war bekannt, daß Jitzchak und König Hussein einander mehrfach begegnet waren, bevor sie 1994 in Washington »offiziell« Kontakt aufnahmen. Der erste dieser privaten Besuche fand 1975 oder 1976 statt. Damals fuhr ich mit Jitzchak nach Eilat, von wo aus er zu einem geheimen Treffpunkt weiterreiste – möglicherweise auf See oder in der Wüste. Die Presse hatte Wind davon bekommen. In einer israelischen Zeitung erschien eine Karikatur – Jitzchak in Eilat und König Hussein in Akaba spielten über das Rote Meer hinweg Tennis. Von Eilat aus kann man die Lichter von Akaba sehen und umgekehrt. Mit dem Auto liegen die beiden Städte nur zehn Minuten voneinander entfernt, aber dennoch lagen damals Welten dazwischen.

Jitzchak hatte den König stets ausgesprochen sympathisch gefunden und war von den Begegnungen immer mit demselben Kommentar zurückgekehrt: »Es war wunderbar, auch wenn nichts dabei herausgekommen ist.« Der Grund für den Mangel an Resultaten war einfach. Der König sagte immer wieder dasselbe: »Alles oder nichts.« Und so blieb es beim Nichts, bis Jahre später, während Jitzchaks zweiter Amtszeit als Ministerpräsident, endlich der Durchbruch gelang.

Am 20. Mai 1985 wurden im Austausch gegen drei israelische Soldaten, die von Anhängern des Palästinenserführers Ahmad Jibril im Libanon festgehalten wurden, 1150 Palästinenser aus israelischen Gefängnissen freigelassen. Außerhalb Israels schüttelte man den Kopf über diesen ungleichen Handel, und Jitzchak geriet in die Schußlinie. Er war überzeugt von der Richtigkeit seines Vorgehens, ganz gleich um welchen Preis – ein klarer Ausdruck von Jitzchaks Loyalität gegenüber den israelischen Streitkräften.

Bedeutete die Freilassung die Gefahr weiterer Angriffe nach dem Motto: Je mehr frei herumlaufende Terroristen, desto mehr Gewalt? Ich weiß es nicht. Wir wissen nur, daß die Angriffe der Partisanen immer raffinierter wurden. Im Jahre 1984 setzten palästinensische Guerillas motorisierte Drachenflieger ein, um Israel vom Südlibanon aus anzugreifen; dabei kamen vier israelische Soldaten ums Leben. Im September 1985 töteten PLO-Terroristen drei Israelis auf Zypern. Noch im selben Monat bombardierte Israel als Vergeltungsmaßnahme zentrale Einrichtungen der PLO in Tunis, wobei 73 Palästinenser und Tunesier getötet wurden. Jitzchak war an diesen Maßnahmen in der Weise beteiligt, daß er die Orte und Ziele bestimmte. Er zögerte kaum mit Vergeltungsanschlägen, wenn Juden Opfer von Gewalt wurden.

Die Affäre um den bezahlten Spion Jonathan Pollard, der in den Vereinigten Staaten für Israel tätig war, bis er im November 1985 verhaftet wurde, belastete die amerikanisch-israelischen Beziehungen in noch nie dagewesener Weise. Pollard wurde zu einer lebenslänglichen Gefängnisstrafe verurteilt. Für Jitzchak war dieser Vorfall äußerst unangenehm. Er erfuhr von Pollard erst *nach* dessen Verhaftung. Pollards Auftrag war unter dem vorigen Verteidigungsminister auf untergeordneter Ebene erteilt worden, und Jitzchak war bei seinem Amtsantritt nicht über Pollards Tätigkeit instruiert worden. Wie eine Untersuchungskommission feststellte, hatten auch andere führende Vorgesetzte, einschließlich Schamir und Peres, keinerlei Kenntnis von Pollards Aktivitäten. Für Israel war es eine große Blamage, daß ein israelischer Spion im Verteidigungswesen seines engsten Freundes und Verbündeten aufflog. Doch weil Pollard von Israel angeheuert worden war, setzte sich Jitzchak dafür ein, daß dessen Strafe reduziert wurde. Er hatte sich in der Angelegenheit bereits an Präsident George Bush gewandt, es kam aber zu keiner Lösung. Kurz vor seinem Tod sprach Jitzchak Präsident Clinton auf eine mögliche Begnadigung an, die der Präsident 1996 jedoch ablehnte.

＊

Im Oktober 1986 wurden die Rollen innerhalb der Koalitionsregierung getauscht – Außenminister Schamir wurde Regierungschef, Ministerpräsident Peres übernahm das Außenministerium. Jitzchak behielt das Amt des Verteidigungsministers. Er unterstand nunmehr direkt Schamir, was für Jitzchak keinerlei Problem darstellte, da er die Weisungshierachie innerhalb des Regierungsapparats absolut respektierte.

Im Jahre 1986 lebten über 1,3 Millionen Araber in den besetzten Gebieten. Die wachsende Zahl jüdischer und arabischer Einwohner sorgte für vermehrte Spannungen und Übergriffe. 1987 warfen Terroristen einen Molotowcocktail in ein Auto der Familie von Abie und Ofrah Moses. Ofrah Moses und eines ihrer Kinder wurden getötet. Abie und zwei weitere Kinder überlebten mit schweren Verbrennungen. An einem der darauffolgenden Tage fuhr Jitzchak an den Ort des tragischen Vorfalls, wo ihn die Siedler mit einer großen Demonstration empfingen. Er richtete klare Worte an sie: »Als Sie hierherkamen, wußten Sie, auf welche Risiken Sie sich einlassen«. Die Siedler empfanden diese Worte als scharf und lieblos, und Abie Moses kritisierte Jitzchak in den Medien. Jitzchak besuchte ihn und die Kinder später in ihrem Haus. Auf Anraten von Eitan Haber fuhr er mit einigen Spielsachen für die Kinder nach Alfei Menasheh, einer Siedlung im Westjordanland in der Nähe von Kakilya. Sie versöhnten sich und blieben Freunde. Abie Moses gehörte zu jenen zahlreichen Menschen, die Jitzchak an den jüdischen Feiertagen anrief. Jitzchak fühlte sich moralisch verpflichtet, mit denen, die am meisten gelitten hatten, in Verbindung zu bleiben.

Die komplexeste Krise während Jitzchaks Amtszeit als Verteidigungsminister war sicherlich die Intifada. Die Intifada (im Arabischen für »das Erwachen«) begann im Dezember 1987, nachdem ein ziviler israelischer Lastwagen in Gaza ins Schleudern geraten war und zufälligerweise vier Araber tötete. Der Vorfall löste eine bis dahin unbekannte Welle der Gewalt und des zivilen Ungehorsams in Gaza und im Westjordanland aus. Mit der Intifada wandelte sich das Wesen – oder zumindest das Erscheinungsbild – des Widerstands gegen die israelische Herrschaft in den besetzten Gebieten; isolierte terroristische Attacken wurden ergänzt durch einen scheinbar spontanen Ausbruch von Massenaktionen. Israel konnte – das erkannte Jitzchak aufgrund der Intifada ganz klar – ein anderes Volk nicht beherrschen. Da viele palästinensische Männer in Gefängnissen oder Untersuchungshaft saßen, übernahmen die Frauen eine aktivere Rolle, und Jugendliche standen mit an der Spitze der gewalttätigen Front, indem sie vor allem Steine auf israelische Soldaten warfen. So schwierig die Situation für Jitzchak damals gewesen sein mochte, heute würde er sicherlich zugeben, daß die Intifada den Friedensprozeß entscheidend vorantrieb, denn sie machte allen klar, daß auf lange Sicht nur eine politische Lösung Erfolg zeitigen konnte.

Jitzchak besuchte gerade Dr. Kissinger in Connecticut, als die Intifada ausbrach. Auch diesmal wurde er kritisiert, weil man meinte, er reagiere nicht schnell genug auf die Krise. Die Streiks und Gewalttätigkeiten der Intifada waren jedoch ein absolutes Novum; eine unbedachte, willkürliche Reaktion wäre um so gefährlicher gewesen. Jitzchak sagte immer: »Wenn ihr zur Gewalt greift und auf unsere Soldaten spuckt, erreicht ihr gar nichts. Eine Lösung ist nur dann möglich, wenn sich beide Seiten zusammensetzen und über ihre

Kompromißbereitschaft reden. Wir müssen Möglichkeiten finden, die Bedingungen für eine Koexistenz in der Region zu schaffen.«

Jitzchak erkannte die Probleme, welche die Intifada in den Medien und in der Öffentlichkeit aufwarf, und fortan wurden die Angehörigen der israelischen Armee sorgfältig geschult, um auf die Angriffe angemessen zu reagieren. Im Jahre 1988 sagte Jitzchak in einem Interview im israelischen Fernsehen: »Es ist weitaus einfacher, klassische militärische Konflikte zu lösen. Es ist weit schwieriger, mit 1,3 Millionen Palästinensern in den [besetzten] Gebieten zu ringen, die unsere Herrschaft ablehnen und systematische Gewaltmaßnahmen ohne Waffen anwenden.« Die Berichterstattung des Fernsehens stellte sich automatisch auf die Seite der Jugendlichen und Kinder, die bewaffnete israelische Soldaten mit Steinen oder auch Schlimmerem bewarfen. Selbst wenn die Soldaten als letztes Mittel der Verteidigung zu Gummigeschossen und Holzknüppeln griffen, wirkte das Vorgehen nicht besonders telegen und ließ uns als übermäßig brutal erscheinen: Soldaten im Kampf gegen Kinder. Jitzchak war sich der Wirkung des Fernsehens bewußt; während seiner ersten Monate als Botschafter in den Vereinigten Staaten hatte er bereits darüber gestaunt, wie sehr die Live-Berichterstattung im Fernsehen die amerikanische Politik gegenüber der öffentlichen Meinung sensibilisierte.

Während der Intifada sahen wir bei Freunden öfter Berichte des Senders CNN, vor allem weil dies eine alternative Nachrichtenquelle war. Unsere Enkelin Noa, die bei Ausbruch der Intifada erst zehn Jahre alt war, verfolgte diesen Krieg im Fernsehen und sah, wie Kinder in ihrem Alter mit maskierten Gesichtern israelische Soldaten mit Steinen bewarfen. »*Saba*, wieso müssen die Soldaten so schlimm zu den Kindern sein?« wollte sie wissen. Jitzchak erklärte ihr geduldig, daß die Palästinenser die Kinder als Schutzschild vorschickten und den Juden hinter dem Rücken der Fernsehkameras viel mehr Leid zufügten als die Soldaten diesen Kindern. Es ist nicht leicht, einer Zehnjährigen solch kontroverse Sachverhalte zu erklären, doch Jitzchak wich niemals schwierigen Fragen aus, selbst wenn sie von seiner Enkelin kamen.

Etwa zu dieser Zeit wurde Jitzchak von mehreren Seiten fälschlicherweise mit dem Satz zitiert: »Brecht ihnen die Knochen.« Diese Aufforderung brachte angeblich Jitzchaks Strategie im Umgang mit der Intifada auf den Punkt. Er bestritt wiederholt, je diese Aussage gemacht zu haben, und ging einige Monate später sogar in einer Rede vor der Knesset auf dieses Thema ein. Seine Anweisung war im Grunde viel subtiler. Er instruierte Armeeoffiziere, durchaus Gewaltmittel anzuwenden – nötigenfalls sogar aggressive –, um beispielsweise eine Demonstration in Schach zu halten, ermahnte sie aber, diese Mittel nicht leichtfertig einzusetzen. Es war bei weitem nicht so, daß Jitzchak den israelischen Soldaten riet, wild auf Steinewerfer einzuprügeln; er forderte unsere Soldaten vielmehr auf, schwierige Ermessensentscheidungen zu fällen. Wenn es darum ging, mit dem Gewehr zu schießen oder mit dem Knüppel einzugreifen, um einen Demonstranten daran zu hindern, einen Molotowcocktail zu werfen, so war natürlich in jedem Fall der Knüppel vorzuziehen. Doch die Kontroverse legte sich nicht. A. M. Rosenthal, der sich lange für Israel stark gemacht hatte, forderte in der *New York Times* Jitzchaks Rücktritt. Die Intifada wurde nie offiziell beendet, sondern flaute in dem Maße ab, in dem mit den Friedensinitiativen Ernst gemacht wurde.

Im Januar 1988 schlug Jitzchak vor, Anführer der Intifada aus Israel auszuweisen, und die Knesset stimmte der Maßnahme zu. Die Intifada hatte die Auslandsbeziehungen Israels ernsthaft belastet. Auf dem Höhepunkt der Intifada traf Jitzchak zu einem Frühstück mit der britischen Premierministerin Margaret Thatcher zusammen. Die britische Premierministerin behauptete, wir mißhandelten die Palästinenser, und äußerte sich besorgt über deren Armut und Misere. Er sagte zu ihr: »Mrs. Thatcher, wir hätten keinerlei Einwände gegen jede Art von Unterstützung, die Großbritannien den Menschen in Gaza anbieten würde. Möchten Sie vielleicht eine Schule, ein Krankenhaus bauen? Wir würden dies sehr begrüßen.« Jitzchak sagte, das war die kürzeste Frühstückskonferenz, die er je erlebte.

Obwohl Jitzchak stets darum besorgt war, unnötige Opfer in der Armee zu vermeiden, waren nicht alle Entscheidungen von diesem Gedanken getragen. Manchmal war er gezwungen, Beschlüsse zu fassen, die ein Risiko oder eine Gefahr bedeuteten. Jitzchak fällte nie politische oder strategische Entscheidungen, die vom Gedanken an das Wohl unserer eigenen Kinder oder Enkel ausgingen, auch wenn er nicht vergessen konnte, daß wir nun einen Enkel an der Front hatten.

Jonatan gehörte einer Elitebrigade von Fallschirmjägern an, die während der Intifada an der Grenze zum Libanon und im Westjordanland stationiert war. Jitzchak war immer sehr froh, ihn am Freitagabend oder Samstag zu sehen, wenn er beurlaubt werden konnte. »Kommt Jonatan am Wochenende?« fragte er erwartungsvoll. Manchmal mußte Jonatan für Jitzchaks Standpunkt geradestehen. Einmal wurden Hunderte von Hamas-Aktivisten in kleinen Gruppen aus dem Gefängnis entlassen. Jedesmal wenn mein Mann den Befehl gab, fünfzig Hamas-Anhänger aus der Haft zu entlassen, pflegte Jonatans Kommandeur zu sagen: »Jonatan Ben-Artzi! Vortreten! Ihr Großvater hat gerade fünfzig Hamas entlassen, dafür machen Sie jetzt fünfzig Liegestützen vor versammelter Mannschaft.«

Im Jahre 1988 wollte Arafat vor der Generalversammlung der Vereinten Nationen eine Rede halten. George Shultz, der den Palästinenserführer als »Anstifter zum Terrorismus« bezeichnete, verweigerte ihm ein Visum für die Einreise in die Vereinigten Staaten. Daraufhin beschloß die Generalversammlung, die Sitzung aus Protest nach Genf zu verlegen. Am folgenden Tag erklärte Arafat, die PLO verzichte auf »alle Formen des Terrorismus«. Dies war der erste Schritt hin zu einem substantiellen Dialog zwischen der PLO und den USA.

Je mehr Präsenz die Intifada in den Medien gewann, desto schwieriger wurden die Fund-raising-Bemühungen des United Jewish Appeal in den Vereinigten Staaten. Jitzchak engagierte sich jedoch unermüdlich bei der Beschaffung von Spendenmitteln zugunsten Israels. Er wußte, wie wichtig es war, Gelder für die Entwicklung des Landes zu sichern, und zeigte sich eifrig bereit, bei entsprechenden Benefizveranstaltungen aufzutreten. Er war sehr dankbar für die jahrelange Unterstützung seitens der Diaspora und übernahm immer gerne die Verpflichtung, einem Empfang oder einem Dinner – gleich ob zu Hause oder in den Vereinigten Staaten – beizuwohnen.

Während seiner Amtszeit als Verteidigungsminister unternahm Jitzchak eine Fund-raising-Tour zugunsten von Israel Bonds. Bei einer solchen Benefizveranstaltung in New York zu Ehren des Multimillionärs Arthur Balfour sollte er eine programmatische Rede halten und sich zuvor an einigen kleineren Dinners beteiligen, die als Auftakt zu dem großen Abend in New York gegeben wurden. Bei diesen Vorausveranstaltungen nannten die Stifter die Beträge, die sie bei dem großen Bankett spenden wollten, um die Sache ins Rollen zu bringen. Bei einer dieser Gelegenheiten begegnete er in Philadelphia dem *TV-Guide*-Gründer Walter Annenberg; in Washington traf er Bob Smith, den Sohn von Charles E. Smith, und in Baltimore Mr. Harvey M. »Bud« Meyerhoff. Tagsüber konferierte Jitzchak mit ranghohen Vertretern des amerikanischen Verteidigungsministeriums; die Abende waren den Benefizveranstaltungen vorbehalten.

Während des Dinners in Philadelphia verdoppelte Walter Annenberg seine Spende von einer Million auf zwei Millionen Dollar. Die Reise schien ein glatter Erfolg zu werden. Doch in Baltimore kam es zu einigen peinlichen Situationen. Der Ehrengast des Abends, Bud Meyerhoff, engagierte sich sehr in dem Komitee für die Erbauung des amerikanischen Holocaust Memorial Museum in Washington. Er war der Sohn des verstorbenen Joseph Meyerhoff, der mich bei der Mittelbeschaffung für den Israel Room im Kennedy Center so großzügig unterstützt hatte. Joseph Meyerhoff war ein bedeutender Förderer des Bildungswesens in Israel; sein Name erscheint auf den Stifterehrentafeln aller größeren Universitäten in Israel.

Ich begleitete Jitzchak an jenem Abend in Baltimore. Er hatte eine schlimme Erkältung. Als wir ankamen, war Bud Meyerhoff gar nicht anwesend. Mister Meyerhoff war bereits nach Washington gereist und ließ sich bei dem Empfang von einem seiner Söhne vertreten.

Jitzchak hielt eine Ansprache, es folgte ein Abendessen, und anschließend wurde um Spendenbeiträge gebeten. Ich sagte zu Jitzchak: »Hör mal, du fühlst dich miserabel und hast noch eine schwierige, lange Reise vor dir. Morgen steht dir ein langer Tag beim Verteidigungsminister bevor. Wir sollten gehen, sobald der fünfte Aufruf erfolgt ist.« Bei Fund-raising-Veranstaltungen blieb Jitzchak immer bis zum Schluß, und so war es eher ungewöhnlich, daß er auf meinen Vorschlag einging, aber schließlich fühlte er sich nicht ganz auf der Höhe. Der amerikanische Verteidigungsminister hatte einen Helikopter für Jitzchaks Reise von Baltimore nach Washington bereitgestellt. Da der Hubschrauber bereits wartete, brachen wir vor dem Ende der Veranstaltung auf.

Am Samstag nach dem großen Balfour-Dinner kam der israelische Direktor der Bonds-Organisation Jehuda (»Georgi«) Halevi vor unserer Heimreise in unser New Yorker Hotel, um uns zu verabschieden. Er fing gleich damit an, daß die Leute in Baltimore sehr gekränkt seien. »Nanu!« sagte ich mit unverkennbarem Mißmut. »Was wollen Sie überhaupt? Sie wissen, wie schlecht sich Jitzchak fühlte. Vertreten Sie die Bürger der Vereinigten Staaten, oder vertreten Sie Israel und seinen Verteidigungsminister? Der Verteidigungsminister hatte am nächsten Tag eine wichtige Besprechung. Dieses eine Mal ging Jitzchak früher, und ausgerechnet ein Offizieller Israels äußert seine Empörung im Namen einer amerikanischen Organisation!« Ich war wütend. Es erstaunt mich nicht, daß dieser Mann später Rektor der Bar-Ilan University in New York wurde – eine Position, die ihm sicher angemessener ist.

Ich muß gestehen, daß ich bei diversen Fund-raising-Veranstaltungen zugunsten Israels merkwürdige Beispiele der Gastlichkeit erlebte. In unserem Hause werden die traditionellen Regeln der jüdischen Speisegesetze befolgt, das heißt, wir essen koscher. Als Jitzchak in den siebziger Jahren Ministerpräsident war, folgte ich einmal einer Einladung zu einem jüdischen Wohltätigkeitsdinner im berühmten Restaurant Bookbinder's in Philadelphia. Beim Betreten des Speisesaals war ich entsetzt über den Anblick einer weitgehend aus Männern bestehenden Gesellschaft, die mit Plastiklätzchen um den Hals und Nußknackern neben den Tellern bei Tisch saß. Es war klar, daß gekochter Hummer serviert werden sollte. Hummer bei einer Wohltätigkeitsveranstaltung für Israel! Einer der Herren sprach zwar die »Hamojze«, den Segensspruch vor dem Genuß von Brot, aber ich war dennoch empört. In meiner kurzen Eröffnungsansprache sagte ich zu den Gästen: »Zum Glück haben Sie nicht vergessen, die ›Hamojze‹ zu sprechen, vielleicht wird Ihnen deswegen vergeben, da Sie vor den Augen der Frau des israelischen Ministerpräsidenten Hummer essen!«

＊

Nach der Parlamentswahl 1984 war es zum ersten Regierungswechsel gekommen. 1988 gaben die Wähler Likud einen kleinen Vorsprung, so daß die zweite Regierung der nationalen Einheit – unter Jitzchak Schamir als Regierungschef, jedoch ohne Rotation seines Amtes – gebildet wurde. Jitzchak blieb Verteidigungsminister, Schimon Peres wurde Finanzminister (bis 1990). Zwischen 1988 und 1990 verlor die Arbeitspartei weiter an Stimmenanteilen bei Wahlen.

*

Unsere Aufmerksamkeit und unsere Bemühungen waren natürlich in erster Linie auf die jüdische Gemeinschaft in Amerika gerichtet, doch wir ignorierten zu keiner Zeit die jüdischen Gemeinden in anderen Teilen der Welt, besonders in Rußland, wo die Juden sich danach sehnten, nach Israel auswandern zu dürfen. Das Ende des kalten Krieges und der Fall der Berliner Mauer im November 1989 sollten massive Auswirkungen auf das Los der russischen Juden und die Zukunft des Nahen Ostens haben. Die russischen Hilfsleistungen an Länder wie Syrien versiegten allmählich. Jitzchak war sich bewußt, daß der Niedergang des Kommunismus einer der Faktoren war, die es ihm später ermöglichten, den Friedensprozeß voranzutreiben.

Das Ende des kalten Krieges wirkte sich jedoch nicht nur positiv aus. In einem Brief an die *New York Times* vom 16. Januar 1990 sprach sich der damalige Senator Robert Dole dafür aus, fünf Prozent des jährlichen Hilfsbudgets an Israel in Höhe von drei Milliarden Dollar in Zukunft osteuropäischen Ländern zuzuteilen. Zum Glück wurde diese Empfehlung nicht in die Tat umgesetzt. Für Israel hatte einer der obersten Grundsätze stets gelautet: *»Let my people go«*, besonders in Hinsicht auf die Sowjetunion. Israel leistete durchaus seinen Beitrag zur Neuordnung in Osteuropa, indem es eine massive Welle der Einwanderung aufnahm, die 1989 einsetzte. Seit 1970 sind insgesamt 670 000 Juden aus Rußland und den Ländern des Ostblocks nach Israel eingewandert.

*

Jitzchak entwickelte sich ganz allmählich zum Befürworter der palästinensischen Autonomie und Selbstbestimmung. Anfang 1989 legte er einen Friedensplan vor, der bei einem sechsmonatigen Aussetzen der Intifada freie Wahlen für die Palästinenser vorsah. Mit den Wahlen sollten die Palästinenser ein Verhandlungsteam für Gespräche mit Israel bestimmen. Bei einem Besuch in Ägypten im September jenes Jahres verständigte sich Jitzchak mit Präsident Mubarak über seine Vorstellungen von einer Entwicklung im Nahen Osten. Kurze Zeit später fand Jitzchak seinen offiziellen politischen Standpunkt indes ernsthaft gefährdet.

Anfang 1990 wurden viele Mitglieder der Arbeitspartei immer unzufriedener mit Schamir und der Regierung der nationalen Einheit. Schamirs kompromißlose Haltung in der Frage der jüdischen Besiedlung des Westjordanlands und sein harter Kurs bei den Friedensgesprächen mit den Palästinensern brachten die Vereinigten Staaten auf Distanz und standen in offenem Widerspruch zur Politik der Arbeitspartei. Schimon Peres glaubte, eine Gelegenheit gefunden zu haben, die Koalitionsregierung aufzulösen; das Aussteigen der Arbeitspartei aus der Koalition würde zu einer politischen Krise führen, in der er hoffte, selbst als Ministerpräsident eine neue Koalition zu bilden. Bereits lange vor dem Rücktritt der Regierung hatte er Verhandlungen mit den religiösen Parteien aufgenommen. Jitzchak dagegen hielt einen Rücktritt der Regierung für unklug und meinte, Peres arbeite dem Likud in die Hände. Aus Loyalität gegenüber der Partei machte Jitzchak trotzdem mit. Allerdings war er der Meinung, Schimon Peres serviere dem Likud und Schamir die Regierungsgewalt auf dem silbernen Tablett.

Die Regierung der nationalen Einheit zerbrach am 12. März 1990, kurz nachdem Peres als Führer der Arbeitspartei die Finanzierung von acht vom Likud geförderten Siedlungen blockiert hatte. Sämtliche Minister der Arbeitspartei traten zurück. Damit endete Jitzchaks Amtszeit als Verteidigungsminister. Der Staatspräsident, Chaim Herzog, beauftragte Schimon Peres mit der Bildung einer neuen Regierung. Peres war absolut sicher, daß er bis zum Abend des 12. April 1990 eine Koalition bilden könne, und wollte die neue Regierung am Tag darauf vorstellen. Denn er rechnete fest damit, die religiöse Partei Schass unter ihrem charismatischen und jugendlichen Führer Aryeh Deri für die neue Koalition gewinnen zu können. Peres und andere Spitzenvertreter der Arbeitspartei hatten sich sogar *Yarmulkes* aufgesetzt und solche ultraorthodoxen Rabbiner wie Ovadia Josef, den Mentor von Schass, aufgesucht. Doch sie stießen auf starken Widerstand in den Reihen der Geistlichen, besonders bei dem prominenten Rabbiner Eliezer Schach, dem Berater von United Torah Judaism.

Jitzchaks Skepsis war durchaus begründet. Zuerst scherte Schass aus der Koalition aus. Das Mehrheitsvotum für die Bildung einer Koalition verringerte sich dadurch auf ein absolutes Mindestmaß. Der Knesset-Abgeordnete Abraham Schamir trat aus der Likud-Partei aus, wodurch Peres eine Stimmenmehrheit zu erlangen schien. Doch dann schlug das Pendel in die andere Richtung aus, denn nur wenige Stunden, bevor die neue Regierung vorgestellt werden sollte, schieden zwei Mitglieder der orthodoxen Partei Agudat Israel aus der von der Arbeitspartei geführten Koalition aus. Nach diesem Scheitern bat Peres um eine Fristverlängerung, die Präsident Herzog ihm gewährte. Eine Regierung unter Führung der Arbeitspartei hing schließlich von ein oder zwei Stimmen ab. An jenem entscheidenden Abend wollten die beiden Mitglieder der Agudat Israel selbst zur Zeit der 21-Uhr-Nachrichten noch nicht offenbaren, für wen sie stimmen würden. Jitzchak und ich gingen zu einem Staatsbankett zu Ehren von Václav Havel, ohne zu wissen, wie die Sache ausgehen würde.

Bei dem Essen saß ich Schimon Peres gegenüber. Ungefähr fünf Minuten vor neun wurde Ministerpräsident Schamir und Präsident Herzog eine Notiz überreicht. Schimon Peres erfuhr, daß es aus war, die Agudat-Israel-Anhänger hatten sich für den Likud entschieden. Peres sollte also nicht Regierungschef werden. Ich muß gestehen, er war sehr gefaßt und machte weiterhin nach allen Seiten Small talk. Erst als man ihn hinausbat, um zur Presse zu sprechen, wechselte seine Stimmung. Als er an unseren Tisch zurückkehrte, verlor er schließlich die Beherrschung. »Was habe ich falsch gemacht? Neunundvierzig Tage lang habe ich mich bemüht, eine neue Regierung zu bilden.«

Peres' Gambit – das Jitzchak als ein »übelriechendes Manöver« bezeichnete – hatte zur Folge, daß Schamir Ministerpräsident blieb und von Juni 1990 bis Juli 1992 die Likud-Regierung weiterführte. Jitzchak zog wieder in sein kleines Büro im Kirjah-Komplex.

Unter dem Likud verschlechterten sich die Beziehungen zu den Palästinensern nur noch weiter. Im Frühjahr 1990 verkündete Ariel Scharon, der dem Kabinett nun als Wohnungs- und Bauminister angehörte, daß Israel in den nächsten zwei Jahrzehnten die Zahl der jüdischen Siedler in den besetzten Gebieten von 100 000 auf 300 000 erhöhen werde. Diese Entscheidung widersprach ganz und gar Jitzchaks Haltung in der Siedlungsfrage. Jitzchak unterschied ganz klar zwischen *strategischen* Siedlungen, die für Israels Sicherheit unverzichtbar waren, und *politischen* Siedlungen, die nicht unbedingt lebenswichtige, sondern rein ideologische Ziele verfolgten. Jedesmal wenn Jitzchak vom Hubschrauber aus das kleine Lager einer politischen Siedlung – einer »Schlafsiedlung«, wie er es nannte – sah, standen ihm die Haare zu Berge. »Wenn das eine Siedlung ist, dann bin ich ein Kugellager«, pflegte er zu sagen. Die Zwischenfälle und Provokationen nahmen kein Ende. Eines Tages warf zum Beispiel eine Gruppe von Palästinensern Steine auf Juden, die an der Klagemauer beteten. Der Jerusalemer Bürgermeister Teddy Kollek schob die Schuld an dem Zwischenfall zumindest teilweise darauf, daß die Likud-Führer eine neue jüdische Siedlung im arabischen Ostteil von Jerusalem gefordert hatten. Im Laufe der Konfrontation, die folgte, wurden zweiundzwanzig Palästinenser getötet und Dutzende verletzt.

Am 2. August 1990 fiel Saddam Hussein in Kuwait ein. In Israel fragten sich viele, ob Saddam während des Golfkriegs, der im Januar darauf ausbrach, chemische Kampfmittel gegen uns einsetzen würde. Jitzchak bezweifelte stets, daß Saddam Hussein dies wagen würde, zumal Saddam wußte, daß Israel nur einen einzigen Tag brauchte, um Bagdad auszuradieren. Jitzchak wußte besser als die meisten von uns, welche Möglichkeiten Israel zu Gebote standen.

Die israelischen Behörden hatten angeordnet, daß in jedem Haushalt ein Raum mit Plastikfolie isoliert und daß zum Schutz vor einem möglichen Chemiewaffenangriff eine Gasmaske getragen wurde. Wir hatten damals noch kein Kabelfernsehen; unsere Tochter und ihr Mann empfingen jedoch Programme über eine Satellitenschüssel. Als sie über CNN erfuhren, daß in Saudi-Arabien vor Luftangriffen gewarnt wurde beziehungsweise daß irakische Raketen über Riad niedergingen, rechneten wir jeden Augenblick mit einem Angriff auf Israel. Immer wenn die Sirenen heulten, marschierten wir mit unseren Gasmasken in den abgedichteten Raum. Wenn ich mich an den Anblick erinnere, wie wir da mit unseren Gasmasken saßen, fühle ich mich noch heute

280

zutiefst gedemütigt. Die erste Warnung wurde um zwei Uhr morgens gegeben. Sicherheitsbeamte klingelten an unserer Wohnungstür und gingen mit angelegten Gasmasken mit uns in den Schutzraum. Wir hörten abwechselnd die Detonationen amerikanischer Patriot- und irakischer SCUD-Raketen. Trotzdem behielten wir die lächerlichen Gasmasken an.

Die Angriffe erfolgten bei Nacht. Es war Winter, und so wurde es etwa gegen sechs Uhr dunkel. Jeder versuchte, um diese Zeit zu Hause zu sein. Auch Jitzchak beeilte sich, nach Hause zu kommen. Es war sehr ungewöhnlich für uns, ihn regelmäßig so früh zu Hause zu sehen. Am nächsten Abend wurde erneut Alarm gegeben. Wir hatten Gäste zum Abendessen. Die Nudeln standen auf dem Herd. Wir begaben uns in den luftdicht versiegelten Raum. Jitzchak und ich sahen einander an. Und wir sahen unsere Gäste an. Jeder von uns trug eine Gasmaske. »Schluß. Das reicht«, sagte Jitzchak. »Beim nächsten Luftangriff gehen wir runter in den ABC-Schutzkeller.« Unsere Wohnung befand sich im obersten Stockwerk eines achtstöckigen Hauses. Immerhin mußten wir damit rechnen, meinte Jitzchak, daß eine Rakete in unser Gebäude einschlug. Ein luftdichter Raum in einer Wohnung auf der achten Etage war bei einem Raketenangriff absolut sinnlos.

Sobald die Sirenen wieder aufheulten, mußten wir acht Treppen hinuntereilen, um vor dem Einschlag der SCUD den Luftschutzraum zu erreichen. Die Wachmänner stürzten mit uns hinunter. Normalerweise kamen wir erst unten an, nachdem die Geschosse bereits niedergegangen waren. Anfangs kamen ein oder zwei Nachbarsfamilien mit. Später folgten uns nahezu sämtliche Bewohner des Hauses in den Schutzkeller. In der Regel hielten wir uns nur kurz dort auf. Meistens machten wir gleich, nachdem wir unten ankamen, kehrt und gingen wieder nach oben.

Die Behörden hatten angeordnet, daß niemand ohne Gasmaske aus dem Haus ging. Ich hielt mich nicht an diese Vorschrift. Kann Saddam Hussein mich etwa sehen? fragte ich mich. Ich wollte diesem Schurken nicht die Genugtuung verschaffen, mich zwingen zu können, eine Gasmaske zu tragen. Ich war nicht bereit, mich von diesem Tyrannen demütigen zu lassen!

Eines Nachmittags gab Jitzchak in einer populären israelischen Fernsehsendung ein Interview. Er trat als Privatperson auf und erklärte, er werde nicht in einem abgedichteten Raum Zuflucht suchen. Er begründete seine Entscheidung und betonte, daß seine Ansicht keinen offiziellen Charakter habe, da er damals kein offizielles Amt innehatte. Weil er jedoch als Autorität galt, wollten die Menschen wissen, ob es richtig sei, die Anweisungen der Behörden zu mißachten, aber er vertrat seine Ansicht ganz unbeirrt.

»Wenigstens *ein* Konflikt im Nahen Osten, für den man nicht Israel verantwortlich machen kann«, sagte Jitzchak damals immer wieder. Er begrüßte die Entschlossenheit der Amerikaner, Saddam Hussein Einhalt zu gebieten. Er schätzte auch die militärische und strategische Planung der Generäle Colin Powell und Norman Schwarzkopf. Vor allem bewunderte Jitzchak die entschlossene Haltung von Präsident George Bush. Die freie demokratische Welt konnte nicht zulassen, daß Saddam Hussein Kuwait einfach so überrollte. Israel hätte einige seiner Spezialeinheiten einsetzen können und bot dies sogar an, doch es war wohl klug, sich nicht einzumischen.

Jitzchak begrüßte Israels Zurückhaltung. Obwohl wir beträchtlichen Schaden erlitten, war es ratsam, auf dem Kurs der Alliierten zu bleiben, damit diese die sorgfältig geplante Operation Wüstensturm durchführen konnten. Nach den Raketenangriffen verzeichnete man in Israel einen unmittelbaren und zwölf indirekte Todesfälle, etwa durch Herzanfälle oder Erstickung, sowie über zweihundert Verletzungen.

Mehr als viertausend israelische Gebäude waren beschädigt. Die Bedrohung war durchaus ernst. Dalia und unser Schwiegersohn Avi sammelten in ihrem Garten einen Teil einer SCUD auf! Niemand war begeistert über die Unterstützung der arabischen Allianz durch die Vereinigten Staaten, doch die Treue der Amerikaner gegenüber Israel war unbestritten.

*

Der Tod des 78jährigen Menachem Begin bedeutete für Israel eine erneute Wachablösung. Begin starb am 9. März 1992. Für Jitzchak war er ein ehrbarer Mann, ein starkes und charismatisches Leitbild. Als Jitzchak Botschafter in Washington war, besuchte Begin als Oppositionsführer mehrmals die Vereinigten Staaten. Jitzchak war Begin behilflich, Gespräche mit Mitgliedern des Repräsentantenhauses und des Senats zu koordinieren, und begleitete ihn auch zum Flughafen. Er erwies ihm die größte Ehrerbietung, nicht nur weil man dies von einem Botschafter erwartete, sondern weil er eine aufrichtige Hochachtung für den Menschen empfand. Begin zeigte sich während der Entebbe-Krise als äußerst hilfreich. Nach dem erfolgreichen Abschluß der Rettungsaktion hielt Begin als Mitglied des Außen- und Verteidigungsausschusses eine Rede vor der Knesset, in der er einräumte, daß das Gelingen einer solchen Mission natürlich vielen Menschen zuzuschreiben sei, daß es jedoch nur einen Menschen gebe, der im Falle ihres Scheiterns die Verantwortung auf sich genommen hätte. Ministerpräsident Rabin sei daher derjenige, dem wir gratulieren sollten.

Am 22. Juli 1991 bestätigte das Zentralkomitee der Arbeitspartei Schimon Peres erneut als Vorsitzenden. Obwohl die Arbeitspartei nach dem kläglichen Scheitern der Regierungsbildung im Jahre 1990 einen Führungswechsel gebraucht hätte, wurde Jitzchak nicht an die Parteispitze gewählt. Peres erhielt 54 Prozent, Jitzchak 46 Prozent. Die Kinder und ich waren unglaublich enttäuscht. Wir konnten es einfach nicht fassen, daß er wieder unterlegen war. Ich entsinne mich noch lebhaft an den Augenblick, als wir nach Hause kamen. Er blieb gelassen. »Das ist nicht das Ende der Welt«, tröstete er uns und munterte uns allmählich wieder auf. Sein politisches Comeback ging er in derselben Weise an wie den Friedensprozeß – Schritt für Schritt. Er sprach immer wieder von Geduld. Mir mangelte es dran. »Savlahnout« – Geduld – war ein zentraler Begriff in seinem Vokabular und ein herausragender Zug seines Wesens.

Jitzchak erkannte klar, daß seine politischen Möglichkeiten auf Dauer begrenzt bleiben würden, solange der Spitzenkandidat der Partei nicht in einer Vorwahl aufgestellt, sondern allein vom Zentralkomitee bestimmt wurde. – Zunächst mußten die Parteistatuten geändert werden, wozu die Partei durchaus bereit war, zumal sie seit 1974 keine Wahl mehr gewonnen hatte. Die nächste Hürde bestand darin, weit über einhunderttausend Parteimitglieder für die Vorwahl zu gewinnen. Und dann war natürlich ein riesiges Wahlkampfprogramm erforderlich, um in ganz Israel Förderer und Anhänger zu organisieren. Jitzchak war nicht allzu zuversichtlich, daß er die Vorwahl gewinnen würde, doch er wußte, daß er nur auf diese Weise die Nominierung zum Spitzenkandidaten der Partei erringen konnte.

Seinen Wahlkampf für eine erneute Kandidatur um das Amt des Ministerpräsidenten eröffnete Jitzchak offiziell Ende 1991, rechtzeitig vor der Wahl des Jahres 1992. Er reagierte damit auf den stetig wachsenden Rückhalt in der Öffentlichkeit. Die Einführung parteiinterner Vorwahlen, für die Jitzchak erstmals 1990 kandidiert hatte, öffnete den Auswahlprozeß dem breiten Spektrum von Anhängern der Arbeitspartei. Peres war zwar als Parteivorsitzender bestätigt worden, doch es machte sich ein gewisses Unbehagen breit. Würde Peres den Likud schlagen? Und was wäre, wenn der Likud gewann?

Allmählich setzte sich in der Führung der Arbeitspartei die Einsicht durch, daß Jitzchak möglicherweise bessere Chancen hatte, die Wahl zu gewinnen. Während der Vorwahl fuhr Jitzchak immer wieder kreuz und quer durch das ganze Land und sprach vor kleinen Versammlungen in Städten und Dörfern, oft vor Menschen mit ablehnender Haltung, in ärmlichen Vierteln, in russischen Enklaven und in arabischen Siedlungen. Doch er gewann die Menschen für seine Sache, einen nach dem anderen. Er brachte seine politischen Ziele klar zum Ausdruck. Im Laufe des Wahlkampfs merkte er immer mehr, wie positiv seine Ideen aufgenommen wurden. Bei jeder Wahlkundgebung sang die Menge: »Israel wartet auf Rabin« – in Anspielung auf das Lied »Nasser wartet auf Rabin«, – das während des Sechstagekrieges populär war.

Die erste Vorwahl der Arbeitspartei fand am 19. Februar 1992 statt und brachte begeisterte Zustimmung – 40,6 Prozent votierten für Jitzchak, 34,8 Prozent für Peres. Da Jitzchak die Nominierung durch die Vorwahlen gewann, waren keinerlei Verhandlungen mit Peres oder sonst jemandem erforderlich, um den obersten Listenplatz einzunehmen.

Die Regierung unter Schamir pumpte über eine Milliarde Dollar in den Bau neuer Siedlungen. Russische Einwanderer strömten in das Land; sie fühlten sich nicht genügend unterstützt, weil die Mittel für andere Zwecke verwendet wurden. Die Friedensgespräche machten keinerlei Fortschritte, vor allem – so schien es – wegen der Verschleppungstaktik der Regierung Schamir. Die Vereinigten Staaten hatten sich die Operation Wüstensturm im Golf enorme Summen kosten lassen und investierten drei Milliarden Dollar pro Jahr in ein Israel, das keine Anstalten zu machen schien, grundlegende Fragen der Nahostpolitik zu klären.

Kreditbürgschaften in Höhe von zehn Milliarden Dollar seitens der Vereinigten Staaten, die Israel die Integration Hunderttausender von Juden aus dem früheren sowjetischen Machtbereich erleichtern sollten, wurden zurückgestellt. Wir spürten, woher der Wind über den Ozean wehte; es war klar, daß die Bush-Administration (die seit Januar 1989 im Amt war) und insbesondere Außenminister James Baker es lieber gesehen hätten, daß Jitzchak die Zügel in der Hand hielt, als daß amerikanische Mittel im Grunde dafür benutzt wurden, die rücksichtslose Ausweitung politischer Siedlungen zu sichern. Die Vereinigten Staaten waren auch unzufrieden mit dem mangelnden Fortschritt bei den Madrider Friedensgesprächen – einer unter Schirmherrschaft von Moskau und Washington veranstalteten Konferenz unmittelbar nach dem Golfkrieg –, die zwischen 1991 und 1993 elf Runden durchlaufen hatten und inzwischen zum Stillstand gekommen waren. Vor der Wahl nahm Jitzchak an keinem dieser Gespräche teil; das einzige, was er davon mitbekam, waren die Meldungen in den Fernsehnachrichten. Im Gegensatz zu den späteren sukzessiven Friedensinitiativen wollte man in Madrid sämtliche Probleme im Nahen Osten an allen Fronten gleichzeitig lösen. Der Vertreter Israels bei den Madrider Verhandlungen war der Likud-Abgeordnete David Levy. Jitzchak war der Meinung, die Madrider Konferenz sei reine Show – die Delegierten saßen alle um einen Tisch und brachten nichts zustande.

Während des Wahlkampfs reiste Jitzchak durch das ganze Land und suchte beinahe jeden Punkt auf der Landkarte auf. Wenn er nach Hause kam, war er in der Regel bestärkt durch die Art und Weise, wie er empfangen wurde. Einmal kam er mit einem strahlenden Lächeln heim. »Es war bestens organisiert«, berichtete er, »eine riesige Menge war da«, und trommelte mit seinen Fingerspitzen auf der Armlehne seines Stuhls. Er war zufrieden, vor allem aber überrascht. Hier und da gab es einiges Geschimpfe und kritische Zwischenrufe, doch selten begegnete er unfreundlichen Reaktionen oder gar regelrechter Ablehnung. Möglichen Gegnern ging er niemals aus dem Weg. Er legte es sogar darauf an, *keinen* Bogen um einen Ort zu machen, an dem er mit Protestkundgebungen rechnen konnte. Wenn er vor eine Versammlung trat, die ihn nicht unbedingt als ihren Favoriten ansah, dann versuchte er, sie durch Argumente für sich einzunehmen. Während seiner Kampagne diskutierte er mit einer Gruppe von Siedlern im Speisesaal eines Kibbuz im Golan. Er weigerte sich, ihnen zu versprechen, daß sie diese Region niemals verlassen müßten. Diese Veranstaltung sei eine der schwierigsten Konfrontationen in seinem Leben gewesen, berichtete er hinterher. »Aber das ist noch nichts gegen das, was auf uns zukommt«, sagte er.

Der Wahlkampf war eine anstrengende, zugleich aber auch sehr befriedigende Zeit für ihn. Wahlverstaltungen beginnen am späten Nachmittag und dauern bis weit in die Nacht hinein, denn die Bürger haben meist nur abends Zeit, um zu den Versammlungen zu gehen. Abend für Abend fuhr ihn einer unserer Chauffeure, Charlie und Jecheskel, bis spät in die Nacht zu Wahlkundgebungen. Danach fuhr er ins Studio, um die Videos abzunehmen, die für den Fernsehwahlkampf zusammengestellt wurden. Eine der letzten Kundgebungen fand in einem Amphitheater in unserem Wohnviertel statt. Ich war nicht dabei, doch es muß ein unglaublicher Trubel geherrscht haben. Einer von Jitzchaks Wahlhelfern, Jitzchak Matalon, war so bewegt, daß er mich mit seinem Handy anrief und schwärmte: »Lea, ich bin den Tränen nahe. Sie können sich nicht vorstellen, wie es hier zugeht.«

Jitzchak war sich 1992 noch immer unsicher, ob er gewinnen könne. Ich war weit zuversichtlicher, denn ich kannte die Einstellung der Menschen auf der Straße; ich erfuhr ihre Ansichten, indem ich mich fast täglich in der Stadt oder im Supermarkt mit ihnen unterhielt. »Mrs. Rabin, viel Glück. Wir

wollen unbedingt, daß er gewählt wird«, hörte ich immer
wieder. Irgend etwas an Jitzchak weckte enormes Vertrauen.
Als Jitzchak am 16. Juni in einer Fernsehdebatte seinem Herausforderer Schamir vom Likud-Block gegenübersaß, zeigte
sich Jitzchaks starkes Engagement für die Sicherheit Israels;
Schamir hingegen bestritt, daß das Verhältnis zwischen Israel
und den Vereinigten Staaten Grund zur Beunruhigung gebe.
Nach der Debatte rief Jitzchak mich an. Ich sagte ihm, er sei
brillant gewesen. Jitzchak wußte sehr genau, wie wichtig das
Streitgespräch für den gesamten Wahlkampf war. Er hatte
sich gründlich darauf vorbereitet, hatte die vorgetragenen
Ansichten klar umrissen und mit seinen Beratern lange geprobt. Seine Antworten klangen eindeutig und logisch. Als
Jitzchak sagte, es sei an der Zeit, unsere Prioritäten zu ändern und Frieden zu schließen, nahm ihn die Nation beim
Wort.

9. Kapitel

Alle seine Söhne

Am 23. Juni 1992 war in Israel Wahltag. Wir hatten uns im Bibliothekszimmer unserer Wohnung mit unseren Kindern und Enkeln vor dem Bildschirm versammelt und erwarteten die Wahlprognose nach Schließung der Wahllokale um zehn Uhr. Viele Freunde hatten den Wunsch geäußert, im erhofften Augenblick des Sieges mit uns beisammen zu sein, aber Jitzchak bestand darauf, daß niemand außer den Familienmitgliedern unser Haus betrete, solange der Ausgang der Wahl nicht absehbar war. Es herrschte ständiges, wenn auch gedämpftes Geplauder. In Abständen meldeten sich Berater mit kurzen Anrufen, um uns die neusten Voraussagen mitzuteilen. Jitzchak trommelte leise mit den Fingerspitzen auf seine Schreibtischplatte.

21 Uhr 58. 21 Uhr 59. Dann atemlose Stille. Die Augen auf den Bildschirm geheftet, erwarteten wir die Ergebnisse der Wählerbefragung um 22 Uhr.

Punkt 22 Uhr erschien TV-Anchorman Chaim Javin auf dem Bildschirm und sprach ein einziges Wort.

»Ma'apach.«

Dieses Wort sagte uns alles – alles, was wir zu wissen brauchten, um in Jubel auszubrechen und einander zu umarmen und zu küssen. *Ma'apach:* das Zauberwort, das einen Strom von Freudentränen fließen ließ.

Im Hebräischen bedeutet *ma'apach*: Wende. 1977 hatte das israelische Fernsehen mit diesem Wort den Wahlsieg des Likud verkündet. Bis zu diesem schwülen Juniabend von 1992 hatte *ma'apach* einen unerfreulichen Beigeschmack für uns gehabt. Aber jetzt bedeutete es nur eines: Sieg.

In unserer Wohnung ging es drunter und drüber, als die Besucher hereinströmten. Aber das war nichts gegen das Getöse, das in der ganzen Nachbarschaft losbrach, eine Woge von Gebrüll, die durch die geöffneten Fenster zu uns hereinschwappte – ein heiserer Chor von Hochhäusern, aus deren offenen Fenstern ein Sturm der Zustimmung herausdröhnte.

Die Freudenschreie, die in den Straßen widerhallten, kamen etwas überraschend. Das ganze Viertel hatte sich diesen Sieg gewünscht? Unsere Augen und Ohren schalteten blitzschnell von den dramatischen Live-Übertragungen im Fernsehen um zu dem realen Jubel, der die ganze Umgebung erfüllte. Es war, als sei das spielentscheidende Tor beim wichtigsten aller wichtigen Fußballspiele gefallen. Ich dachte an die Ovationen, die Jitzchak 1977 wenige Tage nach seinem Rücktritt im Bloomfield-Stadion zuteil geworden waren, aber dies hier war zehnmal lauter und hemmungslos glücklicher. Rehabilitierung, ja. Aber dies war ein Sieg, der weit über Rehabilitierung hinausging. Ich war sprachlos und tief bewegt und ließ meinen Freudentränen freien Lauf.

Nur ein einziger Mensch in dem Raum behielt die Fassung. Ein einziger jubelte nicht ... oder weinte aus Freude ... ja, er lächelte kaum.

Als er das Wort *ma'apach* hörte, reagierte Jitzchak überhaupt nicht. Er gab uns zu bedenken, daß sich bei den Endergebnissen noch etwas ändern könnte. Er hatte recht. Die ersten Hochrechnungen gaben der Arbeitspartei drei mehr als die 44 Sitze, die sie schließlich errang, aber als Grundlage für eine Koalition reichte dies aus.

Jitzchak machte keine Freudensprünge. Er beantwortete die ersten Anrufe von Gratulanten mit einem gelassenen: »Vielen Dank.« Dennoch spürte ich innerlich, daß er sehr glücklich war. Wir umarmten und küßten ihn, aber von seinem Stuhl erhob er sich nicht. »Ich warte noch ab«, sagte er.

Das Telefon schrillte unentwegt. In wenigen Minuten war die Wohnung gedrängt voll mit Freunden und Gratulanten. In unseren Fotoalben sind all die Buketts und Blumengebinde verewigt, die in den folgenden Tagen eintrafen; unsere Wohnung glich einem Blumenladen. Ein unvergeßlicher Anblick! Auf den Tischen und Teppichen und in den Ecken war kein Fleckchen frei, auf dem nicht farbenfroh leuchtende Blüten prangten.

Die Siegesfeier der Arbeitspartei im Hotel Dan in Tel Aviv war in vollem Gang, als wir gegen ein Uhr morgens eintrafen. Musik, Tanz und ununterbrochene Sprechchöre: »*Israel wartet auf Rabin.*« In seiner Rede im Hotel lobte und dankte Jitzchak all jenen, die sich im Wahlkampf unermüdlich eingesetzt hatten, um ihm die Rückkehr in das Regierungsamt zu ermöglichen. Dann sprach er die selbstbewußten Worte, die später oft zitiert wurden: »Ich gehe auf Kurs. Ich werde das Steuer übernehmen. Ich werde führen.« An diese Nacht erinnerte ich mich Jahre später zurück, als ich Doris Kearns Goodwins faszinierendes Buch *No Ordinary Time* las. Sie beschreibt Winston Churchills Aufstieg zum Premierminister Großbritanniens im Mai 1940: »... und als er an diesem ungewöhnlichen Tag zu Bett ging, beherrschte ihn das Gefühl einer großen Erleichterung. ›Endlich besaß ich die Autorität, die Richtung des Ganzen zu bestimmen. Ich hörte den Ruf des Schicksals, und mein ganzes bisheriges Leben schien uns nur eine Vorbereitung auf diese Stunde und diese Bestimmung.‹«

Bis 1992 war das längste Interregnum eines Staats- oder Regierungschefs de Gaulles zwölfjährige Unterbrechung seiner Amtszeit gewesen. Dann kam die Rückkehr von Jitzchak Rabin nach einem noch nie dagewesenen Intervall von fünfzehn Jahren.

Froh und selbstsicher, aber bereits für morgen planend, ging er um vier Uhr morgens zu Bett, nicht ohne seine spezielle Version von gute Nacht: »*Ischti*, würdest du mich bitte um 6 Uhr 45 wecken?« Am nächsten Morgen stand er auf und ging zur Arbeit. Das war Jitzchak – drei Stunden Schlaf und sofort an die Arbeit wie an jedem anderen Tag. Es lag so viel vor ihm.

In der neuen Regierung übernahm Jitzchak zwei Aufgaben – das Amt des Ministerpräsidenten und das des Verteidigungsministers. Er wußte, daß er die unmittelbare Kontrolle über beides haben mußte, um den Friedensprozeß stetig voranzutreiben. Diesmal würde er die Fäden in der Hand halten, seine Agenda verwirklichen können. Vor allem war er aber überzeugt, daß er der beste Mann für beide Aufgaben war. Dies bedeutete eine zusätzliche Dimension dessen, was er vorhatte.

Jitzchaks Doppelfunktion als Regierungschef und Verteidigungsminister wäre für viele Regierungen der Welt ungewöhnlich, aber in der Geschichte Israels sind diese Ressorts häufig gekoppelt gewesen, da Sicherheitserwägungen in viele Bereiche des täglichen Lebens der Nation hereinspielen. Sowohl David Ben Gurion als auch Levi Eshkol hatten diese beiden Posten gleichzeitig innegehabt. Der Präsident der Vereinigten Staaten ist ebenfalls Oberkommandierender der Streitkräfte, eine Situation, die dem nahekommt, was wir in Israel mehr oder weniger als Dauerzustand hatten. Aber Jitzchak übersah nie die Ironie seiner Situation, und in Kabinettssitzungen sagte er manchmal: »Ich spreche jetzt als Verteidigungsminister, und ich möchte Sie darauf hinweisen, daß ich als Verteidigungsminister ein Problem mit dem Ministerpräsidenten habe.«

Am 13. Juli stellte Jitzchak seine Regierung vor. Ich notierte diese Erinnerungen unterwegs in ein Tagebuch, als wir zur Vereidigung nach Jerusalem gefahren wurden:

Jitzchak schläft fest neben mir im Auto. Ich habe gerade die Rede gelesen, die er in der Knesset halten wird. Ich finde sie ausgezeichnet. Ich muß zugeben, daß ich sehr aufgeregt bin. Geht es jetzt wirklich hinauf nach Jerusalem – »hinauf« im vollen Sinne des Wortes?

Seit Jitzchaks Rücktritt sind 15 Jahre vergangen. Gibt es eine unsichtbare Macht, die das Unrecht zu korrigieren versucht, das ihm damals geschah? Hier und jetzt scheint dies geschehen zu sein. Jitzchak feiert ein großes Comeback, umgeben von Liebe, unterstützt von führenden Politikern in allen Teilen der Welt und bewundert von Juden in der weltweiten Diaspora. Sie alle blicken zu ihm auf, und sie sind so voller Hoffnung und Erwartung.

Jitzchak ist sich der Verantwortung bewußt, die auf seinen Schultern lastet. Er ist entschlossen … die Lebensbedingungen aller Bürgerinnen und Bürger in allen Bereichen zu verbessern und, was am wichtigsten ist, alles in seiner Kraft Stehende zu tun, um der Region den Frieden zu bringen.

Die Kinder begleiten uns. Dalia und Avi, Juwal und Eilat und drei erwachsene Enkel. Sie alle haben die Aufregungen der letzten paar Monate mitgemacht, und heute freuen sie sich über die Festivitäten. Aliza Wallach ist ebenfalls mit von der Partie, und auch ein paar besonders gute Freunde – Rutie Goldmuntz aus New York, Diane und Norman Bernstein aus Washington. Norman und Diane sind heute ebenso an unserer Seite wie 1974, als Jitzchak die Regierung vorstellte. Auch meine Schwester Aviva ist gekommen, und alle Anwesenden steigern die freudige Erregung und das Gefühl von Festlichkeit.

Jitzchak hat seine Rede »Eine entschlossene Regierung« genannt, und es war eine der besten Ansprachen, die er je gehalten hat, wie diese Auszüge meines Erachtens zeigen:

> ... *Die Regierung, die sich heute um das Vertrauensvotum der Knesset bemüht, ist sich wohl bewußt, daß alle Bürgerinnen und Bürger Israels betend und in großer Hoffnung zuschauen. Viele wünschen sich hier und im Ausland einen neuen Weg, frischen Schwung und eine neue Seite im Buch der Geschichte des Staates Israel.*
>
> *Wir werden die nationale Rangfolge der Prioritäten verändern ...*
>
> *Israel ist nicht länger zwangsläufig eine isolierte Nation, und ebensowenig stimmt es, daß die ganze Welt gegen uns ist. Wir müssen uns von dem Isolationismus befreien, der uns fast ein halbes Jahrhundert lang gelähmt hat.*
>
> *Wir werden entschlossene Schritte unternehmen, um den arabisch-israelischen Konflikt zu beenden. Wir werden dies tun auf der Basis der Anerkennung Israels durch die arabischen Staaten und die Palästinenser als souveräner Staat mit dem Recht, in Frieden und Sicherheit zu leben.*
>
> *Wir sind zutiefst überzeugt, daß dies möglich ist, daß es notwendig ist und daß es kommen wird ...*

Jitzchak machte dann den Vorschlag, im Rahmen der Madrider Konferenz Friedensgespräche mit den arabischen Staaten zu führen. Er lud die gemeinsame jordanisch-palästinensische Delegation zu einer Konferenz in Jerusalem ein, um ein positives Klima für die Zusammenarbeit zu schaffen, obwohl er die Idee einer gemeinsamen Delegation lächerlich fand und mit den Palästinensern direkt sprechen wollte. Er erinnerte die Palästinenser daran, daß wir uns das gleiche Land teilten, erkannte an, daß sie soviel an Leben, Glück und Wohlbefinden eingebüßt hätten, und warb für das Angebot der Autonomie, das eine echte Chance darstelle, Veränderungen herbeizuführen; gleichzeitig versicherte er, daß Israel keinen Schritt vor Terror oder Gewalt zurückweichen werde. Er lud andere arabische Staatsmänner – den König von Jordanien und die Präsidenten von Syrien und dem Libanon – ein, dem Beispiel von Präsident Sadat zu folgen und vor der Knesset in Jerusalem zu sprechen. »Unser Gesicht ist der aufgehenden Sonne zugewandt«, wie er es formulierte. Er gelobte die Fortsetzung der Partnerschaft mit den Vereinigten Staaten und schloß mit einer so griffigen wie tiefgründigen Definition von Sicherheit:

Sicherheit meint nicht nur einen Panzer, ein Flugzeug, ein Schiff mit Raketen. Sicherheit meint auch und vielleicht an erster Stelle Männer und Frauen – die Bürgerinnen und Bürger Israels.
Sicherheit meint auch die Bildung eines Menschen, seine Wohnverhältnisse, die Schulen, die Straße und das Viertel, kurz die Gesellschaft, in der er oder sie aufwächst. Und Sicherheit bedeutet auch die Hoffnung dieses Menschen.
Sicherheit meint den Seelenfrieden und den Lebensunterhalt für die Immigrantin aus Leningrad, das Dach über dem Kopf für den Einwanderer aus Gondar in Äthiopien, die Fabrik und den Arbeitsplatz für die hier geborene Bürgerin und den ehemaligen Soldaten.
Es bedeutet Integration und Partizipation an unserer Erfahrung und Kultur. Auch das ist Sicherheit ...

Jitzchaks Regierungserklärung wurde überaus günstig aufgenommen, nicht bloß in Israel, sondern in allen Teilen der Welt.

Nach der Knessetsitzung, der bestätigenden Abstimmung und der Vorstellung der neuen Regierung verweilten wir noch etwas im neuen Amtssitz des Ministerpräsidenten, wo Jitzchak ein Anruf von Präsident Bush erreichte, der ihm seine Glückwünsche aussprach. Dann begaben wir uns in das King David Hotel, wo wir wieder wohnten, bis die Residenz des Premierministers in Jerusalem renoviert war.

Am 14. Juli hatten Jitzchak und sein Kabinett den üblichen Fototermin mit dem Präsidenten Israels, Chaim Herzog, dessen zweite Amtszeit sich dem Ende näherte. Ich verbrachte diesen Tag nach der Vereidigung der Regierung mit unseren Freunden aus Washington, den Bernsteins. Unsere Beziehung, vor langer Zeit, während Jitzchaks Jahren als Botschafter in Washington, entstanden, sollte die Bewährungsprobe durch die Zeit bestens bestehen. Es erschien uns nur natürlich, diese aufregenden Momente mit ihnen zu teilen.

Angesichts des Führungswechsels in Jerusalem wäre es eine freundliche, hilfreiche Geste gewesen – ja eigentlich ein selbstverständliches Gebot der Höflichkeit –, wenn der aus dem Amt scheidende Ministerpräsident Jitzchak gratuliert und ihm seine Glückwünsche ausgesprochen hätte. Es wäre auch zu erwarten gewesen, daß mich meine Vorgängerin einladen würde, um mir das Haus zu zeigen und mir das Personal vorzustellen.

Dies wurde mir in aller Deutlichkeit bewußt, als wir den Machtwechsel zwischen den Präsidenten Bush und Clinton beobachteten, der im Januar 1993 stattfand. Bill Clinton wurde in sein Amt eingesetzt, und die Fernsehkameras zeigten der Welt, wie herzlich er und Hillary von der Familie Bush empfangen wurden. Nach der Inaugurationszeremonie am Capitol traf das neue Präsidentenpaar im Weißen Haus ein. Zur gleichen Zeit war in einer Reportage ein Möbelwagen zu sehen, der die persönliche Habe von George und Barbara Bush in ihr künftiges Heim in Houston brachte. Möglicherweise haben wir beim Wechsel einer Regierung noch eine Menge von Ländern mit ausgeprägterer Etikette zu lernen.

296

Ich bin sicher, daß es den Bushs schwerfiel, das Weiße Haus zu verlassen; dennoch haben sie das neue Paar mit echter Wärme und Herzlichkeit willkommen geheißen. In unserem Fall haben wir von Israels scheidendem Premierminister und seiner Frau nie ein Wort der Gratulation und auch keine Einladung in die Residenz erhalten.

Jitzchak verschwendete nicht viele Gedanken auf das Zeremoniell, das den Machtwechsel begleitete. Rasch wandten er und sein Kabinett sich den Geschäften zu. Innerhalb der ersten zwei Wochen nach Amtsantritt war Jitzchak bereits mit dem amerikanischen Außenminister James Baker zusammengetroffen und hatte den ägyptischen Präsidenten Mubarak in Kairo besucht. Als eine der allerersten Maßnahmen, die von Jitzchaks Regierung ergriffen wurden, verfügte Wohnungsminister Benjamin Ben-Eliezer im Juli einen Stopp von Neubauten in den besetzten Gebieten. Bis zum Herbst hatte Jitzchak jegliche von der Regierung subventionierte, bereits begonnene Bautätigkeit in den Gebieten eingestellt. Israel würde keine weiteren »Schlafsiedlungen« mehr gründen.

Bei unserem ersten offiziellen Besuch in den Vereinigten Staaten, bei dem Jitzchak zum erstenmal Präsident George Bush gegenübertreten sollte, stand viel auf dem Spiel. Nach meiner Auffassung hatten Präsident Bush und Außenminister Baker jeden Grund, über das Likud-Regime verärgert zu sein. Dennoch war es fraglich, ob die Vereinigten Staaten die zehn Milliarden Dollar an Kreditbürgschaften freigeben würden, die während der letzten israelischen Administration eingefroren gewesen waren. Würden noch irgendwelche anderen Fragen im Weg stehen?

Das erste Treffen sollte auf dem Landsitz des Präsidenten in Kennebunkport/Maine stattfinden. Nur eine Handvoll von Staatsoberhäuptern war auf dieses schöne Anwesen eingeladen worden, und wir fühlten uns besonders geehrt, unter diesen wenigen zu sein. Barbara Bush ist eine sehr sensible

Frau und ist in der Lage, die Bedeutung der Ereignisse mit ihrem gesunden Menschenverstand zu erfassen, wie ich schon bald erfahren konnte. Sie erwartete mich bei unserer Ankunft, und wir machten einen Spaziergang durch das Grundstück zum Hubschrauberlandeplatz. Ich fragte sie nach der kommenden Präsidentschaftswahl, und sie sagte: »Ich bin sicher, mein Mann wird gewinnen. Wenn er verliert, wird er mir zwar sehr leid tun ... Gleichzeitig werde ich mich für meine Kinder sehr freuen.« Sie kannte die Opfer sehr gut, die eine erste Familie bringen muß.

Die starken Familienbande von Kennebunkport beeindruckten mich. Wir besuchten George Bushs betagte Mutter und Tante, die beide eigene Häuser auf dem Gut bewohnten und von privaten Pflegerinnen bestens versorgt wurden. Im Haupthaus befand sich im oberen Stock ein Schlafsaal mit Betten für die Enkelkinder der Bushs. In unbekümmerter Lässigkeit war es der alteingesessenen, »wohlhabenden« Familie ziemlich gleichgültig, ob die Betten aller Kinder die gleichen Tagesdecken hatten oder nicht. Für die Enkel waren Großmama und Großpapa die Säulen ihres Lebens.

George Bush war charmant. Barbara war eine wunderbare und umsichtige Gastgeberin, keine leichte Aufgabe, wenn man offenbar dauernd einen großen Troß im Auge haben muß. Wir wohnten im Gästehaus, und ich konnte mir nicht die Bemerkung verkneifen: »Barbara, dieses Gästehaus ist so gut ausgestattet, sogar mit einer Waschmaschine und einem Trockner!« Sie sagte, auf dem Gut würden die verschiedensten Sportarten betrieben – Tennis, Angeln, Hufeisenwerfen – was einem einfällt. Augenzwinkernd fügte sie hinzu, sie wolle, daß ihre Gäste gut riechen.

Die Verhandlungen über die Kreditbürgschaften, die Jitzchak und seine Berater führten, gestalteten sich nicht einfach. Am Ende eines langes Tages ist jeder ein politischer Pokerspieler. Die Diskussionen setzten sich bis tief in die Nacht fort. Als man schließlich Einigkeit erzielt hatte, dämmerte bereits der Morgen. Den amerikanischen Unterhändlern war es in erster Linie darum gegangen, konkretere Einzelheiten festzuschreiben und von Jitzchak exaktere politische Zusagen zu erhalten. Es wurde sogar ein Positionspapier vorgelegt, das diese enthielt und das ironisch als »*Non-Paper*« bezeichnet wurde – weil Jitzchak ein offizielles Abkommen vermeiden wollte. Jitzchak konnte sich jedoch durchsetzen, und es blieb bei sehr allgemeinen und prinzipiellen Richtlinien.

Kürzlich erzählte mir der Nahostexperte im Außenministerium, Dennis Ross, über Jitzchaks erstes Zusammentreffen mit James Baker, einem Mann, für den Jitzchak beträchtlichen Respekt empfand. Eines der ersten Worte, die Jitzchak zu Baker sagte, war: »Ich werde Sie nicht belügen. Wenn wir Ihnen etwas versprechen, dann können Sie sich darauf verlassen. Wir mögen nicht immer übereinstimmen, aber Sie können sich darauf verlassen, daß wir Sie nicht hinters Licht führen.« Nach ihrem ersten Treffen wandte sich Jitzchak während einer Pause vor dem Mittagessen an Ross. Er sagte: »Dennis, der Außenminister behandelt mich, als ob ich der vorige Jitzchak wäre – sagen Sie ihm, daß jetzt ein anderer Jitzchak da ist.« Ross ging zu Baker und sagte ihm, hören Sie, die ändern jetzt ihre Prioritäten, Rabin hat Ihnen gesagt, daß er Sie nicht anlügen wird, wir können nicht so tun, als ob sich nichts geändert hätte. Von diesem Moment an begann Baker umzudenken, und die Kreditbürgschaften wurden bewilligt.

Präsident Bush und Außenminister Baker kamen schließlich zu der Überzeugung, daß Jitzchak die Bürgschaften nur aus wirklich guten Gründen, zu denen auch die Integration der Einwanderer gehörte, in Anspruch nehmen werde. Der Besuch in Kennebunkport bestätigte die neue israelische Regierung in ihrem Kurswechsel. Am nächsten Morgen fand im Freien ein kleiner Festakt statt, bei der die Kreditbürgschaften feierlich übergeben wurden. Jitzchak und Präsident Bush standen in der Mitte des Podiums, der Presse gegenüber. Barbara Bush und ich hielten uns auf der Seite. Der Präsident und Jitzchak gaben ihre Erklärungen ab. In diesem sehr wichtigen Augenblick, der für Jitzchak und seine künftigen Pläne soviel bedeutete, flossen bei mir buchstäblich Tränen der Erleichterung. Als Jitzchak seine Ausführungen beendet hatte, richtete sich die erste Frage der Presse an Präsident Bush. »Stimmt es, daß Sie eine Affäre hatten ...?« Für die Presse war die Kreditbürgschaft von untergeordneter Bedeutung gegenüber dem neuesten Fundstück an bösartigem Klatsch. Ich muß Barbara Bush Anerkennung für ihre Selbstbeherrschung zollen. Sie zuckte nicht mit der Wimper. Für mich war diese Geschmacklosigkeit ein emotionaler Schlag in die Magengrube, der mich unsanft auf die Erde zurückholte.

Alles in allem wurden die wesentlichen Probleme jedoch gelöst. Wir flogen mit George und Barbara Bush im Präsidentenflugzeug Air Force One nach Washington zurück – welch ein Erlebnis! Später traf Jitzchak mit Vertretern von AIPAC, dem führenden jüdischen Interessenverband, zusammen. Er nahm bei seiner Kritik an der allzu aggressiven Kampagne des Verbandes zur Sicherung der Kreditbürgschaften kein Blatt vor den Mund. Das war ein wichtiger Wink seitens des neuen israelischen Premierministers, und er trug dazu bei, die Grundregeln für den künftigen Umgang miteinander abzuklären.

Im August, nach vielen Stunden anstrengender körperlicher Arbeit mit dem Schleppen und Einordnen von Büchern und Möbeln im Bemühen, uns in unserer neuen Residenz wohnlich einzurichten, und noch nicht erholt vom Streß der Wahlen und des USA-Besuchs, erkrankte ich plötzlich während unseres samstäglichen Tennisspiels. Beide Arme wurden auf einmal ganz kraftlos. Ich setzte mich in den Schatten, und nach einer Weile verging dieser merkwürdige Zustand wieder. Ich wollte weiterspielen, aber Ziona Leschem, meine Tennispartnerin, mahnte mich zur Vorsicht. Sie hatte ihren Mann unter ähnlichen Umständen verloren. Während ich noch dasaß, kehrte der Druck in meiner Brust zurück. Wir begriffen, daß es etwas Ernstes sein müsse, und fuhren rasch nach Hause.

Ein Arzt wurde gerufen, und Doktor Shlomo Segev traf umgehend ein. Er bestellte sofort einen Krankenwagen, der mich auf schnellstem Wege in das Tel-Hashomer-Krankenhaus brachte. Um mich herum herrschte ein großer Wirbel. Der dumpfe Schmerz hielt an; aber sobald man mir ein gerinnungshemmendes Mittel injizierte, fühlte ich mich besser. Eine weitere Spritze sollte die Blutgefäße erweitern. Obwohl mir das sicher geholfen hat, quälten mich in den nächsten Tagen schwere Kopfschmerzen. Ich lag auf der Intensivstation. Spät abends erschien Ephraim Sneh, der Knessetabgeordnete und spätere Gesundheitsminister, plötzlich an meinem Bett. Ich fragte ihn, wie er es geschafft habe, sich nach der Besuchszeit einzuschleichen. »Du vergißt, daß ich Arzt bin«, sagte Ephraim lächelnd zu mir. Ich war gerührt über seinen Besuch; Ephraim war und ist ein treuer Freund.

Jitzchak und Dalia besuchten mich im Krankenhaus. Ich hatte ihnen einen gehörigen Schreck eingejagt. Jitzchak hatte eine sehr direkte Art bei Krankenbesuchen: »Wie geht es dir? Wie fühlst du dich heute?« fragte er sachlich, aber ich wußte, daß das einfach seine Art war, sich zu äußern. Er *haßte* Hysterie! Gleichzeitig wollte er mich, nachdem ich das Krankenhaus verlassen hatte und die Genesung gute Fortschritte machte, so schnell wie möglich wieder auf den Beinen und stark und gesund wiederhergestellt sehen. Für ihn war es eine schwierige Zeit, wenn ich krank war.

Am nächsten Tag schlugen die Ärzte ein Angiogramm vor. Die Vorstellung machte mir angst, und ich weigerte mich! Am Tag darauf erhielt ich Besuch von zwei Professoren, den

Direktoren des Krankenhauses. Sie bestanden auf diesem Verfahren. Ich ließ mich herumkriegen, aber nicht, ohne einen Deal mit ihnen auszuhandeln. Ich würde der Prozedur zustimmen, wenn sie mir – sofern alles gutging – dafür erlaubten, in zehn Tagen nach Zürich und Berlin zu fahren, um Spenden für das Schiba Medical Center zu sammeln. Sie gingen auf meine Bedingungen ein.

Am folgenden Tag wurde der Herzkatheter gelegt. Sobald ich mich zu dieser Prozedur entschlossen hatte, machte ich mir keine Sorgen mehr darüber. Ich wußte, daß ich in guten Händen war, denen des Herzchirurgen Dr. Mulla Ratt. Jitzchak und Dalia verfolgten die Prozedur besorgt vom Nebenzimmer aus. Ehrlich gesagt, habe ich während des Angiogramms nichts gespürt, an das sich eine Angioplastie anschloß – eine »Ballondilatation« zur Erweiterung einer verengten Arterie. Nach der Angioplastie wurde ich auf eine normale Station verlegt. Ich verbrachte einen weiteren Tag im Krankenhaus, und am nächsten Tag ging ich nach Hause, wo mich ein Meer von Blumen erwartete. Präsident Mubarak schickte sogar ein Blumengebinde ins Krankenhaus. Immer noch kein Wort von Mr. oder Mrs. Schamir. Kurz danach, einige Tage vor dem jüdischen Neujahrsfest, wurde ich zu einer Feier im Hause unseres Präsidenten eingeladen. Es waren nur Damen anwesend, darunter auch Frau Schamir. Am Ende der Feier, als sich alle erhoben, ging ich zu Frau Schamir hinüber, gab ihr die Hand und sagte: »Frau Schamir, ich möchte Ihnen *Schana Towa* wünschen.« Ich war sehr stolz auf mich, daß ich das Richtige getan hatte. Seit Jitzchaks Ermordung habe ich von ihnen noch kein einziges Wort des Beileids gehört.

Während meines Aufenthalts im Krankenhaus war Jitzchak ständig für mich da, wie er es immer war, wenn jemand in der Familie krank war. Er änderte seinen Terminplan nicht, schaffte es aber trotzdem, mich mehrmals täglich zu besuchen. Aber als meine Genesung rasche Fortschritte machte, schulterte er bald wieder seine enorme Arbeitslast. Im Laufe der Jahre setzte er seine Mitarbeiter mit seinen Arbeitsgewohnheiten und seiner Ausdauer zunehmend in Erstaunen. Ich habe oft gesagt, daß Jitzchak eigentlich zum Gewichtheber geboren sei. Er stand regelmäßig um 6 Uhr 45 früh auf und blieb bis neun oder zehn Uhr abends im Büro. Während seiner gesamten zweiten Amtszeit war er keinen einzigen Tag krank.

Von seinen Mitarbeitern und unseren Freunden bekam ich ständig zu hören: »Kannst du ihn nicht bremsen? Braucht er nie eine Ruhepause, einen freien Tag? Ist das ein Tagesablauf für einen Mann über siebzig?« Er hatte immer einen Grund, warum es ihm jetzt einfach nicht möglich war … es gab zuviel zu tun. Kein einziger Urlaubstag in dreieinhalb Jahren! Während unseres letzten Sommers, 1995, wurden wir eingeladen, ein paar Tage bei Freunden in den Berkshires in New England zu verbringen (wir hatten sie bereits mehrmals dort besucht und diese Aufenthalte sehr genossen, besonders die Konzerte in Tanglewood). Diesmal mußte ich die Einladung ablehnen, denn »jetzt ist nicht die Zeit dafür«, wie Jitzchak sagte. Während seiner ersten Amtszeit waren wir ein paarmal übers Wochenende nach Eilat gefahren, und ein- oder zweimal nach Caesarea. Aber in seiner zweiten Amtszeit gab es kein einziges freies Wochenende. Er war immer irgendwohin unterwegs, mindestens einen oder zwei Tage pro Woche. Am Wochenende wollte er verständlicherweise zu Hause bleiben, aber das bedeutete nicht, daß er es sich ständig in der Wohnung gemütlich machte. Selbst am *Schabbat* empfing er gewöhnlich vier oder fünf Personen. Es gab die regelmäßigen und die unregelmäßigen Besucher, aber es verging kein *Schabbat*, an dem nicht irgend jemand bei ihm vorsprach, ihm Bericht erstattete oder ihn um Rat fragte. Ich pflegte immer zu sagen, daß der *Schabbat* mein Arbeitstag sei. Ich hatte dann keine Hilfe im Haus und war ständig mit Kaffee, Wasser, Bier oder Whiskey unterwegs. Oft ging mir Jitzchak zwischen Besuchen zur Hand, trug Tassen und Teller in die Küche und leerte seinen vollen Aschenbecher.

Jitzchak bei der Erfüllung seiner Amtspflichten zu beobachten löste bei vielen, einschließlich der Insider, die am engsten mit ihm zusammenarbeiteten, großen Respekt aus. Jitzchak ging von Natur aus alles in einer sehr gründlichen, peniblen Weise an. Er verschaffte sich ein lückenloses Bild von jeder Materie, mit der er es zu tun hatte, und wurde es nie müde, offene Fragen immer wieder aufs neue zu durchdenken. Stets fabelhaft vorbereitet, erstaunte er die Menschen, wie systematisch er in seinem Denken war. Gleichgültig ob es um die Palästinenserfrage, Verteidigungsangelegenheiten, die Stromversorgung, das Bildungswesen oder um Medizin ging – er beschäftigte sich mit allem. Jitzchak hatte die Fähigkeit, auf mehreren Ebenen gleichzeitig zu leben! Ob es die Westbank war ... oder der Bedarf an High-Tech-Investitionen ... oder eine gottverlassene Fabrik, die Unterstützung benötigte, oder eine in der Entwicklung begriffene Stadt – wie der Titel von Arthur Millers Stück besagt, es waren »alle seine Söhne«!

Es gab kein Thema, das ihn weniger interessierte als ein anderes. Manche haben ihn wegen dieser Haltung kritisiert und das als »Mikro-Management« abgetan. In meinen Augen war es einer seiner größten Vorzüge. Er hat die Schicksalsfragen der Nation mit größerer Ausgewogenheit behandelt als jeder andere Regierungschef vor ihm.

»Wir werden die Prioritäten verändern«, hatte er gesagt, aber auf seiner Agenda hatte alles Priorität. Vom politischen Standpunkt aus wußte er, daß er vier Jahre vor sich hatte. Mit den Wahlen von 1996 würde diese Frist beendet sein. Sicherlich würde er sich um Wiederwahl bemühen, aber »bei Wahlen weiß man nie« – das war seine Ansicht –, deshalb tat er sein Äußerstes, um soviel wie möglich während dieser einen Amtszeit zu erreichen. Hätte er die Chance von weiteren vier Jahren erhalten, dann wäre er ein sehr glücklicher Mann gewesen. Nie dachte er eine Minute lang, daß er seinen Teil geleistet habe und berechtigt sei, sich auszuruhen oder gar zurückzutreten – nicht eine Minute.

Bei all seinen vielen Stärken waren Menschen eine von Jitzchaks Schwächen. Er hatte nie ein Küchenkabinett und stützte sich fast ausschließlich (mit einigen Vorbehalten und mancher Kritik) auf die Leute in der offiziellen Hierarchie, ein Verhalten, das seinem geradlinigen militärischen Werdegang entsprach. Mitarbeiter, die ihm nahestanden, wie Niva Lanir, glauben, daß er Leute nicht einmal dann feuerte, wenn er es hätte tun sollen. Manchmal blieben Leute in ihren Ämtern, einfach weil er loyal war und zögerte, sie zu entlassen. Bei vielen seiner Ernennungen verließ er sich hauptsächlich auf seinen Instinkt. Wenn er erkannte, daß er einen Fehler gemacht hatte, trug er selbst die Folgen und machte das Beste daraus.

Er war immer loyal und einfühlsam gegenüber Menschen, die mit ihm zusammenarbeiteten und seine Unterstützung brauchten. Etwa um die Hälfte der gemeinsamen Amtszeit machte ein Kabinettsmitglied, Ora Namir – eine sehr hartgesottene Person – eine schwere Krise durch. Sie ist unverheiratet, ohne Kinder, allein in der Welt. Jitzchak war verärgert, als sie bei einer Kabinettssitzung fehlte; er wußte nicht, daß sie sich einer besonderen medizinischen Untersuchung unterziehen mußte. Sie meldete sich mit den Ergebnissen bei ihm zurück. »Jitzchak, ich muß mich wegen eines ernsten Gehirntumors operieren lassen«, sagte sie. Er war geschockt.

»Was immer du brauchst, wo immer du es brauchst; such dir den besten Arzt der Welt«, sagte er zu ihr. »Das haben wir auch getan, als unsere Tochter Dalia eine Herzklappentransplantation benötigte. Wir haben uns nach dem besten Spezialisten in der Welt umgesehen und ihn in London gefunden. Mach dir keine Sorgen darüber, was die Leute hier in Israel sagen werden, wenn du einen Arzt außerhalb des Landes wählst. Mach dir auch keine Sorgen wegen der Kosten. Ich verspreche dir, daß wir dafür aufkommen werden.«

Sie war sehr bewegt. Einer der besten Gehirnchirurgen der Welt führte die Operation außerhalb von Israel durch. Ihr Krankenhausaufenthalt dauerte vier Wochen. Bei ihrer Rückkehr nach Hause sagte sie zu Jitzchak: »Hör zu, ich bin mitten in einer langen Rekonvaleszenz, und die Ärzte wollen nicht, daß ich in den nächsten drei Monaten nach Jerusalem fahre. Wenn du meinst, daß ich meine Pflichten nicht erfüllen kann, werde ich mein Amt natürlich sofort niederlegen.«

»Was fällt dir ein?« entgegnete er. »Natürlich bleibst du im Amt. Wir werden auf dich warten. Laß dir soviel Zeit, wie du brauchst.«

Jitzchaks Reaktion war fast identisch, als einer der höchstrangigen Offiziere der Nation an Leukämie erkrankte. Tief getroffen, wollte der Offizier die für Israel günstigste Lösung finden. Jitzchak ließ sich eingehend über die Krankheit informieren. Die Ärzte meinten, die Prognose für eine Heilung sei gut. Jitzchak versprach dem General seine Unterstützung. »Wir stehen hinter dir, mach dir keine Sorgen«, sagte er immer wieder in privaten Gesprächen zu ihm und zu seiner Frau. Der Offizier wurde gesund, und unserer Nation blieben die Dienste eines ihrer besten Befehlshaber erhalten.

Diese Art von Vertrauen brachte Jitzchak Menschen auf allen Ebenen entgegen, und nicht nur im Falle von Krankheit. Dies wird aus einem Vorfall deutlich, von dem mir vor einiger Zeit auf einem Flug berichtet wurde. Ein Israeli kam zu mir herüber und sagte: »Ich muß Ihnen eine Geschichte erzählen. Ich verdanke Jitzchak mein Leben …« Er war kurz vor dem Sechstagekrieg an vorderster Front gewesen. Jitzchak inspizierte persönlich diese einsamen Vorposten, die oft nur mit einem einzelnen Soldaten bemannt waren, der die jeweilige Stellung allein zu halten hatte. Mosche Dayan hatte am Tag zuvor eine ähnliche Inspektionstour gemacht, erzählte mir der Mann. Mit typischer Großspurigkeit hatte Dayan zu ihm, der damals noch ein junger Artillerist war, gesagt: »Wenn ein Soldat auf einem solchen Posten mit Feuer eingedeckt wird, dann dauert es in der Regel etwa vier Minuten, bis er tot ist.« Statt sich als beinharter Draufgänger zu fühlen, der dem Tod kaltlächelnd ins Auge sieht, bekam der junge Mann damals fürchterliches Muffensausen. Jitzchak, der das spürte, fragte den Soldaten, was ihm die größte Sorge mache. Der junge Bursche erklärte es ihm – er war so nahe am Feind und so schutzlos. Jitzchak sah sich um und erblickte etwas zurückgesetzt eine andere kleine Anhöhe. Er schlug dem Soldaten vor festzustellen, ob seine Sicht von dort genauso gut sei. »Wenn ja, dann zieh dich dorthin zurück«, riet ihm Jitzchak. Dreißig Jahre später empfand der Offizier, den ich im Flugzeug traf, immer noch Dankbarkeit.

Jitzchak dachte immer so. Er war von seiner vollen Verantwortung für seine Leute durchdrungen und suchte ständig nach Mitteln und Wegen, um ihnen zu helfen, ihre Aufgaben besser zu erfüllen oder unnötige Verluste zu vermeiden. Nachdem sein Fahrer Jecheskel einen ernsten Herzinfarkt erlitten hatte, versprach ihm Jitzchak, nie wieder im Auto zu rauchen.

In seinem Umgang mit Menschen zeichnete sich Jitzchak durch große Offenheit und Geradheit aus – *dugri*, wie ich es an früherer Stelle genannt habe. Er war mehr Staatsmann als Politiker. Zwar wußte er, daß man in der Regierung nicht überleben kann, ohne Politiker zu sein, doch mit Sicherheit schätzte er diesen Aspekt seines Amtes nicht besonders. Im Laufe der Zeit lernte er, sich den Spielregeln entsprechend zu verhalten. Dies war der unumgängliche Preis, den man zu bezahlen hatte. Er hätte diese Zeit viel lieber anders zugebracht.

Wie die meisten Staatsoberhäupter schrieb Jitzchak seinen Reden große Bedeutung zu. Wenn es kein außerordentlich wichtiger Anlaß war – wie eine Ansprache vor der Knesset oder im Weißen Haus –, sprach er völlig frei. Das war dann vielleicht nicht so ausgefeilt, aber die Worte kamen ihm unmittelbar aus der Seele und dem Herzen. Es war ihm sichtlich angenehmer, aus dem Stegreif zu sprechen. Er wußte immer, welche Botschaft er vermitteln wollte, und er hatte eine große Gabe, die einzelnen Punkte vorher in seinem Kopf zu ordnen. Er verlor nie den Faden, obwohl die Sätze oft so lang waren, daß man befürchtete, er werde sich verheddern!

Für die wichtigeren Reden notierte er die Punkte, die er ansprechen wollte. Dann verfaßten Mitarbeiter einen Textentwurf. Manchmal sagte er beim Nachhausekommen, daß er mit der Rede nicht zufrieden sei, die für ihn geschrieben worden war. Er lud mich ein, mir den Entwurf anzusehen, den ich dann mit Kommentaren und Vorschlägen versah. Manchmal setzte er sich hin und schrieb die ganze Rede selbst neu, doch die meisten der für ihn geschriebenen Ansprachen waren ausgezeichnet (Eitan Haber war sein wichtigster Redenschreiber).

Henry Kissinger sagte nach Jitzchaks Tod zu mir:

> *»Ich habe viele herausragende Politiker kennengelernt, aber er hat mich bewegt wie sehr wenige andere. Das Erstaunliche an Jitzchak war für mich, daß ich ihn nie für einen guten Redner gehalten hatte – bis der Friedensprozeß begann. Da hielt er einige wirklich großartige Reden. Der Hauptgrund dafür war eine Veränderung in der Perspektive – von da an hatte er die Geschichte im Blick.«*

Nach jeder Rede von ihm, bei der ich anwesend war, kam er vom Podium herunter, sah mich an und fragte: »War es okay? War es erträglich?« Ich war mit Sicherheit seine strengste Kritikerin. Oft zögerte ich, weil man jemandem, der einem nahesteht, in einem verletzlichen Moment nicht weh tun möchte. Manchmal hat es ihn verletzt, wenn ich sagte: »Du hättest besser sein können«, oder: »Dein Englisch war heute nicht so toll«. An seinen Reden in Englisch hatte ich öfter etwas auszusetzen, als wenn er Hebräisch sprach. Wenn er aus dem Stegreif eine Rede auf englisch halten mußte und müde war, unterliefen ihm manchmal peinliche Fehler. Dann nahm ich einen Zettel heraus und notierte die einzelnen Ausrutscher. Es half allerdings nicht viel – er machte immer wieder dieselben Fehler. Aber obwohl sie ihm manchmal unangenehm war, erhöhte meine Bereitschaft zur Kritik doch meine Glaubwürdigkeit. Wenn ich dann einmal sagte: »Jitzchak, du warst fabelhaft«, konnte er darauf vertrauen, daß es ihm gelungen war, seine Botschaft optimal zu vermitteln, und ich glaube, das hat ihm viel bedeutet.

Jitzchak in der Öffentlichkeit oder im Privatleben zuzuhören erschien mir sehr natürlich. Seine Meinungen und Aktivitäten waren klarerweise von zentraler Bedeutung für mein Leben. Man hat mir gesagt, daß ich auch anderen gegenüber eine sehr gute Zuhörerin sei. Vielleicht bin ich das, aber im Kino und im Theater läßt meine Aufmerksamkeit oft rasch nach – da schlafe ich leicht ein –, Jitzchak niemals, und gelegentlich versuchte er, mich durch Rippenstöße wach zu halten.

Ich habe mich immer sehr für Literatur, Kunst und Musik interessiert. Ich betrachte Neugier als einen meiner Vorzüge, aber sie scheint jetzt etwas erlahmt zu sein. Seit dem Mord hat meine Anteilnahme an vielem nachgelassen, ich lese auch nicht mehr mit derselben Unersättlichkeit wie früher. Etwas in mir hat sich seit damals getrübt; meine Konzentrationsfähigkeit hat nachgelassen, meine Gedanken schweifen ständig ab – immer zurück zu *ihm*. Ich glaube, daß dies ein Teil des Heilungsprozesses ist, in dem ich mich befinde, und ich hoffe, daß ich irgendwann wieder werde lesen können wie früher. Aber wird je etwas werden wie früher? ...

*

Die Medien hatten einen großen Einfluß während Jitzchaks zweiter Amtszeit, wie es heute überall in Regierungsangelegenheiten der Fall ist. In Israel haben wir einmal am Tag, zwischen acht und neun Uhr abends, nationale Fernsehnachrichten – auf beiden Kanälen gleichzeitig, so daß man zwischen den beiden hin- und herschaltet. Es ist schwer zu sagen, welcher Sender Jitzchak mehr unterstützt hat. Beide sind auf Sensationen und Blut aus, um die Zuschauer zu fesseln und die Quoten in die Höhe zu treiben.

Insgesamt bin ich sehr unzufrieden mit den israelischen Sendern. In einer Gesellschaft, die um Frieden ringt, haben die Medien meines Erachtens nicht das Recht, diese Initiative zu unterminieren. Die Leute in den Medien sind selbst liberaler und unterstützen den Friedensprozeß stärker, als ihre Programmgestaltung vermuten läßt. Doch um die Quoten hochzutreiben, gestalten sie ihre Berichte so reißerisch wie möglich, und das regte Jitzchak oft sehr auf – speziell, wenn es am Freitagabend zur besten Sendezeit geschah. Dann saß er wütend vor dem Bildschirm und schnaubte: »Was für ein Fernsehen wir haben! Was für ein Skandal!« Die Schlagzeilen wurden während der schlimmen Zeiten der Intifada immer reißerischer, aber die Berichterstattung zehrte auch von den gewalttätigen Likud-Demonstrationen in dem Jahr vor dem Mordanschlag. Der Schaden, den die Verantwortlichen in den Medien anrichteten, schien ihr Gewissen nicht zu belasten.

In einigen Fällen stellte ich Journalisten persönlich zur Rede.

Dan Schilon ist eine berühmte Persönlichkeit, er moderiert im israelischen Fernsehen eine Talkshow mit sehr hohen Einschaltquoten. Wir kannten ihn gut. Es gab sogar Zeiten, da wir gute Freunde waren, uns gegenseitig besuchten und an wichtigen Familienfesten wie der *Bar-Mizwa* seines Sohnes teilnahmen. Mit seiner Frau verstand ich mich gut.

Als Jitzchaks Regierung einen Tiefpunkt in der öffentlichen Meinung erreicht hatte, behauptete Dan Schilon in einer seiner Sendungen, sie habe den Kontakt zum israelischen Volk verloren. Ich sah rot. Ich erinnere mich nicht mehr, wo Jitzchak gerade unterwegs war, aber ich bin sicher, daß wir diese Sendung nicht zusammen sahen. Am nächsten Tag rief ich Dan Schilon in seinem Büro an und sagte: »Ich nehme an, du unterstützt den Friedensprozeß und bist im Grunde auch auf seiten der Regierung. Warum vertrittst du also diesen Standpunkt? Du weißt doch selbst ganz genau, daß diese Regierung nicht die Verbindung zur Bevölkerung verloren hat. Du weißt, daß diese Behauptung unwahr ist, aber für dich zählt im Grunde nichts mehr außer den Einschaltquoten deiner Sendung.«

Er war sprachlos. Wie könne ich es wagen, in Frage zu stellen, was er im Fernsehen gesagt hatte? Er sagte, aus Respekt vor mir und meiner Position wolle er vergessen, daß unser Gespräch je stattgefunden habe. In Wirklichkeit rannte er – ich bin sicher, daß er nicht schnell genug laufen konnte – zu einer Pressebesprechung, um den Journalisten die ganze Geschichte aufzutischen: Lea Rabin hatte die Chuzpe, mich anzurufen und mich zu beschuldigen, nur an den Quoten meiner Sendung interessiert zu sein. Eine Freundin rief mich an und fragte mich, ob ich wisse, daß Dan Schilon die Geschichte der Presse gesteckt habe. Angeblich sagte er auch: »Wir sollen Freunde sein? Ich habe sie kaum je gesehen.«

Einige Monate später wollte Dan Schilon Jitzchak und mich interviewen. Jitzchak fragte mich, was wir tun sollten. Ich sagte: »Geh du hin. Ich halte meinen Boykott aufrecht.« Das Podiumsgespräch wurde im Frühjahr 1995 gesendet. Schilon hatte versprochen, dies zur bestmöglichen Sendung zu machen. Und das tat er auch. Er hatte eine wunderbare Gruppe von Gästen beisammen. Ich erinnere mich, daß Schilon einen israelischen Jugendlichen fragte, was er später einmal werden wolle, und der junge Mann antwortete, er wolle Stabschef der israelischen Streitkräfte werden! Der junge Pop-Sänger Aviv Geffen war ebenfalls zu Gast bei der Show. Jitzchak war entspannt und führte lebendige, interessante Gespräche mit den anderen Teilnehmern. Die Studiogäste applaudierten ihm ständig, und die Sendung war ein großer Erfolg.

Als Regierungschef mußte Jitzchak die Botschaft vermitteln, daß Frieden mit Prosperität einhergehe. Er mußte den Menschen vor Augen führen, daß ihnen der Frieden konkrete Vorteile für ihr tägliches Leben bescheren werde. Jitzchak setzte sich für den Ausbau der Marktwirtschaft ein, aber es war ihm auch wichtig, daß der Staatshaushalt genügend Mittel für Bereiche wie Gesundheitswesen, gesetzliche Altersversorgung und Bildung erhielt. Obwohl ihn die Arbeitsbedingungen beschäftigten, wandte er sich früh von dem strikten sozialistischen Glauben an gleichen Lohn, egal für welche Tätigkeit, ab. Schwierigere oder anspruchsvollere Tätigkeiten müßten auch entsprechend entlohnt werden, fand er. Einer seiner Programmpunkte war es, Israel zu einer durch und durch modernen Volkswirtschaft mit fortschrittlichen Einstellungen zu machen.

In seiner zweiten Amtszeit führte Jitzchaks Politik zu einem wirtschaftlichen Wachstum von sechs Prozent und einer drastischen Verminderung der Arbeitslosigkeit von zwölf auf sechs bis sieben Prozent. Dennoch strebte er noch mehr Investitionen in industrielle Entwicklung, Wohnungsbau, Bildungswesen und Verbesserungen der Infrastruktur an.

Dazu zählte auch die Lösung einwanderungsbedingter Probleme, wie die Schaffung von Arbeitsplätzen und Wohnraum.

Der Friedensprozeß regte das Wirtschaftswachstum an. Nach Gewährung der Kreditbürgschaften durch die US-Regierung nahmen ausländische Investitionen von amerikanischen Unternehmen wie Johnson & Johnson und McDonald's zu. Ein großer Anstieg an realem Wachstum und der Rückgang der Inflation trugen dazu bei, den Lebensstandard dramatisch zu verbessern. Die Anzeichen der Prosperität waren überall zu sehen; ein Barometer war die zunehmende Zahl privater Pkws – mit 150 000 Neuanschaffungen pro Jahr. Auch die Zahl der Israelis, die Auslandsreisen machten, schnellte unglaublich in die Höhe – auf etwa eine halbe Million jeden Sommer.

Beständig wandte sich Jitzchak gegen überholte gesellschaftliche Einstellungen. Die Israelis hielten immer noch an der Auffassung fest, daß Anzeichen von Wohlstand inakzeptabel seien. Wenn es in früheren Tagen um die Ausstattung von Büroräumen ging, herrschte die Faustregel: »Machen Sie, was Sie wollen, solange es bescheiden aussieht.« Viele Jahre lang fuhren die Israelis überwiegend japanische Autos, weil sie kleiner und billiger waren. Amerikanische Automobile galten als zu luxuriös, zu protzig. Die Regierung hielt an dieser Vorstellung fest und kaufte auch dann noch japanische Autos, als der Yen drastisch im Wert stieg. Heute besteht kein Unterschied mehr im Preis-Leistungs-Verhältnis zwischen japanischen und amerikanischen Autos. Jitzchak wandte sich entschieden gegen dieses Vorurteil und stellte ständig die Frage: »Warum vermiesen wir der amerikanischen Automobilindustrie das Geschäft, wo uns die Amerikaner doch dauernd helfen?« Als ich das letztemal ein neues Auto kaufte, bestand Jitzchak darauf, daß ich mich für eine amerikanische Marke entscheide, um ein Beispiel zu geben. Der Wandel vollzieht sich zwar langsam, aber die Einstellungen haben sich geändert.

Jitzchak erkannte die Bedeutung des aufblühenden israelischen Hochtechnologiesektors und setzte seinen Ehrgeiz darein, sein Wissen über die neuen Industriezweige zu vertiefen. Wenn es nicht gerade irgendeine Krise gab, wählte er jede Woche einen anderen Industriezweig aus und besuchte die Betriebe. Wie ich es gern ausdrückte, liebte er es, seine Finger überall im Spiel zu haben und auf allen Gebieten mitzumischen.

Das Verteidigungsministerium befindet sich in Tel Aviv, aber die Sitzungen des Kabinetts und der Knesset finden in Jerusalem statt, deshalb teilte Jitzchak seine Woche zwischen den beiden Städten auf. Jitzchak empfand großen Respekt für seine hart arbeitenden Leute im Verteidigungsministerium. Wenn das Telefon mitten in der Nacht oder frühmorgens läutete, dann konnte man sicher sein, daß es Jitzchaks Militärberater Danny Jatom war und daß er keine guten Nachrichten hatte. Danny übermittelte seine Botschaft in sehr unterkühlter, nüchterner Weise. Er blieb immer gelassen und echt, und Jitzchak wußte das wirklich zu schätzen.

Nach seinen 27 Jahren Militärdienst hatte Jitzchak immer einen ausgezeichneten Draht zu den Truppen, die er unter allen Umständen gern besuchte. Dann sah er sich in seine Vergangenheit zurückversetzt, eine Vergangenheit, die er nie wirklich hinter sich gelassen hatte. Jitzchak kannte die meisten Kommandeure und viele Soldaten per Namen. Er wußte, wo sie ausgebildet wurden und wo sie kampierten. Er kannte das Leben des israelischen Soldaten bis ins letzte Detail. Nach jedem ernsten Zwischenfall begab er sich vor Ort, gewöhnlich innerhalb von Stunden, und redete mit den Soldaten. Er rekonstruierte genau, was passiert war, wie und warum. Wenn die Moral wankte, war er mit dem Stabschef da, um ihr wieder aufzuhelfen.

Unnötige Verluste bereiteten ihm stets den größten Kummer. Wenn eine riskante Operation höchsten Maßstäben entsprechend durchgeführt wurde und nicht verlief wie geplant, dann mißfiel ihm vielleicht das Ergebnis, aber er konnte damit leben. Womit er nicht leben konnte, war der Verlust junger Menschenleben aufgrund mangelhafter Disziplin und Ordnung. Sinnloses Blutvergießen war Jitzchak unerträglich.

Nicht lange vor dem Attentat fuhr ein israelischer Panzerspähwagen in der südlibanesischen Sicherheitszone auf eine Mine, die das Fahrzeug zerstörte. Gewöhnlich werden bei solchen Erkundungsfahrten spezielle Halbketten-Schützenpanzer mit verstärkten Bodenplatten eingesetzt. Diese Einheit verfügte über zwei solcher Räderraupenfahrzeuge, die aber beide zu Reparaturzwecken in der Werkstatt waren, so daß die Streife die unverstärkten Schützenpanzer verwenden mußte. Als er dies erfuhr, wetterte Jitzchak: »Das macht mich wirklich verrückt! Wir wenden soviel Mühe und Gedanken auf und entwickeln so viele Mittel, um diese jungen Menschenleben zu schützen … und diese Burschen ließen die gepanzerten Fahrzeuge einfach in der Werkstatt, sorgten nicht für ihre Reparatur, sie benutzten die anderen Wagen und mußten mit dem Leben dafür bezahlen.«

Einen langjährigen Freund hatte Jitzchak in Mosche Netzer vom Kibbuz Ramat Johanan. Sie waren zusammen in den Kindergarten gegangen und in der Grundschule und der Kadoori High School befreundet gewesen. Sie konkurrierten sogar um den ersten Preis der Landwirtschaftsschule miteinander, den Jitzchak schließlich gewann. All die Jahre über blieb ihre sehr starke Bindung erhalten. Mosches Sohn kam eines Nachts aufgrund von Fahrlässigkeit ums Leben. Jemand hatte einen Behälter, den er für leer hielt, in ein Lagerfeuer geworfen, ohne zu merken, daß er eine scharfe Granate enthielt. Sie explodierte. Der Tag, an dem Jitzchak diese Nachricht erhielt, war einer der Tiefpunkte seines Lebens.

∗

Ein großer Tribut wurde Jitzchaks Auffassung von Verteidigung und Sicherheit von seinem Waffenbruder, Generalleutnant Amnon Lipkin-Shahak, dem Stabschef der israelischen Armee, bei der Gedenkfeier am 30. Tag nach Jitzchaks Tod gezollt. Hier sind einige der bewegendsten Momente dieser ergreifenden Rede:

> *»In ehrfürchtigem Respekt kommen wir auf diesem stillen Friedhofshügel wieder zusammen und stehen vor einem frischen Grab ...*
> *Dreißig Tage sind vergangen,* nur *dreißig Tage – doch sie erscheinen wie eine Ewigkeit, oder vielleicht schon dreißig Tage, denn es kommt einem wie ein Sekundenbruchteil vor seit dieser schrecklichen Nacht ...*
> *Wie konnte dies unter uns geschehen?*
> *Wir haben ein Sprichwort, daß es nicht der Stahl ist, der am Ende siegen wird, sondern der Mensch, und Jitzchak Rabin, der uns befehligte und anführte, auf den Schlachtfeldern wie auf den Straßen des Friedens, war ein solcher Mensch ...*
> *Sicherheit besteht Jitzchak Rabin zufolge darin, das Gesamtbild und das Endziel genauso im Auge zu behalten wie die Einzelheiten. In seiner Rede vor der Militärischen Führungsakademie sagte Verteidigungsminister Jitzchak Rabin im August 1992 zu der Abschlußklasse – und dies war gleichzeitig eine Botschaft an die ganze Armee: »Eines unserer schmerzhaftesten Probleme hat einen Namen – einen Vornamen und einen Familiennamen. Das ist die Kombination der zwei Wörter ›jihje beseder‹, ›es*

wird schon okay sein‹. Hinter diesen zwei Wörtern verbergen sich gewöhnlich all die Dinge, die nicht okay sind: Arroganz und übertriebener Optimismus, ungerechtfertigte Macht und Autorität. ›Jihje beseder‹ ist das Kennzeichen von mangelhafter Organisation und Disziplin, von fehlendem Professionalismus, von Faulheit ...«

Er sagte weiter: »Und was habe ich meines Erachtens das Recht, von euch zu verlangen? Erstens Verantwortungsbewußtsein. Was fordern wir noch? Professionalität, Initiative und Innovation – Menschen zu sein, die Wahrheit zu berichten, ein persönliches Beispiel zu geben, Disziplin, Stolz und Motivation.«

Im Grunde forderte Jitzchak Rabin, daß wir sein sollten wie er, denn alles, was er verlangte, war bei ihm da. Wir sahen ihn überlegen, sich mit anderen beraten und dann schließlich allein entscheiden ... Und so kam es, daß er sagte: »Mein ganzes Leben lang im Palmach und in der Armee, von meiner Zeit als Gruppenführer an bis zu meinem Dienst als Divisionskommandeur, Stabschef, Ministerpräsident und Verteidigungsminister, hatte ich vor jeder Entscheidung für ein Stoßtruppunternehmen, eine Schlacht, einen Krieg immer die Augen von Soldaten vor Augen, die mich fragten: ›Ist das vernünftig?‹, ›Gibt es keine Alternative?‹ und die Augen der Mütter, der Väter, der Frauen und Kinder, die zu Hause warten ...«

Und die Kinder hatte er vor Augen. Wie er uns sagte: »Der Staat Israel hat keine Naturschätze – keine Kohlenlager oder Ölquellen. Unser größter Schatz sind unsere Kinder.« Die Kinder, an die er dachte, für die er sprach und handelte, sind die Soldaten von heute und morgen. Sie, die verstanden haben, daß er für sie gekämpft, für ihr Wohl gearbeitet und an ihre Zukunft geglaubt hat. Diese

*Kinder haben ihm immer Liebe entgegengebracht, und in
den letzten dreißig Tagen haben sie dies in überwältigendem Maß gezeigt.
Schalom, Kommandeur, wir werden dich vermissen …*

*

Die sozialen Seiten der Staatsangelegenheiten waren für Jitzchak persönlich niemals so wichtig wie die Beachtung von Einzelheiten auf dem Schlachtfeld, aber er erkannte, daß im Leben einer stabilen Nation beides wichtig ist. Während der zweiten Amtszeit hatte meine eigene Rolle als Frau des israelischen Regierungschefs andere Dimensionen als in der ersten. Die Gegebenheiten waren grundverschieden! Der Friedensprozeß stand dauernd im Mittelpunkt der internationalen journalistischen und politischen Aufmerksamkeit. Israel war im Ausland anerkannter als je zuvor. Ich hatte daher das Glück, an Jitzchaks Seite zu sein, als die mächtigsten Nationen der Welt Israel eine neu entdeckte Achtung und Bewunderung zollten.

Dennoch blieben andere Aspekte unserer Rolle als Gastgeber unverändert – gleichgültig ob es sich bei den Gästen um Staatsoberhäupter oder liebe Freunde handelte, die wir seit der Kindheit kannten. Ich war immer überzeugt, daß Einladungen in das eigene Heim ein sehr wichtiges Element für den Aufbau freundschaftlicher Beziehungen zu Staatsgästen sind. Im Laufe der Jahre haben sich die Vorstellungen von Geselligkeit in Israel nach und nach verändert. In unserer Jugend wurde man von Freunden zu Kaffee und Kuchen nach dem Abendessen eingeladen. Als unser Lebensstandard anstieg und sich unsere Verpflichtungen änderten, luden wir Leute zu – mehr oder weniger förmlichen – *Dinnerpartys* ein. Aber schon früher hatten wir Abendessen dazu benützt, um Leute in das Haus zu holen. Dem heutigen

israelischen Lebensstil entsprechend treffen Freunde manchmal erst um 11 Uhr abends ein. Jitzchak mußte an jedem
Morgen früh aufstehen. Das Kunststück bestand darin, die
Gäste um halb neun zum Abendessen hier zu haben und
sie um elf oder zwölf aus dem Haus zu bekommen. Wenn
wir eingeladen wurden, sagte Jitzchak manchmal grinsend:
»Gehen wir nach Haus, sonst müssen wir noch Geschirr spü-
len.«
Ich persönlich weiß es sehr zu schätzen, von jemandem in
dessen Heim eingeladen zu werden – in Israel ebenso wie im
Ausland. Dies gibt mir immer einen zusätzlichen Einblick in
die Gebräuche und Wertvorstellungen von Menschen. Jitzchak fand auch, daß man durch das Zuhause eines Menschen eine Menge erfahren kann. Im Ausland wird ein Staatsoberhaupt selten in dieser Weise eingeladen. Entweder han-
delt es sich um ein Gästehaus oder einen speziellen Emp-
fangsraum in der offiziellen Residenz. Ich erinnere mich, wie
sehr wir uns freuten, von König Juan Carlos und Königin Sophia von Spanien zum Mittagessen in ihr privates Domizil
außerhalb von Madrid eingeladen zu werden. Wir sahen, wie
herzlich und entspannt sie mit ihren Angehörigen umgingen,
und lernten ihre persönlichen Vorlieben aus erster Hand
kennen. Wenn man das Privileg hat, in einem Privathaus zu
Gast zu sein – ob bei einem König, Staatsoberhaupt oder einfach einem Freund –, bleibt immer eine besondere Verbundenheit zurück.
Der frühere amerikanische Außenminister James Baker hatte, nachdem ihm seine Versuche der Zusammenarbeit mit
der Likud-Regierung, die Jitzchaks Administration voraus-
ging, schwierige und peinliche Momente beschert hatten,
eine gute Arbeitsbeziehung zu Jitzchak entwickelt. Als er
und seine Frau nach seinem Ausscheiden aus dem Amt Israel besuchten, gaben wir ein privates Abendessen für sie in
unserer Wohnung in Tel Aviv. Kleinigkeiten brachten uns

beim Essen einander näher – wir entdeckten, daß wir dasselbe Porzellandekor hatten, und die Bakers klärten mich über Fastenbräuche auf. Nach Jitzchaks Ermordung trugen die Bakers mit einer großzügigen Spende zur Schaffung eines ihm zu Ehren eingerichteten Lehrstuhls am James-A.-Baker-III.-Institut für Staatswissenschaften an der Rice University in Houston bei; und viele erinnern sich, daß Außenminister Baker öffentlich weinte, als er von Jitzchaks Tod hörte. Scheinbare Kleinigkeiten können soviel für die Festigkeit einer starken menschlichen Beziehung bedeuten und das Band zwischen Menschen und ihren Nationen stärken. Die Bakers gehören zu meinen engen Freunden.

Angelegenheiten unseres Privatlebens überließ Jitzchak im allgemeinen mir. Wenn ein Gast eine Frage bezüglich unserer Kunstsammlung hatte, sagte er regelmäßig: »Fragen Sie Lea, das ist ihr Ressort.« Wenn uns Leute zu Hause besuchten, ließ er sie nie gehen, ohne ihnen unsere Dachterrasse zu zeigen. »Leas Garten«, nannte er das. Er war stolz darauf. Unser Heim bedeutete ihm unendlich viel.

Da fast alle häuslichen Entscheidungen mir überlassen waren, überraschte mich Jitzchak, als die Renovierung unserer Privatwohnung in Tel Aviv anstand. Im September 1992, als ich die Frage erstmals anschnitt, hielt Jitzchak dies anfangs für unnötig. »Muß das sein?« fragte er. »Wir haben doch ein schönes Zuhause. Warum all die Scherereien und Kosten?« Nach 23 Jahren muß es einfach sein, fand ich. Sobald wir uns jedoch dazu entschlossen hatten, stürzte er sich mit Haut und Haaren in das Projekt. Er erstaunte sowohl mich als auch die Innenarchitektin mit seinem Engagement, als er die Arbeiten während ihrer gesamten zweieinhalbmonatigen Dauer inspizierte und überwachte. Die Innenarchitektin sagte eines Tages zu mir, wie sehr sie uns um unsere Beziehung und unsere Verbundenheit beneide.

Im Zuge der Renovierung planten wir auch ein neues Arbeitszimmer. Die Designerin machte einen Entwurf und änderte ihn nach unseren Vorschlägen ab, aber Jitzchak bestand darauf, jede Einzelheit zu begutachten. Eines Samstagabends, als wir um halb elf nach Jerusalem zurückkehrten, um die neue Woche zu beginnen, kam sie, um die Pläne durchzusprechen. Jitzchak erschien erst um elf Uhr abends, setzte sich dann aber noch eine Dreiviertelstunde mit ihr zusammen. Sie konnte es nicht fassen, daß er die Zeit und die Konzentration aufbrachte, sich die Entwürfe so genau anzusehen. Auch hier überließ er nichts dem Zufall. Jitzchak brauchte die Gewißheit, daß das Ergebnis seinen Erwartungen entsprechen würde. Er war auf allen Gebieten ein Perfektionist.

Jeden Freitag fuhr er auf dem Rückweg vom Büro bei der Wohnung vorbei und schaute sich um. Nach einer Weile war er mit der Verwandlung zufrieden. »Die Wohnung sieht toll aus«, sagte er, »aber sie wird niemals rechtzeitig fertig werden.« Ich versprach es ihm. Sie wurde fertig.

Abends entspannte sich Jitzchak gern eine Stunde vor dem Fernseher – am liebsten mit Fußball, Tennis oder Krimis. Als ich kurz vor unserem Hochzeitstag im August 1995 die Frage anschnitt, ob wir uns nicht aus diesem Anlaß ein Gerät mit größerem Bildschirm leisten sollten, schlug er vor, bis zu den hohen jüdischen Feiertagen im Herbst zu warten. Aber ich sagte mir: »Warum auf die Feiertage warten? Er wird schon jetzt seine Freude daran haben.« Ich ergriff die Initiative und überraschte ihn. Er freute sich wie ein Kind! Noch Monate später sagte er: »Ich bin dir so dankbar, daß du mir diesen Fernseher gekauft hast.« Er war das größte Spielzeug seines Lebens. Hätte ich gewartet, dann hätte sich die Zeit verkürzt, die ihm blieb, um es zu genießen.

Jitzchak hatte nie irgendwelche Wünsche – er war so bescheiden. Wenn ich ihn fragte: »Was kann ich dir mitbringen oder kaufen?« antwortete er gewöhnlich: »Ich brauche nichts, mir fehlt nichts, ich bin wirklich ein sehr glücklicher Mann.« Aber wenn ich dann von einer Reise zurückkehrte und ihm etwas mitbrachte, freute er sich doch darüber, selbst wenn es bloß ein Hemd war. Insgeheim gefiel ihm die Aufmerksamkeit. Normalerweise reagierte er mit milder und humorvoller Kritik auf meine Einkaufseskapaden – speziell, was Schuhe betrifft. Wenn er mich fragte, was ich gekauft hätte, antwortete ich oft: »Das sage ich dir lieber nicht. Du wirst sauer sein, weil ich mir Schuhe gekauft habe.« »Seit du mir den Fernseher gekauft hast, werde ich nie wieder sauer sein«, antwortete er dann.

Jede Frau eines Politikers wählt sich eine andere Rolle. Im Gegensatz zu anderen Ländern, die über ein Protokoll in diesen Dingen verfügen, ist die Rolle der Frau des israelischen Regierungschefs von ihren Trägerinnen sehr individuell gestaltet worden. Was immer ich während der beiden Amtszeiten tat, war eine Mischung aus meinen persönlichen Neigungen und Prioritäten, und ich habe meine Pläne gewöhnlich mit Jitzchak besprochen.

Ein Bestandteil der Rolle, dem ich immer große Aufmerksamkeit gewidmet habe, ist die Auswahl von Staatsgeschenken. Gewöhnlich habe ich mich darum zusammen mit dem Leiter des Büros des Ministerpräsidenten, Eitan Haber, gekümmert – manchmal kaufte ich sie, manchmal er. Vor einigen Jahren, als eine amerikanische First Lady zu Besuch kam, fuhr ich in einer Limousine mit ihr und der Gattin des israelischen Präsidenten, unserer First Lady. Die Frau unseres Präsidenten dankte der Besucherin für das Geschenk, das sie und ihr Mann erhalten hatten. Dann kam die peinliche Antwort – die amerikanische Präsidentengattin wußte gar nicht, um was es sich bei ihrem Geschenk für die Gastgeber in Israel eigentlich gehandelt hatte. Der Protokollchef war für die Staatsgeschenke zuständig. Außerdem, gestand sie, habe sie nicht einmal gesehen, was sie von unserem Präsidenten bekommen habe. »Es ist wahrscheinlich schon auf dem Weg nach Hause«, sagte sie. Oje! Dieser Mangel an persönlicher Aufmerksamkeit verwunderte mich. Ich habe vor langer Zeit gelernt, daß man Staatsgeschenke am besten gar nicht erwähnt. Man kann sich durch ein Dankschreiben erkenntlich zeigen, aber es ist zu riskant, in einem Gespräch darauf Bezug zu nehmen. Als Frankreichs Präsident François Mitterrand einmal Israel besuchte, beauftragten wir einen angesehenen Künstler, anhand von vier hervorragenden Zeichnungen sein Porträt zu malen. Ich glaube, wir haben nie ein Wort des Dankes erhalten. Vielleicht hat ihm sein Konterfei nicht gefallen, vielleicht hat er es auch nie gesehen.

Ich erklärte mich meist bereit, die jeweilige First Lady in Museen oder zu anderen Sehenswürdigkeiten zu begleiten oder den jeweiligen Gast zu uns nach Hause einzuladen. Bei Besuchen ausländischer Staatschefs übernimmt unser Präsident die Rolle des Gastgebers beim offiziellen Staatsbankett, während wir die *First Family* vielleicht zum Mittagessen einluden. Wenn ein Ministerpräsident zu Besuch kam, waren wir die Gastgeber. Umfaßte die Gästeliste mehr als zwanzig Personen, mußten wir den Empfang in ein Hotel verlegen. Unsere Wahl fiel in solchen Fällen regelmäßig auf das King David Hotel in Jerusalem. In Zusammenarbeit mit dem Personal des King David gelang es mir, einige denkwürdige Events zu gestalten.

Ein wirklich denkwürdiger Anlaß ereignete sich wenige Monate vor Jitzchaks Ermordung. Als der deutsche Bundeskanzler Helmut Kohl Israel im Juni 1995 besuchte, hätte ich eigentlich außer Landes sein sollen. Ich sollte im Auftrag des Museums von Tel Aviv nach Paris fahren. Jitzchak ersuchte mich nicht, meine Pläne zu ändern, da der Kanzler ohne seine Frau Hannelore kam. Ich beschloß, dennoch zu bleiben, in erster Linie, weil ich wußte, daß der deutsche Bundeskanzler heute der mächtigste Mann in Europa ist, und ich es für meine Pflicht hielt, Jitzchak während eines so wichtigen Staatsbesuchs zur Seite zu stehen. Es war auch eine heikle Zeit in den deutsch-israelischen Beziehungen. Einen Hauptpunkt der Diskussion bildeten die Beziehungen zu Regimes islamischer Fundamentalisten wie dem Iran; die Deutschen vertraten die Auffassung, daß wir trotz allem mit ihnen reden sollten, während Jitzchak entschieden anderer Meinung war. Obwohl 150 Gäste teilnehmen sollten, beschloß ich, das Bankett auf der schönen Terrasse der Residenz des Ministerpräsidenten in Jerusalem stattfinden zu lassen. Im Sommer konnte man leicht einen Abend im Garten planen, da keine Gefahr von Regen bestand. Das King David Hotel lieferte uns die Tische, die Gedecke und das Essen. Üblicherweise sorgten wir bei Staatsempfängen nach dem Abendessen für ein Unterhaltungsprogramm. Am Morgen des Empfangs rief ich eine der besten israelischen Sängerinnen an, Ora Sitner, die vereinbarungsgemäß am Abend bei uns auftreten sollte, und bat sie, Lieder über Jerusalem zu singen. Zunächst wandte sie ein, sie habe keine im Repertoire. »Ora«, sagte ich, »ich bitte Sie – Sie haben noch einen ganzen Tag Zeit, um sich darauf vorzubereiten.« Sie meinte, dazu benötige sie zwei Wochen, aber ich hielt dagegen, daß Jerusalem ein kontroverses Thema sei und daß einem solchen Programm heute abend besondere Bedeutung zukomme. Sie erklärte sich einverstanden.

Nachdem die Gäste die Empfangsreihe passiert hatten, führte ich den Bundeskanzler über die Terrasse mit den gedeckten Tischen in den Garten hinaus. »Was, hier ißt man noch nicht?« fragte er. Ich sagte: »Nein, hier trinkt man.« Er hatte *Hunger*. Bei uns ist es üblich, die Tischreden hinter sich zu bringen, bevor das Essen serviert wird. Als erster sprach Jitzchak, dann Kanzler Kohl. Inzwischen wurde es schon sehr spät. Der Kanzler, Jitzchak, Schimon Peres, der Präsident der Knesset, der Vorsitzende unseres Obersten Gerichtshofs und ich saßen an der Ehrentafel. Als Ora zu singen begann, stimmten nach und nach alle israelischen Gäste ein und erfüllten den Garten mit einer zauberhaften Stimmung.

Nach den Liedern bestand Kanzler Kohl darauf, sich wieder auf das Podium hinaufzubegeben. Auf deutsch (in der einzigen Sprache, die er spricht) sagte Kanzler Kohl: »Ich möchte Ihnen sagen, ich bin ein sehr erfahrener, langjähriger Politiker; aber Sie haben mich zu Tränen gerührt, und mir fehlen die Worte, um auf das einzugehen, was Sie bezeugt haben.« Als er an den Tisch zurückkehrte, gab ich ihm einen Kuß und sagte auf deutsch zu ihm: »Sie sind ein Schatz!« Zu mir selbst sagte ich: »Gut gemacht, Lea! Du hast den Felsen von Gibraltar bewegt.«

Als Warren Christopher einmal zu Besuch kam, hatte ich ebenfalls einen schon lange feststehenden Termin in Frankreich. Jitzchak bestand darauf, daß ich fahre, beschloß aber, den amerikanischen Außenminister trotzdem in unser Haus einzuladen. Eine innere Stimme sagte mir, daß ich auch diesmal hätte zu Hause bleiben sollen. Ich wartete an diesem Abend unruhig bis elf Uhr und rief dann Jitzchak an. »Alles ist fabelhaft gelaufen!« meinte er. Später erfuhr ich, daß an diesem Abend ein Kellner eine Lade voll Silberbesteck auf einen Stapel meines besten Services fallen ließ und daß er eine eifersüchtig gehütete Flasche Bordeaux des Jahrgangs 1967 öffnete, die ich für die 1997 fällige Feier zum Gedenken an den Sechstagekrieg aufbewahrt hatte, und ihn zusammen mit dem anderen Rotwein, der an diesem Abend serviert wurde, ausschenkte. Ich lernte meine Lektion.

Jede First Lady in den Vereinigten Staaten und anderswo entscheidet selbst, über welche Art von Projekten sie die Schirmherrschaft übernehmen will. Diese Projekte sind oft weitaus anspruchsvoller und zeitraubender, als man sich üblicherweise klarmacht. Lady Bird Johnson setzte sich zum Beispiel sehr für die Verschönerung der amerikanischen

Landschaft und für Umweltfragen ein. Als Mrs. Johnson ihre Memoiren veröffentlichte, tadelte ein Kritiker in Israel sie als typisches Beispiel einer First Lady, die die Welt aus dem Küchenfenster des Weißen Hauses betrachtet. Dagegen erhob ich Einspruch. Mrs. Johnson ist eine Geschäftsfrau, die mit großem Geschick eine Kette von Funk- und Fernsehsendern leitet. Ihre Interessen sind breit gefächert, und sie war während der Präsidentschaft von Lyndon Johnson alles andere als die »erste Hausfrau«. Ich bewundere sie sehr. Lady Bird ist nicht nur eine sehr intelligente und interessante Frau, sie war auch eine wunderbare Gattin.

Jacqueline Kennedy bin ich nur einmal begegnet, Mitte der siebziger Jahre bei einer kleinen, privaten Präsentation des Goldschatzes der Skythen im Metropolitan Museum in New York. Sie sah strahlend aus und beeindruckte mich mit ihrem Wissen, ihrem Interesse und ihrer Begeisterung für Kunst. Nach ihrem Tod las ich einen Artikel über ihre Lebensgeschichte und war besonders von den minuziösen Plänen fasziniert, die sie für ihr eigenes Begräbnis gemacht hatte, einschließlich der Lesung einer Stelle aus Kavafis' Epos *Brichst du auf gen Ithaka*. Dieses Werk beeindruckte mich so tief, daß ich später ein Exemplar davon Königin Sophia von Spanien schenkte, die griechischer Abstammung ist.

Patricia Nixon war eine völlig andere Persönlichkeit als Jacky Kennedy oder Lady Bird Johnson, war aber ebenfalls eine aufmerksame und wichtige Partnerin für ihren Mann. Betty Ford litt bedauerlicherweise an starken körperlichen Schmerzen, die sie viel Kraft kosteten, aber ich habe sie immer als sehr liebenswürdige Frau empfunden.

Rosalynn Carter war ganz anders als ihre unmittelbaren Vorgängerinnen. Sie tat ihr Bestes und scheute auch als Gastgeberin uns gegenüber keine Mühe. So veranstaltete sie eine große Teegesellschaft für mich, zu der ich alle meine amerikanischen Freundinnen hinzubitten sollte, und lud mich einmal, als im Weißen Haus ein Herrenabend stattfand, in das Musical *Annie* im Kennedy Center ein, aber irgendwie fand ich es immer schwierig, mit ihr zu kommunizieren. Sie stellte mir nie eine einzige Frage über meine Kinder oder mein Leben in Israel. Wie lange konnte ich sie also nach Amy fragen?

Nancy Reagan und ich sind nur zweimal zusammengetroffen. Das eine Mal war bei einem heiteren Fest anläßlich des 70. Geburtstags der Verlegerin Kay Graham. Mrs. Reagan sah sehr gut aus ... und war beneidenswert schlank.

Barbara Bush war, wie ich bereits erwähnt habe, immer höchst natürlich und tatkräftig.

Als ich Hillary Clinton zum erstenmal im Weißen Haus begegnete, unterhielten wir uns über ihr starkes Engagement für die Reform des nationalen Gesundheitswesens. Ich berichtete ihr Einzelheiten über die Organisation der medizinischen Versorgung in Israel und die in unserem Lande herrschenden Einstellungen dazu. Ich fand sie intelligent – eine aufmerksame Zuhörerin – und war beeindruckt von ihren schönen blauen Augen.

Jitzchak ermutigte mich nicht nur bei allen meinen verschiedenen Projekten – die Autistische Gesellschaft, das Schiba Medical Center, das Museum von Tel Aviv und anderen –, er bemühte sich auch stets, an den wichtigeren Ereignissen in Zusammenhang mit den Projekten teilzunehmen, für die ich mich engagierte. Obwohl dieses Engagement einem persönlichen Bedürfnis von mir entspringt, ergänzte es doch gut seine Anliegen. Was die Künste betrifft, so zeichnet sich Israel durch ein florierendes Kulturleben aus, das immer von zentraler Bedeutung für die Moral und das Wohlbefinden der Nation war. In vielerlei Hinsicht war ich Jitzchaks persönliche Botschafterin für kulturelle Angelegenheiten, und ich habe diese Rolle sehr ernst genommen. Mein leidenschaftliches Interesse an Kunst wurde von den verschiedenen Museumsdirektoren immer sehr geschätzt. In mir, wußten sie, hatten sie eine Fürsprecherin, die immer bereit ist, sie zu unterstützen.

*

1993 kam die Friedensiniative richtig in Fahrt. Während die »Madrider Gespräche« in Washington Runde um Runde durchliefen, eröffnete Israel mit einer Reihe von Unterredungen, die überwiegend in Norwegen stattfanden, einen Geheimkanal zur PLO. Und während sich dadurch eine dramatisch veränderte Zukunft vor uns auftat, traten wir eine unvergeßliche Reise in die Vergangenheit an. Sie führte uns im April an eine Stätte, die im Herzen jedes Juden die absolute Notwendigkeit eines eigenen Heimatlandes wachhält.

Unser Besuch in Polen begann in Warschau mit dem Gedenken an den 50. Jahrestag der Erhebung des Warschauer Ghettos, die am 19. April 1943 stattfand. Uns zu Ehren hielten die polnischen Truppen eine Parade ab; im »Stechschritt«, der in den früheren kommunistischen Staaten noch so verbreitet ist, marschierten die Soldaten an uns vorbei. Zuerst besichtigten wir Plätze im Muranów-Nord-Viertel der Stadt, auch den Bunker von Mordechai Anielewitsch, der den Aufstand befehligte und in der Milastraße 18 den Tod fand. An der Gedenkstätte des Warschauer Ghettos legte Jitzchak einen Kranz nieder und ehrte die Kämpfer des Aufstandes. Auf der Treppe der Gedenkstätte, mit dem Rücken zu uns, nahm er militärische Haltung an. Dann gingen wir zu dem berüchtigten Umschlagplatz, wo die zusammengetriebenen Juden zur Deportation in die Konzentrationslager verfrachtet worden waren. Ein leitender Mitarbeiter unseres Verteidigungsministeriums hatte fünfzig Jahre zuvor selbst diesen Platz passiert.

An der abendlichen Gedenkfeier nahmen der polnische Präsident Lech Walesa, die polnische Ministerpräsidentin Hannah Suchocka und der amerikanische Vizepräsident Al Gore teil. Eine 1948 errichtete, riesige, mit Reliefs bedeckte Wand erinnert in Warschau an den Aufstand. Das Ehrenmal ist von Wohnblöcken umrahmt. Der Platz war festlich beleuchtet, aber ich konnte zunächst nicht verstehen, warum die Fenster all dieser großen Wohnhäuser dunkel waren. In einem bestimmten Moment flammten in allen Fenstern zum Gedenken an die Erhebung Kerzen auf. Es war wirklich atemberaubend.

Lech Walesa, Al Gore und Jitzchak legten Kränze am Ehrenmal nieder, und jeder von ihnen sprach auch. Die Polen hatten keine Mühe gescheut, eine denkwürdige Feier zu gestalten. Ein polnischer Armeechor sang das berühmte jiddische Lied: *»Es brennt, Kinderlach, es brennt.«* Ein Gedenkfeuer war hinter dem Monument entzündet worden, und die Flammen begannen sich der hölzernen Plattform zu nähern, wo der Kantor – der *Chazzan* – die Sänger dirigierte. Was für ein entsetzlicher symbolischer Augenblick – wir fürchteten, sie könnten den Flammen zum Opfer fallen! Zum Glück wurde das Feuer eingedämmt, bevor es Schaden anrichten konnte.

Am nächsten Morgen besuchte unsere israelische Gruppe Auschwitz und Birkenau. Das Grauen, das diese unvorstellbaren Greueltaten umgibt, hält unvermindert an. Zur Erinnerung an die in den Vernichtungslagern umgekommenen Angehörigen unseres Volkes legte Jitzchak einen Kranz an der Gedenkstätte in Auschwitz nieder. Wir waren eine große Gruppe – Jitzchak wurde von Mitarbeitern des Amtes des Ministerpräsidenten und des Verteidigungsministeriums, vielen Pressevertretern und vor allem von fünfzig Überlebenden von Auschwitz und Birkenau begleitet. Mit den Überlebenden dort zu sein war der denkwürdigste Teil unseres Besuches; wir waren uns durchaus bewußt, was es für sie bedeutete, Auschwitz mit dem Premierminister des jüdischen Staates zu besuchen. Wir passierten das Tor mit der berüchtigten

Inschrift »*Arbeit macht frei*«. Unsere Führerin war eine attraktive junge Polin. Jitzchak lauschte aufmerksam ihren Erläuterungen. Die Journalisten drängten sich so nah heran, daß ich ihre Worte kaum verstand, aber was wir sahen, sprach für sich.

Die Baracken. Die Schuhe. Berge von Schuhen. Die Haare. Die Kinderkleider. All diese Zeugnisse eines kalten, kalkulierten Grauens. *Ihre* Haare. *Ihre* Schuhe. *Ihre* Brillen. Alles in getrennten Schaukästen. *Ordnung muß sein!*

Zur Gruppe der Überlebenden gehörte Samuel Gogol. Er war als Kind nach Auschwitz gekommen und führt sein Überleben auf eine Ziehharmonika zurück, die ihm Dr. Janusz Korczak kaufte, der ein Waisenhaus leitete und als hervorragender Pädagoge mit großem Einfluß auf die ihm anvertrauten Kinder galt. Als die Deutschen schließlich das Waisenhaus entdeckten und die Kinder in ein Vernichtungslager brachten, wollte er sie nicht allein gehen lassen. Heute erinnert eine Statue an Dr. Korczak und »seine« Kinder, aber es betrübte mich zu sehen, daß diese Statue aus Kunststoff besteht und einfach mit Bronzefarbe besprüht ist. Können wir, das jüdische Volk, diesem einzigartigen, großen Mann kein besseres Denkmal setzen?

Dr. Korczak hatte den Brauch, seinen Kindern eine Münze unter das Kopfkissen zu legen, sooft sie einen Zahn verloren. Als Kind hatte sich Samuel Gogol seine Münzen aufgehoben und Korczak gebeten, ihm von dem Geld eine Ziehharmonika zu kaufen. Gogol bewies Talent für sein Instrument und erhielt von der Lagerleitung den Befehl, auf seiner Ziehharmonika zu spielen, während die Juden in die Gaskammern geführt wurden. In Birkenau spielte er bei unserer Feier wieder auf seinem Instrument. Wenige Wochen nach dem Besuch verstarb er – als habe sich der Kreis seines Lebens geschlossen.

Als Jitzchak in Auschwitz sprach, war er im Vollbesitz seiner

Kräfte. Nur ein Mensch in vollem Bewußtsein der Leiden des jüdischen Volkes konnte eine Vision des Friedens heraufbeschwören, die diesem Leiden gerecht wurde:

Jede Handbreit Boden dieser verfluchten Stätte ist mit dem Blut der Opfer getränkt. Jede der jetzt stillen Baracken in diesem schrecklichen Lager hat die Schreie der Gefolterten gehört. Jede Trennwand hier ist eine Klagemauer. Jeder Meter rostender Stacheldraht in dieser Stadt des Todes trägt zwischen seinen Stacheln die ausgemergelten Leiber unserer Brüder, und der Wind wird hier immer den Rauch der Verbrennungsöfen vor sich hertreiben. Angesichts von Entkräftung, Isolierung, Demütigung, Kälte und Folter – wer hätte sich anders verhalten können? Sie sind nicht wie Lämmer zur Schlachtbank gegangen. Eine im Stich gelassene Nation, ein schutzloses Volk ging hier in den Tod.

Fünfzig Jahre danach gellen uns ihre Schreie immer noch in den Ohren, und obwohl der Quell der Tränen lange versiegt ist, können wir weder vergessen noch verzeihen. Die angsterfüllten Augen unserer Brüder und Schwestern, die aus der Welt der Lebenden schieden, ohne zu wissen, warum, die heimlichen Blicke zum Himmel, die um eine Erlösung flehten, die nicht kommen wollte, ihre Schreie und Tränen und ihr gedämpftes Weinen dringen noch heute zu uns. Unsere gesamten Annalen, von der Morgenröte unserer Tage bis in alle Ewigkeit, treten in den Schatten vor diesem – dem schrecklichsten Verbrechen in der Geschichte. Wo immer wir in Israel hingehen, die Erinnerung an den Holocaust, sein Leiden und seine Lektionen begleiten uns.

Wir sind daran nicht zerbrochen. Trotz der Hilflosigkeit, die hier herrschte, der schrecklichen Verzweiflung und des Marsches an die Todesmauern, die Galgen, in die

Gaskammern und die Verbrennungsöfen – die Nation von Israel lebt! Wir sind auferstanden aus der Asche der Opfer und haben eine Nation und einen Staat der moralischen Qualität, der Kultur, des Geistes und der militärischen Macht geschaffen.

Fünfzig Jahre danach verfügen wir heute über genug Macht und spirituelle Kraft, um den Erfordernissen der Zeit zu genügen, Feinde zurückzuschlagen, uns eine Heimat aufzubauen und den Verfolgten Asyl zu gewähren.

Und wir haben sowohl die materielle wie die spirituelle Kraft, jeder Heimtücke entgegenzutreten – und unseren Feinden die Hand des Friedens hinzustrecken.

10. Kapitel

Friedensstifter Israel

Es heißt oft, Jitzchak sei ein Mann des Krieges gewesen, der in seinen späteren Jahren ein Mann des Friedens wurde. Ich halte dies für eine unrichtige Einschätzung. Auch als er noch beim Militär diente, bezog er die größte Genugtuung aus der friedlichen Beilegung von Konflikten. Erstmals hat er 1949 auf Rhodos von Frieden gesprochen, als er erst 27 Jahre alt und ein Veteran des Unabhängigkeitskrieges war. Von da an betrachtete er die Übel des Krieges als Mittel, um die kriegführenden Parteien an den Verhandlungstisch zu zwingen. Am 25. Juli 1970 schrieb mir Jitzchak folgenden Brief:

Liebe Lea,

ich nutze den Umstand, daß Motke Gasit* auf seinem Nachhauseweg in Washington Station macht, um ihm diesen Brief mitzugeben. Hier ist eine Menge in Bewegung geraten. Die Probleme sind besonders gravierend, da Ägypten auf die amerikanische Initiative eine positive Antwort gab.** Die Tatsache, daß Ägypten dieser Initiative zustimmte, hat für uns einige substantielle Probleme und PR-Aufgaben geschaffen.
Es besteht kein Zweifel, daß wir es jetzt nicht mit arabi-

---

* Ein Mitarbeiter des israelischen Außenministeriums.

** Die »amerikanische Initiative« bestand in dem Vorschlag, den Suezkanal durch die Schaffung einer entmilitarisierten Zone offenzuhalten, die auf beiden Seiten des Kanals zehn Kilometer breit sein sollte.

*schem, sondern mit sowjetischem Denken zu tun ha-
ben, das viel nüchterner ist und der Haltung einer Welt-
macht entspricht. Es besteht auch kein Zweifel, daß die
sowjetische Militärpräsenz in Ägypten den Sowjets die
Möglichkeit beträchtlicher Einflußnahme auf Ägypten eröffnet, obwohl dies ein taktischer Schritt ist, der keine
substantielle Änderung repräsentiert. Gleichzeitig können wir die Tatsache nicht ignorieren, daß die Ägypter
von ihrer traditionellen Linie abgewichen sind – daß die
Vorbedingung für eine erneute Jarring-Mission*, selbst
im gegenwärtig vorgeschlagenen Rahmen, die israelische Zusage eines umfassenden Rückzugs ist.*

*Die ägyptische und arabische Propaganda beginnt hier
faktisch zu behaupten, daß wir eine Erneuerung der Mission, wenn auch indirekt, aber ohne Vorbedingungen,
akzeptiert hätten. Wir leugnen nicht, daß wir einen klaren und endgültigen Standpunkt haben, aber wir präsen-
tieren ihn nicht als Vorbedingung für den Beginn von Gesprächen. Durch ihre offizielle Annahme des amerikanischen Vorschlags sind die Ägypter darüber hinaus bereit
zuzugeben, daß das Ziel der Gespräche ein Friedensschluß zwischen Israel und Ägypten ist. Sie haben tatsächlich einen Plan, der ein verändertes Image für Israel,
wenn auch im Rahmen der am 4. Juni 1967 abgesteck-
ten Grenzen, zur Folge haben wird. Und zwar aufgrund
ihrer Forderung, den palästinensischen Flüchtlingen die
freie Wahl zwischen der Rückkehr in ihre Häuser und
einer Entschädigung zu lassen.*

*Dem ägyptischen Plan zufolge soll den Flüchtlingen die
Wahl freigestellt werden (zu unserem großen Mißbehagen gibt es auch eine UNO-Resolution in diesem Sinne).*

---

* Der UN-Botschafter Gunnar Jarring engagierte sich in den sechziger und siebziger Jahren mehrmals in Nahost-Friedensinitiativen.

*Die Amerikaner sind mit diesem Vorschlag nicht einver-
standen. Jedenfalls bestehen die Ägypter nicht darauf,
den Beginn von Jarrings Mission an Vorbedingungen zu
knüpfen. Wenn es zutrifft, daß auch Syrien diese Initiative gebilligt hat, dann wird unsere PR-Situation überaus
schwierig werden.*

*Israel hat bis jetzt von allen Dächern verkünden können,
daß wir Frieden wollen, die Araber hingegen nicht. Jetzt
wird es schwieriger werden, falls die Regierung von Israel beschließt, auch weiterhin nichts zu beschließen. Es
ist ein komplexes Problem, und ich bin nicht überzeugt,
daß wir Leute in Israel haben, die ernsthaft im Rahmen
einer umfassenden Vision denken. Golda ist sich meines
Erachtens über das Problem völlig im klaren. Mosche D.
ist ein nationales Desaster. Ich wäre viel ruhiger, wenn
ich wüßte, daß Jigal [Allon] jetzt im Lande ist. Meiner
Ansicht nach ist er viel klüger und eher imstande, diese
Realität zu begreifen, als die anderen beiden. Dennoch
hoffe ich, daß Golda Dayans Opposition überwinden
wird, trotz Ebbans Geschwätz. [Es] hilft ihr nicht –
schadet nur.*

*Kurz, Entscheidungen sind angesichts einer schlecht zu-
sammengesetzten Regierung schwierig. Es macht sich
immer mehr bemerkbar, daß uns ein Mann wie David
Ben-Gurion fehlt, der einerseits eine Vision besaß und andererseits trotz innenpolitischer Opposition manövrier-
fähig blieb. Ohne diese Fähigkeit hat Israel unter den
gegenwärtigen Umständen keine Chance.*

*Dies bringt mich in eine unangenehme Situation. Prak-
tisch besteht keine Möglichkeit, irgendwelche Fragen zu
beantworten. Alle Fernsehsender wollen mich interviewen, und ich lehne ab. Zum Glück habe ich meinen
Auftritt bei* Meet the Press *bereits hinter mir. Wir sprechen über allgemeine Dinge, aber alle fragen mich, was*

der israelische Standpunkt zu der amerikanischen Initiative angesichts der arabischen Reaktion ist. Ich hoffe, daß sich der Entscheidungsprozeß nicht allzulange hinziehen wird, denn sonst wird sich ein Großteil der öffentlichen Sympathie in Amerika, einschließlich der Juden, von uns abwenden.

Angesichts der geschilderten Entwicklungen mache ich mir Sorgen, daß der Urlaub etwas schwierig werden könnte. Ich habe gestern dem Außenministerium in einem Telegramm angekündigt, daß ich am 5. August einen Heimaturlaub nehmen möchte. Bisher habe ich noch keine Reaktion darauf. Jedenfalls hoffe ich, in zehn Tagen in Israel zu sein.

Inzwischen [wächst uns hier die Arbeit über den Kopf]. Auch diese Woche habe ich jeden Abend Diners. Ich hatte vor, heute [Samstag] mit Paul Berger* Tennis zu spielen, aber ich mußte mich mit [Joseph] Sisco treffen. Die meiste Zeit des Tages bin ich im Büro. Zum Mittagessen bin ich nach Hause gegangen. Vikki** sorgt für mich und kocht gut. Die zwei Teppiche aus dem Speisezimmer sind übrigens frisch gereinigt gebracht worden. Der Teppich für das große Zimmer ist noch nicht gekommen. Ich verbringe sogar den heutigen Tag im Büro.

Ich hoffe, daß Du und die Kinder auch weiterhin Euer Leben genießt. Tue Dein Bestes, soviel zu genießen, wie Du kannst. Da ich nicht mit Euch daran teilhaben kann, ist es mir eine große Befriedigung zu wissen, daß es Euch gutgeht.

Viele Küsse an Dich und die Kinder.

---

* Ein Anwalt und Freund der Familie.

** Vikki war unser loyales afroamerikanisches Hausmädchen während des Großteils unserer fünf Jahre in Amerika. Wir hatten sie sehr gern, und auch sie mochte uns.

Der Brief bedarf keiner Erläuterung in seiner Kritik an Golda Meir, die während ihrer Amtszeit die Sache des Friedens nicht förderte. Sie verließ sich völlig auf die Fähigkeit Mosche Dayans, die militärische Bereitschaft unserer Nation zu gewährleisten – ein Fehler, der bis zu einem gewissen Grad den Jom-Kippur-Krieg von 1973 heraufbeschwor. Als Jitzchak ihr als Ministerpräsident nachfolgte, änderte er die nationale Politik, handelte das Interimsabkommen mit Ägypten aus und legte die Grundlage für das Abkommen von Camp David.

Als Verteidigungsminister konzipierte Jitzchak 1984 den Plan für einen schrittweisen Abzug aus dem Libanon und die Einrichtung einer Sicherheitszone, die es Israel ermöglichte, sich dort endlich aus seiner katastrophalen militärischen Verstrickung zu befreien. Es war auch Jitzchak, der die Methode der Konfrontation während der Intifada änderte, nachdem auf der Hand lag, daß dies zu einem Krieg geworden war, der durch die Medien geführt wurde. Er hatte auch erkannt, daß die Intifada niemals durch konventionelle militärische Mittel zu besiegen war und daß Israel eine politische Lösung für das Schicksal der Palästinenser finden mußte.

Einige von Jitzchaks Lieblingssprüchen – jene, an die er am meisten glaubte und die er am häufigsten wiederholte – zeugen von seiner Einstellung zu Krieg und Frieden:

»Der beste Krieg ist der Krieg, den man vermeiden kann.«

»Der kälteste Frieden ist besser als der heißeste Krieg.«

»Ein zerstörtes Haus kann man wieder aufbauen. Einen verbrannten Baum kann man neu pflanzen. Aber ein junges Leben ist nicht zu ersetzen.«

Keine noch so öffentliche Erklärung und keine noch so bemerkenswerte Errungenschaft ist jedoch mit Jitzchaks Leistung als Wegbereiter des Friedens mit den Palästinensern und Jordaniern vergleichbar. Er hat die Strukturen geschaffen, die eines Tages, wie wir hoffen, auch einen dauerhaften

Frieden mit Syrien und dem Libanon ermöglichen werden. Voraussetzung einer neuen politischen Realität im Nahen Osten war natürlich die Lösung der Palästinenserfrage, des zentralen Nahostkonflikts, der den Schlüssel zum Frieden mit den anderen arabischen Gegnern Israels darstellt.

Nach der Madrider Friedenskonferenz von 1991 hielt Israel eine Verhandlungsrunde nach der anderen mit der palästinensischen Delegation ab, der Palästinenserführer aus den besetzten Gebieten angehörten, von denen keiner einen offiziellen PLO-Titel trug. Arafat und seine PLO-Funktionäre saßen im PLO-Hauptquartier in Tunis und waren von der Teilnahme an den Verhandlungen ausgeschlossen. Aber diese Gespräche erzielten kaum Fortschritte – auch deshalb, weil Arafat dennoch die Kontrolle über die Delegation hatte und oft eine Verschleppungstaktik anwandte, um zu demonstrieren, daß Fortschritte unmöglich seien, solange er und seine Berater offiziell ausgeschlossen blieben. Viele Israelis, speziell Akademiker und linke Intellektuelle, kamen zu der Überzeugung, daß ein entscheidender Durchbruch von der Eröffnung eines direkten Dialogs mit der PLO abhänge.

Zu diesem Zeitpunkt waren direkte Gespräche mit PLO-Vertretern in Israel jedoch noch so gut wie tabu, da diese Organisation immer noch weithin mit Terrorismus gegen die Juden gleichgesetzt wurde. Die Regierung wußte, daß die Anbahnung von Gesprächen mit Arafats Spitzenleuten äußerst diskret erfolgen mußte.

Im Januar 1993 gab Außenminister Schimon Peres der Initiative einiger israelischer Akademiker grünes Licht, mit führenden PLO-Funktionären Fühlung aufzunehmen und auf diese Weise einen geheimen Friedensprozeß in Gang zu bringen. Daraus entwickelte sich rasch der sogenannte Geheimkanal – unter Ausschluß der Öffentlichkeit geführte Gespräche, die mit Unterstützung höherer Beamter des norwegischen Außenministeriums gewöhnlich in Oslo stattfanden. Der Geheimkanal, an dem nach einiger Zeit auch Vertreter des israelischen Außenministeriums beteiligt waren, blieb weiterhin aktiv, während Israel seine offiziellen Gespräche mit der Palästinenserdelegation in Washington fortsetzte.

Jitzchak wurde im Februar erstmals über die Geheimkontakte informiert. Er erhob keine Einwände dagegen, schätzte die Erfolgsaussichten jedoch skeptisch ein. Solange der Kanal »offiziell inoffiziell« blieb, war er jedoch damit einverstanden.

Nach dem Durchbruch des Osloer Geheimkanals ernannte Jitzchak Ginossar, den früheren Chef einer Abteilung des Geheimdienstes *Schabak*, zu seinem Hauptverbindungsmann zu Arafat. Jitzchak pflegte zu sagen: »Jossi Ginossar ist mein Geheimkanal zu Arafat. Ich brauche keine anderen.« In den Jahren 1994 und 1995 hatte Jossi regelmäßige, wöchentliche Treffen mit Arafat, um die Beziehung, das Vertrauen und den Gesprächskanal aufrechtzuerhalten. Diese Zusammenkünfte dauerten an, bis Jossi im September 1995, etwa sechs Wochen vor Jitzchaks Ermordung, von seinem Posten zurücktrat.

Jossis Treffen mit Arafat waren der Öffentlichkeit nicht bekannt, obwohl Arafat sein Kabinett informierte, er habe einen »heißen Draht« zu Jitzchak eingerichtet. Die Geschichte wurde der Presse zugespielt. Jitzchak fragte Jossi: »Worin besteht dieser heiße Draht?« Also ging Jossi zu Arafat und fragte ihn, weil er es auch nicht wußte. Arafat sagte: »Sie sind der heiße Draht, aber das wollte ich meinem Kabinett nicht sagen.« Alle dachten, Jitzchak habe auf seinem Schreibtisch ein kleines rotes Telefon. Fortan bezeichnete Jitzchak Jossi als seinen »heißen Draht«.

Als die Osloer Gespräche Anfang 1993 Fortschritte machten, übernahm Jitzchak eine aktive Rolle in den Diskussionen. Im März vertraute er mir erstmals an, daß Geheimgespräche im Gang seien. Trotz der jahrzehntelangen Rivalität zwischen

Schimon Peres und Jitzchak funktionierte die Partnerschaft zwischen den beiden niemals besser und erfolgreicher als während ihres Engagements für die Osloer Abkommen. Einer von Jitzchaks Mitarbeitern sagte einmal zu mir, der Grund, warum sie ihre »Vorgeschichte« überwanden, bestehe seines Erachtens darin, daß Oslo ein so großer Triumph war, daß sich die beiden ihn leicht teilen konnten. Sie waren wie zwei Schauspieler, die unterschiedliche Hauptrollen in einem wichtigen Stück spielten. Abgesehen von einem Zwischenfall, der unmittelbar vor dem berühmten Washingtoner »Händedruck« mit Jassir Arafat passierte – ein Ereignis, das ich an späterer Stelle in diesem Kapitel schildere –, war Schimon Peres für Jitzchak in dessen späteren Jahren sicherlich ein positiver und unterstützender Partner.

Der Weg zu dem Friedensabkommen zwischen Februar und September war nicht immer leicht. Jitzchak teilte Henry Kissingers Überzeugung, daß Diplomatie nur dann Erfolg haben könne, wenn sie durch eine entsprechende militärische Macht abgestützt wird. Jitzchak billigte deshalb keinen Augenblick lang die Vorstellung, Israels militärische Stärke zu verwässern. »Wenn man weitgehende Konzessionen zugunsten des Friedens machen möchte, muß man der Öffentlichkeit zeigen, daß man drastische Maßnahmen für die Sicherheit ergreifen kann«, so umriß sein Mitarbeiter Eitan Haber Jitzchaks Politik. Zur Frage der Grenzen sagte Jitzchak oft, sicherlich würde er das Westjordanland gern zu einem Teil Israels machen, aber das würde auch bedeuten, 1,2 Millionen Araber zu israelischen Bürgern zu machen und dadurch den Existenzgrund eines jüdischen Staates zu verändern.

Obwohl die Logik dafür gesprochen hätte, zuerst mit den Jordaniern Frieden zu schließen, war es überaus klug, vorher die Palästinenserfrage als Herzstück des Nahostkonflikts zu lösen. Dieser Schritt nahm nicht nur das komplexeste Problem zuerst in Angriff, er schuf auch einen Ansporn für Jordanien, zu einer klaren Regelung mit Israel zu kommen. Jitzchaks Büro führte Meinungsumfragen durch, um sich ein Bild vom Wunsch und von der Bereitschaft der israelischen Öffentlichkeit für einen Frieden zu verschaffen. Die Mehrheit der Israelis war dafür. Einer der Meinungsforscher – Kalman Geier – erklärte, die Wasserscheide sei der Golfkrieg gewesen, als die SCUD-Raketen auf Israel herunterregneten. »Zum erstenmal«, sagte Geier, »erblickten die Israelis im Friedensprozeß ein Element der Sicherheit.«

Die nächsten sechs Monate waren bang und aufregend. Jitzchak überwachte die Verhandlungen aufmerksam, wenn auch nie übermäßig zuversichtlich, daß sie zum Erfolg führen würden. Geschickt bezog er bestimmte Mitspieler ein (und entschied sich gegen andere). Obwohl er Außenminister Warren Christopher und Präsident Clinton über alle Entwicklungen informierte, war Washington bei dieser Friedensinitiative vielleicht weniger aktiv als in früheren Gesprächen. Jitzchak bezog auch die israelische Armee bis zur Umsetzungsphase nicht ein, aus Furcht, sie könnte die Verhandlungen bremsen, indem sie sich zu stark auf logistische Einzelheiten konzentrierte. Er wußte, daß er, wenn er die Gespräche nicht rasch vorantrieb, schädliche Indiskretionen riskierte, die die Beteiligten zwingen könnten, ihre Standpunkte zu verhärten.

Die Amerikaner unterstützten Jitzchak maßgeblich bei der Koordinierung des Friedensprozesses. Die Beziehung, die Jitzchak zu Präsident Clinton hatte, war nach seinem Gefühl die beste, die ihn je mit einem amerikanischen Präsidenten verband. Jitzchak baute schon von ihren ersten Kontakten an ein sehr gutes Verhältnis zu Warren Christopher auf. Sie glichen einander in ihrem Fleiß, ihrer Geduld und Entschlossenheit. Dies ging weit über eine Arbeitsbeziehung hinaus. Wenn Christopher kam, war er oft bei uns zu Hause zu Gast. Er mochte das »Restaurant Rabin«, während Henry Kissinger das Essen *chez Rabin* Mitte der siebziger Jahre als zu deftig empfand. Wir hatten damals eine ungarische Köchin – vermutlich war da also etwas dran!

Im September hatten die Unterhändler der Israelis und der PLO das Abkommen schließlich unter Dach und Fach. Es sah die schrittweise Einführung palästinensischer Selbstverwaltung in den besetzten Gebieten im Laufe von fünf Jahren vor; in diesem Zeitraum sollten Israel und die PLO auf die Lösung aller noch offenen Streitfragen wie Jerusalem, des Grenzverlaufs, der Eigenstaatlichkeit und des Schicksals der palästinensischen Flüchtlinge hinarbeiten.

Am Mittwoch, dem 8. September, rief Präsident Clinton am Nachmittag Jitzchak in seinem Büro an. Nachdem er Jitzchak zum Erfolg des Osloer Abkommens gratuliert hatte, sagte der Präsident, er würde gerne die Schirmherrschaft über eine Unterzeichnung des Vertrags in Washington übernehmen, aber Jitzchak spürte, daß ihm der Gedanke, auch Jassir Arafat einzuladen, unbehaglich war. Wie konnte Jitzchak hinfahren, wenn Arafat nicht dasein würde? Wer sollten die Unterzeichner sein, wenn nicht Jitzchak und Arafat?

Jitzchaks persönlicher Stab war geteilter Meinung. Eitan Haber vertrat die Auffassung, die israelische Öffentlichkeit sei für eine solche Geste noch nicht reif, und empfahl, die Ebene der anwesenden Repräsentanten auf Außenminister Schimon Peres und PLO-Vertreter Abu Mazen abzusenken. Schimon Scheves, damals Kabinettsdirektor, widersprach ihm und meinte, ein Händedruck zwischen Jitzchak und Arafat werde dem Vorgang größeres Gewicht verleihen. Scheves vertrat die Ansicht, daß Jitzchak entschieden mit dem Abkommen identifiziert werden sollte und daß der Handschlag dies symbolisieren würde. Jitzchak war Jassir Arafat bis dahin natürlich noch nie persönlich gegenübergetreten.

Obwohl die Vereinigten Staaten ein Abkommen wünschten, ließen weder das amerikanische Außenministerium noch

Präsident Clintons Berater große Begeisterung für einen Besuch Arafats im Capitol erkennen. Sie fürchteten die »Komplikationen« einer Einladung Arafats, der bis dahin im offiziellen Washington *persona non grata* gewesen war. Ebenso wie Jitzchaks Stab in Israel war auch die Clinton-Administration innerlich gespalten.

Am Donnerstag morgen hörte sich Haber bei zehn bis fünfzehn maßgeblichen Leuten um, ob Jitzchak teilnehmen sollte oder nicht. Die Mehrheit sprach sich zwar dagegen aus, aber auf eindringlichere Befragung räumten die Berater ein, daß das Abkommen ohne persönliches Engagement von Jitzchak und Arafat vielleicht nicht halten werde. In diesem Stadium der Diskussion neigte sich die Waagschale zugunsten einer Teilnahme Jitzchaks, obwohl dieser immer noch den Eindruck hatte, daß Präsident Clinton zögere, Arafat einzuladen.

Am Donnerstag kam es während eines Mittagessens des »Stammtisches« – einer informellen Gruppe von Freunden, Politikern und Journalisten, die sich regelmäßig donnerstags in einem Restaurant in Tel Aviv trafen – in dieser Frage zu einer heftigen Debatte. Ich hielt mich – vielleicht untypischerweise – zurück.

Niva Lanir, eine enge Freundin und ehemalige Beraterin Jitzchaks während seiner Zeit als Verteidigungsminister in den achtziger Jahren, vertrat dieselbe Auffassung wie Schimon Scheves – daß Jitzchaks Anwesenheit nötig sei, um dem Abkommen Glaubwürdigkeit zu verleihen. »Rabin muß sich an die Spitze dieser Bewegung stellen!« appellierte sie an mich.

»Sag das Jitzchak«, antwortete ich. Andere zögerten oder lehnten seine Teilnahme ab. Die Runde konnte sich nicht einigen.

Am Freitag morgen, dem 10. September 1993, unterzeichnete Arafat in Tunis ein Dokument, in dem der Staat Israel anerkannt wurde, und Jitzchak unterschrieb in seinem Büro ein

Schriftstück, das die PLO anerkannte. Jitzchak benutzte einen billigen Pilotenstift*, und ich erinnere mich, daß alle im Büro darüber lächelten, daß Jitzchak seinen Namen unter ein so denkwürdiges Dokument mit einem so bescheidenen Schreibwerkzeug setzte. Wir waren immer noch nicht sicher, ob wir nach Washington fahren würden. Im Lauf des Tages rief ich in Jitzchaks Büro an, wo der Stab in eine weitere Diskussion verwickelt war. Ich sprach mit Scheves und fragte ihn, wie er die Lage einschätze.

»Jitzchak neigt dazu, nicht zu fahren«, sagte er zu mir, »und ich glaube, daß das ein Fehler ist.«

»Wenn Jitzchak das so sieht«, antwortete ich ihm, »dann setzen Sie ihn nicht unter Druck. Lassen Sie ihn in Frieden.«

Etwa eine Stunde später rief mich Scheves an und erzählte mir, daß sich inzwischen weitere Berater gegen Jitzchaks Fahrt nach Washington ausgesprochen hätten. Um 17 Uhr 30 entschied Jitzchak, daß Schimon Peres an seiner Stelle nach Washington fahren solle. Danach machte er Feierabend und fuhr in unsere Wohnung in Tel Aviv. Aber damit war die Sache noch nicht ausgestanden. Die Implikationen seiner Entscheidung ließen Jitzchak bis spätabends nicht ruhen. Es gab zahllose Telefonate zwischen ihm und seinen Beratern. Ich versuchte, ihm als Resonanzboden zu dienen, aber merkte, daß es am besten war, die Angelegenheit ihm zu überlassen. Die Frage, die Jitzchak nicht losließ, war, was Präsident Clinton eigentlich vorhatte – würde er Arafat einladen oder nicht?

Um zehn Uhr abends rief Jitzchak Scheves an und erklärte ihm, daß er sich die ganze Sache noch einmal überlege. »Ich bin mir über die genaue Position von Präsident Clinton nicht

---

* Nach seinem Tod stiftete ich den Schreiber, den Jitzchak benutzt hatte, für eine Wohltätigkeitsauktion, und er brachte die hübsche Summe von 58 000 Schekel (etwa 20 000 Dollar) für einen guten Zweck ein!

im klaren«, sagte Jitzchak zu ihm. Er sei sich auch nicht sicher, welchen Standpunkt Arafat einnehme. Deshalb bat er Scheves, Kontakt mit seinen palästinensischen Quellen aufzunehmen und ihm dann Bericht zu erstatten.

Kurz darauf rief Warren Christopher an und sagte, der Präsident würde es sehr begrüßen, wenn Jitzchak käme. »Ich kann nicht kommen, wenn Jassir Arafat nicht kommt«, sagte Jitzchak zu Außenminister Christopher.

»Jassir Arafat *wird* kommen!« versicherte ihm Christopher.

Um Mitternacht rief Schimon Scheves Jitzchak an und berichtete ihm, daß Arafat eine persönliche Einladung von Präsident Clinton erhalten habe und beabsichtige, nach Washington zu fahren. Bevor er um etwa ein Uhr früh ins Bett stieg, beschloß Jitzchak, daß wir nach Washington fliegen würden.

Um fünf Uhr morgens schrillte das Telefon. Am anderen Ende war der israelische Botschafter in den Vereinigten Staaten, Itamar Rabinowitz, der aus Washington anrief. Auch der Botschafter gab grünes Licht: Er habe eine formelle Einladung vom Präsidenten erhalten, am Montag an der Unterzeichnungszeremonie teilzunehmen. Sofort danach rief Jitzchak Scheves an und ersuchte ihn, für neun Uhr eine Mitarbeiterbesprechung in unsere Wohnung einzuberufen. Schimon Peres verständigte er nicht, aber inzwischen war ziemlich klar, daß Jitzchak beabsichtigte, selbst in die Vereinigten Staaten zu fahren. Die Frage war, ob er Israel allein repräsentieren würde.

Die Ankündigung, Jitzchak werde in die USA fahren, erfolgte um acht Uhr früh durch das Presseamt der Regierung. Dieser frühe Zeitpunkt wurde gewählt, um weitere Debatten abzuwenden, aber nach dieser Verlautbarung gingen die Wogen erst richtig hoch. Wenige Minuten vor der Nachrichtensendung rief der israelische Autor Amos Oz Niva Lanir an. Oz teilte ihr mit, er habe soeben einen Anruf von Schimon Peres erhalten. Die Nachricht war ernst: Peres fühlte sich als Initiator des Oslo-Friedensprozesses in der Diskussion über die Unterzeichnung in Washington übergangen und hatte Oz seinen Rücktritt angekündigt. Jitzchak mußte nun Israels internationale Ziele gegen die explosive innenpolitische Situation abwägen.

Den ganzen Tag über verbreitete sich das Gerede über einen Zwist zwischen Jitzchak und Schimon Peres wie ein Lauffeuer. Konnte eine Zusammenkunft zwischen den beiden arrangiert werden? Ein Vermittler, Giora Eini, wurde eingeschaltet. Eini war ein Rechtsanwalt, der die Histadrut vertreten und über die Jahre wiederholt die Rolle eines freiwilligen Vermittlers zwischen Jitzchak und Schimon Peres gespielt hatte. Warum war ein Vermittler notwendig? Vielleicht, weil sowohl Jitzchak als auch Peres die Notwendigkeit einer Person erkannten, die die Angelegenheit bar jedes persönlichen Interesses betrachtete.

Sowohl Jitzchak als auch Peres vertrauten Giora Eini. Man konnte sich darauf verlassen, daß er völlig unparteiisch war und die Angelegenheit absolut vertraulich behandeln würde. De facto hatten Jitzchaks Berater Giora nie wirklich gemocht, weil er ihnen *zu* unparteiisch war.

Unsere Wohnung und die von Schimon Peres liegen im gleichen Viertel, nur zwei Straßen voneinander entfernt; Giora betrieb also eine komische Art von »Pendeldiplomatie« zwischen Jitzchak und Schimon Peres. Wir konnten ihn bei seinen Versuchen, eine Einigung herbeizuführen, die Straße hinauf- und hinuntertrotten sehen. Dies wiederholte sich mehrmals, und sobald Jitzchak erfuhr, daß Giora sich auf den Rückweg machte, kündigte er dem unten postierten Sicherheitsbeamten an, indem er ihn mit der nach unten gekehrten Hand an das untere Ende seines Halses tippte, um anzuzeigen, »der Langhaarige kommt«,weil Giora eine lange Mähne trug.

Die erzielte Lösung war unkompliziert: Wenn Washington einverstanden war, würden *beide*, Jitzchak und Schimon Peres, an dem Festakt teilnehmen. So erweiterte sich die Liste der Eingeladenen und schloß nicht nur die Regierungschefs, sondern auch die Außenminister ein – Schimon Peres für Israel, Christopher für die USA und Abu Mazen für die Palästinenser.

Nach hektischem Krawattenwählen und Kofferpacken starteten wir am Samstag abend nach Washington! Wir flogen mit Schimon Peres in einem Flugzeug der israelischen Luftwaffe. Dalia und ihr Mann Avi begleiteten uns. Jitzchak hatte seine Rede schon vor dem Abflug geschrieben – es fiel ihm immer schwer, sich auf Flügen oder auch bei Autofahrten mit Schreibkram zu befassen.

Auf dem Flug in die Vereinigten Staaten legten wir in Holland eine Zwischenlandung zum Auftanken ein, und das holländische Kabinett machte uns um ein Uhr früh am Flughafen die Aufwartung, um uns zu beglückwünschen – etwas unrasiert und mit leicht verdrückten Kleidern, aber dennoch sehr froh.

Am 13. September 1993 wurde die Grundsatzerklärung von Präsident Clinton, Jassir Arafat und Jitzchak auf dem Rasen des Weißen Hauses unterzeichnet. Die Deklaration verkündete das Ende »der Konfrontation und des Konflikts« zwischen dem Staat Israel und dem palästinensischen Volk und schuf die Grundlage für eine echte Aussöhnung und eine »umfassende Friedensregelung« durch Festlegung des schrittweisen Prozesses, der den Palästinensern die Autonomie bescheren sollte. Nach der Unterzeichnung sagte Jitzchak zu Präsident Clinton und Jassir Arafat, dies sei ein sehr bedeutsamer Moment in ihrer aller Leben. *»Dies ist ein wahrhaft bedeutsamer Moment«*, antwortete Jassir Arafat mit Nachdruck. Dann richtete Arafat einen Appell an Präsident Clinton: »Mr. Präsident, es ist jetzt Ihre Rolle, diesen Friedensprozeß zu unterstützen, und es wird an Ihnen liegen, seine Umsetzung zu gewährleisten.«

Hatte Jitzchak vor, Jassir Arafat die Hand zu schütteln? Sicherlich hatte er gemischte Gefühle – schließlich war dies der Anführer einer Organisation, die im Lauf der Jahre zahllose israelische Zivilisten und Soldaten das Leben gekostet hatte. Aber Frieden ist etwas, was man mit seinen Feinden schließt, nicht mit seinen Freunden. Und Frieden schließen bedeutet, vergangenes Blutvergießen und quälende Erinnerungen hinter sich zu lassen. Der Ausdruck von Mißbehagen auf Jitzchaks Gesicht war unverkennbar: Er sah aus, als schlucke er einen dicken und schmerzhaften Brocken. Er schüttelte die Hand eines Mannes, von dem er gesagt hatte, er werde ihn nie eines persönlichen Kontaktes würdigen. Damit brach er ein Gelöbnis. Wie brachte er es fertig, die Opfer des Terrors zu vergessen – selbst in einem derartigen historischen Augenblick? Wäre es nicht vor den Augen der Welt geschehen, dann hätte er sich vielleicht nicht so zerrissen gefühlt. Ich stelle mir vor, daß ihm der Gedanke durch den Kopf ging: »Die ganze Welt hat mich sagen gehört, *niemals,* und jetzt …« Nach dem Händedruck wandte sich Jitzchak an die versammelten Gäste, das israelische und das palästinensische Volk und die Fernsehkameras der Welt:

Heute beginnen wir hier in Washington am Weißen Haus eine neue Zeitrechnung in den Beziehungen zwischen Völkern, zwischen Eltern, die des Krieges müde sind, zwischen Kindern, die keinen Krieg mehr kennen werden …

Wir hegen keinen Wunsch nach Rache. Wir hegen keinen Haß Ihnen gegenüber. Wir sind ebenso wie Sie Menschen – Menschen, die sich ein Haus bauen, einen Baum pflanzen und lieben wollen, die Seite an Seite mit Ihnen in Würde und Harmonie als freie Menschen leben wol-

len. Heute geben wir dem Frieden eine Chance und sagen erneut zu Ihnen: »Genug.«
Wir wollen beten, daß ein Tag kommen wird, an dem wir uns alle von den Waffen verabschieden werden.

Zum Abschluß des Festakts machten Jassir Arafat und Jitzchak die Runde durch die erste Reihe der Anwesenden und schüttelten jedem die Hand. Ich saß in der Mitte der Reihe. Ich wandte mich nach links und schüttelte die Hände von Menschen zu meiner Linken und dann in der Reihe hinter mir. Ich drückte auch der Palästinenservertreterin Hannan Aschrawi die Hand, die viel dazu beigetragen hatte, 1991/92 den palästinensisch-israelischen Dialog aufrechtzuerhalten; dabei spürte ich ihre echte Freude über diesen Augenblick.
Am Ende dieses Tages war Jitzchak absolut überzeugt, das Richtige getan zu haben. Sicherlich waren Risiken vorhanden, aber ihm war klar, daß wir sie eingehen mußten. Die Unterzeichnung hatte eine so tiefgreifende Auswirkung auf das Bild, das Israel international bot – auch Jitzchak konnte nicht vorhersehen, wie dramatisch dieser Umschwung sein sollte. Die Unterzeichnung fand zwei Tage vor *Rosch ha-Schana* statt. Welch ein vielversprechender Beginn für das neue Jahr!

*

Auf unserem Rückweg von Washington machten wir in Marokko Station als Ausdruck der Dankbarkeit gegenüber König Hassan II., der einen wichtigen Beitrag zur Einleitung des Friedens geleistet hatte. Bereits 1975 hatte Jitzchak, mit Toupet, Brille und Zahnprothese unkenntlich gemacht, ihn inkognito besucht. Hassan war all die Jahre über ein wichtiger Förderer des Friedensprozesses gewesen und hatte immer tiefen Respekt für das jüdische Volk geäußert. Der Besuch von 1993 war kurz, er bestand nur aus einem offiziellen Empfang im Flughafen, bei dem die *Hatikvah* erklang, Frühstück und Mittagessen im Gästehaus und einem anschließenden Besuch im Sommerpalast, wo Jitzchak und Schimon Peres mit dem König zusammentrafen, während ich ein sehr erfreuliches Gespräch mit dem Kronprinzen führte.

Die Woge der internationalen Anerkennung und Wertschätzung Israels wurde bald danach spürbar. Unsere erste größere Auslandsreise führte uns im Oktober nach China – es war das erstemal, daß ein israelischer Premierminister in dieses Land eingeladen wurde. Im Mittelpunkt standen Fragen der wirtschaftlichen Entwicklung, speziell auf dem Agrarsektor. Jitzchak war davon überzeugt, daß wir den Chinesen Kenntnisse vermitteln konnten, um ihre riesigen Wüsten zum Blühen zu bringen. Tatsächlich kamen durch den Besuch landwirtschaftliche Entwicklungsprojekte in Gang, die heute noch laufen. Unser Aufenthalt im VIP-Gästehaus in Peking war ein unvergeßliches Erlebnis. Es liegt in einer Anlage, die an einen ausgedehnten gepflegten Park erinnert. Obwohl wir spätabends ankamen, erwartete uns vor der Villa ein offizieller Empfang. Rechter Hand vor dem Gästehaus posierte eine Reihe von bezaubernden jungen Frauen wie Mannequins in einer Modenschau – alle groß und schlank, alle in roten, hochgeschlitzten Seidenkleidern und eine schöner als die andere. Die jungen Männer zur Linken trugen Smoking und Fliege.

Das Gästehaus war mit erlesenen chinesischen Lackmöbeln ausgestattet. Nachdem wir einen langen Korridor durchschritten hatten, gelangten wir in ein prachtvolles Schlafzimmer mit einem großen Bett und riesigen Schränken. Aber das war bloß das *erste* Schlafzimmer. Nachdem mir klargeworden war, daß man uns zwei getrennte Räume zur Verfügung stellte, raffte ich unsere »Bündel« zusammen und begab mich in das zweite Schlafzimmer, wo wir uns schließlich ein-

350

richteten. Für jeden von uns lagen schöne Kimonos bereit. Jitzchak hatte seine eigene Bibliothek und ein Wohnzimmer. Die Mahlzeiten wurden in einem großen Speisezimmer serviert. Der Leiter seines Büros war damals Elie Rubinstein, ein orthodoxer Jude, und unsere Gastgeber achteten penibel auf die Einhaltung der Regeln des *Kaschruth*. Während des ganzen Aufenthalts bekamen wir Fisch in allen Varianten – bis er uns zum Hals heraushing!

Wer hätte sich nur wenige Jahre früher vorstellen können, daß wir eines Tages die *Hatikvah* über den Tienanmen-Platz erschallen hören würden? Wir besuchten alle bedeutenden Sehenswürdigkeiten einschließlich der Großen Mauer, die uns am meisten beeindruckte – obwohl ich zugeben muß, daß ihre Ersteigung ziemlich anstrengend ist. Als wir das erste Plateau erreicht hatten, erklärte Jitzchak: »Okay, wir haben jetzt eine Vorstellung davon. Genug Treppen gestiegen!«

Von Peking ging es nach Schanghai weiter. Das chinesische Landleben lernten wir aus erster Hand im Tschintschung-Projekt außerhalb der Stadt kennen, das Marktwirtschaft mit agrikultureller Entwicklung verbindet. In dem kleinen Dorf, das wir besuchten, sind im typischen Fall beide Ehepartner erwerbstätig, aber zusätzlich haben sie ein kleines Grundstück zur Verfügung, auf dem sie Reis oder Hartweizen anbauen.

Von China flog ich nach New York, während Jitzchak eine weitaus exotischere Destination ansteuerte. Der Mossad hatte Jitzchak gewarnt, falls auch nur die geringste Andeutung über das nächste Reiseziel durchsickere, werde die erhoffte Begegnung nicht stattfinden. Jitzchak sollte mit Präsident Suharto von Indonesien, dem Staatschef der größten islamischen Nation der Welt, in dessen Residenz zusammentreffen. Auch diese Reise diente der wirtschaftlichen Entwicklung. Die israelische Presse schäumte, weil sie Jitzchaks Reiseziel nicht erfuhr, aber er war zum Schweigen verpflichtet, wenn dieser diplomatische Fortschritt überhaupt zustande kommen sollte. Anschließend schalteten sie einen Zwischenstopp in Singapur ein, um nicht am *Schabbat* weiterzureisen. Im Dezember 1993 nahm der Vatikan formelle diplomatische Beziehungen zu Israel auf. Jitzchak aber sollte erst im folgenden Jahr mit dem Papst zusammentreffen, wobei er Johannes Paul II. ein edles antikes Gefäß schenkte.

∗

Am 24. Februar 1994 erlitt der Friedensprozeß einen vorübergehenden, aber schweren Rückschlag, als ein fanatischer Westbank-Siedler, der in Amerika geborene Arzt Baruch Goldstein, mit einem Maschinengewehr 29 Araber niedermähte, die in der Moschee von Hebron, dem Herzen der Westbank, beteten. Der Zwischenfall schockierte und erzürnte Jitzchak, der die Tat einem geistesgestörten einzelnen zuschrieb. Er stattete der Moschee einen Besuch ab, inspizierte die Sicherheitsmaßnahmen und ließ sich schildern, wie Goldstein mit geladener Waffe in die Moschee gelangen konnte. Als Resultat wurden Änderungen eingeführt, die die Anwesenheit von Israelis in den Moscheen während des Gottesdienstes einschränkten. Jitzchak empfand die Morde nicht nur als eine Schande für Israel, sondern auch als Verunglimpfung der Streitkräfte, da Goldstein eine israelische Uniform trug, als er seine brutale Bluttat verübte.

∗

Im Mai fuhr ich mit Jitzchak nach Kairo, wo er »Oslo-A« unterzeichnen sollte – das Abkommen, das die Selbstverwaltung der Palästinenser in Jericho und Gaza vorsieht. Wir wohnten in einem Hotel am Nil. Am Abend wurde denjenigen von uns, die nicht an den Gesprächen teilnahmen, das Nachtmahl auf einem Kreuzfahrtschiff serviert, während die Vertragspartner bis in die frühen Morgenstunden um Einzelheiten feilschten. Im Lauf der Nacht gelang es offenbar, die restlichen Hindernisse auszuräumen. Der Nahostkoordinator im amerikanischen Außenministerium, Dennis Ross, erzählte mir später, daß Jitzchak einige gespannte Situationen entschärft hatte.

Im Lauf der Nacht fand in Mubaraks Büro eine Konferenz zwischen Jitzchak und seiner Delegation, Arafat und dessen Leuten, Mubarak und seinem Außenminister sowie Außenminister Christopher und Dennis Ross statt. Nach stundenlangen und oft hitzigen Diskussionen glaubten die Beteiligten, einen tragfähigen Kompromiß erreicht zu haben, der es ihnen gestatten würde, das Abkommen unter Dach und Fach zu bringen. Alle Beteiligten außer Arafat, wie sich herausstellte, der erneut dieselben Fragen aufs Tapet brachte, die bereits Stunden zuvor abgehandelt worden waren. Einige Israelis lachten spöttisch. »Finden Sie mich lächerlich?« begehrte Arafat auf.

»Nein«, warf Jitzchak schnell ein. »Wir nehmen Sie sehr ernst. Lassen Sie uns das regeln.«

Ross bemerkte später, er habe Jitzchaks Reaktion angesichts seines Rufs der Unnachgiebigkeit als besonnen und einfühlsam empfunden. Arafat ließ daraufhin die Einwände fallen, die er erhoben hatte, und damit war das Abkommen unterschriftsreif.

Die feierliche Unterzeichnung sollte am nächsten Morgen stattfinden. Eine gewisse Besorgnis über den erst wenige Stunden zuvor erzielten Kompromiß war jedoch zurückgeblieben. Als ich mit Jitzchak zu dem schönen, modernen Kongreßzentrum in Kairo fuhr, merkte ich, daß ich irgendwie aufgeregter war als bei dem Festakt in Washington, weil ich dieses Abkommen als substantieller empfand. Die Grundsatzerklärung enthielt zwar die Leitlinien für den Frieden, aber dieses Abkommen setzte sie in die Realität um. Der symbolische Handschlag materialisierte sich jetzt in diesem ersten Schritt.

Im Saal herrschte eine festliche Stimmung, aber als die Unterzeichnung voranschritt, merkte Jitzchak, daß Arafat mehrere Mappen nicht paraphiert hatte. »Was soll das?« Jitzchak war empört. »Ich unterschreibe keine weiteren Dokumente mehr.«

Dann begann die *Commedia dell'arte*: Mitglieder beider Delegationen wuselten auf der Bühne hin und her. Die Vorgänge wurden live in alle Welt übertragen. Ich saß im Publikum neben Susan Mubarak, die plötzlich sehr angespannt wirkte. Sie sagte, sie bekomme Kopfschmerzen, deshalb gab ich ihr ein Aspirin. Frau Mubarak flüsterte mir zu, sie sollten die Bühne verlassen und die Angelegenheit unter sich regeln. Die Unterzeichnung war zu einem Spektakel geworden. Jitzchak stand ungerührt und entschlossen auf der Seite. Bald wurde auch den Würdenträgern auf der Bühne klar, daß sie sich für einige Minuten zurückziehen sollten. Ich nutzte dieses Zwischenspiel, um die Toilette aufzusuchen, da ich glaubte, reichlich Zeit dafür zu haben. Sie war weiter entfernt, als ich dachte. Als ich an meinen Platz zurückkehrte, war das Problem ausgeräumt, die Akteure versammelten sich wieder auf dem Podium und setzten die Unterzeichnung fort.

Jitzchak erzählte mir später, daß er natürlich ziemlich verstimmt über diesen Vorfall gewesen sei. Er vermutete eine Absicht dahinter. Obwohl der Prozeß so weit vorangeschritten war, hatte Jitzchak seine angeborene Skepsis noch nicht verlassen. Präsident Mubarak als Gastgeber war möglicherweise noch aufgebrachter als Jitzchak; er soll die Dinge in sehr scharfen Worten richtiggestellt haben. Beim Mittagessen herrschte angeregtes Geplauder, aber ich vermute, daß sich

Arafat etwas isoliert fühlte, da sich die Verärgerung der Gruppe gegen ihn richtete. Aber dies war bloß eine vorübergehende Irritation. Aus meiner Sicht hatten wir zu diesem Zeitpunkt eine tragfähige Beziehung zu Arafat aufgebaut.

Als Jitzchak Arafat besser kennenlernte, zeugten seine Bemerkungen mir gegenüber von zunehmendem Respekt für den erfahrenen Palästinenserführer, den er als starken und intelligenten Mann empfand, mit dem dennoch nicht leicht zusammenzuarbeiten war. Jitzchak glaubte schon, daß sich Arafat sehr bemühe, die Hamas unter Kontrolle zu halten. War er überzeugt, daß Arafat genug dafür tat, den Terroristen das Handwerk zu legen? Ich weiß es nicht. Es war vielleicht noch zu früh, um das zu beurteilen, als Jitzchak ermordet wurde.

Jitzchaks Beziehung zu Schimon Peres wuchs und vertiefte sich ebenfalls während dieser Zeit. Jitzchak und Peres hatten sich nie zuvor klargemacht, daß ihre Zusammenarbeit einen derart wertvollen Beitrag zur Arbeitspartei und zur Nation als Ganzes leisten konnte. Mit seiner Wahl zum Ministerpräsidenten erkannte Jitzchak die Bedeutung der Position des Außenministers an und gewährte Peres große Autorität. Er war auch bereit, Peres in nie gekanntem Maß zu vertrauen, solange es klar war, daß Jitzchak die Führungsrolle innehatte und allein die letztendliche Verantwortung trug. Obwohl niemals wirkliche Freunde, waren sie doch Weggefährten im Frieden. Das Schicksal hatte sie zusammengeführt.

*

Im Juni 1994 wurden Jitzchak, Schimon Peres und Jassir Arafat in Paris gemeinsam mit der ersten internationalen Anerkennung ausgezeichnet. Der UNESCO-Friedenspreis wird zum Gedenken an den langjährigen Präsidenten der Elfenbeinküste, Houphouët-Boigny, verliehen. Im Anschluß an die ausgedehnte Nachmittagszeremonie fand ein großes Dinner in einem eleganten Restaurant in den Gärten an den Champs-Elysées unweit der Place de la Concorde statt. Der palästinensische Führungszirkel, die Vertreter der UNESCO und die israelische Delegation saßen an einer großen ovalen Tafel vereint. Meine Tochter Dalia beugte sich herüber und flüsterte mir zu: »Mutter, ist dir klar, daß wir mit der gesamten Palästinenserführung zu Abend essen?« Zwischen Jitzchak und mir saß ein Vertreter des Senegals. Feisal Husseini aus Ostjerusalem, eine der führenden Persönlichkeiten der Palästinenserbewegung, hatte mir gegenüber Platz genommen. Sein Vater war 1948 einer der höchsten Befehlshaber der palästinensischen Freiwilligenverbände gewesen. Während des israelischen Unabhängigkeitskriegs kam es an einer der Felswände an der Straße nach Jerusalem zu einem langen, blutigen Kampf, der Abdel Kader el-Husseini schließlich das Leben kostete. Seine Bedeutung für die Palästinenserbewegung und als militärischer Befehlshaber war so enorm, daß sein Tod zu einem Verfall der palästinensischen Moral und letztendlich zu deren Niederlage führte. Während des Essens lehnte sich Feisal Husseini über den Tisch. »Weiß Ihr Mann, daß ich der Sohn von Abdel Kader el-Husseini bin?« fragte er mich.

Ich sah ihn erstaunt an. »Aber natürlich«, erwiderte ich. »Was für eine Frage!« Ich spielte den Ball an Jitzchak weiter. »Jitzchak, Feisal Husseini hat mich gefragt, ob du weißt, daß Abdel Kader el-Husseini sein Vater war.« Nun pries Jitzchak Feisals Vater wegen der wichtigen Rolle, die er gespielt hatte, und sprach von der großen Symbolkraft, die sein Vater für sein Volk verkörpere. Feisal Husseini schien sich über diese Anerkennung zu freuen und sich dadurch geehrt zu fühlen.

*

Am 24. Juli 1994, einem sehr heißen und schwülen Tag, unterzeichneten König Hussein, Präsident Clinton und Jitzchak auf dem Rasen des Weißen Hauses eine Erklärung, die den offiziellen Kriegszustand zwischen Israel und Jordanien beendete. Ich traf mit König Hussein und seiner Frau, Königin Nur el-Hussein, vor der feierlichen Unterzeichnung zum erstenmal zusammen.

Als wir einander vorgestellt wurden, stand ich neben Tipper Gore, der Frau des amerikanischen Vizepräsidenten. Die Königin, Tochter eines amerikanischen Topmanagers einer Fluggesellschaft und Princeton-Absolventin, erschien mir ebenso realitätsbewußt wie gebildet. Noch mehr beeindruckte mich, daß sie uns, als Jitzchak und ich später Gäste des Königs und der Königin in Jordanien waren, als besondere Geste des Respekts bei Tisch persönlich bediente.

Der Friedensschluß mit Jordanien bedeutete, daß Juden aus allen Teilen der Welt bald darauf endlich Petra besuchen konnten – das Traumziel vieler junger Menschen, die buchstäblich ihr Leben riskierten, um einen Blick auf die phantastischen roten Felsformationen zu erhaschen. Ich konnte es nicht erwarten, Petra zu sehen. »Majestät, sind Sie sich bewußt, wie sehr wir uns immer gewünscht haben, Petra zu besuchen?« sagte ich bei dieser ersten Begegnung zu Königin Nur. Sie fragte zurück: »Und wissen Sie, welche Sorgen uns das bereits macht?« Sie spielte auf den Ruf der Israelis an, Sehenswürdigkeiten wie diese »im Sturm zu nehmen«. Monate später, vor der Eröffnung einer wichtigen Brücke zwischen unseren Ländern, schickte mir Königin Nur eine wunderschöne Goldbrosche mit einem Relief des Roten Felsens von Petra.

Nach dem Festakt im Weißen Haus sprachen König Hussein und Jitzchak am 26. Juli vor dem Kongreß. In seiner Rede stellte Jitzchak fest: »Nur siebzig Autominuten trennen diese Städte – Jerusalem und Amman – und 46 Jahre.«

An diesem Nachmittag war Jitzchak eingeladen, mit dem König allein in dessen Hotel zusammenzutreffen. Kurz vor der Zusammenkunft traf eine unerwartete Botschaft ein: »Würde Mrs. Rabin uns bitte Gesellschaft leisten?« Natürlich kam ich mit in der Erwartung, daß Jitzchak mit dem König sprechen und ich mich inzwischen mit Königin Nur unterhalten würde, aber zu meiner Überraschung bat mich Seine Majestät zu den dreien hinzu. Es ging um die finanziellen Konsequenzen des israelisch-jordanischen Vertrags. Zu meiner angenehmen Überraschung merkte ich bald, daß die Königin über alle Fragen völlig im Bilde war. Wir verbrachten eine angenehme Stunde zusammen. Der Abend gipfelte in einem großen Empfang bei Präsident Bill Clinton.

Am Freitag abend, nach der Rückkehr von unserer Reise, saßen wir im Wohnzimmer unseres Appartements in Tel Aviv, als das Telefon läutete. Es war der König, der aus seinem Flugzeug unterwegs von Washington nach London anrief, um Jitzchak für seine Erläuterungen und seine Freundschaft zu danken.

*

Im Oktober wurde Jitzchak und Jassir Arafat gemeinsam eine zweite Ehrung zuteil – die Auszeichnung des Prinzen von Asturien für Internationale Zusammenarbeit, die ihnen bei einem Festakt im spanischen Oviedo verliehen wurde. König Juan Carlos und Königin Sophia – denen wir zuvor zweimal begegnet waren, bei ihrer Visite in Israel und unserem Staatsbesuch in Spanien – luden uns und die Arafats in ihre Privatresidenz in Moncloa in der Nähe von Madrid ein. Juan Carlos und Königin Sophia sind reizende Menschen, und ich freute mich sehr, Sua Arafat zum erstenmal zu begegnen. Ich fand sie freundlich, warmherzig und intelligent. Unser geselliger Umgang mit den Arafats wurde immer entspannter –

während des Festakts fühlten wir uns durch ein gemeinsames Band miteinander verknüpft: Keiner von uns verstand ein Wort der Vorgänge, da die gesamte Zeremonie in spanisch ablief!

Während des Festakts hörte ich, daß der Romancier Gabriel García Márquez, ein früherer Preisträger, unter den Anwesenden sei. Die Romane von García Márquez schätze ich schon sehr lange – er ist ein so starker, sinnlicher und farbenfroher Schriftsteller. Ich freute mich sehr darauf, ihn kennenzulernen, und tat etwas, was ich nie zuvor oder danach getan habe: Ich ersuchte den offiziellen israelischen Fotografen, ein Foto von unserer Begegnung zu schießen.

Bei dem anschließenden großen Cocktailempfang stellte ich mich ihm vor und sagte ihm, wie entzückt ich sei, ihn kennenzulernen. Seine Reaktion: nicht einmal ein Lächeln. Er konnte sich kaum überwinden, mir die Hand hinzustrecken. Es war eindeutig nicht Schüchternheit; es war Kälte. Márquez hatte sich über die Jahre wortreich für die Rechte der Palästinenser eingesetzt, und als Jassir Arafat hinzutrat, fielen sich die beiden in die Arme. Bei meiner nächsten Begegnung mit Arafat erzählte ich ihm, wie überrascht ich über meine frostige Begegnung mit dem Schriftsteller gewesen sei, während er und Márquez sich umarmt hätten wie alte Kindergartenspielen. »Ehrlich gesagt«, gestand mir Arafat, »bin ich ihm da zum erstenmal begegnet.«

Sua Arafat und ich hatten uns während des Festakts in Spanien miteinander unterhalten und verbrachten später in Oslo längere Zeit miteinander. Mit Sua habe ich mich vom ersten Augenblick an sehr gut verstanden. Sie ist wunderbar aufgeschlossen – eine sehr natürliche, entwaffnende Person. Dennoch hat sie keinen Augenblick je vergessen, daß sie das palästinensische Volk repräsentiert, und mich immer wieder daran erinnert, daß noch immer Palästinenserinnen in israelischen Gefängnissen sitzen. Sie appellierte leidenschaftlich an mich, mich bei meinem Mann für ihre Freilassung einzusetzen. Wie wir auf jiddisch sagen: *si midarft, si midarft nischt* – ob es paßte oder nicht –, brachte sie immer wieder die Rede darauf, daß mein Mann diese Frauen freibekommen müsse.

Im gleichen Monat erfuhr Jitzchak, daß er Mitempfänger des Friedensnobelpreises sei. An dem Tag, an dem ihn die Nachricht erreichte, war er jedoch vollauf damit beschäftigt, eine nationale Krise zu bereinigen. Ein israelischer Korporal, Nachschon Wachsman, war von Hamas-Terroristen entführt worden. Als »Lösegeld« forderten die Terroristen die Freilassung von etwa zweihundert arabischen Gefangenen. Die israelische Regierung startete eine großangelegte Suchaktion, und das Haus in der Nähe von Jerusalem, wo man die Geisel gefangenhielt, wurde bald aufgespürt. Ein Rettungsteam der Sondereinheit versuchte, die Entführer zur Aufgabe zu zwingen. Es kam zu einem Feuergefecht, bei dem Wachsman und ein Mitglied des israelischen Einsatzkommandos sowie alle Kidnapper getötet wurden. Ein niederdrückender Freitagabend.

Jitzchak übernahm die volle Verantwortung für den gescheiterten Einsatz. Dies war ein unbeschreiblich schwieriger Augenblick für ihn. Er erschien im Fernsehen, um zu erklären, daß es manchmal keine Alternative gebe und daß man das Risiko trotz aller Zweifel eingehen müsse. Ich erinnere mich, daß sich Jitzchak mit den Fingerspitzen ermattet die Stirn rieb, als er von Wachsmans Tod erfuhr. Er sagte, er hätte gern auf den Nobelpreis verzichtet, wenn er dafür Wachsmans Leben hätte eintauschen können. Es tat ihm in der Seele weh.

Am folgenden Samstagabend besuchten Jitzchak und ich die Familie von Nir Poras, dem Soldaten, der bei der Rettungsaktion getötet wurde. Ich war mit Nirs Mutter und Schwester seit vielen Jahren bekannt, was diese Situation nur noch schmerzlicher machte. Die zwei Schwestern des Soldaten weinten. Jitzchak und ich hätten die betroffenen Eltern umarmt, aber in diesem Raum war Anspannung fühlbar, und so beschränkten wir uns auf einen Händedruck, als wir unser Beileid aussprachen. Jitzchak setzte sich zu Nirs Mutter und sprach mit ihr. Nirs Vater war Pilot in der israelischen Luftwaffe gewesen und 1973 gefallen. Jetzt hatte seine Witwe, die Mutter von drei Kindern, ihren Sohn verloren. Ihr langjähriger Gefährte, der ebenfalls zugegen war, äußerte noch größere Bitterkeit über den Tod des jungen Mannes als dessen eigene Mutter. Wie konnten Sie ihn in diesen gefährlichen Einsatz schicken? fragte er Jitzchak. Nir stand kurz vor der Entlassung aus der Armee, die Formalitäten waren zum Zeitpunkt der Rettungsaktion vielleicht schon in Gang. Die Wahrheit ist, daß nur die Besten bei einer Operation wie dieser eingesetzt werden, erklärte ihm Jitzchak, und außerdem, erinnerte er den Mann, hätten sich alle Teilnehmer freiwillig gemeldet. Die Begegnung mit dieser Familie war herzzerreißend. Nach dem Besuch im Hause Poras fuhr Jitzchak auf dem Weg nach Jerusalem zu den Wachsmans. Ich wußte, daß dieser Besuch angesichts der besonders tragischen Umstände von Wachsmans Tod noch schwieriger werden würde; später rief mich Jitzchak an und bestätigte, wie schlimm es gewesen war.

Auf einer Kabinettssitzung nach dem Zwischenfall übernahm Jitzchak erneut die ganze Verantwortung für die Operation. Sein Berater Eitan Haber erzählte mir, daß Jitzchak allein sein wollte, als er sich auf die Kabinettssitzung vorbereitete, und daß er glaube, in diesem Augenblick Tränen in seinen Augen gesehen zu haben. Wenn dem so war, und ich halte es durchaus für möglich, dann wären dies Jitzchaks erste Tränen seit dem Tod seiner Mutter gewesen.

*

361

Am 26. Oktober 1994 wurde der endgültige, umfassende Friedensvertrag mit Jordanien in der Arawa-Wüste an der israelisch-jordanischen Grenze in der Nähe von Akaba und Eilat unterzeichnet. Dies war ein überaus freudiges Ereignis – Tausende von leuchtend bunten Luftballons tanzten in den Himmel, nachdem Präsident Clinton, König Hussein und Jitzchak die Dokumente unterschrieben hatten. Anschließend fuhren wir zum Sommerpalast des Königs in Akaba am Roten Meer. Bei dem folgenden Festbankett dinierten die Männer auf der ersten Etage des Palastes, während den Frauen auf der zweiten serviert wurde. Obwohl Amerikaner an der Tafel saßen, ermunterte Jitzchak den König, sich eine Zigarette zu gestatten: »Schließlich ist dies Ihr Heim«, sagte Jitzchak. Der König zündete Jitzchaks Zigarette an, dann gab Jitzchak dem König Feuer. Kein solches Glück im oberen Stock, wo endlos über die Gefahren des Mitrauchens diskutiert wurde.

Unter den anwesenden Damen entdeckte ich plötzlich Frau Fawaz Scharaf, deren Mann in den sechziger und siebziger Jahren jordanischer Botschafter in Washington gewesen war, als Jitzchak dort Dienst tat. Damals hatten sich unsere Wege natürlich nie gekreuzt. Nach ihrer Rückkehr nach Amman wurde ihr Mann jordanischer Ministerpräsident, starb aber bald danach. Frau Scharaf saß jetzt als Senatorin im jordanischen Parlament.

Diese letzten Monate des Jahres 1994 waren aufregende, denkwürdige Zeiten für uns, die im Dezember in der Verleihung des Friedensnobelpreises gipfelten – ein Ereignis, das ich nie vergessen werde.

Nach der Ankunft in Oslo zeigte man mir als erstes die Sammlung der Erinnerungsstücke an frühere Laureaten und Preiskomitees, die in einem wunderschönen Gebäude untergebracht ist. Dort traf ich mit Jitzchak, Schimon Peres und ihren Begleitungen zusammen, und nun ging es zu einer Generalprobe, bei der wir auf den offiziellen Festakt vorbereitet wurden. Am Abend nahmen wir an einem intimen Bankett für die Laureaten, ihre engsten Mitarbeiter und die Mitglieder des Preiskomitees statt. Am nächsten Tag besichtigten wir Oslo. Die Preisverleihung findet normalerweise am Vormittag statt, aber da *Schabbat* war, wurde die Zeremonie bis nach Einbruch der Dunkelheit verschoben.

König Harald V. und Königin Sonja saßen in der ersten Reihe des Auditoriums. Als erstes sprach der Vorsitzende des Komitees, dann die Laureaten.

»In einem Alter, in dem die meisten Jugendlichen den Geheimnissen der Mathematik und den Mysterien der Bibel auf die Spur zu kommen versuchen«, begann Jitzchak, »in einem Alter, in dem die erste Liebe aufblüht; im zarten Alter von 16 Jahren bekam ich ein Gewehr in die Hand gedrückt ...« Er fuhr fort:

> *Das Kriegerhandwerk enthält ein gewisses Paradox. Wir berufen die besten und tapfersten unserer jungen Männer in die Armee. Wir stellen ihnen Ausrüstung zur Verfügung, die ein Vermögen kostet. Wir unterziehen sie einer anspruchsvollen Ausbildung für den Tag, an dem sie ihre Pflicht erfüllen müssen – und wir erwarten von ihnen, daß sie sie gut erfüllen. Gleichzeitig beten wir inbrünstig, daß dieser Tag niemals kommen möge – daß die Flugzeuge niemals aufsteigen, die Panzer sich nie in Bewegung setzen und die Soldaten nie die Angriffe starten werden, für die sie so gut ausgebildet wurden.*

Nach dem Festakt fand ein Galadiner statt, bei dem Smoking vorgeschrieben war; dennoch erschien Arafat – wie wir erwartet hatten – in seinem Khakianzug und seiner *Kofija*.

Das offizielle Mittagessen am nächsten Tag wurde in der imposanten *Akershus Festning* gegeben, einer uralten Burg auf der Halbinsel im Süden der Stadt. Wir saßen im Stil eines traditionellen Banketts an einer sehr langen Tafel, von der aus alle den Blick auf das Wasser hatten. Bevor das Essen beendet war, erhob sich Arafat und verabschiedete sich. »Ich muß nach Helsinki«, sagte er, »aber ich lasse Ihnen meine Frau hier.« Jassir Arafat ist immer sein eigener Chef, egal, was das Protokoll vorsieht. Und dank seines breiten Lächelns läßt man es ihm durchgehen.

Am Nachmittag waren wir die Ehrengäste bei einem Konzert israelischer, palästinensischer und norwegischer Musikensembles, das in Anwesenheit des Königs und der Königin im *Konserthus* von Oslo mit seiner fabelhaften Akustik stattfand. Nach dem Konzert wurden die drei Preisträger zu einem Pressegespräch auf die Bühne gebeten. Sua Arafat vertrat ihren Mann und zog sich sehr geschickt aus der Affäre. Die ganze Angelegenheit wurde von den Norwegern von Anfang bis Ende fabelhaft über die Bühne gebracht. Jitzchak und Schimon Peres beschlossen, ihren Anteil an dem beträchtlichen Preisgeld einem Fonds zu stiften, der dem Frieden dienen soll. Jitzchak fühlte sich durch diese Auszeichnung zweifellos sehr geehrt, aber ich bin sicher, daß er sie nicht als einen der wichtigsten oder bemerkenswertesten Momente seines Lebens betrachtete. Der Händedruck mit Jassir Arafat und Seiner Majestät König Hussein bedeuteten ihm vermutlich mehr, da sich mit diesen Akten der Lauf der Geschichte verändert hatte.

Von Oslo flogen wir nach Japan und von dort nach Korea. In Japan fanden Gespräche darüber statt, wie die Japaner am besten sowohl den Palästinensern als auch den Jordaniern finanzielle und technologische Unterstützung zukommen lassen könnten. In Korea konzentrierten sich die Gespräche auf Möglichkeiten, die industrielle Zusammenarbeit auf dem Hochtechnologiesektor zu erweitern. In beiden Ländern wurde Jitzchak gebeten, seine Analyse der Situation im Nahen

Osten darzulegen, und seine Gesprächspartner wußten seine Einsicht und Klarheit sehr zu schätzen.

Der Kaiserliche Palast in Tokio ist ein Bauwerk von charakteristischer japanischer Schlichtheit. Wir passierten einen sehr langen Korridor und traten durch eine Tür, hinter der uns Kaiser Akihito und die Kaiserin erwarteten. Wir tauschten Verbeugungen aus, dann bot der Kaiser Jitzchak einen Platz neben sich an, während ich mich zur Kaiserin setzte. Sie hatte sichtlich ihre Hausaufgaben gemacht und stellte mir sehr informierte und relevante Fragen über das Leben im Kibbuz.

Sowohl das Bankett mit Ministerpräsident Moriko Hosokawa am Abend unserer Ankunft als auch das Mittagessen am folgenden Tag zeichneten sich durch frankoeuropäische Küche höchster Qualität aus. Das Essen wurde von einem Kammermusikensemble untermalt, das eine bezaubernde Atmosphäre schuf. Die Tafel war prächtig gedeckt. Wir lernten auch Kronprinz Naruhito und Kronprinzessin Masako kennen, die erst im Jahr zuvor geheiratet hatten. Masako hatte in Harvard und Oxford studiert und war Außenhandelsexpertin – ein absolutes Novum in der japanischen Kaiserfamilie. Ihr Vater war Außenminister gewesen. Nach der Heirat seiner Tochter zwang ihn die japanische Verfassung, seinen Posten aufzugeben. Er diente anschließend als japanischer Botschafter bei den Vereinten Nationen – wo wir ihn später wiedertrafen.

Am 14. Dezember flogen wir nach Südkorea. Während ich mit der Frau des Präsidenten zusammentraf, konferierte Jitzchak mit dem Präsidenten und Mitgliedern der Regierung. Angesichts des gespannten Verhältnisses zu Nordkorea und der Situation an der Nordgrenze des Landes interessierte sich Präsident Kim Young Sam stark dafür, wie es Jitzchak gelungen war, mit langjährigen Feinden Frieden zu schließen. Er bemerkte zu Jitzchak, daß er der erste südkoreanische Präsident sei, der nicht General ist, und Jitzchak erwiderte, daß er der erste israelische Premier sei, der aus dem Militär komme.

Kim Young Sams Wißbegier war fast unersättlich, und auch während des ganzen Abendessens unterhielt er sich fast ausschließlich mit Jitzchak. Terminpläne werden im Fernen Osten sehr genau eingehalten, dennoch dauerte das Bankett eine halbe Stunde länger als vorgesehen, da Präsident Kim Jitzchak nicht gehen lassen wollte.

Am nächsten Morgen sollte Jitzchak um sieben Uhr aufstehen und die Situation an der Nordgrenze in Begleitung hoher südkoreanischer Militärs in Augenschein nehmen, aber als wir uns nach dem Essen verabschiedeten, fragte der Präsident plötzlich: »Was machen Sie morgen früh? Könnte ich Sie zu einem privaten Frühstück in den Pavillon neben dem Palast einladen?« Jitzchak war überrascht von dieser spontanen Einladung und sagte, er werde seinen Terminplan ändern müssen, aber das tue er gern. Die Grenzbesichtigung wäre zwar hochinteressant gewesen, aber wer kann schon eine Einladung des Präsidenten ablehnen?

Beim Frühstück griffen beide erneut das Thema des vorangegangenen Abends auf und diskutierten die Feinheiten der Grenzstrategie. Der Sitte entsprechend mußten wir unsere Schuhe ausziehen und sie mit diesen komischen Puschen vertauschen, die nicht gerade einen schönen Fuß machen. Zu Mittag nahm ich an einem Lunch in der israelischen Botschaft in Seoul teil. Als die Israelis in die Puschen schlüpften, sagte ich: »Verzeihung, aber das ist israelisches Territorium. Seien Sie mir nicht böse, wenn ich meine Schuhe anbehalte.« In der Botschaft ist man an dieses Brauchtum so gewöhnt, daß man es keinen Augenblick in Frage stellt!

*

In den Monaten nach unserer Rückkehr aus dem Fernen Osten widmete sich Jitzchak den Einzelheiten der Förderung des Friedensprozesses. Am Vorabend des israelischen Unabhängigkeitstages im Mai 1995 präsentierte das israelische Fernsehen ein Gespräch zwischen König Hussein und Jitzchak in Akaba. Vor dem Interview hatten wir endlich Gelegenheit, Petra zu besichtigen. Wir waren eine große Gruppe, die Jitzchaks Mitarbeiter und unsere Kinder einschloß. Petra war noch großartiger, als ich erwartet hatte.

Man geht zu Fuß den *Sik* hinunter, die enge Schlucht zwischen Felswänden aus Kalkstein, die fast den Himmel verdunkeln – die phantastischen Formen schimmern in allen Schattierungen von Rosa, Rot und Grau. Schließlich weitet sich die Schlucht, und man erblickt einen atemberaubenden, aus dem rosafarbenen Fels gemeißelten Tempel. Aber das Aufregendste war für Jitzchak und mich, was Gott geschaffen hatte, nicht der Mensch. Jitzchak war tief beeindruckt von der monumentalen Szenerie, aber vielleicht noch mehr bedeutete ihm die Tatsache, daß seine Landsleute Petra jetzt ungehindert sehen konnten.

Am 8. Juni 1995 war Jitzchak zusammen mit Präsident Clinton, König Hussein, Schimon Peres und Jassir Arafat in Larry Kings Show im CNN zu sehen. Das Gespräch spiegelte das gute Einvernehmen wider, das diese Männer inzwischen verband, aber Jitzchak ließ es wie gewohnt nicht an Deutlichkeit fehlen, als man ihn nach seiner Position bezüglich eines vereinigten Jerusalem fragte: »Ich wurde in Jerusalem geboren«, sagte er. »Für mich [ist] Jerusalem vereinigt, es wird unter israelischer Oberhoheit [bleiben], es wird die Hauptstadt Israels und das Herz des jüdischen Volkes sein. Wenn irgend jemand dieses Thema anschneiden und darüber sprechen will, so ist dies kein Problem. Gleichzeitig haben wir uns verpflichtet, den Angehörigen der anderen zwei Religionen, den Muslimen und den Christen, freien Zugang zu den heiligen Stätten und ungehinderte Religionsausübung zu gewährleisten …«

Der Frieden wurde zwar in der ganzen Welt gefeiert, aber er

herrschte nicht immer auf den Straßen Israels. Am 24. Juli 1995 sprengte ein Suizidattentäter der Hamas in dem Tel Aviver Vorort Ramat Gan einen Bus in die Luft, wobei sechs Menschen getötet und 31 verletzt wurden. Wir waren zu einem Spendenbeschaffungsbankett nach London gereist. Jitzchak wollte sofort nach Israel zurückfliegen, aber es gab keine Flüge. Er mußte ein kleines Flugzeug leasen, und wir eilten nach Hause zurück.

Dieser Bombenanschlag war niederschmetternd für ihn. Er besichtigte die Stätte des Terroraktes. Es war, als ob eine Bombe am Times Square in New York hochgegangen wäre. Er sah sich die Liste der Todesopfer an und schüttelte den Kopf über die Namen der unschuldigen Opfer. Er sah das rußgeschwärzte und deformierte Metall und das zersplitterte Glas und stellte die eindringlichen, methodischen Fragen, die er nach jedem solchen Zwischenfall stellte. Ermittler durchkämmten den Trümmerhaufen. Menschenmengen versuchten, sich heranzudrängen – und überall wurden Mikrofone und Fernsehkameras gezückt. Jitzchak konnte an diesem Abend nicht einschlafen. Lange lag er bedrückt wach, dennoch verlor er nie seine Perspektive: Der Friedensprozeß durfte solchen Terrorakten nicht zum Opfer fallen.

*

Die Festigung der Beziehungen zum Ausland behielt hohe Priorität. Während eines zweitägigen Besuchs in der Ukraine am 12. und 13. September 1995 lernten wir Ministerpräsident Jewgenij Martchuk und seine Frau Lydia kennen. Dieser Besuch bekräftigte die geographische Nähe zwischen unseren beiden Ländern. Den Süden der Ukraine und die Nordspitze trennen etwa 1300 Kilometer, die Flugzeit von Tel Aviv nach Kiew beträgt nicht viel mehr als zwei Stunden. Teile der früheren Sowjetunion liegen viel näher an den Grenzen Israels, als man glauben möchte.

Diese spezielle Reise diente der Festigung der ökonomischen und landwirtschaftlichen Verbindungen. Waffenexporte sind für Israel wesentlich. Die Ukraine mußte seit der Auflösung der UdSSR ihren Rüstungsbedarf aus anderen Quellen decken, speziell seit Ausbruch des Konflikts zwischen Rußland und der Ukraine über das Eigentum an der ehemals sowjetischen Schwarzmeerflotte. Während dieses Besuchs kritisierte Jitzchak öffentlich den Verkauf von russischen Atomreaktoren an den Iran. Die für Israel so wichtigen landwirtschaftlichen Exporte stellen für die Ukraine einen Entwicklungsfaktor dar, und so beschäftigten sich die Gespräche mit der Bereitstellung israelischer Agrartechnologie. Neben Zusammenkünften mit Regierungsvertretern und Führungskräften der sich formierenden Marktwirtschaft der Ukraine nahmen wir auch an der Einweihung eines Kulturzentrums teil, das von der israelischen Botschaft betrieben wird und sich speziell an die ukrainischen Juden wendet.

Frau Martchuk beeindruckte mich als gebildete und aktive Frau. Sie leitet eine Initiative für die Entwicklung von Molkereiprodukten in der Ukraine. Angesichts des hohen in der Landwirtschaft tätigen Bevölkerungsanteils und endloser Flächen fruchtbaren Kulturlandes ist dies eine sehr wichtige Position. Tschernobyl hat weite Teile der ohnehin armen Ukraine verwüstet, und sie standen vor der Herausforderung, das Land wieder aufzubauen – eine Situation, die uns nur zu vertraut ist. Kommen Sie nach Israel, sagte ich zu Frau Martchuk, und ich werde Ihnen unser Land zeigen. Sie werden sehen, was man in weniger als fünfzig Jahren schaffen kann. Sie werden Ihren Augen nicht trauen. Unsere Molkereiindustrie blüht und gedeiht, sie erzeugt und exportiert die gesamte Palette von Käsesorten, Joghurt, Eiscreme und anderen Spezialitäten. Ich konnte ihren Besuch kaum erwarten.

Wir unterhielten uns gut, aber ein Gespräch, das den Umweg über einen Dolmetscher nehmen muß, ist immer etwas mühsam. Dennoch war es nicht schwierig, in ihr eine wißbegierige Frau mit Durchblick zu entdecken. Kurz vor unserer Abfahrt zum Flughafen warteten wir beide, an Appetithappen knabbernd und die Zeit totschlagend, auf unsere Männer, die ihre Gespräche noch nicht beendet hatten. »Wir müssen immer pünktlich sein«, empörte sie sich. »*Unsere* Terminpläne spielen keine Rolle. Sie nehmen an, daß wir die Zeit haben, herumzusitzen und zu warten.« Ich schlug vor, uns zu den Männern zu gesellen, und wir gingen zu Ministerpräsident Martchuk hinüber. »Hören Sie, der Spruch, ›hinter jedem starken Mann steht eine starke Frau‹, ist Unsinn«, sagte ich. »Ihr Herren der Schöpfung habt einfach großes Glück.«

»Wissen Sie, daß wir schon seit 47 Jahren verheiratet sind?«, brüstete sich Jitzchak. »Und wir seit 27 Jahren«, gab Martchuk zurück. Jetzt meldete sich der ukrainische Parlamentspräsident mit einer Geschichte zu Wort. Abraham und Sara feiern ihren fünfundzwanzigsten Hochzeitstag. Sara fragt: »Wie sollen wir den Tag begehen?« Abraham antwortet: »Mit einem Moment des Schweigens!«

Dieser denkwürdige Besuch schloß auch eine bedrückende Fahrt nach Babi Jar im Polnisch sprechenden Teil der Ukraine ein. Vierunddreißigtausend Juden waren dort 1941 in einem zweitägigen Massaker von den Nazis brutal ermordet worden. Der russische Dichter Jewgenij Jewtuschenko hatte 1961 dieses Grauen in einem gleichnamigen Gedicht heraufbeschworen. In seiner Rede in Babi Jar gedachte Jitzchak mit folgenden Worten der Toten:

370

Hier in Babi Jar haben die Männer des Sonderkommandos A4 die Träume kleiner Kinder vernichtet und die Herzen ihrer Eltern, die sie mit ihren eigenen Körpern zu schützen versuchten. Hier übertönte das Dröhnen der Gewehrsalven die Schreie Zehntausender von Kiewer Juden und vieler anderer Opfer. Und hier in diesem Höllenschlund endete die Geschichte einer großartigen jüdischen Welt – der Welt der ukrainischen Juden, aus deren Mitte die ersten Träumer von Zion hervorgingen, die besten jüdischen Dichter und Schriftsteller, die großen Pioniere und Wegbereiter des Zionismus.

Die Nazis und ihre Helfer versuchten hier in dieser friedlichen Landschaft jede Erinnerung an ihr Verbrechen und jedes Gedenken an das jüdische Volk auszulöschen. Sie haben die Leiber von Zehntausenden ihrer Opfer vernichtet und in den Wind gesät. Keine Spur von ihnen ist übriggeblieben.

Die jüdischen Menschen wurden hier erschossen und getötet, aber aus den Gräben des Todes wurden wir wiedergeboren, und jetzt müssen wir es der ganzen Welt sagen: Laßt unsere Tragödie jedem Menschen eine Warnung sein, daß die Gefahr noch nicht über das Land hinweggezogen ist. Gerade in diesen Tagen tauchen verabscheuungswürdige Nachfolger auf, auch in den Ländern, die die Massenmörder hervorbrachten. Der Antisemitismus durchbricht alle Grenzen. Die ansteckende Krankheit des Rassismus droht, uns ins Unheil zu stürzen. Wenn die Welt nicht rechtzeitig aufwacht, wenn sie das scheußliche Haupt des Antisemitismus und Rassismus nicht zerschmettert, werden sie uns eines Tages überrumpeln, und wir werden dann nicht sagen können: Wir haben nichts gesehen, wir haben nichts gehört, wir haben nichts gewußt.

Bürger von Israel, Angehörige der jüdischen Nation:

Das jüdische Schicksal zwingt uns, immer wieder zu den Todesschluchten von Polen, Rußland und der Ukraine zurückzukehren – an jede Stätte, wo jüdisches Blut vergossen wurde: Wir kehren an diese Schreckensorte sowohl zurück, um uns zu erinnern, um nicht zu vergessen – und wir werden nie vergessen –, als auch, um Kraft und moralische Stärke aus der furchtbaren Tragödie zu ziehen, um Lektionen für die Zukunft zu lernen und um zu erkennen, daß keine Macht auf Erden das jüdische Volk, das zweitausend Jahre überlebt hat, noch einmal niederwerfen kann. Die Nation Israel wird ewig leben.

Wir wurden dann mit sechs älteren Menschen bekannt gemacht, drei Überlebenden und drei »Gerechten der Völker« – Nichtjuden, die halfen, Juden vor dem Holocaust zu retten, und denen zu Ehren am Yad-Vashem-Memorial in Jerusalem Bäume gepflanzt wurden. Die Lebensgeschichten dieser sechs Menschen waren erschütternd, und als wir ihnen in Babi Jar zuhörten, klangen sie so hautnah, so lebendig, als ob seither kein halbes Jahrhundert vergangen wäre.

Bei unserem Abflug von Kiew wurden wir vom ganzen Kabinett einschließlich Ministerpräsident Martchuk auf dem Flughafen verabschiedet. Aus irgendeinem Grund hatte unsere Maschine der israelischen Luftwaffe die Triebwerke noch nicht angelassen. Die gesamte Regierung würde in Formation stehen bleiben, bis wir in der Luft waren. Jitzchak hätte den Piloten erwürgen können, der das hätte wissen müssen, und bombardierte ihn mit Fragen. »Warum starten Sie nicht? Sehen Sie nicht, daß diese Leute in der Kälte dastehen und auf unseren Abflug warten? Warum haben Sie die Triebwerke nicht gestartet, bevor wir eingestiegen sind? Warum muß das so lange dauern?« Es war ihm so peinlich, daß diese

Würdenträger gezwungen waren, aus Ehrerbietung ihm gegenüber so dazustehen.

*

Am 28. September 1995 trafen Jitzchak, Jassir Arafat, König Hussein, Präsident Mubarak und Bill Clinton erneut zusammen, um das zweite Osloer Abkommen zu unterzeichnen, mit dem die palästinensische Autonomie auf den größeren Bevölkerungsteil der Araber im Westjordanland ausgedehnt wurde. Der Festakt anläßlich von »Oslo-B« in Washington war vielleicht der Höhepunkt all ihrer harten Arbeit. Für mein Gefühl markierte dieses Abkommen zweifellos die erfolgreichste Kooperation zwischen Jitzchak und Schimon Peres seit Beginn des Friedensprozesses.

Die Unterzeichnung fand diesmal im Weißen Haus statt. Die Außenminister aller Länder, die mitgeholfen hatten, dieses Abkommen auf den Weg zu bringen, einschließlich des norwegischen, waren anwesend. Die Ansprachen waren ziemlich lang, und es wurde schon spät. Als sich Jitzchak zu seiner Rede erhob, sagte er: »Ich habe eine gute Nachricht für Sie – ich bin der letzte Redner.« Dann fuhr er fort:

Werfen Sie jetzt nach einer langen Reihe offizieller, feierlicher Erklärungen einen Blick auf dieses Podium. Der König von Jordanien, der Präsident von Ägypten, Vorsitzender Arafat und wir, der Ministerpräsident und der Außenminister von Israel, auf einer Plattform.

Lassen Sie diesen Anblick tief auf sich wirken. Was Sie hier vor sich sehen, war noch vor zwei oder drei Jahren unmöglich, ja phantastisch. Nur Dichter haben davon geträumt, und zu unserem großen Schmerz sind Soldaten und Zivilisten in den Tod gegangen, um diesen Augenblick möglich zu machen.

Hier stehen wir vor Ihnen, Männer, die vom Schicksal und von der Geschichte auf eine Friedensmission geschickt wurden: einhundert Jahre Blutvergießen für alle Zeiten zu beenden.

Unser Traum ist auch Ihr Traum. König Hussein, Präsident Mubarak, Vorsitzender Arafat, all die anderen und vor allem Präsident Bill Clinton – ein Präsident, der im Dienste des Friedens arbeitet –, wir alle lieben dieselben Kinder, weinen dieselben Tränen, hassen dieselbe Feindschaft und beten um Versöhnung. Der Frieden hat keine Grenzen.

Frau Arafat und ich waren inzwischen gute Freundinnen geworden. Während Jitzchaks Rede beugte sie sich zu mir herüber und flüsterte mir erneut zu: »Erinnern Sie ihn daran, daß er die Palästinenserinnen in den israelischen Gefängnissen freilassen muß.«

Am 5. Oktober debattierte die Knesset über das zweite Osloer Abkommen und nahm es schließlich an. Der Weg schien frei, um den nächsten Punkt auf dem Friedensprogramm anzupacken, Frieden mit Syrien. An diesem Abend trommelten der Likud und andere rechtsgerichtete Parteien eine Menge von zwanzig- bis dreißigtausend Menschen auf dem Zionplatz zusammen, um mit Rufen wie »Rabin ist ein Verräter« und »Rabin, geh nach Haus, bevor du es verschenkst« gegen das jüngste Osloer Abkommen zu protestieren. Auf dieser Versammlung verbrannten Demonstranten Plakate von Jitzchak in SS-Uniform oder mit arabischem Halstuch, während Benjamin Netanjahu von einem Balkon aus auf die Menge herabblickte.

Wir verfolgten zu Hause am Fernseher die Berichterstattung über die Demonstration. Die Kinder und ich waren entsetzt über die Raserei und Tollheit, mit der die Demonstranten ihren Haß direkt in die Kameras brüllten. Der Furor und die Explosivität erinnerten mich an fundamentalistische Demonstrationen im Iran. Als die Kinder und ich unsere Besorgnis äußerten, wischte Jitzchak das mit einer Handbewegung beiseite. »Was soll man machen?« sagte er. »Wir leben in einer Demokratie.«

Am 20. Oktober flogen wir nach New York, um an den Feierlichkeiten anläßlich des 50. Jahrestages der Vereinten Nationen teilzunehmen.

Boutros Boutros-Ghali, der frühere UNO-Generalsekretär, hatte nie als großer Freund Israels gegolten, war aber seit Beginn des Friedensprozesses zunehmend zu einem Unterstützer geworden. Der Wandel in der Haltung gegenüber Israel in den Vereinten Nationen war dramatisch. Bei diesen Feiern wurden uns die ehrenvollsten Plätze im Kreise der wichtigsten Staats- und Regierungschefs zugewiesen. In den letzten Monaten hatten wir viele führende Persönlichkeiten der Welt in Israel empfangen, darunter die holländische Königin Beatrix, den österreichischen Bundeskanzler Vranitzky, den Präsidenten von Kenia, Daniel Arap Moi, den britischen Premierminister John Major, den deutschen Bundeskanzler Helmut Kohl, den französischen Außenminister Alain Juppé und viele andere.

Die Vereinten Nationen sind wie ein Fenster zur Welt. Jahrelang waren wir hinter einem Vorhang isoliert gewesen und innerhalb ihrer Wände verdammt worden. Die Abkürzung für UNO lautet im Hebräischen »Um«. David Ben Gurion pflegte zu spotten: »Um! *Schmum!*« – das war seine unnachahmliche Reaktion auf unsere scheinbar hoffnungslose Beziehung zu dieser Institution. Immer wieder wurden wir getadelt, und manchmal schien man drauf und dran zu sein, uns aus den Vereinten Nationen hinauszuwerfen. Wenn ein israelischer Delegierter vor der UNO sprach, kam es nicht selten vor, daß zwei Drittel der Zuhörer den Saal verließen.

In seiner Rede vor der UNO im Oktober 1995 wies Jitzchak

auf unseren »historischen Wendepunkt« hin. »So, wie wir früher gekommen sind, um zu protestieren«, sagte Jitzchak, »so kommen wir jetzt, um zu preisen.« Er zitierte die Worte des Propheten Jesaja: »Sie werden ihre Schwerter zu Pflugscharen und ihre Speere zu Sicheln umschmieden.« Und seine Entschlossenheit, den Frieden herbeizuführen, zeigte sich klar wie immer: »Der Weg ist noch lang. Wir sind jedoch entschlossen, ihn fortzusetzen, bis wir der Region den Frieden gebracht haben. Um unserer Kinder und Kindeskinder willen.«

So viele führende Persönlichkeiten der Welt wollten Jitzchak während dieser Reise treffen. Er ließ sich das nie zu Kopf steigen und erblickte darin keine persönliche Auszeichnung; vielmehr verstand er sich als privilegierter Repräsentant all jener, die für die Verwirklichung dieses Friedens arbeiteten.

Bei der ersten großen Zusammenkunft aller Staats- und Regierungschefs stand Jitzchak in einer Ecke und sah wie ein schüchterner Junge an seinem ersten Schultag aus. Innerhalb von zehn Minuten war er jedoch von einem Dutzend Staatenlenkern umringt, die mit ihm reden wollten. Jitzchaks Berater erzählten mir, daß sich nicht weniger als achtzig Staatsoberhäupter um Termine bemühten, obwohl er nur etwa vierzig davon sehen konnte. Während eines Treffens mit Chinas Staatspräsident Jiang Zimin eröffnete Jitzchak die Konversation in seiner bescheidenen Art, indem er betonte, wie winzig unser Land sei im Vergleich zum riesigen, mächtigen China. Mitten im Satz winkte Präsident Jiang ab: »Für uns«, sagte er, »zählen die Bedeutung und die Macht einer Nation nicht nach der Größe der Bevölkerung und der des Landes, sondern nach seiner Kultur und dem Stand seines technologischen Fortschritts. Und so gesehen ist Israel eine Großmacht.«

Die letzte dieser Zusammenkünfte fand mit König Hassan II.

von Marokko an einem Freitagnachmittag statt. Als die Besprechung zu Ende war, hatte bereits die Dunkelheit eingesetzt, und es war *Schabbat*. Also gingen Jitzchak und seine Begleiter zu Fuß in strömendem Regen vom Plaza zum Regency.

Nach den UNO-Feierlichkeiten erhielt Jitzchak von den Gouverneuren von New York und New Jersey den »Intrepid Freedom Award« im Rahmen einer Feier auf der *USS Intrepid* verliehen – einem Flugzeugträger, der außer Dienst gestellt und in ein schwimmendes Museum umgewandelt worden war und am Hudson vor Anker liegt.

Am 25. Oktober traf Jitzchak mit Präsident Clinton zusammen. An diesem Abend sollten wir in Washington an einer Feierlichkeit zugunsten des »United Jewish Appeal« teilnehmen. Der Terminplan an diesem Tag war hektisch – wir sollten noch am gleichen Abend nach Israel abfliegen –, und Jitzchak war wie immer auf Pünktlichkeit versessen. Ohne vorher in unser Hotel zurückzukehren, eilte er auf den schnellsten Weg vom Capitol, wo er an einer Feier zum Gedenken an den dreitausendsten Jahrestag der Gründung Jerusalems teilgenommen hatte, zum Präsidenten, um sich mit ihm zu der Feier zu begeben. Lieber im Straßenanzug an diesem Festakt teilnehmen, bei dem Smoking vorgeschrieben war, als einen Präsidenten warten lassen.

Als Präsident Clinton Jitzchak in seinem Anzug mit Krawatte erblickte, kam er ihm zu Hilfe und beschaffte ihm auf wundersame Weise eine schwarze Fliege, die er Jitzchak selbst umband. (So wie Jigal Jadin 1949 in Rhodos die Situation mit einem Schlips gerettet hatte! *Plus ça change …*) Die Szene wurde in dem berühmten Foto festgehalten, wie Präsident Clinton Jitzchak bei der Toilette hilft – ein Bild, das Wärme und gegenseitige Achtung ausstrahlt, die beide füreinander empfanden.

So herzlich und respektvoll ihr Verhältnis auch war, so hat

es zwischen Jitzchak und Präsident Clinton auch hitzige Auseinandersetzungen gegeben. Jitzchaks Berater Schimon Scheves erlebte einmal, daß Jitzchak in einem kritischen Moment seiner Verhandlungen mit dem Präsidenten mit der Faust auf den Tisch schlug. Dies verwunderte ihn um so mehr, als er Jitzchak im Umgang mit widerspenstigen Kabinettsmitgliedern zu Hause in Israel als relativ verbindlich und höflich kannte, und er fragte Jitzchak, warum er in Gesprächen mit dem Präsidenten der mächtigsten Nation der Welt manchmal so demonstrativ und unnachgiebig sei. Jitzchak erklärte ihm, daß ein widerspenstiger Minister bloß ein Ärgernis sei, aber wenn er mit dem Präsidenten spreche, dann habe er keine Wahl, als sich rückhaltlos für die israelischen Interessen einzusetzen. In solchen Momenten, sagte er, befänden sich Nationen im Dialog miteinander, nicht Individuen.

Jitzchak nahm am 29. Oktober an einer Konferenz im jordanischen Amman teil – eine weitere Station auf dem Weg zum Frieden. Dies war eine so aufregende Zeit, und Jitzchak stand so hundertprozentig hinter der Sache des Friedens, daß er sich weder von wütenden Demonstrationen noch von terroristischen Bombenanschlägen von seiner Mission abschrecken ließ.

Als wir nach Israel zurückkehrten, stürzte sich Jitzchak sofort wieder in die Arbeit. Sein Tagesablauf blieb während der ganzen zweiten Amtszeit unverändert – jeden Morgen ging er um halb acht Uhr aus dem Haus, nahm sich nie die Zeit für ein ordentliches Mittagessen oder eine Siesta und kam gegen neun Uhr zu den Abendnachrichten (wenn nicht noch viel später) nach Hause. Schonungslos und unermüdlich. Jitzchak war nicht blind für die Gefährdungen seiner persönlichen Sicherheit, sei es bei dem Zwischenfall in Wingate oder durch die Demonstranten vor unserem Haus, aber er ließ sich davon nicht beirren, weil er aufrichtig überzeugt war, daß der Frieden die einzige Alternative für die Zukunft unseres Landes darstelle. Von der Versammlung vom 4. November 1995 erwartete er sich eine Bestätigung seiner Hoffnungen und seiner Vision durch die Bevölkerung.

Als er an diesem freudvollen Abend vom Rednerpodium herabstieg, hörte er, was er hören wollte: die Jubelrufe aus hunderttausend Kehlen junger und alter Menschen, die zu lange geschwiegen hatten und die ihm jetzt ihre Liebe und Zustimmung bekundeten und ihn beschworen, seinen Weg des Friedens fortzusetzen. Als er die Stufen zu seinem wartenden Auto hinunterstieg, wandten sich seine Gedanken sicher wie immer der harten Arbeit in den vor ihm liegenden Tagen zu – Syrien und darüber hinaus. Aber ein Nobody mit einer Neun-Millimeter-Beretta in der Hand und Haß im Kopf zerriß das Lied seines Lebens – *Schirat tschajaw biemsa nifsseka* – und meine Welt, unsere Welt, sollte nie wieder dieselbe sein.

11. Kapitel

Alle seine Kinder trauern

7. Dezember 1995
Im Flugzeug über dem Atlantik

So oft haben wir diesen Flug zusammen gemacht. Wir genehmigten uns einen Whiskey und genossen die freie Zeit so, wie man es nur auf einem Flug kann. Wir teilten uns eine Schlaftablette und versuchten, so viele Stunden wie möglich Seite an Seite zu schlafen. Du warst unterwegs zu neuen Herausforderungen, während ich meine Wißbegier stillen, neuen Menschen begegnen und neue Orte kennenlernen wollte. All die vielen offiziellen Anlässe und Diners und unsere gemeinsamen Frühstücke. Diese privaten Frühstücke, auf die wir nie verzichtet haben. Heute abend bin ich allein in der First-class-Kabine von El Al, trinke meinen Whiskey allein und weine.
Ich nehme die halbe Tablette, und die andere Hälfte bleibt auf dem Tablett liegen.
Von jetzt an werde ich mich immer allein den Herausforderungen stellen müssen, mit denen mich Dein Tod konfrontiert: Menschen kennenzulernen, die Wege suchen, um Deiner zu gedenken, oder die mich einfach besuchen wollen, weil sie Dich liebten und bewunderten.
Und immer sind da jetzt die Erinnerungen.
Natürlich bin ich oft allein gereist, während Du zu Hause bliebst. Aber das war niemals diese Art von Einsamkeit. Wir haben jeden Tag miteinander telefoniert, ich wußte,

*wie es Dir geht, und Du wußtest, wie es mir geht. Nach
so vielen gemeinsamen Jahren bedurften wir so weniger
Worte. Oh, Jitzchak, wann werden wir wieder miteinander sprechen? Ich führe ein einseitiges Gespräch; trotzdem ist es in gewisser Weise ein Trost für mich in meinem brennenden Schmerz.*

*8. Dezember 1995
New York City*

*Der kalte rosige Himmel eines Dezembermorgens um-
gab uns, als wir auf der Landebahn von Kennedy Air-
port aufsetzten. Wartende Autos brachten uns auf
schnellstem Weg zum israelischen Konsulat Ecke 2. Ave-
nue/42. Straße, wo wir um neun Uhr eintrafen. Am
Abend Deiner Ermordung hatten sich Menschenmengen
an dieser Stelle versammelt. Während der Schiwa ent-
zündeten Trauernde Kerzen zum Gedenken an Dich und
reihten sich in lange Warteschlangen ein, um sich im
Konsulat in das Kondolenzbuch einzutragen.*
*Der New Yorker Stadtrat hatte beschlossen, dieses Stück
der 2. Avenue »Rabin Way« zu nennen, und die Kinder
und ich waren zur Einweihung eingeladen worden. Bürgermeister Rudolph Giuliani, Mitglieder des Stadtrats, Ge-
neralkonsulin Colette Avital und ich standen auf dem im-
provisierten Podium Ecke 2. Avenue/42. Straße vor einer Menge von mehreren hundert Menschen, die an diesem frostigen Morgen gekommen waren. Von vielen
Seiten wurde Deinem Andenken Tribut gezollt.*
*Colette hatte mich nicht gewarnt, daß ich würde spre-
chen müssen, deshalb war ich gezwungen zu improvisie-
ren, aber nach dreißig Tagen voller Interviews und An-*

*sprachen bin ich daran gewöhnt, deshalb fällt es mir
nicht mehr so schwer. Was daran schwierig bleibt, ist,
daß da soviel Schmerz und Trauer ist und ich die Schleu-
se bin, durch die sich all dies ergießt. An wen kann ich
mich wenden?*

10. *Dezember 1995*
New York City

*Am Sonntag fand im Madison Square Garden eine
große Gedenkfeier statt. Es gab eine Menge Befürchtun-
gen und Zweifel vor diesem Ereignis – wegen der Sicher-
heitsvorkehrungen; ob Präsident Clinton teilnehmen sollte oder nicht; wie man die Ultraorthodoxen von Demonstrationen abhalten könnte; ob genug Menschen kommen würden, um diese Arena zu füllen. Was das
Publikumsinteresse betrifft, bestand kein Grund zur Sorge. Der Saal war gedrängt voll! Von 8 Uhr früh an warteten Menschen in der klirrenden Kälte, unterzogen sich
der Leibesvisitation, und am Ende fanden viele der insgesamt fast 20 000 keinen Einlaß. Schimon Peres, Edgar
Bronfman, der Oberrabbiner Jisrael-Meir Lau, Leon Levi,
der neue Vorsitzende der Konferenz jüdischer Präsidenten, alle hielten Ansprachen. Meine Worte schienen das
Publikum sehr zu bewegen. Aviv Geffen sang sein Lied,
ein Kinderchor stimmte das Lied des Friedens an, und
Marvin Hamlisch trug »The Child of His Child« vor, ein
Lied, das er für Dich geschrieben hat. Vizepräsident Al
Gore hielt eine besonders beeindruckende Rede. Ein
Meer von Menschen … die Wirkung war überwältigend.
Aber das Bild von Dir, mit dem der Saal geschmückt
war … nun, das warst einfach nicht Du. Aber vielleicht*

hat mir dieses mißlungene Bild doch ein wenig geholfen. Wenn ich einem guten Bild von Dir gegenübersitze, kann ich meine Tränen nicht zurückhalten, weil Du mir vor Augen stehst – so schön und mit einem so gütigen Ausdruck – und ich es nicht ertragen kann. Hier sahst Du aus wie irgend jemandes Onkel, ein völlig Fremder! Bürgermeister Giuliani gab anschließend einen Empfang und gedachte Deiner in beredten Worten. Danach sprachen auch Schimon Peres, Al Gore und Rabbi Lau. Zunächst wollte ich nicht sprechen, doch dann besann ich mich eines Besseren und bat darum, nach Rabbi Lau ein paar Worte sagen zu dürfen. Die Kinder und unsere Freunde fragten mich immer wieder, woher ich die Kraft dafür nehme. Diese Kraft stammt aus einer einzigen Quelle; daß Dein Weggang, der so sinnlos scheint, irgendwie mit Bedeutung erfüllt werden muß.
Ich bezog mich auf Bemerkungen, die Schimon Peres zuvor bei der großen Totenfeier über die Fortsetzung des Weges zum Frieden gemacht hatte, und sagte, hättest Du die Chance dazu gehabt, dann hättest Du an ihn appelliert: »Du mußt fortsetzen, was wir zusammen begonnen haben.«

12. Dezember 1995
Washington

Von New York flogen wir mit dem Vizepräsidenten nach Washington.
Mein Jitzchak, mein Liebster – die Ehrungen, die Dir durch mich zuteil werden, haben mich an Orte geführt, von denen ich nie geträumt hatte. Ich verbrachte die Nacht im Weißen Haus. Ich hätte nie gedacht, daß das

*große Bett von Lincoln wirklich noch existiert! Aber jetzt
lag ich tatsächlich drin, leider allein. Lincoln und Du, beide von Fanatikern gefällt.*

*Bill und Hillary Clinton hätten keine liebenswürdigeren
Gastgeber sein können. Wir fühlten uns so sehr willkommen. Beim Abendessen waren auch die Gores anwesend – alle waren entspannt, und ich fühlte mich fast
wie im Familienkreise. Am nächsten Morgen setzten die
Kinder und ich uns im Weißen Haus zum Frühstück. Der
Präsident schaute, sportlich gekleidet, auf dem Weg in
sein privates Büro vorbei. Dalia trug den Bademantel
des Weißen Hauses, und Präsident Clinton sagte zu ihr:
»Du siehst so gut darin aus, du mußt ihn behalten.«
Dann kam Hillary vorbei. Sie bewunderte meinen Mor-
genmantel aus Kaschmir. Ihre Sekretärin fragte mich ein
paar Minuten später, wo ich ihn gekauft hätte. Wir sagten der Haushälterin, wie sehr uns die Suppe ge-
schmeckt habe, die beim Abendessen serviert worden
war. Fünf Minuten später bekamen wir das Rezept in
der Handschrift des Küchenchefs.*

*All dies zeugt von dem Charme und der Großzügigkeit,
mit der wir aufgenommen wurden. Obwohl sie im
Weißen Haus leben, bleiben diese Menschen so warmherzig und geben einem das Gefühl, bei einer sehr lie-
benswürdigen amerikanischen Familie zu Gast zu sein.*

13. Dezember 1995
Rom

*Aus den Vereinigten Staaten flogen wir direkt nach Rom.
Kein europäisches Land scheint von Deiner Ermordung
tiefer betroffen zu sein als die Italiener – vielleicht, weil*

sie so emotionale und expressive Menschen sind. Im November traf Präsident Oscar Luigi Scalfaro als einer der ersten Staatsoberhäupter zum Begräbnis ein und berichtete uns, daß der Schmerz in seinem Land geradezu eine Periode nationaler Trauer ausgelöst habe.

Bei unserer Ankunft auf dem Flughafen von Rom erwartete uns ein gigantisches Polizeiaufgebot, und wir wurden von Leibwächtern umringt, als wären wir Staatsoberhäupter. Unser Terminplan war vollgepfropft mit Fernseh- und Presseinterviews. Immer wieder mußte ich den Augenblick Deiner Ermordung schildern. Immer wieder entfaltete ich meine Vision der Zukunft – wobei ich die Hoffnung ausdrückte, daß der Friedensprozeß durch die Empörung über Deinen Tod an Unterstützung gewinnen wird.

In Gegenwart des Oberrabbiners besuchten wir die Große Synagoge in Rom. Es war in mehr als einer Hinsicht ein wehmütig stimmender Anlaß. Die jüdische Bevölkerung Roms ist auf minderbemittelte ältere Menschen zusammengeschrumpft. Die jungen und wohlhabenderen Juden sind nach Norden, nach Mailand und Turin, gezogen. Gerade die Schlichtheit der Menschen und der Synagoge machte alles um so bewegender und trauriger.

Die Gedenkfeier im Opernhaus von Rom war höchst würdevoll und feierlich. Die gesamte Regierung, viele Parlamentsabgeordnete, das diplomatische Corps und Persönlichkeiten des öffentlichen Lebens waren anwesend. Präsident Scalfaro sprach mit Tränen in den Augen. Ich saß neben ihm auf der Bühne und konnte meine eigenen Tränen nicht zurückhalten. Ich las meine Rede ab, die ins Italienische übersetzt worden war. Dann wurden Auszüge aus mehreren Deiner Ansprachen vorgelesen. Achinoam Nini sang Das Lied des Frie-

dens, *und anschließend folgte ein erhebendes Konzert, dirigiert von Daniel Oren. Alle Künstler hatten auf ihre Gage verzichtet.*
Es war schwierig, durch die Straßen von Rom zu gehen. Überall erkannte man uns und kam herbei, um uns die Hände zu schütteln, als ob wir in Tel Aviv wären.

14. Dezember 1995
Vatikanstadt

Heute hatten die Kinder und ich eine Audienz beim Papst – eine außergewöhnliche Geste! Als Du mir von Deiner Begegnung mit dem Papst erzähltest, hast Du ihn als ebenso imposanten wie sympathischen Mann geschildert. Du hattest recht. Die strikten Regeln des Protokolls gestatteten nur den Kindern, unserem Botschafter und mir die Teilnahme an dieser Audienz.
Der Papst sagte zu mir, daß ich in demselben Sessel säße, in dem Du bei Deinem Besuch ein Jahr zuvor Platz genommen hattest. Er erklärte, Du seiest für ihn durch Deinen Tod ein Heiliger geworden. Auch in unserem Land bist Du, Jitzchak, in den Augen der Tausenden, die noch immer Deinem Grab einen Besuch abstatten, eine Art Heiliger geworden – sicherlich ein Märtyrer … eine so schreckliche Tatsache, mit der man ins reine kommen muß.
Der Papst sprach dann vom auserwählten Volk, und da äußerte ich die Auffassung, daß dies eine Entscheidung sei, die wir selbst getroffen hätten, als wir die Zehn Gebote annahmen. »Du sollst nicht töten«, lautete eines davon. Die Heiligkeit des Lebens stehe an oberster Stelle. So hättest Du es immer gehalten. Und jetzt habe ein Jude

Dich ermordet. Wir seien geschockt und schämten uns.
Ich sagte zum Papst, daß Du die Vereinigung Jerusa-
lems im Jahr 1967 als einen der stolzesten Augenblicke
Deines Lebens betrachtet hättest und, noch wichtiger,
daß Menschen aller Konfessionen dadurch freien Zu-
gang zu ihren heiligen Stätten erhalten sollten. Der
Papst antwortete mir, daß er Jerusalem in seiner zweifa-
chen Rolle würdige – als die Hauptstadt Israels und als
die heilige Stadt der drei Religionen. Wie glücklich wärst
Du in diesem Augenblick gewesen! Zum Abschied
schenkte mir der Papst ein schönes Bild der Madonna in
einem Rahmen aus Elfenbein.
Auf der anschließenden, gut besuchten Pressekonferenz
konzentrierte sich das Interesse auf unser Gespräch mit
dem Papst, und dessen Implikationen machten Schlag-
zeilen rund um die Welt. An unserem letzten Abend di-
nierten wir mit unserem Botschafter Jehuda Milo und
den Mitarbeitern der Botschaft, um ihnen für die besonde-
re Mühe zu danken, die sie anläßlich unseres Besuches
aufgewendet hatten.
Jitzchak, wie schwierig ist es, nach Hause zu kommen
und zu wissen, daß Du mich nicht erwartest und freude-
strahlend mit einer innigen Umarmung begrüßt. Ich war
nach jeder Reise immer so glücklich, wieder zurückzu-
kehren, zu Dir, in unser Heim, unsere traute Zweisam-
keit. Und jetzt sind da die Wohnung und Deine Bilder.
Die Leere. Die niemals endende Traurigkeit.

*

In den Monaten nach Jitzchaks Tod zollte ihm die Nation Tribut, indem sie viele Bauten und Einrichtungen nach ihm be-
nannte. Allein im Dezember fanden mehrere Einweihungen
statt. Da war ein Sportzentrum in Herzlija. Mein geliebtes

Gymnasium, *Tichon Hadasch*, das sowohl unsere Kinder als auch unser Enkel Michael besucht hatten, wurde in Jitzchak-Rabin-Schule umbenannt. Das Beilinson-Hospital und das Scharon-Hospital wurden zusammengeschlossen und heißen jetzt Rabin Medical Center.

Am 21. Dezember 1995 wurde das Kraftwerk in Hadera in »Rabin Lights« umbenannt. Jitzchak hatte vier Tage vor seiner Ermordung an dessen Einweihung teilgenommen. Alles Licht, das das Kraftwerk erzeugt, leuchtet jetzt in Jitzchaks Namen.

Als ich am Tag der Gedenkfeier an einer Führung durch das Werk teilnahm, lernte ich viel über Stromerzeugung, erfuhr von all den Einzelheiten, von denen Jitzchak nie genug bekam. Die Mitarbeiter des Werkes erinnerten mich an Kräfte anderer Art. Mit Tränen in den Augen säumten sie meinen Weg – im Gedenken an jemanden, den sie wie einen Bruder liebten.

Für Jitzchak war diese Anlage eine weitere Sprosse auf Israels Leiter des Fortschritts. Wieder wurden Lieder gesungen, und wieder vernahm ich sie mit Weh im Herzen und mit unstillbaren Tränen.

Auch lange nach der *Schiwa* kamen immer noch viele Menschen aus den verschiedensten Schichten der Gesellschaft in unser Haus, um ihre Anteilnahme auszudrücken. Ende Dezember verbrachte zum Beispiel der Schauspieler Ben Kingsley ein paar Stunden bei mir zu Hause. Einen Monat vor Jitzchaks Ermordung war Ben vom Minister für Tourismus, Uzi Baram, nach Jerusalem eingeladen worden. Bei einem Bankett für tausend Personen – überwiegend publizistisch tätig für Reisezeitschriften in den Vereinigten Staaten – waren Uzi und Ruthi Baram, Jitzchak, Ben Kingsley und ich am gleichen Tisch vereint. Ben saß zu meiner Rechten, und ich führte ein sehr angeregtes Gespräch über Bücher und Theater mit ihm. Nach dem Dessert war der Platz neben Jitzchak eine Weile frei, und Ben setzte sich neben ihn, um mit ihm zu plaudern. Sie sprachen über unseren bevorstehenden Besuch in Camberley und über Bens Rolle in Schindlers Liste und sein Studium des europäischen Antisemitismus in der Jahrhundertmitte. In unserem Wohnzimmer beschrieb Ben ihr Gespräch als ein »Drei-bis-vier-Zigaretten-Gespräch, also etwa eine Rabin-Einheit«. Ich fragte ihn, was ihn an Jitzchak am meisten beeindruckt habe, und er faßte das in zwei Worte: »Seine Ruhe.«

Am 6. Januar 1996 wurde die Traumatologische Abteilung des Ichilow-Krankenhauses in Tel Aviv nach Rabin benannt. Bei der Feier waren König Hussein und Schimon Peres sowie andere Minister, Parlamentsmitglieder und das Personal des Krankenhauses unter Leitung von Professor Gabi Barabasch anwesend. Es war König Husseins erster Besuch in Tel Aviv.

Ich dankte dem Team der Traumatologischen Abteilung unter Leitung von Dr. Joram Kugler und Dr. Motti Gutman, die vom ersten Augenblick der Einlieferung Jitzchaks bis zu seinem letzten Atemzug, als ihnen klar wurde, daß sie nichts mehr für ihn tun konnten, an Jitzchaks Seite waren. Die Ereignisse dieser Nacht müssen für das Personal des Traumazentrums ein enormer Schock gewesen sein – der Regierungschef, der in kritischem Zustand eingeliefert wird, ihre Versuche, alles Menschenmögliche zu seiner Rettung zu tun, um schließlich doch die Entscheidung treffen zu müssen, die lebenserhaltenden Maßnahmen zu beenden und ihn als tot zu erklären. Ich hätte ihnen schon in dieser Nacht im November für ihre Anstrengungen danken sollen, aber ich war wie betäubt – ich konnte überhaupt keinen Gedanken fassen. Mit einem Zitat aus der Heiligen Schrift drückte ich abschließend meine Dankbarkeit für König Husseins Anwesenheit aus: »Gesegnet sei sein Kommen und sein Gehen auf seinem Weg nach Hause.«

*

5. Februar 1996
Lausanne

*Wieder bin ich mit dem Flugzeug unterwegs, diesmal in
die Schweiz. Ich werde im Namen von* Keren Hajessod *
in Lausanne und Genf sprechen.*
*Jitzchak, ich werde oft gefragt: »Wie geht es Ihnen?«
Eine so schlichte, höfliche Frage; dennoch wünschte ich
immer, daß man sie mir erspart. Ich versuche, vage zu
antworten, »danke, es geht«, aber es klingt hohl. Manchmal bitte ich die Leute sogar, mich nicht zu fragen, weil
sie sicher nicht hören wollen, wie schlecht ich mich fühle, wie weh es tut.*
*Vor meiner Abreise wurde am Freitag in Ramat Gan
eine Fotoausstellung eröffnet: hundertachtzig wunderbare Fotos aus Deinem Leben. Bilder des Menschen, der
Du warst – der Soldat, der Stabschef, der Diplomat, der
Staatsmann, die Führerfigur, der Freund, der Vater, der
seine Kinder umarmt, der Großvater, der seine Enkel
herzt, mein Ehemann. Auf einem Foto hilfst Du einem be-
hinderten Soldaten, sich von seinem Stuhl zu erheben,
und Deine Anteilnahme ist Dir ins Gesicht geschrieben.
Auf einem anderen lachst Du während einer Pressekonferenz mit Warren Christopher aus vollem Halse ... Jitzchak, was war da so komisch?*
*Jitzchak – ich möchte so gern meinen Schmerz überwin-
den. Ich mache mir große Sorgen, daß es mir nicht gelingt. Ich kann mich nicht konzentrieren, ich kann nichts
lesen. Ich möchte stark sein, für Dich und unsere Kinder,
aber meine Kraft läßt nach, und das macht mir angst.*

---

* Eine Organisation, die in Europa für Israel Spenden sammelt.

9. Februar 1996
Gstaad

*Viele Male bin ich ohne Dich in Gstaad gewesen. Du
warst dann zu Hause in Israel, und Du hast immer zu
mir gesagt: »Genieße Dein Leben!« Du hast mich immer
ermuntert, Ski zu fahren, etwas, das Du nie versuchen
wolltest. »Ein Beinbruch ist genug«, hast Du immer gesagt. »Mein Leben ist riskant genug.« Das Skilaufen nun
ohne Dich erinnert mich an die Zeit, als ich meine Freude daran hatte und Du lebtest. In gewisser Weise bin ich
bei Dir, ohne bei Dir zu sein.
Du bist immer bei mir. Es kommt mir vor, als rauchte ich
Deine letzte Zigarette vor dem Schlafengehen. Gute
Nacht, mein Liebling.*

10. Februar 1996
Gstaad

*Wir haben den Schnee nach Gstaad mitgebracht. Die
Stunden des Skifahrens waren wie eine Arznei für mein
wundes Herz. Die wunderschöne Bergwelt wirkt bele-
bend auf mich, und die Stunden auf der Piste haben mir
ungeheuer gutgetan, wenn es auch nur eine vorübergehende Flucht ist.
Aber in Israel ist etwas geschehen, was mich veran-
laßte, diesen Besuch abzukürzen. Die nichtswürdige Familie des Untermenschen, der Dich getötet hat, hat zusammen mit Anhängern auf einer Straße in Jerusalem
mit Tafeln demonstriert, die verkündeten:* Blutige Ver-
leumdung. Er ist unschuldig. *Eine Demonstration – mit
polizeilicher Erlaubnis! Wie lange können wir die Ver-*

rücktheit unseres Systems noch ertragen? Der Mordprozeß zieht sich bereits drei Monate hin. Du bist immer sehr kritisch gegenüber unserer schleppenden Justiz gewesen. Und jetzt, nachdem ein Mörder Dich vor den Augen der Welt niedergestreckt und das Verbrechen gestanden hat, warten wir immer noch auf seine Verurteilung. Ich kann das nicht verstehen.

Juwal hat im israelischen Rundfunk darüber gesprochen. Ich habe von vielen Seiten gehört, daß seine Ausführungen eloquent und eindrucksvoll waren. Du wärest stolz auf Deinen Sohn gewesen. Wie furchtbar, so etwas zu sagen ... du wärest gewesen ...

*

In der Woche vor dem Tag, an dem wir Jitzchaks 74. Geburtstag gefeiert hätten, erschütterten zwei Terroranschläge unser Land. Beim ersten bestieg ein Suizidattentäter der Hamas einen Bus der Linie 18 in der Nähe der Autobuszentrale von Jerusalem. Bei der Explosion der Bombe, die er bei sich trug, wurden 24 Menschen getötet und fünfzig verwundet. Fünfundvierzig Minuten später ließ ein Attentäter der Hamas an einem belebten Hitchhiker-Treffpunkt außerhalb von Aschkelon eine weitere Bombe hochgehen, die einen Menschen tötete und 34 verletzte. Die Stoßrichtung dieser Angriffe liegt auf der Hand: Durch die Tötung Unschuldiger wollte die Hamas beweisen, daß dieser Friede keine Sicherheit bringt; sie will die Bevölkerung vom Frieden abschrecken. Wie sehr die Nation Jitzchak benötigte, um sie zu beruhigen, sie zu trösten und ihr die Notwendigkeit des Durchhaltens klarzumachen ...

An seinem Geburtstag, dem 1. März, sollten wir Jitzchaks Grabmal auf dem Herzlberg enthüllen. Ich hatte unseren Freund, den Architekten Mosche Safdie (der das beklem-

mende Kinderdenkmal in Yad Vashem geschaffen hat), ge-
beten, das Monument zu entwerfen. Ich wollte, daß der
Grabstein aus Basalt besteht, einem glasartigen Vulkange-
stein, das auf den Golanhöhen gefunden wird, und auf der
Vorderseite nur seinen Namen und auf der Rückseite die
Jahreszahlen seines Lebens trägt.

Das Grabmal zeichnet sich durch schlichte Konturen aus,
wie es einem großen und geradlinigen Mann entspricht. Der
Grabstein setzt einen dominierenden Akzent – seine zwei
Seiten bilden ein V, das auf einer Basis aus einem elfenbein-
farbenen und einem schwarzen Stein ruht. Vor dem Grabstein leuchtet die ewige Flamme.

Es regnete in Strömen, als wir den Friedhof erreichten, und
die Flamme ließ sich nicht entzünden. Ist dies irgendwie
symbolisch? fragte ich mich. Schimon Peres wies darauf hin,
daß einige Opfer der Terroranschläge von letzter Woche auf
dem Herzlberg bestattet worden seien und die *Schiwa* für sie
noch nicht beendet sei. Er sagte, Jitzchak habe »uns gelehrt,
nicht vor dem Terrorismus zu kapitulieren und nicht vom
Weg des Friedens abzuweichen«.

Mit den Tränen kämpfend, erinnerte sich Dalia daran, wie
gern ihr Vater seine Geburtstage gefeiert hatte. »An deinem
Geburtstag kommen wir wieder«, sagte sie. »Aber wir gedenken deines Geburtstages ohne dich.« Juwal sprach das *Kaddisch*. Und ich redete mir Dir.

*

*Jitzchak, dies ist das zweitemal, daß ich vor einer gan-
zen Menschenmenge und wissend, daß Du mich nicht
hören kannst, mit Dir spreche. Mein Bedürfnis, mit Dir
zu sprechen, dauert fort, ebenso mein Bedürfnis, über
die Grausamkeit dieses einseitigen Gesprächs zu klagen.
An diesem schrecklichen Abend, als der erste Schuß zu*

hören war, hast Du Dich umgedreht, als wolltest Du sagen: »Moment mal, was ist hier los?« Dann sah ich Dich stürzen, und andere warfen sich über Dich. Ich dachte und wollte unbedingt glauben, daß man Dich niedergeworfen habe, um Dich vor Kugeln zu schützen, die Dir galten.

Du hättest Dich geweigert zu glauben, daß Dich eine Kugel, abgefeuert von einem bösen Juden, treffen könnte.

Warum bist Du gefallen, Held meiner Jugend, Held meines Lebens? Warum bist Du gefallen und nicht wieder aufgestanden?

Wir sind heute hier um Deinen Grabstein versammelt. Heute, am 1. März, Deinem 74. Geburtstag. Und Du bist nicht mehr! Es sind schon vier Monate, daß wir diesen Schmerz ertragen. Du fehlst uns in jedem Augenblick. Wir können es nicht begreifen, daß wir auch künftig immer ohne Dich sein werden.

»Der Sturm wird um uns toben«, heißt es in der Hymne des Palmach. Hamas, Suizidattentate, Bomben und die Hitze des Wahlkampfs. Der Sturm heult.

All dies berührt Dich nicht mehr. Du bist für immer hier.

*

4. März 1996
New York

Nach Deinem Geburtstag fuhr ich in die Vereinigten Staaten, Ich war von der Fairleigh Dickinson University in New Jersey eingeladen worden, ein Ehrendoktorat in Empfang zu nehmen, das uns beiden verliehen wurde. In den letzten Tagen sind in Israel sechzig Menschen bei

Suizidattentaten gestorben. Gestern hat sich ein weiterer Hamas-Attentäter neben dem Dizengoff-Center im Herzen von Tel Aviv in die Luft gesprengt und dabei zwölf Menschen getötet und über hundert verletzt, darunter viele Kinder. In den letzten Jahren hatten auch zwei Familien aus New Jersey ihre Töchter durch Terroranschläge verloren. In meiner Ansprache vor dem Auditorium der Universität sprach ich Worte, wie Du sie in einer so kritischen Zeit von mir erwartest hättest:

In der vergangenen Woche sind wir in fürchterlicher Weise an den Terrorismus erinnert worden, der von islamischen Extremisten ausgeübt wird. Vor genau einem Jahr hat eine ähnliche Bluttat in Beit Lid stattgefunden. Ich möchte zitieren, was mein Mann damals sagte. »Zu unseren Feinden sagen wir: Ebenso wie in der Vergangenheit werden wir euch jetzt und in Zukunft weiterhin bekämpfen. Wir werden fortfahren, hier unsere Häuser zu bauen und unsere Kinder großzuziehen. Wir werden unsere Bemühungen um Frieden fortsetzen, und gleichzeitig werden wir euch verfolgen und hart schlagen. Keine Grenze wird uns im Weg stehen. Wir werden euch eliminieren. Wir werden euch überwinden. Kein Feind wird uns besiegen.«

Damals wie heute müssen wir den Terrorismus bekämpfen, während wir uns um echten Frieden bemühen. Und jetzt eine weitere Bombe in Tel Aviv …

In Hunderttausenden von Briefen, die ich seit Jitzchaks Tod erhalten habe, teilen mir Menschen mit, was sie verloren haben, was er für sie bedeutete, wofür er gestanden hat und wie sehr sie ihn vermissen.

Jetzt, vier Monate später, da die Kerzen erloschen und die Blumen verwelkt sind, da die ersten Briefe archiviert sind und immer noch neue eintreffen, wünscht das ganze Land und wünschen viele andere Länder, Städte und

Universitäten in allen Teilen der Welt, ihn zu ehren und seiner zu gedenken. Jetzt trägt eine Straße Rabins Namen, auch ein Platz und ein medizinisches Zentrum, eine Sportanlage, ein Kindergarten und eine Schule, Stiftungen und Stipendienfonds sind ihm gewidmet.

Er ist ein Mythos geworden. Aber was ist ein Mythos, wenn nicht eine Legende für die kommenden Generationen?

Wenn man mich fragt, ob ich ein Anliegen habe, dann kann ich das nur bejahen. Als der Mensch, der ihm am nächsten stand, der ihn sein ganzes Leben lang geliebt hat, der an jedem Scheideweg an seiner Seite war, der die Triebfedern seines großen Geistes und seines mutigen Herzens genau kannte, empfinde ich die dringende Verpflichtung, seine Botschaft voranzutragen und das strahlende Licht immer wieder zu entzünden, das so brutal ausgelöscht wurde.

7. März 1996
Boston

Jitzchak, heute habe ich in Harvard vor der John F. Kennedy School of Government eine vom Fernsehen übertragene Rede gehalten. Du solltest am 16. November hier sprechen; ich bin für Dich eingesprungen. Der Saal war bis auf den letzten Platz besetzt – über achthundert Menschen. Eine Freundin sagte zu mir, es habe eine solche Stille geherrscht, daß man die Leute atmen hörte. Nach meiner Rede gab es Fragen. Einer der Studenten, ein Araber, hatte sich eine Frage aufgehoben, die er Dir im letzten November stellen wollte, aber jetzt mußte er sich statt dessen an mich wenden. Ich beschattete meine Au-

gen mit der Hand, als ich mich im Auditorium umsah,
um ihn zu finden. »Ich sehe Sie nicht«, sagte ich. »Aber
wenn Sie Jitzchak fragen wollen, versuchen Sie es und
schauen wir, was passiert ...«

10. März 1996
Los Angeles

Heute abend habe ich an einer Benefizveranstaltung
im Beverly Hilton für das Schiba Medical Center teilge-
nommen, das eine Rehabilitationsklinik errichtet, die
Deinen Namen tragen soll. Der Abend verlief in typi-
schem Beverly-Hills-Stil.
Der Schauspieler Rod Steiger wurde gebeten, zwei bis
drei Minuten zu sprechen – in dieser Zeit nannte er Dich
viermal »Rubin«. Als mir das Wort erteilt wurde, sagte
ich zu dem Schauspieler: »Im fernen Indien lebt ein alter
Mann, der sagte, er habe einen Freund, der für den Frie-
den gestorben sei und der Rubin hieß. Er hat das Recht,
Rubin zu sagen, aber ich erwarte, daß Sie meinen Ehe-
mann bei seinem richtigen Namen nennen.«
Nathalie Cole – Nat King Coles Tochter – trat ebenfalls
auf. Sie hat ihren eigenen Stil, der sich an diesem Abend
darin äußerte, daß sie mehr oder weniger topless er-
schien. Für mein Gefühl zeugte das nicht von sehr gu-
tem Geschmack. In meiner Rede sagte ich, daß das jüdi-
sche Leben eine Magie besitze, daß wir in verschiede-
nen Teilen der Welt lebten und uns an die verschiedenen
Lebensweisen unserer Umgebung anpaßten und den-
noch ein Volk blieben. Jetzt, wo ich in allen Teilen der
Welt an Gedenkfeiern zu Ehren meines ermordeten Man-
nes teilnehme, sagte ich, lerne ich die unterschiedlichen

Arten kennen, wie Menschen seiner gedenken wollen.
Ich bin sicher, Jitzchak hätte an Nathalie Cole großen
Gefallen gefunden!

Als Dalia und ich auf dem Flug nach Amerika waren,
veröffentlichte der Untersuchungsausschuß seine
Schlußfolgerungen über das Verhalten der Sicherheits-
beamten am Abend des Mordes. Der Schabak geriet in
die Schußlinie der Kritik. An meinen diesbezüglichen Ge-
fühlen hat sich seit jenem Tag nichts geändert. Der Mör-
der hat es geschafft, an Dich heranzukommen und Dich
zu töten. Das Klima, das zu dem Mord hinführte, hat ihn
zu seiner Tat ermutigt. In meiner Einstellung zu den Si-
cherheitsbeamten, die Dich beschützten, habe ich nie ge-
schwankt. Du hat es niemals für möglich gehalten, daß
ein Jude Dich töten könnte, und das hast Du auch zum
Ausdruck gebracht. Hätte wir von denen, die mit Deiner
Sicherheit betraut waren, verlangen können, es anders
zu sehen? Du hast ihnen vertraut. Du hast ihnen so viele
Jahre lang vertraut – und auch ich habe ihre Einsatz-
bereitschaft und harte Arbeit immer respektiert. Falls sie
Fehler gemacht haben, bezahlen sie jetzt dafür. Aber ich
kann nicht glauben, daß sie Dich im Stich gelassen
haben. Was immer ich denke, wird Dich nicht zurück-
bringen.

✳

Hauptsächlich als Reaktion auf die Welle terroristischer Gewalt in Israel wurde am 13. März 1996 eine globale Terroris-
muskonferenz nach Scharm el-Scheich in Ägypten einberufen. Präsident Bill Clinton nahm ebenso daran teil wie viele
andere Staats- und Regierungschefs, einschließlich Präsident
Hosni Mubarak, König Hussein, Helmut Kohl, Jacques Chirac, John Major und Schimon Peres. Die Konferenz erinnerte

viele an die Versammlung von Staatsoberhäuptern, die sich erst fünf Monate zuvor zu Jitzchaks Begräbnis eingefunden hatten.

Nach der Konferenz besuchte Präsident Clinton Israel. Er kündigte einen amerikanischen Beitrag an hochentwickelter Technologie im Wert von hundert Millionen Dollar zur Bekämpfung des Terrorismus an. Clinton besuchte das Grab von Nachschon Wachsman, dem von der Hamas entführten und getöteten Soldaten, und sprach mit seinen trauernden Eltern. Dann gingen wir zu Jitzchaks Grab auf dem Herzlberg. Hand in Hand standen der Präsident und ich vor der Gruft. Es herrschte völlige Stille, als der Präsident einige Steine aus dem Rosengarten des Weißen Hauses und einen Kranz aus roten, weißen und blauen Blumen am Grab niederlegte, auf dessen Schleife stand: »Schalom, Chaver«. Er ist uns wirklich ein wunderbarer Freund.

Am gleichen Nachmittag nahm Präsident Clinton an einer großen Jugendkundgebung im Opernhaus von Tel Aviv teil. Als ich den Saal betrat, war ich überwältigt von der Ovation, die ich von der »Generation der Kerzen« erhielt, wie die jungen Menschen, die um Jitzchak trauerten, inzwischen genannt werden. Einen ebenso stürmischen Empfang bereiteten sie dem Präsidenten. Präsident Clinton sprach wie immer mit großer Eloquenz, er beschwor die jungen Menschen, auch angesichts von Rückschlägen die Hoffnung nicht aufzugeben und zu kämpfen, um sich ihren Traum von einer besseren Zukunft zu erfüllen. Er unterstützte Schimon Peres nachdrücklich in dessen Kandidatur für das Amt des Ministerpräsidenten.

Am 25. März 1996 fand die Vorwahl der Arbeitspartei statt. Schimon Peres wurde erneut zum Kandidaten für das Amt des Ministerpräsidenten gekürt. Wir hatten Grund zur Hoffnung, daß er diesmal Erfolg haben würde.

25. März 1996
Tel Aviv

*Ich bin wieder zu Hause. Hier dreht sich alles um Dich.
Deine Fotos sind überall. Deine Schränke enthalten immer noch all die Dinge, die Du an diesem verfluchten
Tag zurückgelassen hast. Die Krawatten, die Hemden,
die schönen Blazer. Deine Schuhe, die Tennisschuhe –
die Lade mit den Tennissachen – ich kann mich nicht
überwinden, irgend etwas anzurühren. Es bleibt alles
das Deine, auf diese Weise behalte ich Dich bei mir. Hier
zu Hause ist es, als ob Du jeden Augenblick wieder
durch die Tür treten könntest, und dann wirst Du alles
genauso vorfinden, wie Du es zurückgelassen hast. Gegenüber denen um Dich herum warst Du immer so rücksichtsvoll. Wenn Du abends nach Hause kamst, sagtest
Du: »Wenn es dir nichts ausmacht, hätte ich gern ein
Sandwich mit Käse«, und ich wußte, Du hattest den ganzen Tag noch nichts gegessen. Selbst daran zu denken
schmerzt mich noch nach fünf Monaten. Nein, ich erwarte nicht mehr, daß Du einfach über die Schwelle trittst,
aber allein schon die Vorstellung ist manchmal erleichternd. Werde ich je anders empfinden?
So wie die Leere jener ersten Nacht ohne Dich machen
mir viele Dinge, die mir früher viel bedeuteten, jetzt
große Angst – das nahende Pessach-Fest, mein Geburtstag, der Unabhängigkeitstag. Mein Abba'le, der Gedanke ist schrecklich, daß nichts mich je wieder wahrhaft
glücklich machen wird. Daß jeder schöne Tag, jeder
Feiertag ohne Dich so furchtbar traurig sein wird.*

*

Als am 28. März 1996 Gerichtsurteil und Strafmaß für Jitzchaks Mörder bekanntgegeben wurden, standen die Telefone für keinen Moment still. Ich weigerte mich, den Prozeß zu
verfolgen, aber andere haben mir vom Grinsen des Mörders,
von seiner Reuelosigkeit und seinem Kaugummikauen im
Verhandlungssaal erzählt. Mußte ich mir das antun?
Jetzt, da das Urteil gesprochen ist, unterstütze ich jedoch die
Petition, die in Israel vorbereitet wird, das Urteil für alle Zeit
von einer Strafumwandlung oder einer Begnadigung auszu-
nehmen. Daß dem Mörder gestattet wurde, an der Knesset-
wahl teilzunehmen, war eine Ungeheuerlichkeit!

31. März 1996
Los Angeles

Drei erfreulichere Tage in Los Angeles. Beverly Hills ist ei-
ner der bezauberndsten Orte auf Erden – isoliert von der
bitteren Realität, wie es ist. Schönheit, Reichtum, herrli-
ches Wetter und ewiges Grünen und Blühen.
Am Sonntag nachmittag nahmen wir an einer bewegen-
den Gedenkfeier teil, bei der der Platz vor dem Portal
von Universal City Dir zu Ehren benannt wurde. Der Bür-
germeister, Mitglieder des Stadtrats, Lew Wasserman
und eine Gruppe von jungen jüdischen Hechalutz-*Pionie-*
ren nahmen daran teil. Ein »Rabinplatz« selbst hier – in-
mitten der Phantasiewelt des Films.
An diesem Abend fand eine große Gedenkfeier des Jüdi-
schen Weltbundes statt. Fünfzehnhundert Menschen im
Century Plaza. Monty Hall koordinierte den Abend mit
Charme und Würde. Ich wurde von Richard Dreyfus vor-
gestellt. Noch nie bin ich mit soviel Gefühl und Originali-
tät präsentiert worden. Ich war bezaubert von ihm und
seinem Stil. Ich sprach etwas länger als üblich und

offenbar erfolgreich, der Reaktion nach zu urteilen. Immer wieder spreche ich von dem Abend der Kundgebung und seinen Folgen. Wieder und wieder erzähle ich von Dir – und schließlich von Deiner Loyalität gegenüber dem jüdischen Volk und Deiner Erwartung, daß diese erwidert würde.

*

Von all den vielen Beileidsbekundungen, die wir nach Jitzchaks Tod erhielten, hat mich keine mehr gerührt als die eines 15jährigen Mädchens, Bat-Tschen Shahak. Sie nannte ihr Gedicht »Ein Brief an Rabin«.

*Drei Schüsse und alles ist vorbei –
Jetzt spricht man über ihn in der Vergangenheit.
Plötzlich wird aus Gegenwart Vergangenheit,
Und die Vergangenheit ist nur Erinnerung.
Wir stehen da und weinen,
Wir möchten glauben, daß es nie geschah,
Daß alles nur ein Alptraum ist
Und daß wir am nächsten Morgen aus diesem Alp
erwachen.
Statt dessen erwachen wir in einer pervertierten Welt,
Wo sich Schmerz mit Haß vermischt.
Wir können das Ausmaß dieses Verlustes nicht
ermessen,
Und wir können seine Grausamkeit nicht fassen.
Wer könnte eine solche Tragödie verstehen –
In einer Zivilisation und nicht im Dschungel?
Es ist wie der erste gefallene Dominostein,
Der eine Kettenreaktion auslöst.
Wir wurden enthauptet, in jedem Sinn des Wortes,
Und jetzt fällt alles in Trümmer.*

Als sei er der Kopf gewesen und wir der Leib,
Und ohne Kopf – stirbt der Leib!
Es ist unmöglich, etwas aufzubauen mit Teilen, die nicht
zusammenpassen,
Es ist unmöglich, mit ungleichen Ziegeln zu bauen.
Es ist eine Kunst, einen senkrechten Turm zu errichten,
Aber ein einziger Tritt kann alles zerstören.
So kann man auch einen Staat zerstören!
Ich weiß nicht, warum sie nach den Schuldigen suchen,
Sind wir doch alle schuldig, weil wir ihm nicht zeigten,
wie sehr wir ihn liebten.
Wie die Kinder, die heranwachsen
Und erst dann ihre Eltern verstehen,
Aber manchmal ist es zu spät …
Sie bitten um Vergebung, sie schreiben und sie weinen.
Mag sein, ich bin naiv,
Aber ich verstehe nicht,
Weshalb Menschen
Das Gesetz in ihre eigene Hand nehmen.
Weshalb entreißen wir anderen
Das Beste, das es je geben kann,
Das Leben …
Ich trauere mit Dir und hoffe, Du mögest keinen
weiteren Schmerz erleiden.

So gern hätte ich Bat-Tschen persönlich für ihre Worte ge-
dankt. Doch dazu werde ich niemals Gelegenheit haben.
Bat-Tschen wurde im März 1996 zusammen mit zwei ihrer
Freundinnen bei dem terroristischen Bombenanschlag am
Dizengoff-Center getötet, an ihrem Geburtstag. Einige Wochen nach dem Bombenattentat besuchte ich die Familien
dieser drei 15jährigen Mädchen.
Selbst nach dem niederschmetternden Verlust seiner Tochter
hatte Bat-Tschens Vater den Mut zu erklären – mir gegenüber

und öffentlich im israelischen Fernsehen –, daß er den Friedensprozeß ebenso leidenschaftlich unterstütze, wie es seine Tochter getan hatte.

3. April
Tel Aviv

Mein Liebster, als Du ermordet wurdest, war es Herbst, und jetzt ist Frühling. Alles blüht – die Mohnblumen, die Akazien. Der lange Winter ist vergangen, aber nicht seine Traurigkeit. Eine lange, winterliche Nacht voll verzehrender Sehnsucht, in der selten ein Sonnenstrahl aufleuchtete.
Heute ist der Vorabend des Pessach-Festes, und der Strom von Blumen und Anrufen nimmt kein Ende. Die Menschen wissen nicht, was sie sagen sollen. Sollten Sie mir »Chag Sameach« wünschen? Viele sagen es, aber schon der Gedanke daran ist uns unmöglich.
Das Haus ertrinkt in Blumen. Wie sehr haben wir die festlichen Seder-Abende bei Dalias Schwiegereltern, den Pelossofs, geliebt. Du hast Dich bei diesen Anlässen immer »feingemacht«, und wir haben uns Durch Deine Anwesenheit besonders geehrt gefühlt.
Gestern gingen wir auf den Herzlberg zu einer Zeit, in der wir hofften, niemanden anzutreffen. Tatsächlich waren wir zum erstenmal dort allein – Avi und Dalia, Juwal und Tali, Jonatan und Noa. Wir saßen an Deinem Grab, und wir weinten – zusammen und allein. Wir stehen am Rande eines Abgrunds und ringen darum, nicht zu stürzen …

8. April
Tel Aviv

*Dalia und Tali haben in ihrem schönen neuen Zuhause
eine Geburtstagsparty für mich geschmissen. Du hättest
Dich so gefreut, sie in einer so reizvollen Umgebung zu
sehen. Unsere Freunde, ihre Freunde und die von Noa
und Jonatan – drei Generationen – kamen zusammen,
um zu feiern.*

*Jitzchak, eine kurze Zeitlang fühlte ich mich tatsächlich
besser. Ich war eingebettet in Leben, Liebe und Zuwen-
dung. Die Menschen, die mir am nächsten stehen, waren alle bei mir – alle außer einem. Als ich unsere Wohnung verließ, um zu diesem Fest zu gehen, warteten unten etwa 150 Jugendliche auf mich, um mir zum Geburtstag zu gratulieren. Sie sangen das »Lied des Friedens«
und Geburtstagssongs. Die jungen Menschen überhäuf-
ten mich mit Liebe, aber ich schluckte so an meinen Tränen, daß ich ihnen kaum meine Dankbarkeit bekunden
konnte. Sie riefen mir zu: »Seien Sie stark … wir brauchen Sie.« Ich bin nicht stark, und ich weiß nicht recht,
was ich für sie tun kann. Eine Leere ist zurückgeblieben,
die niemand füllen kann.*

14. April 1996
Genua

*Wir landeten auf einem kleinen, von Sonnenlicht überflu-
teten Flughafen. Bürgermeister Sansa, der einen riesigen
Tulpenstrauß in der Hand hielt, und der Direktor des Pri-
mo-Levi-Zentrums waren beide zu meiner Begrüßung gekommen. Der Bürgermeister – ein Mann mit durchdrin-*

*genden blauen Augen – hat mich auf den ersten Blick
beeindruckt. Ich fuhr in seinem Auto in die Stadt. Er
bezeichnete Deine Ermordung als »eine griechische
Tragödie«.*

*Das Institut verleiht alljährlich den Primo-Levi-Preis, mit
dem eines herausragenden Humanisten gedacht wird,
und ich soll ihn für Dich in Empfang nehmen. Es ist eine
große Ehre und Auszeichnung, und weil der Preis den
Namen Levi trägt, spricht er zu meinem Herzen.*

*Nach dem Mittagessen traf ich mit Mitgliedern der jüdi-
schen Gemeinde zusammen, deren Geschichte bis zur
Vertreibung aus Spanien im Jahr 1492 zurückreicht. Sie
waren verfolgt und auch aus Genua verjagt worden,
aber sie kehrten dorthin zurück. Die Gemeinde besteht
heute nur noch aus fünfhundert Seelen, aber sie wahren
ihre jüdische Identität und ihre Bindung an Israel. Dennoch bedrückend – ich sah wenige junge Gesichter darunter.*

*Die Verleihung des Primo-Levi-Preises und der Ehrenbür-
gerschaft von Genua fand in einem ehrwürdigen und vor-
nehmen Saal in opulentem Stil statt: Marmorsäulen mit
reichgeschmückten Kapitellen und Deckenfresken. Jeder
Platz war besetzt, und an den Wänden drängten sich die
Menschen. In einem benachbarten Saal verfolgte das Publikum, das keinen Einlaß mehr gefunden hatte, den
Festakt über eine interne Fernsehanlage.*

*Ich sprach über Primo Levi und seine Werke, und ich er-
wähnte, daß mein Großvater an seinem ersten Tag in
Auschwitz umgekommen war. Ich verwendete den Begriff vom »Wechsel der Gezeiten der Geschichte«, als ich
von unserem Leben in Israel sprach – eine Wendung,
die den Bürgern einer Hafenstadt vertraut ist, die im Lauf
der Geschichte ihre eigenen Zeiten von Ebbe und Flut
erlebt hat.*

*Der Bürgermeister von Genua sprach sich dafür aus,
daß ich die nächste Präsidentin Israels werden solle. Ich
glaube, ich habe dies in meinen Briefen nicht erwähnt,
aber viele Menschen haben mich ermutigt, diese Rolle
anzustreben. Lea, Deine Frau, Staatspräsidentin? Jitzchak, klingt das nicht absurd? Wenn man mich in Interviews danach fragt, antworte ich: »Ich werde nicht darum kämpfen – und da man nichts auf einem silbernen
Tablett serviert bekommt, bedeutet das, daß es einfach
nicht geschehen wird!« Ich habe alle Deine Kämpfe
miterlebt, und ich weiß, wie hart Du gefochten hast. Ich
habe genug vom Kämpfen.*

*Morgen werde ich in Florenz sein, um eine weitere Aus-
zeichnung in Empfang zu nehmen. Erinnerst du Dich,
wie sehr wir Florenz bei unserem ersten Besuch 1953
liebten? Fünf Tage lang haben wir diese schöne Stadt
kreuz und quer durchstreift. Wir reisten in der Gewißheit
ab, daß wir zurückkehren würden, was wir auch immer
wieder taten – und jetzt fahre ich wieder hin und denke
dabei an Dich …*

15. April 1996
Florenz

*Lieber Jitzchak, so geliebt und doch so fern …
Es gibt auch manche schönen Momente. Heute wurdest
Du in Florenz von Präsident Ghitto mit dem jährlich verliehenen Pegasio d'Oro-Preis der Toskana ausgezeichnet. Und dann ein Besuch beim Bürgermeister der Stadt,
Mario Primichario, im Palazzo Vecchio. Er hat mich mit
einer Geschichte, die er mir erzählte, tief bewegt. Er hatte Israel besucht, um eine Städtepartnerschaft zwischen*

*Florenz und Nazareth ins Leben zu rufen. »Das erste,
was ich machte, war, vom Flughafen an das Grab Ihres
Mannes zu fahren.« Dann stattete er Jassir Arafat einen
Besuch ab und erzählte ihm, daß er Jitzchak Rabins
Grab aufgesucht habe. Arafat sprang auf, umarmte den
Bürgermeister und sagte: »Ich danke Ihnen, daß Sie am
Grab meines Bruders gewesen sind!« Er wiederholte die
Geschichte, als er mich dem Stadtrat vorstellte. Nach diesem Treffen machten wir einen Spaziergang auf dem
Ponte Vecchio, umringt von einem Heer von Sicherheits-
leuten. Jitzchak, wenn Du nur die Menschentrauben hättest sehen können, die sich an den Straßenrändern
drängten. Es war ein warmer, sonniger Tag, und wir genossen jede Minute, trotz des riesigen Aufgebots an Polizei. Ich werde mit Respekt überhäuft, dabei werde ich
immer von zahlreichen Sicherheitsbeamten begleitet, die
eine menschliche Mauer um mich herum bilden – all
dies, weil ich zu Dir gehöre.*

*23. April 1996
New York*

*Mein erster Unabhängigkeitstag ohne Dich.
Siebenundvierzig Jahre lang haben wir diesen Tag zusammen gefeiert – von den ersten Unabhängigkeits-
tagen an mit den Militärparaden, die von Jahr zu Jahr
immer größer und aufwendiger wurden. Ich erinnere
mich an die Erregung, die ich empfand, wenn die Truppen vorbeizogen – an den Stolz und die Freude beim Anblick der Soldaten, die zu den Liedern unserer Jugend
marschierten. Die Marine in ihrem blendenden Weiß, die
Panzer – jedes Jahr mit neuen, größeren und stärkeren*

Modellen –, die Flugzeuge der Luftwaffe über unseren Köpfen. Im Lauf der Jahre nahm der Unabhängigkeitstag eine neue Qualität an, und die Parade dankte ab zugunsten von Picknicks. In jedem Park und Wäldchen, unter jedem schattigen Baum lagerten untertags Familien und Freunde, und am Abend gab es Partys. Wir hatten unsere eigene Tradition: Wir nahmen an einem Empfang im Haus des Präsidenten und an der Endrunde im Bibelwettbewerb* teil, schauten bei ein paar häuslichen Festen und Picknicks vorbei und kehrten dann zur Verleihung des Israel-Preises nach Jerusalem zurück**. Am Abend gingen wir zu dem jedes Jahr größeren Empfang im Verteidigungsministerium. Tausende von Händen mußten geschüttelt werden. Ein langer Tag des hektischen Umhereilens von Ort zu Ort und doch ein so freudenreicher Tag. Die Fahnen, die Lieder, das ganze Israel in Festtagsstimmung – und siebenundvierzig Jahre lang wir mittendrin.

Und jetzt, wie kann ich diesen Tag ohne Dich verbringen? Jede Fahne, jedes Lied, jedes Ereignis ist voll von tausend Erinnerungen. Siebenundvierzig Jahre im Leben Israels. Siebenundvierzig Jahre Kampf ums Überleben, um Frieden, um Sicherheit. Siebenundvierzig Jahre einer wunderbaren Ehe, die allzu früh endete.

An diesem Unabhängigkeitstag wirst Du überall von vielen vermißt. An der libanesischen Grenze fallen seit zwei Wochen Katjuschas, während Warren Christopher zwischen Jerusalem und Damaskus hin- und herpendelt.

Ich wußte, daß ich nicht imstande sein würde, das alles

---

* Ein jährlich stattfindendes Quiz, bei dem junge Leute auf ihre Bibelfestigkeit getestet werden.

** Preise, die für außerordentliche Leistungen auf verschiedenen Gebieten wie Medizin, Kunst und Philosophie verliehen werden.

zu ertragen, und habe deshalb gern eine Einladung der
American Association for the United Nations angenommen, eines Verbandes, der Spenden für die UNO sammelt. Letztes Jahr war Colin Powell ihr Ehrengast, und
dieses Jahr hatten sie sich für Dich entschieden, das
heißt, jetzt eben mich ...

Noa, Jonatan, Avi und Dalia begleiteten mich. Am Nationalen Gedenktag besuchten unsere engsten Freunde
Dein Grab, ebenso Juwal und Tali. Sie waren bei Dir, als
um elf Uhr vormittag die Sirenen ertönten. Auf dem Militärfriedhof standen viele Menschen um die Gräber ihrer
Lieben. Juwal erzählt mir, daß auch Dein Grab über und
über mit Blumen bedeckt war. Besucher sahen an jenem
Nachmittag einen jungen Marineoffizier in weißer Paradeuniform, der schneidig salutierte und dann ein Bouquet roter Rosen auf Dein Grab legte. Eine Träne rann
ihm über die Wange, und sein Unterkiefer zitterte, während er um Fassung rang..

23. Mai
Jerusalem

Der Herzlberg war am Vorabend von Schawuot verlassen, als wir hinkamen, um an diesem Feiertag Deiner zu
gedenken, eine neue Schale mit Blumen aufzustellen
und eine Kerze anzuzünden. Um wieviel bedrückender
die Traurigkeit doch an Feiertagen wird.
Wieder das Gefühl, daß wir Dich im Stich gelassen haben, am Herzlberg, unter dem monumentalen Grabstein.
Wir kehrten zurück nach Hause, wo in jeder Ecke ein
Bild von Dir steht. Deine Abwesenheit schreit zum
Himmel.

*Ich trenne mich jetzt von Dir und gehe zur Synagoge,
um der Hinterlegung einer Thorarolle zu Deinem Andenken anläßlich dieses Festes beizuwohnen – der Feier
des Tages, an dem Gott uns seine Gesetze geschenkt
hat.*

*

Schnell waren die Wahlen herangekommen. Am 26. Mai
hielten Schimon Peres und Benjamin Netanjahu ihre einzige
öffentliche Debatte während des Wahlkampfs ab. Die meisten Beobachter fanden, daß sie knapp ausging, knapper, als
viele vorausgesagt hatten.

Während des größten Teils der Wahlkampagne hatten die
Umfragen einen Vorsprung von vier bis sechs Prozent für
Schimon Peres ergeben. Am Ende war der Wahlausgang
nicht mehr vorauszusagen … Während des ganzen Wahlkampfs fragte ich mich, warum die Kandidaten der Arbeitspartei die Erinnerung an Jitzchak nicht eindringlicher heraufbeschworen. Ich hatte ihnen meine Hilfe jedenfalls angeboten. Rückblickend habe ich das Gefühl, daß ich vielleicht
hätte darauf beharren sollen, aber ich wollte mich nicht auf-
drängen und war außerdem so sicher, daß sie ohnehin gewinnen würden.

Am Abend des Wahltages interviewte mich Jael Dan vom israelischen Fernsehen zu Hause. Ich sagte ihr, ich sei zuversichtlich, die Arbeitspartei werde die Wahl gewinnen. Aber
was ist, wenn nicht, drängte sie mich. Ich sagte, wenn das,
Gott bewahre, geschieht, hätte ich Lust, meine Koffer zu
packen. Wie nicht anders zu erwarten, löste diese Bemerkung einen internationalen Eklat aus. In einem Interview in
Newsweek brach ich dem kurz danach die Spitze ab: »Das
war ein Scherz. Ich sagte, ich hätte wahrscheinlich Lust, meine Koffer zu packen, falls Schimon Peres die Wahl verlieren

sollte. Aber das war nicht ernst gemeint. Ich kann mein Land niemals verlassen. Dies ist mein Land. Meine Kinder sind hier, und hier auf dem Herzlberg liegt Jitzchak begraben.« Konnte irgend jemand diese Bemerkung ernst nehmen? Offenbar gibt es Leute, die nur auf solche Gelegenheiten lauern.

Die ersten Befragungen von Wählern nach Verlassen der Wahllokale am Abend des 29. Mai ließen einen Sieg von Schimon Peres erwarten, aber die Waagschale neigte sich allmählich zugunsten von Netanjahu. Es dauerte drei Tage, bis die Endresultate vorlagen, die schließlich am Freitag, dem 31. Mai, kurz vor Sonnenuntergang bekanntgegeben wurden. Bis zum letzten Tag hätte der Wahlausgang noch durch Stimmen von Briefwählern – Soldaten und Kranken-hauspatienten – verändert werden können ... und durch die Stimmen inhaftierter Kapitalverbrecher, darunter einer, der den damaligen Amtsinhaber kaltblütig vor aller Augen er-mordete.

5. Juni
Tel Aviv

Mein Jitzchak, geliebt und so weit weg ...
Die Wahl liegt hinter uns, aber der Schock des Schei-
terns sitzt uns noch in den Knochen. Der Mörder hat et-
was Entsetzliches vollbracht. Er hat Dich gefällt, ein
zweites Mal nach Deinem Tode, und jetzt lacht er. Sie
feiern, denn ohne Dich ist es offenbar unmöglich, das
Vertrauen der Menschen zu erringen. Bibi hat mit einer
Mehrheit von bloß zwanzigtausend Stimmen gewon-
nen, und jetzt plappert er schon über den Frieden und
seine Verpflichtung gegenüber dem Osloer Abkommen.
Du warst der Verräter und Mörder, jetzt wird er Frieden

schließen – Deinen Frieden. Der Mann, der auf dem Zion-
platz stand und zuschaute, wie man Deinen Namen ver-
brannte.

Wie konnte das geschehen? Man hatte uns den Sieg ver-
sprochen, aber manche Mitglieder der Arbeitspartei wa-
ren offenbar schon zu selbstzufrieden geworden. Sie
haben einen sehr schwachen Wahlkampf geliefert. Sie
meinten, die Kampagne sollte sehr gedämpft geführt wer-
den: keine Reibungen, keine Anklagen. Deshalb wollten
sie Deine Ermordung ebensowenig zum Thema machen
wie die rabiaten Likud-Demonstrationen und deren wil-
de Hetze … Sie hatten Angst vor Zusammenstößen und
noch mehr Attentaten, deshalb vermieden sie Massenver-
sammlungen auf den Plätzen der Städte. Sie traten »ver-
schnarcht, vegetarisch und blutarm« auf, wie Du sagen
würdest.

Sie führten ihren Wahlkampf von zwei verschiedenen
Hauptquartieren aus, die sich zuerst befehdeten und ein-
ander dann gegenseitig die Schuld zuschoben. Es gab
Meinungsumfragen, deren Ergebnisse nie die Leute er-
reichten, die sie hätten sehen sollen. Der Vorsprung von
Peres – die Experten schrieben und sprachen alle von
etwa vier bis sechs Prozent – schien konstant zu blei-
ben. Jetzt bin ich mir nicht so sicher, ob er je einen Vor-
sprung hatte.

Im Gegensatz dazu hat Bibi einen konzentrierten und
professionellen Wahlkampf geführt. Der Likud hatte ei-
nen Experten aus den Vereinigten Staaten eingeflogen
und alles getan, was er ihnen riet. Es gelang ihnen, die
Wähler mit dem Gespenst von Terroranschlägen zu
schrecken: »Seit wann mußten wir Angst haben, mit ei-
nem Bus zu fahren?« »Bibi bringt ›Frieden mit Sicher-
heit‹«.

Ich war überzeugt – und das habe ich auf vielen Aus-

landsreisen gesagt – daß uns nur ein Weg offensteht: angesichts der Versuche, den Friedensprozeß zu torpedieren, stark und geschlossen zu bleiben. Die rabiaten Demonstrationen, die gewöhnlich auf Terroranschläge folgten, ließen nach dem Mord nach. Der Stil hatte sich verändert, und ich war optimistisch. Ich wollte hoffen, daß der Mordanschlag und Dein furchtbares Opfer in irgendeiner Weise zum Friedensprozeß beigetragen hätten, daß sich die Einstellung vieler Menschen dadurch veränderte.

Dann kam die Wahl und machte alle Hoffnungen zunichte. Ich wurde nach dem Wahltag gefragt, auf wen ich wütend sei, da hier jeder auf irgend jemand wütend ist. Ich sagte, ich hätte nur eines anzubieten: Wenn Du am Leben geblieben wärst, dann hättest Du gewonnen – denn die Menschen hätten Dich gewählt und Dir vertraut. Du hättest der Bevölkerung gegenüber genau das ausgestrahlt, was Du mit Dir ins Grab genommen hast: Glaubwürdigkeit. Es sei der Wunsch vorhanden gewesen, Dir zu glauben, Dir zu vertrauen, weil Du immer das Richtige getan hast. Und wenn Du verloren hättest, dann hättest Du die Verantwortung dafür übernommen, wie Du es Dein ganzes Leben lang getan hast. Manche Leute interpretierten meine Worte als einen Ruf nach dem Rücktritt von Peres. Ich sagte, nein, ich habe nicht kommentiert, was Schimon Peres tun sollte, nur, was Du getan hättest. Du, Jitzchak, hättest sofort die Verantwortung für das Scheitern übernommen. Dessen bin ich mir absolut sicher.

Wo bist Du, wenn ich jemanden brauche, mit dem ich all den Kummer und Schmerz teilen kann? Du bist wie ein ferner Planet – der unsere, aber nur ein Stern. Ich lese die Gedichte und Briefe von Mitarbeitern des Schabak, die nach dem Mord geschrieben wurden. Ich lese

Briefe, die mich nach der Wahlniederlage erreichten,
und meine Augen füllen sich mit Tränen.
Die Tage sind geteilt zwischen Schmerz und Bangen.
Die wenigen Stunden, die ich mit Menschen verbringe,
reißen mich irgendwie aus meinen Grübeleien, aber die
vielen Stunden des Alleinseins liefern mich den Alpträu-
men aus, dem immer noch Unfaßbaren …
Es war ein kühler Abend in Jerusalem. Der Wind spielte
mit den Wipfeln, und wir standen da und starrten den
stummen Grabstein hilflos an; wir hätten Dich so sehr ge-
braucht.

*

Fast ein Jahr später kommt immer noch an jedem Morgen
eine Frau und reinigt die Stelle, wo Jitzchak getötet wurde.
Sie entfernt die verblaßten Blüten und das Kerzenwachs und
flicht frische Blumen in die Maschen des Zauns, der die Stätte umgibt. Wir wissen nicht, wer diese Frau ist.

Nachwort

Wir sind zu Dir gekommen, Jitzchak, sind zum Appell angetreten.

Wir sind zu Dir gekommen als eine große Familie, einer nach dem anderen.
Du warst unser aller Befehlshaber und bereits damals für Großes auserwählt,
Aber nicht nur Befehlshaber, Du warst Kamerad und Du warst Bruder.

Im Quartier über dem Kuhstall, in der stickigen Hütte, im klammen Zelt,
Auf Wüstengrenzgebiet, mit einer einzigen Feldküche,
…

Und in den Nächten mit Himmeln, rot von Dynamit,
An den Tagen mit Brot und Marmelade, Shorts und Sandalen,
Mit jenem Schwur der Bruderschaft, noch immer lebendig unter uns.

Ungeschrieben, unausgesprochen, unglaublich schön, ein echter Schwur,
Der uns, Deine lebenden Kameraden, mit Dir in Deinem Grab verbindet.
Denn Du warst uns ein treuer Bruder, ein wahrer Bruder, ohne Heucheln.

Und wir sangen: »Wo, ach wo gibt es noch Menschen wie ihn?«

Bei einer Trauerfeier auf dem Herzlberg sprach Chaim Hefer, Jitzchaks Waffenbruder aus dem Palmach, diese Worte. Die vergangenen Monate unterstreichen nur die traurige Wahrheit jener Frage in dem Lied aus unserer Jugendzeit. Was war das Besondere an Jitzchak, daß er so bewundert, so beweint, so unendlich gebraucht und so sehr vermißt wurde?

Wenn ich versuche, diese Frage zu beantworten, kann ich zunächst nur dankbar anerkennen, welch ein Glück es für mich war, ihn kennengelernt zu haben, als ich erst sechzehn war, und bereits damals erkannt zu haben, wie einzigartig er war. Ich verbrachte ein ganzes Menschenleben mit diesem großartigen Mann; wir teilten Freud und Leid, gute und schlechte Zeiten. Wie privilegiert waren wir doch, den entscheidenden Weg in der kurzen Geschichte unseres Landes Seite an Seite zu gehen. Unsere Landsleute hielten geeint an einem starken Sendungsbewußtsein fest: Wir werden siegen. Wir werden kämpfen und nicht nachgeben. Wir werden überleben.

Nach dem Unabhängigkeitskrieg erklärte Jitzchak in einem Interview: »Ich werde meine ganze Kraft, mein ganzes Leben daransetzen, daß wir Israel nie wieder in einer solch verwundbaren Position verteidigen müssen.« Von da an verschrieb er sich der Aufgabe, die israelischen Streitkräfte zu einer der stärksten, bestausgerüsteten Armeen der Welt zu machen. Unablässig setzte er sich für das Überleben unserer Nation ein. Am Ende eines jeden langen Tages pflegte er sich zu fragen: Habe ich genug getan? Was habe ich unterlassen? Auf seiner Gedenkmedaille sind die Worte eingraviert: »Ich habe mein ganzes Leben der Sicherheit und dem Frieden gewidmet.« Wie wahr.

Doch für ihn war eine starke Verteidigung nur der erste Schritt auf dem Weg zum Verhandlungstisch. Ein paar Tage nach Jitzchaks Ermordung schrieb Henry Kissinger in der *Washington Post*: »Rabin, eine sanfte Seele, stählte und wappnete sich für Maßnahmen von auffallender Härte; er war ein Mann des Militärs, doch er brachte sich zögernd, Schritt für Schritt, die Sprache des Friedens bei; seine Beerdigung war ein Zeugnis dafür, wie sehr es ihm gelungen war, die Frage der Sicherheit auf eine moralische Ebene zu heben.«

Kürzlich wurde auch Jassir Arafat gefragt, was seiner Meinung nach Jitzchak so einzigartig unter den führenden Häuptern der Welt gemacht hatte. »Der Mut, den Rabin bei der Suche nach einer politischen Lösung bewies, übertraf in den Augen seines Volkes, der Welt, der Palästinenser und der Araber um ein Vielfaches seinen Mut an der Front«, erklärte Arafat. »Rabins Friede war der Friede eines Mutigen. Er war ehrlich zu sich selbst und zu seinem Volk. Er war nicht gefangen von der Magie der Macht. Aus all diesen Gründen nimmt Rabin diesen herausragenden Platz unter den großen Leitbildern der Geschichte ein.«

Jitzchak glaubte, immer Glück zu haben, doch selten war er wirklich glücklich. Den Luxus des wunschlosen Glücks leistete er sich so gut wie nie. Irgend etwas hielt ihn immer wieder davon ab, diesem Gefühl nachzugeben. So war es nach dem Sieg im Sechstagekrieg. So war es während des gesamten Friedensprozesses. Und so war es selbst dann, als er zum zweitenmal Ministerpräsident wurde. Er begnügte sich damit, die Bedeutung des Augenblicks zu würdigen. Er war zufrieden und realistisch. Aber es gab immer Aufgaben zu erledigen, immer warteten die Probleme von morgen auf ihn.

Doch dankbar war ihm bewußt, daß die Geschichte ihm mehr als nur *eine* zweite Chance gewährte: die Chance, im Jahre 1967 Jerusalem wiederzuvereinen, das seit 1948 geteilt gewesen war. Die Chance, die Zukunft der Nation zu sichern, für deren Gründung er so sehr gekämpft hatte. Eine zweite Amtszeit als Ministerpräsident, die ihm die Möglichkeit bot, die Prioritäten des Landes zu ändern und in dreieinhalb Jahren so viele seiner Versprechen einzulösen: die Verdoppelung des Bildungsetats, die Vervierfachung der Auslandsinvestitionen, die Durchführung einer Gesundheitsreform, die Halbierung der Arbeitslosigkeit, die Integration von Hunderttausenden von jüdischen Einwanderern, der Bau eines völlig neuen Straßennetzes in Israel, die Erneuerung der Stromversorgung, die Modernisierung des Fernmeldewesens und die Einrichtung »technologischer Treibhäuser«, welche die israelischen Industrien in künftigen Jahren an die Spitze führen sollten. Vor allem aber bot ihm die Geschichte die Chance, sein Land in eine Zeit des Friedens zu geleiten. Die Chance, sich nicht nur als Kämpfer, sondern als Kämpfer für den Frieden zu bewähren. Doch leider genügte das nicht.

Die Angelegenheiten, die durch seinen Tod unerledigt blieben, schreien förmlich nach seiner Klugheit und Weitsicht. Jerusalem, Syrien, der nach wie vor gefährdete Frieden, ganz zu schweigen von der Gespaltenheit in unserem eigenen Land und der noch immer aufflammenden Gewalt, der er selbst zum Opfer fiel – all das und noch mehr verlangt nach seinem klaren Kopf, seiner starken Hand und seinem reinen Herzen.

Heute muß ich eingestehen, daß diese geschätzten Eigenschaften zum Teil mitverantwortlich waren für seinen Tod, wie das tragische Element im Charakter eines antiken Helden. Jitzchak war allzu tüchtig, allzu stark und allzu bereit, den Weg allein zu gehen. Ob er sich dessen in seinem Innersten bewußt gewesen ist oder nicht – uns, seiner Familie, seinen Anhängern und Kritikern innerhalb der Regierung und im Volk, vermittelte er diesen Anschein jedenfalls. Wir machten uns schuldig, ihm zu trauen und seinen Versicherungen zu glauben, es sei ungefährlich, ihn praktisch ganz alleine vorzuschicken.

Am ersten Jahrestag von Jitzchaks Tod hielt unser Enkel Jonatan eine Rede an seinem Grab. »Ein Jahr ist vergangen«, sprach er, »und alle haben um Vergebung gebeten.

Die großen Häupter und die kleinen Leute, die Feinfühligen und die Gleichgültigen, weltliche und religiöse Kreise. Sie alle sind gekommen und haben um Verzeihung gebeten.

Nur wir nicht. Bis zum heutigen Tag haben wir dich nicht um Vergebung gebeten. Und so stehen wir nun hier – wir, die wir dir so nahestehen, möchten dich hier und heute um Verzeihung bitten.

Großvater, vergib uns. Vergib uns, daß wir dir geglaubt haben, vergib uns, daß wir dir ins Netz gegangen sind, vergib uns, daß wir deinem Charme erlegen sind, vergib uns, daß wir aus Stolz unsere Augen verschlossen hielten. Vergib uns, daß wir dich nicht so beschützt haben, wie wir hätten sollen. Bitte versteh: Wir waren anders, wir waren im Irrtum. Vergib uns, Großvater, daß wir zugelassen haben, daß man dich uns wegnimmt.«

*

Im Laufe des vergangenen Jahres ist eine schreckliche Ironie sichtbar geworden, eine Ironie, die zugleich schmerzlich und voller Hoffnung ist. Sie hat mit unseren Kindern und auch mit den Kindern Israels zu tun. Sie bezieht sich auf das, was Jonatan meinte, als er sagte: »Wir waren anders, wir waren im Irrtum.« Unsere Kinder waren wirklich anders, als ihr Vater noch lebte.

Ihr Leben lang hatten sich unsere Kinder auf ein Leben als Privatperson beschränkt; sie waren ernsthaft und verantwortungsbewußt, aber sie verabscheuten die Publicity und hielten nichts davon, öffentlich Stellung zu beziehen. Sie überließen das Rampenlicht lieber ihrem Vater, der zwar auch eher schüchtern war, der aber die Verpflichtungen politischer Ämter mit der Bereitschaft und Hingabe eines Soldaten erfüllte. Doch seit er nicht mehr da ist, sind unsere Kinder an die Öffentlichkeit getreten, haben sich zum Friedensprozeß bekannt, Interviews gegeben, zu Hause und in aller Welt Reden gehalten, haben die Worte ihres Vaters in Erinnerung gerufen und sein Erbe übernommen. Wie furchtbar traurig und auf traurige Weise ironisch es ist, daß Jitzchak seine Kinder jetzt nicht sehen kann. Wie stolz wäre er gewesen.

Seit Jitzchaks Tod versammelt sich jeden Freitag nachmittag eine Menschenmenge an der Stelle der Ermordung zwischen den Kerzen und Blumen. Zunächst war es ein kleiner Kreis, etwa fünfzig Leute, die ihm vor dem *Schabbat* ihre Ehre erwiesen. Doch im Laufe der Monate schlossen sich diesen Gebetsgruppen Hunderte von Menschen an. Ich hatte stets den Wunsch, möglichst jeden Freitag unter ihnen zu sein. Diese Menschen kommen nicht nur zusammen, um zu trauern, sondern um nachzudenken, zu meditieren und letztlich um zu handeln. Und so ist aus diesen Versammlungen tatsächlich eine Bewegung entstanden.

Mein Sohn Juwal gehört einer Gruppe junger Leute an, die eine Organisation namens *Dor Shalom*, »Generation des Friedens«, gegründet haben, mit dem Ziel, Brücken der Verständigung und der Toleranz zu bauen, um die innere Spaltung unseres Landes zu überwinden und jeden Bereich unserer Gesellschaft, ob religiös oder weltlich, mit einzubeziehen.

Dieser Geist der Versöhnung klang bereits wenige Tage nach Jitzchaks Ermordung in einem bewegenden Artikel an, den Joseph Aaron für *The News*, eine konservativ-jüdische Zeitung in Chicago, verfaßte. »Ein gebildeter Jude, ein gelehrter Jude, ein religiöser Jude ermordete den Ministerpräsidenten des Staates Israel«, schrieb Aaron. »Dies ist ein Schandfleck, der nur dann allmählich getilgt werden kann, wenn wir einsehen, daß wir erst wieder lernen müssen, wie man Widerspruch übt, daß wir den Geist von Hillel und Schammai[*] wie-

---

[*] Schriftgelehrte um den Beginn unserer Zeitrechnung. Sie begründeten Schulen zur Auslegung der Thora und werden als Weise verehrt.

dererwecken müssen, daß wir miteinander debattieren müssen ohne Haß, daß wir lernen, eine Demokratie zu achten, auch wenn die eigene Mannschaft nicht an der Macht ist.«
Wir dürfen nie vergessen, daß wir alle *ein* Volk sind. In einer Rede in Yad Vashem im Jahre 1995 erinnerte Jitzchak an den Weg durch Not und Leid im Laufe unserer Geschichte und erinnerte auch an Frieden und Harmonie als ein beständiges Leitprinzip in der jüdischen Tradition. Es lohnt sich, diese Worte heute in Erinnerung zu rufen.

»Möge der, der Frieden bringt im Himmel, Frieden bringen über uns und über ganz Israel …«
Fast seit Anbeginn unseres Bestehens als Nation wechselten unsere Gebete zwischen dem Kaddisch *– jenem Gebet, das den Allerhöchsten heiligt und das den tiefen Glauben des jüdischen Volkes ausdrückt – und dem Flehen zu dem, »der Frieden bringt im Himmel«. Unser Frohlocken war stets durchdrungen von Kummer: Der Hochzeitsbaldachin mit dem zerbrochenen Glas darunter, die Hauseinweihung mit dem freiliegenden Mauerwerk als Erinnerung an die Zerstörung des Tempels, der* Pessach-Seder *mit seinen bitteren Kräutern. In Israel benetzen die Tränen am Tag der Erinnerung [an die gefallenen Soldaten] den Kreis der Tanzenden am Unabhängigkeitstag.*
Die Juden haben im Laufe ihrer Geschichte viele Tage des Leids durchgemacht, Stunden der Entmutigung, Augenblicke der Hilflosigkeit, bis an den Rand der Verzweiflung …
Wir haben schmerzliche Verluste und den Holocaust durchgemacht, doch aus allem sind wir siegreich hervorgegangen.
Dies gelang uns durch die Kraft unseres Glaubens … Der Mensch lebt durch seinen Glauben. Der Mensch stirbt

durch seinen Glauben. Wir sind beladen mit den Träumen von Generationen. Wir werden sie jetzt nicht ablegen.

Wir feiern heute gemeinsam mit der gesamten freien Welt die Freude des Sieges, doch wir frohlocken nicht ... Der Schlag gegen das jüdische Volk war zu schwer. Aus den leuchtenden Augen flossen die Tränen, doch nichts konnte den Funken des Lebens und des Glaubens auslöschen. Und dieser Glaube weist uns in die Zukunft, in eine Zeit der Rückbesinnung und der Versöhnung, in eine Zeit des Friedens.

Mögen wir, das jüdische Volk, diese Zeiten zu einer Zeit der »Rückbesinnung und der Versöhnung« machen. Mögen wir den Anfang machen mit Toleranz und Verständnis und dafür beten, daß es unsere Nation zur Gesundung führt.

Achtzehntausend Gräber auf den Friedhöfen Israels bergen die sterblichen Überreste junger Israelis, die seit der Gründung des Staates bereit waren, für die Verteidigung unseres Landes den höchsten Preis zu zahlen. Die »Generation der Kerzen« hat allzu früh schmerzliche Verluste erfahren und hat die Lektionen des Holocaust gelernt, und sie will Gewinn daraus ziehen. Sie ist bereit, für den Frieden einzutreten und ihr Recht auf eine sichere Zukunft einzuklagen. Wir müssen zuhören, und wir müssen unsere Stimmen erheben. Wir müssen diese Generation so schätzen und lieben, wie Jitzchak es tat, denn sie trägt die Träume von Generationen in sich.

*

Und Gott befahl Abraham, seinen Sohn als Opfer darzubringen:

Nimm deinen Sohn, deinen einzigen, den du liebst, Isaak [Jitzchak] ...

Gott stellte Abraham auf die Probe. Doch Gott zeigte Mitleid und gab Abraham einen Widder, den er statt seines Sohnes opferte.

Diesmal gab es keinen Widder. Der Haß raubte uns das Herz meines Herzens und das Herz dieses Volkes.

Wollen wir zulassen, daß dieses Opfer umsonst gewesen ist? Was Jitzchak angetan wurde, können wir nicht ungeschehen machen, doch wir dürfen seine lebenslange Aufopferung für sein Volk nicht verraten. »Er ging einen einsamen Weg«, sagte Henry Kissinger an dem Tag, als Jitzchak beerdigt wurde, in einem Interview mit CNN. »Wenn aber das, was er vollbrachte, von Bedeutung sein soll, darf es nicht von ihm allein abhängen.«

Wo, ach wo gibt es noch Menschen wie ihn?

So schwer die Herausforderung auch sein mag: Unsere größte Pflicht besteht darin, diese Menschen zu finden und ihnen den Weg zu bereiten; den Frauen und Männern beizustehen, die Jitzchaks Vision weitertragen und sein Vermächtnis mit Leben erfüllen. Und wir selbst müssen den Mut aufbringen für den Frieden der Tapferen.

Dank

Dieses Buch entstand im Laufe des vergangenen Jahres, während ich versuchte, die Ermordung meines Mannes zu verschmerzen. Es ist in gewissem Sinne mein persönliches Andenken für den Mann, den ich mein ganzes Leben lang geliebt und mit dem ich nahezu fünfzig Jahre lang ein glückliches und gesegnetes Dasein geführt habe. Ich war bemüht, einem Menschen gerecht zu werden, der überlebensgroß war und zugleich so überaus menschlich.

Nichts ist mein sehnlicherer Wunsch, nichts weiteres mein Bestreben, als daß dieses Buch zum Zeugnis seines Lebens, unseres gemeinsamen Lebens werde.

Ich bete für seine reine und wunderbare Seele, und ich bete dafür, daß er so in Erinnerung bewahrt und verstanden wird, wie er es verdient hat.

*

Bei der Entstehung dieses Buches halfen mir zahlreiche Personen, denen ich danken möchte.

Zunächst gilt mein aufrichtiger Dank der Präsidentin von Putnam, Phyllis Grann, die stets überzeugt war von diesem Buch und der festen Meinung war, daß das Vermächtnis von Jitzchak Rabin unbedingt aufgezeichnet zu werden verdiene. Der Verleger Neil Nyren betreute sachkundig die Veröffentlichung des Buches und bewies eindeutig, weshalb er in der Verlagswelt als große Autorität gilt. Julie Grau war stets eine treibende Kraft bei dem Projekt und koordinierte sämtliche Arbeiten im Prozeß seiner Verwirklichung. Julie ist eine meisterhafte Lektorin – sie ist scharfsichtig, sorgfältig und präzise in der Wahrnehmung menschlicher Details. Außerdem ist sie ausgesprochen warmherzig und engagiert; mir war es eine wahre Freude, mit ihr zusammenzuarbeiten.

Ebenso würdigen möchte ich die Beiträge weiterer Kräfte bei Putnam; mein Dank gilt insbesondere Nicole Wan, Julies zuverlässiger Lektoratsassistentin, Scott Fitterman, der den Eingang und Ausdruck der diversen Manuskriptversionen koordinierte, sowie David Koral, unserem Redakteur.

Bei der Agentur Williams & Connolly verdienen Bob Barnett und Peter Kahn meine tiefe Anerkennung; sie haben all jene verzweigten Kontakte hergestellt und gepflegt, die für die Entstehung eines Buches wie dieses erforderlich sind. Bob Barnett gilt heute in der Verlagswelt als der führende Interessenvertreter eines Autors, und ich verstehe durchaus den Grund. Er brachte mich mit Putnam und Phyllis zusammen und sorgte für einen äußerst professionellen Umgang mit dem ganzen Vorhaben.

Bobs Kollege Peter Kahn verdient grenzenloses Lob für seinen außergewöhnlichen Einsatz. Peter bewies ein bemerkenswertes Talent beim Koordinieren der vielköpfigen Mannschaft, die – über die ganze Welt verstreut – für die Realisierung dieses Projekts notwendig war. Er diente nicht nur als eine Art Kommandozentrale in den verschiedenen Entwicklungsstadien des Buches, er las auch diverse Fassungen des Manuskripts und stand mir mit Rat und Tat in Fragen des Stils und des Inhalts zur Seite. Judy Nigro, Peters Assistentin, koordinierte mit bewundernswertem Überblick die Fülle einzelner Arbeitsabläufe, die das Projekt begleiteten.

Ron Beyma unterstützte mich bei der Vorbereitung und beim Schreiben des Buches in jeder Hinsicht. Er wurde mir von meinen Verlegern als erfahrener Autor vorgestellt, als jemand, der gründlich recherchiert und sich in Geschichte und Politik auskennt. Ich entdeckte in ihm einen ausgesprochen mitfühlenden, feinfühligen und fürsorglichen Menschen, der, während er dieses Buch mit mir schrieb, Welten und Menschen kennenlernte, die ihm bis dahin unbekannt waren – die unglaubliche Geschichte Israels, die Kultur und Religion des jüdischen Volkes, das komplizierte Geflecht der Nahostpolitik, ganz zu schweigen von Jitzchaks Leben und meinem und den vielen, vielen Menschen, die ein Teil unseres Lebens waren und sind. Dieses Buch wäre ohne Ron Beymas wundervolle und meisterhafte Kompositionskunst nicht zustande gekommen. Ich kann ohne Einschränkung sagen, daß ich durch unsere monatelange, gemeinsame Arbeit einen wahren Freund gewonnen habe, den ich ehre und schätze.

Julian Ozanne, früher bei der Außenstelle der *Financial Times* in Jerusalem, hat die zahlreichen Details des Buches sorgfältig und gewissenhaft auf ihre Richtigkeit hin überprüft. In Israel war Meir Achronson eine große Hilfe bei der Beschaffung vieler Fotos in diesem Buch. Niva Lanir verdient für ihre Recherchen und ihre Beratung Dank und Anerkennung. Niva half mit, die Botschaften zu formulieren, die in dem Buch den Vorrang haben, und sie steuerte eindringliche Erinnerungen an Jitzchak bei.

Danken möchte ich auch den talentierten, sorgfältigen Übersetzern Louis Williams und Katia Citrin, die wichtige Texte ins Englische übertrugen. Louis ist es besonders gut gelungen, unter hohem Termindruck einfühlsame und treffende Übersetzungen zu liefern. Dank gebührt auch Ettie Annetta, die mehrmals einsprang, als wir Duplikate wichtiger Bänder anfertigen lassen mußten. Wie immer gilt mein aufrichtiger Dank meiner getreuen und gewissenhaften Assistentin, Ajala Zilberman, die mir auf unzählige Weise unzählige Male behilflich war.

Dieses Buch soll eine persönliche Darstellung sein und keine offizielle Geschichtsschreibung; es wäre indes nachlässig, nicht einige der Werke zu nennen, auf die beim Verfassen dieses Buches Bezug genommen wurde, unter anderem Howard M. Sachars *A History of Israel*, Robert Slaters *Rabin of Israel*, David Makovskys *Making Peace With the P.L.O.* und natürlich die Memoiren meines verstorbenen Mannes.

Ich möchte mich auch bei jenen bedanken, die mir gestattet haben, ihre kreativen Werke in dieses Buch einzubeziehen: Jehuda Amichai, Arik Einstein, Chaim Hefer, Meir Schalew, Amnon Lipkin-Shahak sowie die Familie von Bat-Tschen Shahak. Jeder von ihnen hat auf einzigartige Weise einen Aspekt aus dem Leben Jitzchaks eingefangen und zum Nachdenken über die Tragik seines Todes angeregt.

Dank möchte ich auch jenen aussprechen, die großzügig ihre Ideen beisteuerten und ihre Zeit für dieses Buch opferten. Dank schulde ich vor allem dem ehemaligen israelischen Botschafter in den Vereinigten Staaten Itamar Rabinovich, der der letzten Durchsicht des Manuskripts so viel Aufmerksamkeit widmete. Dafür, daß ich ihre Terminkalender so sehr beanspruchte, danke ich dem ehemaligen Außenminister Henry Kissinger, Botschafter Martin Indyk, dem amerikanischen Nahostsonderbeauftragten Dennis Ross und Präsident Jassir Arafat.

Herzlicher Dank gebührt auch Dr. Gabi Barabasch, Norman und Diane Bernstein, Jossi Ginossar, Jakov Heifetz, Amos Horev, Ben Kingsley, Rabbiner Stanley Rabinowitz, Frau M. Safdi, Schimon Scheves, Dr. Ephraim Sneh, Danny Jatom und Dov Weissglas. Eitan Haber war mir sehr behilflich, indem er Kopien der Reden meines Mannes besorgte und wichtige Hintergrundinformationen zu diesem Buch beisteuerte.

Der absolute Ehrenplatz in diesen Danksagungen gebührt meiner Familie – meinem Sohn Juwal, meinen Enkeln Jonatan, Noa und Michael, meinem Schwiegersohn Avi Pelossof, vor allem aber meiner Tochter Dalia, meiner engsten und treuesten Freundin, deren unentwegte Ermutigung und unerschütterliche Liebe und Unterstützung in dieser schwierigsten Zeit meines Lebens so wichtig für mich waren. Ich liebe euch alle von ganzem Herzen.

Abbildungsnachweis:

Die Seitenangaben beziehen sich auf den Bildteil in diesem Buch. Alle hier nicht aufgeführten Fotos sind im Privatbesitz der Autorin.

S. 7 oben: mit freundlicher Genehmigung des Weißen Hauses;
unten: mit freundlicher Genehmigung des Presseamts der Regierung Israels

S. 8: mit freundlicher Genehmigung des Weißen Hauses

S. 10 oben links: mit freundlicher Genehmigung des Weißen Hauses;
oben rechts und *unten:* mit freundlicher Genehmigung des Presseamts der Regierung Israels

S. 11 oben: © Foto Daida, Madrid;
Mitte: mit freundlicher Genehmigung des Weißen Hauses;
unten: mit freundlicher Genehmigung des Presseamts der Regierung Israels

S. 12 oben: mit freundlicher Genehmigung des Presseamtes der Regierung Israels;
unten: © *Der Spiegel/*Mark Darchinger, Bonn

S. 13: mit freundlicher Genehmigung des Presseamts der Regierung Israels

S. 14 oben: © Noam Wind; *unten:* © Israelische Verteidigungsarmee/Dan Erlich

S. 15 unten links: © Dan Ilan, Israel, Hamenachem 5, Hod-Hasharon 45263, Tel.: 0 09 72/9-742 98 10, Fax: 0 09 72/9-745 51 23;
unten rechts: © AP/Worldwide Photos

S. 16: © Amir Weinberg

432

Register

Aaron, Joseph 422
Abbas, Mahmoud (alias Mazen,
    Abu) 49, 342, 347
ABC 258
Abdallah, König 43
Abrams, General Creighton 197 f.
Adas Yisrael 177
Agnon, Samuel Josef 77
Agranat, Schimon 208
Agudat Israel 278 f.
AIPAC (jüdischer Interessen-
    verband in den USA) 300
Al Hamishmar 198
Ala, Abu (*siehe* Qurei, Ahmed)
Alechem, Schalom 77
Alijah (*siehe* Einwanderungs-
    welle)
Allgemeine Organisation der
    jüdischen Arbeiter in Israel
    (*siehe* Histadrut)
Allon, Jigal 93 f., 107, 116 f.,
    121 f., 188, 211, 217 f., 243,
    251, 253
Allon, Ruth 243
Aloni, Miri 21
Alsop, Joseph 189, 197
Alsop, Stewart 189
American Association for the
    United Nations 410
Amichai, Jehuda 61
Amin, Idi 231
Amit, Jona 241
Anielewitsch, Mordechai 328
Annenberg, Walter 274

Arad, Nava 210
Arafat, Jassir 49 f., 176, 221,
    272 f., 338 ff., 342, 344 f.,
    347 ff., 353 ff., 358 f., 363 f.,
    367, 373 f., 408, 419
Arafat, Sua 358 f., 364, 374
Arafat, Zahire 50
Arale, Jahov 186
Arbeitspartei 16, 78, 82, 93, 116,
    141, 145, 151, 196, 201,
    206 ff., 210, 232, 234 f., 237,
    242, 247, 251, 253 f., 261 f.,
    264, 276, 277 f., 283, 285, 290,
    355, 411
Arlosoroff, Chaim 33, 121
– Attentat auf (1933) 32
Artzi, Schlomo 61
Aschrawi, Hannan 349
Atlit-Operation 104 f.
Auschwitz 36, 79, 86, 329 f.
Ausschreitungen im Jahr 1921,
    arabische 88 f.
Auszeichnung des Prinzen von
    Asturien für internationale
    Zusammenarbeit (1994) 358
Avi (Dalias Ehemann) 262, 283,
    293, 347, 404, 410
Avital, Colette 381
Aviva (Schwester; *siehe* Joffe,
    Aviva)
Azaz, Nechemia 181

Baker, James 286, 297, 299, 319 f.
Balfour School 77 f.

Balfour, Arthur 273
Bar-Ilan-Universität 59, 275
– Ehrendoktorwürde (1993) 57
– Nachwuchsorganisation der
Arbeitspartei 58
Barabasch, Gabi 27 f., 389
Barak, Aharon 235
Baram, Ruthi 388
Baram, Uzi 388
Barbour, Wally 183
Bassiuni (ägyptischer Botschafter) 20, 137
Beatrix, Königin der Niederlande 375
Beethoven, Ludwig van 190
Begin, Aliza 261
Begin, Menachem 234, 246 f., 250, 254 f., 259 ff., 283
Ben-Acharon, Jitzchak 82
Ben-Eliezer, Benjamin 297
Ben-Gurion, David 93, 115 ff., 118, 121, 124, 126 f., 141 f., 144 f., 151, 154 ff., 168, 238, 251, 292, 375
Ben Gurion, Paula 116
Ben-Jishai, Ron 249
Ben-Mosche, Zwili 262
Bennie (Leibwächter) 22
Berger, Marilyn 220
Berger, Paul 336
Berlin, Isaiah 93
Berman, Amnon 101
Bernstein, Diane 180, 211, 293, 296
Bernstein, Leonard 123
Bernstein, Norman 168, 180, 211, 293, 296
Binjanei Ha'Uma (Kongreßzentrum in Jerusalem) 61

Birkenau 329
Blumenfeld, Rafi 181
Boutros-Ghali, Boutros 375
Brecht, Bertolt 69
Bronfman, Edgar 382
Buck, Hauptmann 82
Burger, Mrs. 217
Burger, Warren 216
Bush, Barbara 297 f., 300, 327
Bush, George 40, 268, 282, 296 ff.

Camberley, Generalstabsakademie 131 f., 138 f.
Camp-David-Abkommen 225, 249 f., 337
Carter, James Earl »Jimmy« 40, 216, 232 ff., 249
Carter, Rosalynn 326 f.
CBS 47
Ceauçescu, Elena 12
Ceauçescu, Nicolae 12
Charlie (Chauffeur) 287
Cherut-Partei 228
Chirac, Jacques 40, 398
Christopher, Warren 325, 341, 345, 347, 353, 390, 409
Churchill, Sir Winston 291
CID (siehe Geheimdienst, britischer)
Clinton, Bill 28, 33, 40, 41 ff., 50, 268, 296, 341 ff., 347, 357, 358, 362, 367, 373 f., 377 f., 382, 384, 398 f.
Clinton, Hillary 296, 327, 382
CNN 47, 270, 280, 367
Cohen, Rosa (siehe Rabin, Rosa)
Cole, Nat King 397
Cole, Nathalie 397 f.
Cronkite, Walter 247

Dalia (Tochter) 25 ff., 34, 40, 43,
  45, 55, 72, 129, 131, 146 ff.,
  159 f., 165 f., 170, 172, 177,
  179, 185, 205, 213 f., 229, 236,
  239, 262, 283, 293, 301 f., 347,
  356, 384, 393, 398, 404 f., 410
Damti, Menachem 17, 22 f.
Dan, Jael 411
David (Onkel) 71
Davidson, Avischai 229
Dayan, Mosche 93, 96, 139,
  141 ff., 158 f., 161 ff., 196,
  201 f., 207, 241, 246, 307, 335,
  337
– Rücktritt von 208
Deri, Aryeh 277
Deutschlandbesuch (1975) 225,
  228
– Bergen-Belsen 226
Dinitz, Simcha 215
Dinitz, Vivian 215 f.
Dizengoff 73
Dobrynin, Anatoli 189
Dole, Robert 276
Dreyfus, Richard 401

Ebban, Abba 172, 211
Eckstein, Schlomo 58
Eini, Giora 346
Einstein, Arik 51
Einwanderungsphasen 96
Einwanderungspolitik, britische
  103, 105
Einwanderungswelle 77, 174
– dritte 96
– nach dem Sechstagekrieg
  174
Ejal (Klassenkamerad von
  Dalia) 205

Elazar, David »Dado« 164,
  202 f., 208
Elisabeth II., Königin von Eng-
  land 132
Entebbe 228 ff., 231, 283
– Herkulesplan 230
Eshkol, Levi 41, 78, 151, 154,
  156, 158 f., 171, 173, 185, 197,
  237 f., 292
Esther (Tante) 71
Evans, Rollie 189
Ezel (bewaffneter Flügel der
  revisionistischen Bewegung)
  103, 261

Faik, Oberst 133 f.
Fairleigh Dickinson Universität
– Ehrendoktorat 394
Fall der Berliner Mauer (1989)
  276
FBI 25
Fernsehen, Zweites Israeli-
  sches 47
Ford, Betty 215, 217, 326
Ford, Gerald 215 ff., 233
Fossoli, Konzentrationslager 85
Frankel, May 189
Friedensnobelpreis 360
– Verleihung (1994) 90, 362
Friedensprozeß 12 f., 15, 18, 39,
  48, 349
– Rückschlag 352
Friedensvertrag
– zwischen Ägypten und Israel
  (1979) 225
Friedman, Jean 20

Galili, Jisrael 201
Garcia Márquez, Gabriel 359

435

Gaulle, Charles de 291
Gazit, Motke 333
Geffen, Aviv 312, 382
Geheimdienst, britischer 106
Geier, Kalman 341
Gemayel, Bashir 260
Gerichtsurteil und Strafmaß
    für Rabins Mörder
    (28. März 1996) 400
Gershwin, George 123
Gewerkschaft, Dachverband
    der israelischen 16
Ghitto 407
Gilon, Eliahu 156 f., 210
Ginossar, Jossi 50, 93, 339
Ginossar, Sua 49
Giuliani, Rudolph 381, 383
Givat Hashlosha (Landwirt-
    schaftsschule) 92
Gobbi, Tito 69
Goethe, Johann Wolfgang von
    69
Gogol, Samuel 330
Goldberg, Lea 36
Goldmuntz, Rutie 293
Goldstein, Baruch 352
Golfkrieg 280 ff., 286
  – Beginn (1990) 279
Goodwin, Doris Kearns 291
Gore, Al 329, 382 ff.
Graham, Katherine 189
Graham, Ray 327
Gury, Chaim 127
Gutman, Motti 13, 27, 389

Ha'aretz 20
Haber, Eitan 36, 52, 268, 308,
    322, 340, 342 f., 361
Hadassah-Hospital 84, 162

Haganah (Selbstschutzorga-
    nisation für jüdische Sied-
    ler) 87, 89, 95, 103, 121
  – Schwarzer Samstag
    (29. Juni 1946) 106 ff.
Halevi, Jehuda »Georgi« 274
Halle, Toni 80
Hamas 272, 355, 399
  – Anschlag beim Dizengoff-
    Center (1996) 395, 403
  – Attentat vom 24. Juli 1995
    366
  – Terroranschläge (1996) 392,
    395
Hamlisch, Marvin 382
Har-Herzl (siehe Herzlberg)
Harald V., König von Norwegen
    363
Harel-Brigade (siehe Palmach)
Harman, Abe 170, 172
Haschomer Hazair (Jugendor-
    ganisation) 78
Hassan II., König von Marokko
    349, 376
Hatikvah 21 f., 351
Havel, Václav 40, 279
Hefer, Chaim 127, 418
Heifetz, Jakov 152 f.
Heine, Heinrich 69
Herzl, Theodor 41, 70 f., 86, 92
Herzlberg 11, 40 f., 392 f., 399,
    404, 410, 412
Herzog, Chaim 161, 277 f., 296
Herzog, Jakov 172
Hisbollah 261, 265
Histadrut (Allgemeine Organisa-
    tion der jüdischen Arbeiter
    in Israel) 234
Hitler, Adolf 80, 227

– Vereidigung als Reichs-
kanzler 66
Holocaust 85, 104, 114, 372
Hosokawa, Moriko 365
Houphouët-Boigny, Félix 355
Humphrey, Hubert 189
Hussein, König von Jordanien
40, 42 f., 133, 135 f., 158,
161 f., 176 f., 266, 357 ff., 362,
364, 367, 373 f., 389, 398
Hussein, Königin Nur el- 357 f.
Hussein, Saddam 280 ff.
Husseini, Abdel Kader el- 356
Husseini, Feisal 356

Ichilov-Krankenhaus 26, 203
Indyk, Martin 28
Interimsabkommen
– zwischen Israel und Ägypten
(1. September 1975) 225, 249
Intifada 200, 269 ff., 277, 310, 337
Intrepid Freedom Award 377
Israel Philharmonic Orchestra 70
Israel, Beendigung des Kriegs-
zustandes mit Jordanien
(1994) 357
Israel, Zermürbungskrieg gegen
(1968–1970) 200
Israelische Verteidigungsarmee
(IDF) 111, 124 f., 139
– Gründung 128

Jackson, Henry »Scoop« 189, 193
Jadin, Jigal 125, 377
Jael (Tochter von Mosche
Dayan) 195
James-A.-Baker-III.-Institut für
Staatswissenschaften 319
Jariv, Aharon 183

Jarring, Gunnar 334
Jarring-Mission 334
Jatom, Danny 33, 314
Javin, Chaim 36, 290
Jecheskel (Chauffeur) 263, 287,
307
Jennings, Peter 222, 258
Jewish Agency 32
Jewtuschenko, Jewgenij 370
Jibril, Ahmad 266
Jiftach (Neffe) 203
Joffe, Aviva 66, 69, 78 f., 82, 143,
293
Joffe, Harry 112 f.
Johannes Paul II., Papst 252,
352, 386 f.
Johnson & Johnson 313
Johnson, Lady Bird 325 f.
Johnson, Lyndon B. 182, 189 f.,
198, 234, 326
Jom-Kippur-Krieg 203 f.,
207, 212, 214, 218 f., 259, 337
– Agranat-Kommission 208
Jonatan (Enkel) 40, 48, 214,
244 f., 272, 404 f., 410, 420 f.
Jordanien, Friedensvertrag mit
(26. Oktober 1994) 135
– Unterzeichnung 362
Juan Carlos, König von Spanien
319, 358
Jüdische Brigade 80, 95
Jüdischer Weltbund 401
Juppé, Alain 375

Kadoorie (Landwirtschafts-
schule) 92 f.
Kalb, Marvin 220
Kaufman, Shmuel 100 f.
Kawe, Mosche 58 f.

Kellner, Leon 71
Kennedy, Edward 44
Kennedy, Jacqueline 326
Kennedy, John F. 189
– Ermordung 44, 170 f.
Kennedy, Patrick 44
Kennedy, Robert 44
– Ermordung 182
Kennedy, Ted 181
Keren Hajesod (Spenden-
   organisation) 400
Kibbuzim
– Entstehung (1910) 96
– Existenzfähigkeit 97 ff.
Kim Young Sam 365 f.
Kimhi, Jehezkel 181
King, Larry 358
King, Martin Luther
– Ermordung 182
Kingsley, Ben 388
Kissinger, Henry 183 ff., 197 f.,
   216, 218, 269, 241, 244, 249,
   308, 340 f., 418, 425
– Pendeldiplomatie (1975) 219 f.
Kissinger, Nancy 216, 241
Knesset 34, 37
Kohl, Hannelore 323
Kohl, Helmut 40, 323 ff., 375,
   398
Kollek, Teddy 280
Konferenz zum Jahr der Frau
   (1975) 220 ff.
Kopel, Ted 47
Korczak, Janusz 330
Kristallnacht 66, 71
Kugler, Joram 27, 389

Lahat, Schlomo »Schisch« 15,
   20, 22

Lahat, Ziva 20
Lanir, Niva 15, 61, 242, 263 f.,
   305, 343, 345
Lanzman, Claude 85
Laskov, General Chaim 143 f.
Lau, Jisrael-Meir 382 f.
Lautman, Dov 20
Lawrence, T. E. 139
Lechi 103
Lenya, Lotte 69
Leschem, Ziona 301
Levi, David 286
Levi, Leon 382
Levi, Primo 85, 406
Libanon, Bürgerkrieg im 260
Likud-Partei 210, 234, 246, 249,
   253 ff., 260 ff., 276, 278 f.,
   285, 288 ff., 374
Likud-Regierung 258 ff., 279,
   297, 319
– Invasion in den Libanon
   (1982) 258
– Operation Frieden für
   Galiläa 258
Lipkin-Shahak, Generalleutnant
   Amnon 27, 127, 316

Ma'abara 149
Madrider Friedenskonferenz
   (1991–1993) 286, 294, 328,
   338
Maher, Ali 137
Maher, Oberst Fawer 133 ff.
Major, John 40, 375, 398
Mapai (siehe Arbeitspartei)
Margalit, Dan 235
Martchuk, Jewgenij 368, 370
Martchuk, Lydia 368 f.
Masako, Kronprinzessin 365

Matalon, Jitzchak 287
Mazen, Abu (*siehe* Abbas,
   Mahmoud)
McDonald's 312
Meir, Golda 41, 185, 196 ff., 199,
   237, 241, 335, 337
– Rücktritt 208
Messer, Oded 99
Meyerhoff, Harvey M. »Bud« 274
Meyerhoff, Joseph 180, 274
Michael (Enkel) 244
Miller, Arthur 304
Milo, Jehuda 387
Milo, Ronni 29
Mitchell, John 193
Mitterrand, François 323, 375
Moi, Daniel Arap 375
Montgomery, Bernard Law 95
Moses, Abie 268
Moses, Ofrah 268
Mossad 241, 351
Mossbacher, Andrew 176
Moyne, Lord 103
Mubarak, Hosni 40, 255, 277,
   297, 302, 353 f., 373 f., 398
Mubarak, Susan 354
München, Olympische Spiele
   von 1972 198
– Geiselnahme und Mord an
   den israelischen Athleten
   190
Mussolini, Benito 12, 79, 84, 103

Nachmanson, Mosche 85 f.
Nachschon, Operation 112 f.
Nacht der Gänse 144
Namaat (Frauenorganisation
   der Arbeitspartei) 203
Namir, Ora 27 f., 305

Narkis, Uzi 161
Naruhito, Kronprinz 365
Nasser, Gamal Abdel 142 f.,
   154, 217 f., 285
Nationalreligiöse Partei 232
NBC 47
Neria (Freundin) 107
Netanjahu, Benjamin 12, 374,
   409 f.
Netanjahu, Jonathan 231
Nettie (Tante) 71, 74, 122
Netzer, Mosche 315
New York Times 251, 271, 276
Newsweek 411
Nini, Achinoam 385
Nixon, Patricia 325
Nixon, Richard M. 183 ff.,
   191, 193, 196, 214 ff., 233 f.,
   237
Noa (Enkelin) 29, 34, 43 f., 214,
   244 f., 270, 404 f., 410

Oberlander, Danny 204 f.
Oberlander, Francie 204 f.
Olmert, Ehud 115
Oren, Daniel 386
Osloer Abkommen (Osloer
   Grundsatzerklärung) 338 f.,
   340 ff., 346
– »Oslo-A« 350
– Osloer Abkommen, zweites
   (1995) 371
– Oslo II, Unterzeichnung
   zwischen Israel und der PLO
   19
– Unterzeichnung (13. Septem-
   ber 1993) 347 f., 353
Ovadia, Joseph 278
Oz, Amoz 345

Pahlewi, Reza 252
Palatine, Hotel 66, 68 f., 73 f.
Palestine Philharmonic Orchestra (*siehe* Israel Philharmonic Orchestra)
Palmach 87, 92 ff., 98 ff., 102 f., 106 f., 120, 128
– Altalena-Zwischenfall 114, 120 f.
– Auflösung des 124 ff.
– Burma Road 117
– Harel-Brigade 111 f., 114, 117, 121
– Kampf um die Straßen 117
– Nacht der Brücken (1946) 102, 105
– Schwarzer Samstag (29. Juni 1946) 106 ff.
– Verbot des (1945) 96
Pauls, Rolf 189 ff.
Pegasio d'Oro-Preis 407
Peres, Schimon 21, 27, 37, 127, 145, 209, 211, 230, 234, 241 f., 250, 253 ff., 262, 267 f., 276, 277 ff., 284 ff., 324, 338, 342, 344 ff., 350, 355, 362, 364, 367, 373, 382 f., 389, 393, 398 f., 411 f., 414
Pessach 114
Pessach-Seder 164
Platz der Könige Israels (Kikar Malkhe Jisrael) 15, 17 f., 22, 46 f.
PLO 221, 258, 273, 328, 338, 342, 344
Plugot Machaz (*siehe* Palmach)
Pogrome (1905) 89
Police Mobile Forces (PMF) 99, 106

Pollard, Jonathan 267
Poras, Nir 360 f.
Powell, Colin 282, 410
Primichario, Mario 407
Primo-Levi-Preis 406
Primo-Levi-Zentrum 405

Qurei, Ahmed (alias Ala, Abu) 49

Rabin, Hilde, 149
Rabin, Juwal 37, 44, 51, 59, 142, 146 ff., 159 f., 170, 172, 177, 182, 202 ff., 214, 239, 244, 293, 392 f., 404 f., 410, 422
Rabin, Nechemia (Vater) 88 f., 91
Rabin, Rosa (Mutter) 88 ff., 91 f., 197
Rabinovich, Itamar 183, 345
Rabinowitz, Jehoshua 212, 235
Rabinowitz, Stanley 178
Rachel (Schwester) 90, 99, 203
Ramon, Chaim 16
Rappopor, Gavriel 117
Ratt, Mulla 302
Reagan, Nancy 327
Reagan, Ronald 40, 253
Résistance 20
Revisionisten 32 f., 120
Rice University 320
Rommel, Generalfeldmarschall 83, 95
Rosch ha-Schana (jüdisches Neujahrsfest) 189
Rosenthal, A. M. 271
Ross, Dennis 299, 353
Rostow, Eugene 189
Rostow, Walt 189

Royal Military Academy 134
Rubin, Joram 17 f., 23
Rubinstein, Elie 351
Ruffino, Oberst 133

Sadat, Anwar el- 217 f., 221, 247,
   249, 257, 295
 – Attentat auf 255
 – Besuch in Jerusalem (1977)
   225, 247 f.
Sadat, Jihan 220 ff., 252, 255, 257
Sadeh, Jitzchak 107
Safdie, Mosche 392
Safire, William 189
Sansa (Bürgermeister von
   Genua) 405
Sapir, Pinchas 78, 202, 208 f.
Sarig, Nahum 104
Sasson, Mosche 264
Scalfaro, Oscar Luigi 385
Schabak 25 f., 339, 398
Schach, Eliezer 278
Schalew, Meir 61 f.
Schamir, Abraham 278
Schamir, Daniella 257
Schamir, Jitzchak 261 ff., 267 f.,
   276, 278, 279, 285, 288, 302
Schapira, Mosche Chaim 155, 157
Scharabi, Boas 61
Scharaf, Fawaz 362
Scharon, Ariel 201, 246, 255,
   259, 279
Schass-Partei 277 f.
Scheloschim 59, 61
Scheves, Schimon 27, 43, 52,
   249, 342 ff., 378
Schiba Medical Center 302,
   327, 397
Schilon, Dan 311 ff.

Schin Beth (*siehe auch* Scha-
   bak) 35
Schiwa (Trauerwoche) 45 f.,
   49, 51
Schlaf, Martin 16
Schloßberg Fima (Leas Vater)
   65, 86, 149
Schloßberg, Gusta (Leas Mut-
   ter) 71, 128 f.
Schmidt, Hannelore 227
Schmidt, Helmut 226 f.
School of Economics, London
   139
Schorev, Amoz 117
Schur, Chaim 198 f.
Schwarzer September (1970)
   176, 199
Schwarzkopf, Norman 282
Sechstagekrieg 91, 160 ff., 165,
   167, 172, 182, 210, 284, 306,
   325
 – Kriegsbeginn (5. Juni 1967)
   159
 – neue Einwanderungswelle
   174
 – Wiedervereinigung von
   Jerusalem 164
Sefarim, Mendele Mocher 77
Segal, Israel 57
Segev, Shlomo 301
Shahak, Bat-Tschen 402 f.
Shahak, Tali 50, 410
Shultz, George 40, 196, 253, 272
Sinai-Feldzug 142 f.
Singh, Kavita 133
Singh, Oberst B. P. 133
Sisco, Joseph 176 f., 189, 334
Sitner, Ora 324 f.
Smith, Bob 273

Smith, Charles E. 273
Sneh, Ephraim 301
Sneh, Mosche 107
SNS (*siehe* Special Night
Squads)
Sonja, Königin von Norwegen
363
Sophia, Königin von Spanien
319, 326, 358
Sowjetunion, Anerkennung Israels durch die 118 f.
Special Night Squads (SNS) 94 f.
Springer, Axel 226
Stavsky, Avraham 32 f., 121
Steiger, Rod 397
Stern, Abraham 103
Suchocka, Hannah 329
Suharto (Präsident von Indonesien) 351
Sukkot (Laubhüttenfest) 177

Terrorismus-Konferenz in
Scharm el-Scheich (1996)
398
Thatcher, Margaret 271 f.
Tichon Hadasch (Oberschule)
80, 388
Tiemek, Helena 69
Toscanini, Arturo 70
Tschernomyrdin, Viktor 40
Tsur, Zvi 151
TV-Guide 273

Ukraine, Besuch der 368
– Babi Jar 370, 372
UN-Vollversammlung
– Resolution über die Gründung eines jüdischen Staates
(1947) 101, 110 f., 114

Unabhängigkeitserklärung 118 f.
Unabhängigkeitskrieg 113,
118 ff., 122 f., 128, 131, 143,
167, 251
– Operation Dani 121
UNESCO-Friedenspreis
– Verleihung (1994) 355
United Jewish Appeal 187, 377
United Tora Judaism 278
Universität, Hebräische 167
UNO (*siehe* Vereinte Nationen)

Vance, Cyrus 249
Vatikan
– Aufnahme diplomatischer
Beziehungen (1994) 252
Vereinigte Staaten
– Anerkennung Israels 118
Vereinte Nationen 221, 272, 409
(*siehe auch* UN-Vollversammlung)
– Feierlichkeiten zum 50. Jahrestag 375 ff.
– Verabschiedung der Resolution 242 (1975) 224
Vichy-Regierung 88
Vietnamkrieg 182
– Waffenstillstandsabkommen 197
Vikki (Hausmädchen) 336
Vranitzky, Franz 375

Wachsman, Nachschon 360, 399
Wahlen (1996) 411
– erste demokratische 120
Wahl Rabins zum Ministerpräsidenten 211
Waldheim, Kurt 222
Walesa, Lech 329

Wallach, Aliza 262, 293
Walters, Barbara 189
Warschauer Ghetto,
50. Jahrestag der Erhe-
bung des 328
Washington Post 418
Wasserman, Lew 401
Watergate-Skandal 214 f.
Weil, Shraga 181
Weizman, Ezer 27 f., 156 ff.,
210, 238, 246
Weltkrieg, Erster 89, 139
Weltkrieg, Zweiter 20, 65, 81 f.,
84 ff., 87, 94, 104
– Afrikafeldzug 83

– Ausbruch 75
– Kriegserklärung 79
Westmoreland, William 198
Wingate, Orde Charles 94
Wisener, Polly 247
Women's International Club 175

Yad-Vashem-Memorial (Holo-
caust-Gedenkstätte) 36, 372,
393
Yediot Aharonot 256

Zimin, Jiang 376
Zohara (Freundin) 100 f., 105
Zvi, Jitzchak Ben 89

Frauen zur Politik

(80003)

(80030)

(80050)

(60764)

(80027)

Gesamtverzeichnis
bei Knaur, 81664 München

Berühmte Frauen

(4859)

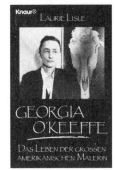
(75003)

(75055)

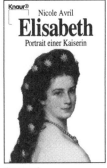
(75075)

(00673)

(77302)

Gesamtverzeichnis
bei Knaur, 81664 München